高等职业教育系列教材
道路桥梁工程技术专业系列教材

公路工程检测技术

主　编　谢松平
副主编　郭庆华
参　编　盛云华　王勇智
主　审　方　磊

机械工业出版社

本书由绪论和五个项目组成,每个项目由若干个任务组成。项目1为试验检测数据处理,项目2为路基工程检测,项目3为路面工程检测,项目4为桥涵工程检测,项目5为隧道工程检测。每个项目给出了项目的知识点、重点、难点和学习内容,在每个项目中附有大量的实例,其后安排有形式多样的思考题与习题,以利老师教学和学生学习。

本书可作为高职高专院校交通土建、道路桥梁工程技术、公路工程检测与工程监理等相关专业的教材,也可作为工程测量与公路工程养护等相关专业及有关路桥工程技术人员的学习参考用书。

图书在版编目(CIP)数据

公路工程检测技术/谢松平主编. —北京:机械工业出版社,2014.6(2023.9重印)
高等职业教育系列教材. 道路桥梁工程技术专业系列教材
ISBN 978-7-111-46354-2

Ⅰ.①公… Ⅱ.①谢… Ⅲ.①道路工程-检测-高等职业教育-教材 Ⅳ.①U41

中国版本图书馆 CIP 数据核字(2014)第 066512 号

机械工业出版社(北京市百万庄大街22号 邮政编码100037)
策划编辑:张荣荣 责任编辑:张荣荣
版式设计:赵颖喆 责任校对:陈 越
封面设计:张 静 责任印制:单爱军
北京虎彩文化传播有限公司印刷
2023年9月第1版第6次印刷
184mm×260mm・17印张・418千字
标准书号:ISBN 978-7-111-46354-2
定价:39.00元

电话服务 网络服务
客服电话:010-88361066 机 工 官 网:www.cmpbook.com
          010-88379833 机 工 官 博:weibo.com/cmp1952
          010-68326294 金 书 网:www.golden-book.com
封底无防伪标均为盗版 机工教育服务网:www.cmpedu.com

出 版 说 明

近年来，随着国家经济建设的迅速发展，道路桥梁的发展规模不断扩大，建设速度不断加快，对道桥专业具备高等职业技能的人才需求也随之不断加大。为了贯彻落实《国务院关于大力推进职业教育改革与发展的决定》的精神，我们通过深入调查，组织了全国二十余所高职高专院校的一批优秀教师，编写出版了本套教材。

本套教材编写中注重培养学生的实践能力，基础理论贯彻"实用为主、必需和够用为度"的原则，基本知识采用广而不深、点到为止的编写方法，基本技能贯穿教学的始终。在教材的编写中，力求文字叙述简明扼要、通俗易懂。本套教材结合了专业建设、课程建设和教学改革成果，在广泛的调查和研讨的基础上进行规划和编写，在编写中紧密结合职业要求，力争能满足高职高专教学需要并推动高职高专道桥类专业的教材建设。

本系列教材共十六本，包括《基础工程》《桥涵工程施工技术》《道路 CAD》《道路工程材料》《道路工程测量》《工程力学》《路基路面工程》《桥梁工程》《土质学与土力学》《公路工程造价》《公路工程施工监理》《道路工程制图》《道路工程制图习题集》《公路勘测设计》《结构设计原理》《公路工程检测技术》。

本系列教材适合高职高专院校、成人高校及二级职业技术院校、继续教育学院和民办高校的道桥类专业使用，也可作为相关从业人员的培训教材。

机械工业出版社

前 言

公路工程检测技术是交通土建专业、道路桥梁工程技术专业、公路工程检测与工程监理专业的一门重要专业课程。本书专为高职高专教育编写，旨在培养工程生产一线的，可胜任道路桥梁生产、建设、管理、服务第一线等工作，可持续发展的高素质技术技能型人才。可作为高职高专院校交通土建专业、道路与桥梁工程技术专业、公路工程检测与工程监理专业教材，也可作为工程测量与公路工程养护等相关专业及有关路桥工程技术人员学习参考用书。

本教材从适用的角度出发，本着理论够用为度的原则和培养"应用型、技术型"人才的目标，通过分析公路工程施工中出现的各种工程质量缺陷，找出工程设计、事故背后的各种诱因；通过科学的分析，找出各种通病发生的规律，以采取有效措施，避免质量问题的发生。本教材选材新颖，知识系统完整，结构层次分明，内容通俗易懂，每章均穿插大量的工程质量检测实例分析，并附形式多样的习题和思考题，是一本特色鲜明的教材。

本教材有以下特点

(1) 贯彻交通部发布的最新的行业标准规范，保证实效性，使教学与实际紧密结合。

(2) 为突出高等职业的特点，本教材吸取部分企业的技术人员参加教材的编、审工作，使教材更贴近实际，能反映公路工程建设的最新技术、工艺和方法。

(3) 以够用、实用为原则，将理论和实际操作融为一体。理论知识以讲清概念、强化应用为重点。

本书由绪论和五个项目组成，每个项目由若干个任务组成，项目 1 为试验检测数据处理，项目 2 为路基工程检测，项目 3 为路面工程检测，项目 4 为桥涵工程检测，项目 5 为隧道工程检测。每个项目给出了项目的知识点、重点、难点和学习内容，在每个项目中附有大量的实例，其后安排有形式多样的思考题与习题，以利老师教学和学生学习。

本书由下列人员编写：绪论、项目 3、项目 4 由湖南高速铁路工程职业技术学院谢松平编写，项目 1、项目 5 由湖南高速铁路工程职业技术学院盛云华编写，项目 2 由湖北交通职院郭庆华编写，参与本书编写的还有中州大学王勇智；全书由谢松平任主编，郭庆华任副主编，湖南城建职业技术学院方磊任主审。

本书在编写的过程中参考了很多专家学者的著作，在此表示衷心的感谢。由于编者水平有限，书中难免存在缺点和不妥之处，敬请读者批评指正。

编 者

目 录

出版说明
前言
绪论 1
项目1 试验检测数据处理 11
  任务1.1 抽样检验 11
  任务1.2 试验检测数据修约 13
  任务1.3 试验数据的统计特征值 16
  任务1.4 数据的取舍与统计 18
项目2 路基工程检测 28
  任务2.1 土的含水率试验 28
  任务2.2 路基土的击实试验 30
  任务2.3 路基压实度检测 35
  任务2.4 土基回弹模量检测 41
  任务2.5 承载比试验 43
项目3 路面工程检测 51
  任务3.1 路面几何尺寸检测及厚度检测 51
  任务3.2 路面回弹弯沉检测 62
  任务3.3 路面压实度检测 72
  任务3.4 路面平整度检测 84
  任务3.5 路面抗滑性能检测 96
  任务3.6 路面外观及沥青路面渗水系数检测 111
项目4 桥涵工程检测 122
  任务4.1 桥涵地基检测 122
  任务4.2 钻（挖）孔灌注桩检测 129
  任务4.3 桥涵混凝土与钢筋混凝土质量检测 155
  任务4.4 桥涵预应力混凝土结构构件检测 184
  任务4.5 桥梁支座和伸缩装置检测 189
  任务4.6 桥梁荷载试验 201
项目5 隧道工程检测 234
  任务5.1 超前支护与预加固围岩施工质量检测 234
  任务5.2 隧道开挖质量检测 237
  任务5.3 初期支护施工质量检测 241
  任务5.4 隧道施工监控量测 244
  任务5.5 防排水材料及施工质量检测 255
  任务5.6 混凝土衬砌质量检测 260
附录 262
参考文献 265

绪 论

主要知识点	试验检测的目的和意义，现行国家试验检测规程及工作细则，对检测人员的要求，公路工程质量检验评定方法
重点	试验检测的目的和意义，公路工程质量检验评定方法
难点	公路工程评分和等级评定
学习指导	通过绪论的学习，明确试验检测的目的和意义及作为检测人员的要求，了解试现行验检测规程和工作细则，掌握公路工程质量检验评定方法

公路是国民经济的重要命脉，公路运输具有一定的优越性和灵活性。公路建设的迅速发展，对于促进国民经济的增长、拉动其他相关产业发展起着非常重要的作用。在公路建设中，工程质量是工程建设的关键，任何一个环节、任何一个部位出现问题，都会给工程的整体质量带来严重影响，直接影响到公路的使用效益，甚至返工重建，造成巨大的经济损失。因此，工程试验检测机构必须对工程项目或产品进行检测，并判断工程质量或产品质量状态。

1. 试验检测的目的和意义

公路工程检测技术是一门正在发展的新兴科学，它融试验检测基本理论和测试操作技能及相关基础知识于一体，是工程设计参数、施工质量控制、施工验收评定、养护管理决策的主要依据。

工程试验检测工作是道路和桥梁施工技术管理中的一个重要组成部分，也是施工质量控制和竣工验收评定工作中不可缺少的一个主要环节。

通过试验检测能充分地利用当地原材料；能迅速推广应用新材料、新技术和新工艺；能用定量的方法科学地评定各种材料和构件的质量；能合理地控制并科学地评定工程质量。因此工程质量检测工作为提高工程质量、加快工程进度、降低工程造价、推动道路和桥梁施工技术进步，起到极为重要的作用。

随着公路技术等级的提高，质量检测、施工质量控制和验收工作引起了各级公路管理部门和施工单位的高度重视。作为工程试验检测人员或质量控制管理人员，在整个施工期间应吃透并领会设计文件，熟悉现行施工技术规范和试验检测规程，严格做好道路和桥梁用材料质量、施工控制参数、现场施工过程质量和分部分项工程验收四个关键环节的把关工作。

工程实践经验证明：不重视施工检测和施工现场质量控制管理工作，而仅靠经验评估是造成工程出现早期破坏的重要原因之一。因此，要想切实提高道路工程施工质量、缩短施工工期、降低工程投资，在建立健全工程质量控制检查制度的同时必须配备一定数量的试验检测设备和相应的专职试验检测技术人员。试验检测人员一定要正确地认识各种试验检测的作用及其局限性。试验检测成果因试验方法和试验技巧的熟练程度不同，会有较大的误差。为了使试验检测能较正确地反映材料或工程的实际性质，就要求试验人员必须掌握试验检测的基本理论、基本知识和基本技能。

2. 现行国家试验检测规程及工作细则

（1）现行国家试验检测规程。公路工程检测规程应依据国家统一的试验规程、规范、标准等编写。主要的试验规程、规范、标准有：

1）公路土工试验规程。
2）公路工程沥青及沥青混合料试验规程。
3）公路工程水泥混凝土试验规程。
4）公路工程岩石试验规程。
5）公路工程水质分析操作规程。
6）公路工程无机结合料稳定材料试验规程。
7）公路工程集料试验规程。
8）公路路基路面现场测试规程。
9）公路土工合成材料试验规程。
10）公路工程技术标准。
11）公路工程质量检验评定标准。
12）其他规程：包括公路路基、路面、桥梁和隧道设计、施工规范等。

（2）试验检测工作细则。每项试验检测方法应根据有关国家或部颁现行最新技术标准及操作规程和有关行业工作规范制定详细的实施细则。实施细则的内容包括：

1）技术标准、规定要求、检测方法、操作规程等。
2）抽样方法及样本大小。
3）检测项目、被测参数大小及允许变化范围。
4）检测仪器设备的名称、型号、量程、准确度、分辨率。
5）检测人员组成和检测系统框图。
6）对检测仪器的检查标定项目和结果。
7）对检测仪器和样品或试件的基本要求。
8）对环境条件等的要求，以及从保证计量检测结果可靠角度出发所允许的变化范围的规定。
9）在检测过程中发生异常现象的处理办法。
10）在检测过程中发生意外事故的处理办法。
11）检测结果计算整理分析方法。

3. 试验检测人员的要求

为确保检测工作质量，试验检测人员应认真履行岗位职责，做好本职工作，应根据以下要求，发现自己的不足之处，努力提高自己的能力。

（1）检测人员应熟悉检测任务、内容、项目，合理选择检测仪器，熟悉仪器的性能。使用精密、贵重、大型检测仪器设备的人员，应经过培训，考核合格后，取得操作证书方可上岗操作，并能进行日常养护，进行一般或常规仪器的检验与校正。

（2）检测人员应掌握与所检测项目相关的技术标准，了解本领域国内外测试技术、检测仪器的现状及发展方向，并具有学习与应用国内外最新技术进行检测的能力。

（3）检测人员应能正确如实地填写原始记录。原始记录不得用铅笔填写，必须有检测人员、计算和校核人员的签名。原始记录如确需更改，应在作废数据上画两条水平线，将正确数据填在上方，盖更改人的印章。原始记录保管期不得少于两年。检测结果必须由在本领域有五年以上工作经验者校核，校核者必须在检测记录和报告中签字，以示负责。

（4）检测人员应了解计量法常识及国际单位制基本内容，能运用数理统计方面的知识对检测结果进行数据处理。

（5）检测人员要坚持原则、忠于职守、作风正派、秉公办事，要以数据说话。

4. 公路工程质量检验评定方法

（1）公路工程质量检验与等级评定的依据。《公路工程质量检验评定标准》（JTG F80/1—2004）适用于工程施工单位、工程监理单位、建设单位、质量检测机构和质量监督部门对公路工程质量的管理、监控和检验评定。它是公路工程检查与验收质量的评定依据。

《公路工程质量检验评定标准》适用于四级及四级以上公路新建、改建工程。

考虑建设任务、施工管理和质量控制的需要，建设项目划分为单位工程、分部工程、分项工程三级。

在单位工程中，按结构部位、路段长度及施工特点或施工任务划分为若干个分部工程。

在分部工程中，按不同的施工方法、材料、工序及路段长度等划分为若干个分项工程。

施工单位应按此种工程划分进行质量自检和资料汇总，质量监督部门按照此种工程划分逐级进行工程质量等级评定。

路基、路面单位工程中分部和分项工程的划分内容详见表0-1。

桥涵、隧道单位工程中分部和分项工程的划分内容详见表0-2。

表0-1 路基、路面单位工程中分部和分项工程的划分

单位工程	分部工程	分项工程
路基工程 （每10km或每标段）	路基土石方工程* （1~3km路段）	土方路基*，石方路基*，软土地基*，土工合成材料处置层*等
	排水工程 （1~3km路段）	管节预制，管道基础及管节安装*，检查（雨水）井砌筑*，土沟，浆砌排水沟*，盲沟，跌水，急流槽*，水簸箕，排水泵站等
	小桥及符合小桥标准的通道*，人行天桥，渡槽（每座）	基础及下部构造*，上部构造预制、安装或浇筑*，桥面*，栏杆，人行道等
	涵洞、通道 （1~3km路段）	基础及下部构造*，主要构件预制、安装或浇筑*，填土，总体等
	砌筑防护工程 （1~3km路段）	挡土墙*，墙背填土，抗滑桩*，锚喷防护*，锥、护坡，导流工程，石笼防护等
	大型挡土墙*，组合式挡土墙*（每处）	基础*，墙身*，墙背填土，构件预制*，构件安装*，筋带，锚杆、拉杆，总体*等
路面工程 （每10km或每标段）	路面工程 （1~3km路段）*	底基层，基层*，面层*，垫层，联结层，路缘石，人行道，路肩，路面边缘排水系统等

注：表内标注*号者为主要工程，评分时给以2的权值；不带*号者为一般工程，权值为1。

表 0-2 桥梁、隧道单位工程中分部和分项的划分

单位工程	分部工程	分项工程
桥梁工程（特大、大中桥）	基础及下部构造*（每桥或每墩、台）	扩大基础，桩基*，地下连续墙*，承台，沉井*，桩的制作*，钢筋加工及安装，墩台身（砌体）浇筑*，墩台身安装，墩台帽*，组合桥台*，台背填土，支座垫石和挡块等
	上部构造预制和安装*	主要构件预制*，其他构件预制，钢筋加工及安装，预应力筋的加工和张拉*，梁板安装，悬臂拼装，顶推施工梁，拱圈节段预制，拱的安装，转体施工拱*，劲性骨架拱肋安装，钢管拱肋制作*，钢管拱肋安装，吊杆制作和安装*，钢梁制作*，钢梁安装，钢梁防护*等
	上部构造现场浇筑*	钢筋加工及安装，预应力筋的加工和张拉*，主要构件浇筑*，其他构件浇筑，悬臂浇筑*，劲性骨架混凝土拱浇筑*，钢管混凝土拱浇筑*等
	总体、桥面系和附属工程	桥梁总体*，桥面防水层施工，桥面铺装*，钢桥面铺装*，支座安装，搭板，伸缩缝安装，大型伸缩缝安装*，栏杆安装，混凝土护栏，人行道铺设，灯柱安装等
	防护工程	护坡，护岸*，导流工程*，石笼防护，砌石工程等
	引道工程	路基*，路面*，挡土墙*，小桥，涵洞，护栏等
互通立交工程	桥梁工程*（每座）	桥梁总体，基础及下部构造*，上部构造预制、安装或浇筑*，支座安装，支座垫石，桥面铺装*，护栏，人行道等
	主线路基路面工程*（1～3km路段）	见路基、路面等分项工程
	匝道工程（每条）	路基*，路面*，通道*，护坡，挡土墙*，护栏等
隧道工程	总体	隧道总体*等
	明洞	明洞浇筑，明洞防水层，明洞回填*等
	洞口工程	洞口开挖，洞口边仰坡防护，洞门和翼墙的浇（砌）筑，截水沟、洞口排水沟等
	洞身开挖	洞身开挖*，（分段）等
	洞身衬砌	（钢纤维）喷射混凝土支护，锚杆支护，钢筋网支护，仰拱，混凝土衬砌*，钢支撑，衬砌钢筋等
	防排水	防水层，止水带、排水沟等
	隧道路面	基层*，面层*等
	装饰	装饰工程
	辅助施工措施	超前锚杆，超前钢管等

注：表内标注*号者为主要工程，评分时给以2的权值；不带*号者为一般工程，权值为1。

(2) 公路工程质量评分方法。施工单位应在各分项工程完成后，按《公路工程质量检验评定标准》所列基本要求、实测项目和外观鉴定进行自检，按"分项工程质量检验评定表"及相关施工技术规范提交真实、完整的自检资料，对工程质量进行自我评定。

工程监理单位应按规定要求对工程质量进行独立抽检，对施工单位检评资料进行签认，

对工程质量进行评定。

建设单位根据对工程质量的检查及平时掌握的情况，对工程监理单位所做的工程质量评分等级进行审定。

公路工程质量检验评分以分项工程为单元，采用100分制进行。在分项工程评分的基础上逐级计算各相应分部工程、单位工程评分值、合同段和建设项目评分值。

1）分项工程质量评分方法。分项工程质量检验内容包括基本要求、实测项目、外观鉴定和质量保证资料四部分。只有在其使用的原材料、半成品、成品及施工工艺符合基本要求的规定，且无严重外观缺陷并保证资料真实并齐全时，才能对分项工程质量进行检验评定。

涉及结构安全和使用功能的重要实测项目为关键项目（后文表中以"△"标识），其合格率不得低于90%（属于工厂加工制造的桥梁金属构件不低于95%，机电工程为100%），且检测值不得超过规定极值，否则必须进行返工处理。

实测项目的规定极值是指任意单个检测值都不能突破的极限值，不符合要求时该实测项目为不合格。采用统计方法进行评定的关键项目，不符合要求时则该分项工程评为不合格。

分项工程的评分值满分为100分，按实测项目采用加权平均法计算。存在外观缺陷或资料不全时，须予扣分。

$$\text{分项工程得分} = \frac{\sum[\text{检查项目得分} \times \text{权值}]}{\sum \text{检查项目权值}}$$

分项工程评分值＝（分项工程得分）－（外观缺陷扣分）－（资料不全扣分）

① 基本要求检查。分项工程所列基本要求，对施工质量优劣具有关键作用，应按基本要求对工程进行认真检查。经检查不符合基本要求规定时，不得进行工程质量的检验和评定。

② 实测项目计分。对规定检查项目采用现场抽样方法，按照规定频率和下列计分方法对分项工程施工质量直接进行检测计分。

检查项目除按数理统计方法评定的项目以外，均应按单点（组）测定值是否符合标准要求进行评定，并按合格率计分。

$$\text{检查项目合格率}(\%) = \frac{\text{检查合格的点（组）数}}{\text{该检查项目的全部检查点（组）数}}$$

检查项目得分 ＝ 检查项目合格率 × 100

③ 外观缺陷减分。对工程外观状况应逐项进行、全面检查，如发现外观缺陷，应进行减分。对于较严重的外观缺陷，施工单位须采取措施进行整修处理。

④ 资料不全减分。分项工程的施工资料和图表残缺，缺乏最基本的数据，或有伪造涂改者，不予检验和评定。资料不全者应予减分，减分幅度视资料不全情况，每款减1~3分。

2）分部工程和单位工程质量评分。分项工程和分部工程区分为一般工程和主要（主体）工程，分别给以1和2的权值，进行分部工程和单位工程评分时，采用加权平均值计算法确定相应的评分值。

$$\text{分部（单位）工程评分值} = \frac{\sum[\text{分项（分部）工程评分值} \times \text{相应权值}]}{\sum \text{分项（分部）工程权值}}$$

3）合同段和建设项目工程质量评分。合同段和建设项目工程质量评分值按《公路工程竣（交）工验收办法》计算。施工合同段工程质量评分采用所含各单位工程质量评分的加权平均值。即：

$$整个合同段工程评分值 = \frac{\sum[单位工程质量评分值 \times 该单位工程投资额]}{施工合同段总投资额}$$

整个工程项目工程质量评分采用加权平均法进行，即：

$$工程项目质量评分值 = \frac{\sum[合同段工程质量评分值 \times 该合同段投资额]}{\sum 施工合同段投资额}$$

4）质量保证资料。施工单位应有完整的施工原始记录、试验数据、分项工程自查数据等质量保证资料，并进行整理分析，应提交齐全、真实和系统的施工资料和图表。工程监理单位负责提交齐全、真实和系统的监理资料。质量保证资料包括以下6个方面：

① 所用原材料、半成品和成品质量检验结果。
② 材料配比、拌和加工控制检验和试验数据。
③ 地基处理、隐蔽工程施工记录和大桥、隧道施工监控资料。
④ 各项质量控制指标的试验记录和质量检验汇总图表。
⑤ 施工过程中遇到的非正常情况记录及其对工程质量影响分析。
⑥ 施工中如发生质量事故，经处理补救后，达到设计要求的认可证明文件等。

（3）工程质量等级评定办法。工程质量评定分为合格和不合格两个等级，应按分项、分部、单位工程和建设项目逐级评定。

1）分项工程质量等级评定。分项工程评分在75分及以上者为合格，75分以下者为不合格；机电工程、属于工厂加工制造的桥梁金属构件不小于90分者为合格，小于90分者为不合格。

经质量监督部门检查评为不合格的分项工程，经加固、补强、返工或进行整修，当满足设计要求和评定标准后，可以重新评定其质量等级，但计算分部工程评分值时，按其复评分值的90%计算。

2）分部工程质量等级评定。所属各分项工程全部合格，则该分部工程评为合格；如所属任一分项工程不合格，则该分部工程评为不合格。

3）单位工程质量等级评定。所属各分部工程全部合格，则该单位工程评为合格；如所属任一分部工程不合格，则该单位工程评为不合格。

4）合同段和建设项目（或标段）质量等级评定。合同段和建设项目所含单位工程全部合格，其工程质量等级评为合格；如所属任一单位工程不合格，则合同段和建设项目的工程质量评为不合格。

公路工程质量检验项目参见《公路工程质量检验评定标准》（JTG F80/1—2004）（下简称《评定标准》）的规定。

【例0-1】 一个单位工程是路基工程，其分部工程为路基土石方工程，而土方路基属于其中一个分项工程。土方路基检查时的基本要求为：

（1）在路基用地和取土坑范围内，应认真清除地表植被、杂物、积水、淤泥和表土，处理坑塘，并对基底进行认真压实和处理，满足规范和设计要求。

(2) 不得采用设计或规范规定的不适用土料作为路基填料。路基填料强度（CBR）应符合规范和设计规定。

(3) 路基必须分层填筑压实，每层表面应平整，路拱必须合适，排水应良好。

(4) 施工临时排水系统应与设计排水系统结合，勿使路基附近积水，避免冲刷边坡。

土方路基实测项目、规定分值及扣分规定见表0-3。

表0-3 土方路基实测项目

项次	检查项目		规定值或允许偏差			检查方法和频率	权值
			高速公路一级公路	其他公路			
				二级公路	三、四级公路		
1△	压实度(%)	零填及挖方/m 0~0.30	—	—	94	按《评定标准》附录B检查。密度法：每200m每压实层测4处	3
		0~0.80	≥96	≥95	—		
	填方/m	0~0.80	≥96	≥95	≥94		
		0.80~1.50	≥94	≥94	≥93		
		>1.50	≥93	≥92	≥90		
2△	弯沉（0.01mm）		不大于设计要求值			按《评定标准》附录I检查	3
3	纵断高程（mm）		+10, -15	+10, -20		水准仪：每200m测4断面	2
4	中线偏位（mm）		50	100		经纬仪：每200m测4点，弯道加HY、YH两点	2
5	宽度（mm）		不小于设计			米尺：每200m测4处	2
6	平整度（mm）		15	20		3m直尺：每200m测2处×10尺	2
7	横坡（%）		±0.3	±0.5		水准仪：每200m测4个断面	1
8	边坡		不陡于设计值			尺量：每200m测4处	1

注：1. 表列压实度以重型击实试验法为准，评定路段内的压实度平均值下置信界限不得小于规定标准，单个测定值不得小于极值（表列规定值减5个百分点）。小于表列规定值2个百分点的测点，按其数量占总检查点的百分率计算减分值。

2. 采用核子仪检验压实度时应进行标定试验，确认其可靠性。

3. 特殊干旱、特殊潮湿地区或过湿土路基，可按交通部颁发的路基设计、施工规范所规定的压实度标准进行评定。

4. 三级公路修筑沥青混凝土或水泥混凝土路面时，其路基压实度应采用二级公路标准。

土方路基外观鉴定时的基本要求如下：

(1) 路基表面应平整，边线应直顺、曲线应圆滑。如不符合要求时，单向累计长度每50m减1~2分。

(2) 路基边坡坡面必须平顺、稳定，不得亏坡，曲线应圆滑。如不符合要求时，单向累计长度每50m减1~2分。

(3) 取土坑、弃土堆、护坡道、碎落台的位置应适当，外观应整齐、美观，防止水土流失。如不符合要求时，每处减1~2分。

(4) 设计植草的路段，发现明显缺陷时，单向累计长度每50m减1~2分。

(4) 工程质量评定用表。分部工程、建设项目（合同段）质量检验评定记录格式分别见表0-4~表0-7。

表0-4 分项工程质量检验评定表

分项工程名称：_____　　所属分部工程名称：_____　　所属建设项目：_____
工程部位：（桩号、墩台号、孔号）　　施工单位：_____　　监理单位：_____

基本要求																
实测项目	项次	检查项目	规定值或允许偏差	实测值或实测偏差值										质量评定			
				1	2	3	4	5	6	7	8	9	10	平均、代表值	合格率（%）	权值	得分
	合计																
外观鉴定		减分		监理意见		
质量保证资料		减分				
工程质量等级评定	评分：		质量等级：			

检验负责人：_____　　检测：_____　　记录：_____　　复核：_____　　年　月　日

表0-5 分部工程质量检验评定表

分项工程名称：_____　　所属分部工程名称：_____　　所属建设项目：_____
工程部位：（桩号、墩台号、孔号）　　施工单位：_____　　监理单位：_____

施工单位	分项工程					备注
	工程名称	质量评定				
		实得分	权值	加权得分	等级	
	合计					
质量等级		加权平均分				
评定意见						

检验负责人：_____　　检测：_____　　记录：_____　　复核：_____　　年　月　日

表0-6 单位工程质量检验评定表

单位工程名称：_____　　所属建设项目：_____　　路线名称：_____
工程地点、桩号：_____　　施工单位：_____　　监理单位：_____

施工单位	分部工程					备注
	工程名称	质量评定				
		实得分	权值	加权得分	等级	
	合计					
质量等级		加权平均分				
评定意见						

检验负责人：_____　　检测：_____　　复核：_____　　年　月　日

表 0-7 建设项目（合同段）质量检验评定表

项目名称：_____ 路线名称：_____ 起止桩号：_____ 完工日期：_____

施工单位	单位工程		
	工程名称	实得分	投资额
质量等级			加权平均分
评定意见			

检验负责人：_____ 检测：_____ 复核：_____ 年 月 日

思考题与习题

一、填空题

1. 公路工程检测技术是一门正在发展的新兴科学，它融（　　）和（　　）及相关基础知识于一体，是（　　）、（　　）、（　　）、（　　）的主要依据。
2. 公路工程建设项目可划分为（　　）、（　　）、（　　）三级。
3. 分项工程质量检验内容包括（　　）、（　　）和（　　）。
4. 分项工程的评分值等于分项工程得分减去（　　）和（　　）。
5. 路肩工程应作为（　　）的一项分项工程进行检查评定。
6. 土方路基实测项目包括（　　）、（　　）、（　　）、（　　）、（　　）、（　　）、（　　）、（　　）。

二、单项选择题

1. 公路工程质量检验评分以（　　）为评定单元。
   A. 分部工程　　　B. 分项工程　　　C. 单位工程　　　D. 单项工程
2. 工程质量评分为合格、不合格两个等级，工程质量评定按（　　）顺序逐级进行。
   A. 分项工程、分部工程、单位工程　　　B. 分部工程、分项工程、单位工程
   C. 单位工程、分部工程、分项工程　　　D. 单位工程、分项工程、分部工程
3. 进行分部工程和单位工程评分时，采用加权平均值计算法确定相应的评分值。对于一般工程权值取 1，主要工程权值取（　　）。
   A. 1　　　B. 1.5　　　C. 2　　　D. 3
4. 分项工程评分值与（　　）无关。
   A. 实测项目数量　　　　　　　　B. 实测项目的合格率和规定值
   C. 外观缺陷数数量和程度　　　　D. 质量保证资料的完整性和真实性
5. 分项工程质量等级采用（　　）评定。
   A. 合格率　　　B. 优良率　　　C. 加权评分值　　　D. 评分值
6. 分部工程和单位工程采用（　　）评分方法。
   A. 合格率评分法　　　　　　　B. 数理统计评分方法
   C. 加权平均计算法　　　　　　D. 平均值法
7. 公路工程质量检验评定的依据为（　　）。
   A. 设计规范　　　　　　　　　B. 施工规范

C. 质量检验评定标准　　　　　　　　D. 试验规程

三、多项选择题

1. 考虑建设任务、施工管理和质量控制需要，建设项目划分（　　）三级。
   A. 单位工程　　　B. 分部工程　　　C. 单项工程　　　D. 分项工程
2. 下列项目中属于分项工程的有（　　）。
   A. 桥面　　　　　B. 涵洞　　　　　C. 砌筑工程　　　D. 软土地基
3. 路基土方压实度的规定值分为（　　）进行控制。
   A. 高速和一级公路　B. 其他公路　　　C. 二级公路　　　D. 三四级公路
4. 《公路工程质量检验评定标准》（JTGF 80—2004）适用于公路工程施工单位（　　）对公路工程质量的管理、监控和检验评定。
   A. 工程监理单位　　　　　　　　　　B. 工程建设单位
   C. 工程质量检测机构　　　　　　　　D. 工程质量监督部门
5. 工程质量评定等级分为（　　）。
   A. 优良　　　　　B. 中等　　　　　C. 合格　　　　　D. 不合格
6. 下列分部工程中，属于路基单位工程的有（　　）。
   A. 路基土石方工程　B. 大型挡土墙　　C. 小桥工程　　　D. 涵洞工程
7. 属于分项工程质量检验评定内容的有（　　）。
   A. 经检查不符合基本要求规定时，不予检验与评定
   B. 缺乏最基本资料，不予检验与评定
   C. 外观有严重的缺陷，不予检验与评定
   D. 检查项目合格率小于70%，不予检验与评定
8. 关于工程质量评定的下列说法中，正确的是（　　）。
   A. 工程质量评分以分项工程为评定单元
   B. 分项工程中各实测项目规定分值之和为100
   C. 分项工程实际评分值为各实测项目得分之和
   D. 按分项工程、分部工程、单位工程、工程建设项目逐级评定
9. 根据现行《公路工程质量检验评定标准》的划分，（　　）为分部工程。
   A. 软土地基　　　B. 小桥　　　　　C. 基层　　　　　D. 大型挡土墙

四、判断题

1. 土方路基验收实测项目有压实度、弯沉、平整度等指标。（　　）
2. 公路工程质量检验以分项工程为评定单元，采用100分制评分方法进行评分；分项工程最终得分就是实测项目中各检查项目得分之和。（　　）
3. 挡土墙应按分项工程进行等级评定。（　　）
4. 分项工程质量评定时，经检查不符合某些基本要求时，应给予扣分。（　　）
5. 若外观鉴定检查发现取土坑和弃土堆位置不符合要求，可以进行评定，但须按处减分。（　　）
6. 工程质量评定中，工程监理单位应按规定要求对工程质量进行独立抽检。（　　）

五、问答题

1. 加强试验检测工作，对工程质量控制有何意义？
2. 简述工程质量评分方法及等级评定办法。

项目1　试验检测数据处理

主要知识点	抽样检验，试验检测数据修约，试验检测数据的特征值，数据的取舍和统计
重点	试验检测数据修约，试验检测数据的特征值，数据的取舍
难点	数据修约，数据的取舍
学习指导	通过本项目学习能够领悟抽样检测的含义，能够对数据进行修约，能够对数据进行取舍，掌握特征值的计算方法，会利用一定的方法对数据进行统计分析

任务1.1　抽 样 检 验

1.1.1　抽样检验

检验是指通过测量、试验等质量检测方法，将工程产品与其质量要求相比较并作出质量评判的过程。工程质量检验是工程质量控制的一个重要环节，是保证工程质量的必要手段。

检验可分为全数检验和抽样检验两大类。全数检验是对一批产品中的每一个产品进行检验，从而判断该批产品的质量状况；抽样检验是从一批产品中抽出少量的单个产品进行检验，从而推断该批产品的质量状况。全数检验较抽样检验可靠性好，但检验工作量非常大，往往难以实现；抽样检验方法以数理统计学为理论依据，具有很强的科学性和经济性，在许多情况下，只能采用抽样检验方法。公路工程不同于一般产品，它是一个连续的整体，且采用的质量检测手段又多属于破坏性的。所以，就公路工程质量检验而言，不可能采用全数检验，而只能采用抽样检验。即从待检工程中抽取样本，根据样本的质量检查结果，推断整个待检工程的质量状况，如图1-1所示。

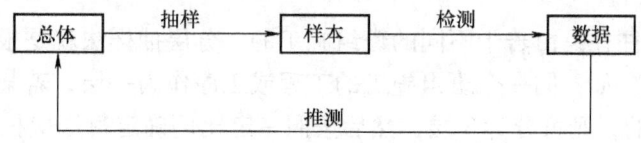

图1-1　总体与样本的关系

质量检验的目的在于准确判断工程质量状况，以促进工程质量的提高。其有效性取决于检验的可靠性。

1.1.2　总体与样本

在工程质量检验或评价工程质量中，以取得的试验资料为基础。逐一考察其某项质量特征显然是不可能的，从统计的概念和方法来说，最重要的是通过抽取总体中的一小部分个体加以检测、分析以了解总体的情况，发现工程建设中的问题，进而达到改进设计、施工工艺，提高工程质量的目的。对试验资料进行整理和分析多应用数理统计的方法。

在数理统计中，研究对象为某项质量指标。我们将研究对象全体称为总体，又称母体，是统计分析中所研究对象的全体。总体的每个元素，称为个体。从总体中抽取一部分个体就是样本。

1.1.3 抽样检验分类

抽样是从总体中抽取样本的过程，并通过样本了解总体。总的来说，抽样检验分为非随机抽样与随机抽样两大类。

1. 非随机抽样

进行人为的有意识的挑选取样即为非随机抽样。非随机抽样中，人的主观因素占主导作用，由此所得到的质量数据，往往会对总体作出错误的判断。因此，采用非随机抽样方法所得的检验结论，其可信度较低。

2. 随机抽样

随机抽样排除了人的主观因素，使待检总体中的每一个产品具有同等被抽取到的机会。只有随机抽取的样本才能客观地反映总体的质量状况。这类方法所得到的数据代表性强，质量检验的可靠性得到了基本保证。因此，随机抽样是以数理统计的原理，根据样本取得的质量数据来推测、判断总体的一种科学抽样检验方法，因而被广泛使用。

1.1.4 随机抽样的方法

随机抽样可以分为单纯随机抽样、分层抽样、两级取样、系统抽样。

1. 单纯随机抽样

在总体中，直接抽取样本的方法即为单纯随机抽样，这是一种完全随机化的抽样方法。要实现单纯随机抽样，应对总体中各个个体进行编码。随机抽样并不意味着随便地、任意地取样，而是应采取一定的方式获取随机数，以确保抽样的随机性。随机数可以利用随机数表获得，也可以利用掷骰子和抽签的方法获得。

2. 分层抽样

一项工程或工序往往是由若干不同的班组施工的。分层抽样法就是根据此类情况，将工程或工序分为若干层。如：同一个班组施工的工程或工序作为一层，若某项工程或工序是由3个不同的班组施工的，则可分为3层，然后按照一定比例确定每层应抽取样品数，对每层则按单纯随机抽样法抽取样品。分层时，应尽量使层内均匀，而层间不均匀。分层抽样法便于了解每层的质量状况，分析每层产生质量问题的原因。

3. 两级取样

当物品由许多货箱堆积在一起构成批量时，按单纯随机取样比较困难。此时，可以先在若干箱中进行第一级随机取样，挑出一部分箱子，然后再在这些箱子中对物品再一次进行随机取样。

4. 系统抽样

系统地将总体分成若干部分，然后从每一个部分抽取一个或若干个个体，组成样本，这一方法称之为系统抽样。在工程质量控制中，可将比较大的工程分为若干部分，再根据样本容量的大小，在每部分按比例进行单纯随机抽样，将各部分抽取的样品组合成一个样本。

1.1.5 抽样检验的质量评定

抽样检验的目的，就是根据样本取得的质量数据来推测样本所属的一批产品或工序的质量状况，并判断该批产品或该工序是否合格。抽样检验的过程可以用图1-2表示。

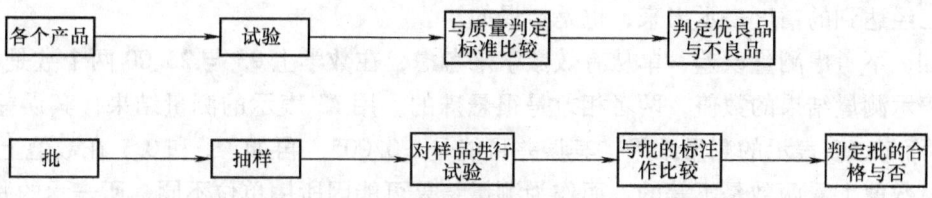

图1-2 抽样检验的过程

对于路基路面压实度、弯沉值、路面结构层厚度、半刚性基层材料强度、水泥混凝土抗折强度等检测项目，应采用数理统计的方法进行评定计分。

任务1.2 试验检测数据修约

1.2.1 检测数据的分类

工程检测中会遇到大量的数据，工程质量检测过程中"一切用数据说话"。

检测数据的分类 在工程质量验收中，对于所获得的原始检测数据，按其性质可分为计量值和计数值两种。

（1）计量值数据。计量值为连续数据，表示检测项目数据的性质是连续的，可以不断细分，一般带小数。工程检测中大部分得出的数据都属于这一类。比如长度、重量、温度数据。

（2）计数值数据。计数值为间断、离散数值，表示测量单位数据的性质是间断的、离散的、不可再细分的，一般不能用测量器具来度量。例如，苹果的个数等。

1.2.2 数字的修约规则

1. 有效数字

在测量工作中，由于测量结果总会有误差，因此表示测量结果的位数不宜太多，也不宜太少，太多容易使人误认为测量精度很高，太少则会损失精度。

测量过程中，由于受到一系列不可控制和不可避免的主观和客观因素的影响，所获得的测量值必定含有误差，即获得的测量值仅仅是被测量的近似值。另一方面，在数据处理过程中引入的诸如π、$\sqrt{2}$等一些常量，在大多数情况下，是以无穷小数形式的无理数来表示的，这就需要确定一项原则，将测得的或计算的数截取到所需的位数。认为在一个数值中小数点后面的位数越多，这个数值就越准确；或者在计算中，保留的位数越多，这个数值就越准确的想法都是错误的。第一种想法的错误在于没有弄清楚小数点的位置不是决定准确与否的标准，而仅与所用计量单位的大小有关。如长度为 21.3mm 与 0.0213m，其准确程度完全相同；第二种想法的错误在于不了解由于仪器和人们的感官测量只能做到一定的准确程度。这个准确程度一方面决定于所用仪器刻度的精细程度；另一方面也与所用方法有关。因此在计算结果中，无论取多少位数都不可能把准确程度增加到超过测量误差所允许的范围。反之，表示一个数值时，如果书写的位数过少，即数值所取的有效位数少于实际所能达到的精度，不能把已经达到的精度表示出来，也是错误的。

例如，不考虑测量误差，单从有效数字来考虑，在数学上 23 与 23.00 两个数是相等的。而作为表示测量结果的数值，两者相差是很悬殊的。用 23 表示的测量结果，其误差可能为 ±0.5；而 23.00 表示的测量结果，其误差可能是 ±0.005。再如，1 和 0.1 在数值上相差 10 倍，单从数值上看两数是不等的，而作为测量结果可能因所用单位不同，所表示的测量结果和所达到的精度是相同的。

因此，在对测量数据的处理中，掌握有效数字的有关知识是十分重要的。

有效数字的概念可表述为：由数字组成的一个数，除最末一位数字是不确切值或可疑值外，其他数字皆为可靠值或确切值，则组成该数的所有数字包括末位数字称为有效数字，除有效数字外其余数字为多余数字。

对于"0"这个数字，它在数中的位置不同，可能是有效数字，也可能是多余数字。

整数前面的"0"无意义，是多余数字。对纯小数，在小数点后，数字前的"0"只起定位，决定数量级的作用（相当于所取的测量单位不同），所以，也是多余数字。

处于数中间位置的"0"是有效数字。

处于数后面位置的"0"是否算有效数字可分三种情况：

（1）数后面的"0"，若把多余数字的"0"用 10 的乘幂来表示，使其与有效数字分开，这样在 10 的乘幂前面所有数字包括"0"皆为有效数字。

（2）作为测量结果并注明误差值的数值，其表示的数值等于或大于误差值的所有数字，包括"0"皆为有效数字。

（3）上面两种情况外的数后面的"0"则很难判断是有效数字还是多余数字，因此，应避免采用这种不确切的表示方法。

一个数，有效数字占有的位数，即有效数字的个数，为该数的有效位数。

为弄清有效数字的概念，举例如下：00713，0.0715，7.03，7.03×10^2，这四个数的有效位数均为 3，有效数字都是 3 个。

再如，测量某一试件面积，得其有效面积 A = 0.050 150 2m^2，测量的极限误差 δ_{lim} = 0.000 005m^2。则测量结果应当表示为 A = (0.050 150 ± 0.000 005)m^2。误差的有效数字为 1 位，即 5；而有效面积的有效数字应为 5 个，即 50150；因 2 小于误差的数量级，故为多余数字。若给出的数值为 71300，则为不确切的表示方法。它可能是 713×10^2，也可能是 7.130×10^4，也可能是 7.1300×10^4。即有效数字可能是 3 个，4 个或 5 个。若无其他说明，则很难判定其有效数字究竟是几个。

在测量或计量中应取多少位有效数字，可根据下述准则判定：

（1）对不需要标明误差的数据，其有效位数应取到最末一位数字为可疑数字（也称不确切或参考数字）。

（2）对需要标明误差的数据，其有效位数应取到与误差同一数量级。

2. 修约间隔

修约间隔是指确定修约保留位数的一种方式，修约间隔的数字一经确定，修约值即应为该数值的整数倍。

例如：修约间隔为 0.1，即修约后数值的尾数应是 1、2、……8、9、0。

修约间隔为指定数位的 0.5 单位，即修约后数值的尾数应是 5、0。

修约间隔为指定数位的 0.2 单位，即修约后数值的尾数应是 2、4、6、8、0。

最基本的修约间隔是 10^n（n 为整数），它等同于确定修约到某位数。

3. 数值修约进舍规则（奇升偶舍法）

（1）拟舍弃数字的最左一位数字小于 5 时，则舍去，即保留的各位数字不变。

例：将 15.347 修约到一位小数，得 15.3。

将 222.54456 修约到小数点后 1 位，拟舍弃的数字是 4456，4 小于 5，舍去后为：222.5。

（2）拟舍弃数字的最左一位数字大于 5 时，则进 1。

例：将 15.76 修约到个位数，得 16。

将 20.608 修约到个位数，得 21。

将 2267 修约到"百"数位（修约间隔 10^2），得 23×10^2。

（3）拟舍弃数字的最左一位数字等于 5 时，而后面的数字并非全部为 0，则进 1。

例：将 17.0503 修约保留一位小数为 17.1。

（4）拟舍弃数字的最左一位数字为 5，后面无数字或皆为 0 时，若所保留的末位数字为奇数（1、3、5、7、9）则进一，为偶数（2、4、6、8、0）则舍弃。

例：将 0.750 修约到一位小数，得 0.8；

将 0.0585 修约成两位有效数字，得 0.058。

（5）负数修约时，先将它按前四条规定进行修约，然后在修约值前面加上负号。

（6）0.5 单位修约和 0.2 单位修约：

1）0.5 单位修约是将拟修约数值乘以 2，按指定位数依进舍原则修约，所得数值再除以 2。（修约后的最后一位数是 5 或是 0）。

例如：将下列数字修约到个数位的 0.5 单位。

拟修约数值	乘（×2）	修约值	修约值
60.25	120.50	120	60.0
60.38	120.76	121	60.5
-60.75	-121.50	-122	-61.0

2）0.2 单位修约是将拟修约数值乘以 5，按指定数位依进舍规则修约，所得数值再除以 5。

例如：将下列数字修约到百数位的 0.2 单位。

拟修约数值	乘（×5）	修约值	修约值
830	4150	4200	840
842	4210	4200	840
-930	-4650	-4600	-920

上述数值修约规则（称之为"奇升偶舍法"）与常用的"四舍五入"的方法区别在于：用"四舍五入"法对数值进行修约，从很多修约后的数值中得到的均值偏大。而用上述的修约规则，进舍的状况具有平衡性，进舍误差也具有平衡性，若干数值经过这种修约后，修约值之和变大的可能性与变小的可能性是一样的。

为便于记忆，将上述规则归纳为以下几句口诀：四舍六入五考虑，五后非零则进一，五后为零视奇偶，奇升偶舍要注意，修约一次要到位。

4. 数值修约注意事项

实行数值修约，应在明确修约间隔，确定修约位数后一次完成，而不应连续修约，否则会导致不正确的结果。然而，实际工作中常有这种情况，有的部门先将原始数据按修约要求多一位至几位报出，而后另一个部门按此报出值再按规定位数修约和判定，这样就有连续修约的错误。

拟修约数字应在确定修约后一次修约获得结果，而不得多次按进舍规则连续修约。

例如：修约 15.4546，修约间隔为 1，正确的做法：15.4546→15；不正确的做法：15.4546→15.455→15.46→15.5→16。

5. 计算法则

主要是加减乘除等计算，限于篇幅，这里不再介绍，可以参考凌天清主编的《道路工程试验检测技术》一书。

任务 1.3　试验数据的统计特征值

检测数据常用的统计特征数可分为规律特征数和离散特征数两类。规律特征数是表示统计数据的规律性的，主要有算术平均值、加权平均值、中位数等。离散特征数是表示统计数据的波动性的，主要有极差、标准偏差、变异系数等。下面介绍公路工程试验检测常用到的一些统计特征数。

1. 规律特征数

（1）算术平均值。它是反映产品平均水平的一个量，将一组变量值相加之和除以该组的样本含量（测定所获得的数据个数 n）所得之商，常作为测定偏离大小的一个基础，可用式（1-1）来计算

$$\bar{x} = \frac{1}{n}(x_1 + x_2 + \cdots + x_i) = \frac{1}{n}\sum_{i=1}^{n} x_i \tag{1-1}$$

式中　x_1，x_2，$\cdots$，x_i——各检测值；

　　　　n——检测值的个数（样本量）。

（2）加权平均值。各种权数算出的平均值，常用于计算指数或平均百分率的平均值。

计算时必须给各项目选择适当的权数。计算公式见式（1-2）

$$\bar{x} = \frac{x_1\omega_1 + x_2\omega_2 + \cdots + x_n\omega_n}{\omega_1 + \omega_2 + \cdots \omega_n} = \frac{\sum_{i=1}^{n} x_i\omega_i}{\sum_{i=1}^{n} \omega_i} \quad (1\text{-}2)$$

式中 $\omega_1, \omega_2, \cdots, \omega_n$——$x_1, x_2, \cdots, x_n$ 各检测值对应的权数。

（3）中位数。在一组数据中，按其大小次序排列，排在正中间的一个数表示总体的平均水平，称为中位数，或称中值，用 $\tilde{x}$ 表示。n 为奇数时，正中间的数只有一个；n 为偶数时，正中间的数有两个，则取这两个数的平均值作为中位数，即：

$$\tilde{x} = \begin{cases} x_{\frac{n+1}{2}} & n \text{ 为奇数} \\ (x_{\frac{n}{2}} + x_{\frac{n}{2}+1})/2 & n \text{ 为偶数} \end{cases} \quad (1\text{-}3)$$

2. 离散特征数

（1）极差。在一组数据中最大值与最小值之差称为极差。极差常用于测定数值的离散程度，适合于小样本，可以了解产品的波动范围和离散程度，但容易受样本中异常值的影响，不能表示内部频数的分布情况。

$$R = x_{\max} - x_{\min} \quad (1\text{-}4)$$

（2）方差。方差是各检测值与平均值或中位数的偏差平方和除以检测值个数或样本数而得到的结果。其计算公式为：

总体方差
$$\sigma^2 = \frac{\sum_{i=1}^{n} (x_i - \mu)^2}{N} \quad (1\text{-}5)$$

式中 σ——总体方差；
x_i——每个检测值；
μ——总体平均值；
N——总体所有变量的个数。

样本方差
$$S^2 = \frac{\sum_{i=1}^{n} (x_i - \bar{x})^2}{n-1} \quad (1\text{-}6)$$

式中 S——样本方差；
x_i——每个检测值；
$\bar{x}$——样本平均值；
$n-1$——自由度，指抽样检查时在总体中能互相独立地、各自自由地抽取值的个数。

（3）标准偏差。标准偏差有时也称标准离差、标准差或均方差，它是衡量样本数据波动性（离散程度）的指标。在质量检验中，总体的标准偏差 σ 一般不易求得。样本的标准偏差 S 按式（1-7）、（1-8）计算：

总体标准差
$$\sigma = \sqrt{\frac{\sum_{i=1}^{n} (x_i - \mu)^2}{N}} \quad (1\text{-}7)$$

样本标准差
$$S = \sqrt{\frac{\sum_{i=1}^{n}(x_i - \bar{x})^2}{n-1}} \qquad (1\text{-}8)$$

（4）变异系数。标准偏差反映的是样本数据的绝对波动状况，当测量较大的量值时，绝对误差一般较大；而测量较小的量值时，绝对误差一般较小，因此用相对波动的大小，变异系数更能反映样本数据的波动性。变异系数 C_v 按式（1-9）计算：

$$C_v = \frac{S}{\bar{x}} \times 100\% \qquad (1\text{-}9)$$

【例1-1】 某路测得弯沉值（单位：0.01mm）分别为100、101、102、110、95、98、93、96、103、104，计算其算术平均值、中位数、极差、标准差和变异系数。

解：算术平均值：$\bar{x} = \frac{1}{n}\sum_{i=1}^{n} x_i = 100.2$（0.01mm）

中位数：按其大小次序排序93、95、96、98、100、101、102、103、104、110。一共有10个数值，是偶数，中位数：$(100 + 101) \times \frac{1}{2} = 100.5$（0.01mm）

极差：$x_{max} = 110$，$x_{min} = 93$，$110 - 93 = 17$（0.01mm）

标准差：

$$S = \sqrt{\frac{\sum_{i=1}^{n}(x_i - \bar{x})^2}{n-1}} = \sqrt{\frac{\sum_{i=1}^{n} x_i^2 - n\bar{x}^2}{n-1}} = 4.98 \text{（0.01mm）}$$

任务1.4 数据的取舍与统计

工程质量会发生波动，因而质量检测数据会参差不齐，有时还会有一些明显过大或过小的可疑数据，故在进行数据分析之前，要辨真伪、定取舍。质量数据的统计，就是要运用统计性规律，收集、整理、分析、利用数据，并以这些数据作为判断、决策、和解决质量问题的依据。

1.4.1 数据的取舍方法

1. 拉依达法（2S 或 3S 法）

当观测值数量较多或总体均方差已知时，可简单地采用2S（当样本个数较少时）或3S（当样本个数较多时）作为鉴别特异值的界限值。当某一测量值与测量结果的算术平均值之差大于2倍或3倍标准偏差时，该测试值应该舍弃。用式（1-10）表示：

$$|x_i - \bar{x}| \geq 3S \qquad (1\text{-}10)$$

取3S的理由是：根据随机变量的正态分布规律，在多次试验中，测量值落在 $\bar{x} - 3S$ 与 $\bar{x} + 3S$ 之间的概率为99.73%，出现在此范围之外的概率为0.27%，也就是在近400次试验中才能遇到一次，这种事件为小概率事件，出现的可能性很小，几乎是不可能，因而在实际试验中，一旦出现，就认为该测量数据是不可靠的，应将其舍弃。

另外，当测量值与平均值之差大于2倍标准偏差（即 $|x_i - \bar{x}| > 2S$）时，则该测量值应

保留，但需存疑。如发现生产（施工）、试验过程中，有可疑的变异时，该测量值则应予舍弃。

2. 肖维纳特法

进行 n 次试验，其测量结果服从正态分布，以概率 $1/2n$ 设定判别范围 $(-K_nS, K_nS)$，当测量值与算术平均值的差（即偏差）超出该范围，就认为该测量值是可疑的，应该舍弃。用式（1-11）表达即是：

$$|x_i - \bar{x}| \geq K_nS \tag{1-11}$$

式中 K_n——肖维纳特系数，与试验次数有关，可由表1-1查得。

表1-1 肖维纳特系数

n	K_n	n	K_n	n	K_n	n	K_n	n	K_n	n	K_n
3	1.38	8	1.86	13	2.07	18	2.20	23	2.30	50	2.58
4	1.53	9	1.92	14	2.12	19	2.22	24	2.31	75	2.71
5	1.65	10	1.96	15	2.13	20	2.24	25	2.33	100	2.81
6	1.73	11	2.00	16	2.15	21	2.26	30	2.39	200	3.02
7	1.80	12	2.03	17	2.17	22	2.28	40	2.49	500	3.20

从上面公式可以看出，拉依达法是肖维纳特法的一种特殊形式，即当 $K_n = 3$ 时。肖维纳特法改善了拉依达法，但又逐渐被格拉布斯法所代替。

3. 格拉布斯法

格拉布斯法假定测量结果服从正态分布，根据顺序统计量来确定可疑数据的取舍。例如，做 n 次重复试验，测得结果为 $x_1, x_2, \cdots, x_i, \cdots, x_n$，而且 x_i 服从正态分布。

为了检验 $x_i (i = 1, 2, \cdots, n)$ 中是否有可疑值，可将 x_i 按其值由小到大的顺序排成，得：

$$x_{(1)} \leq x_{(2)} \leq \cdots \leq x_{(n)}$$

根据顺序统计原则，给出标准化顺序统计量 g：

当最小值 $x_{(1)}$ 可疑时，则：$g = \dfrac{\bar{x} - x_{(1)}}{S}$ (1-12)

当最大值 $x_{(n)}$ 可疑时，则：$g = \dfrac{x_{(n)} - \bar{x}}{S}$ (1-13)

式中 $\bar{x}$——测量值的算术平均值；

S——测量值的标准偏差。

根据格拉布斯统计量的分布，在指定的显著性水平 β（一般 $\beta = 0.05$）下，求得判别可疑值的临界值 $g_0(\beta, n)$，格拉布斯法的判别标准为：

$$g \geq g_0(\beta, n) \tag{1-14}$$

则可疑值 $x_{(i)}$ 是异常的，应予以舍去。其中 $g_0(\beta, n)$ 值列于表1-2。

利用格拉布斯法每次只能舍弃一个可疑值，若有两个以上的可疑数据，应该一个一个数据舍弃。舍弃第一个数据后，检测次数由 n 变为 $n-1$，以此为基础再判别第二个数据是否应舍去。每次均值和均方差要重新计算，再决定取舍。

表1-2 格拉布斯系数 $g_0(\beta, n)$

n	β 0.01	β 0.05	n	β 0.01	β 0.05	n	β 0.01	β 0.05
3	1.15	1.15	13	2.61	2.33	23	2.96	2.62
4	1.49	1.46	14	2.66	2.37	24	2.99	2.64
5	1.75	1.67	15	2.70	2.41	25	3.01	2.66
6	1.94	1.82	16	2.74	2.44	30	3.10	2.74
7	2.10	1.94	17	2.78	2.47	35	3.18	2.81
8	2.22	2.03	18	2.82	2.50	40	3.24	2.87
9	2.32	2.11	19	2.85	2.53	50	3.34	2.96
10	2.41	2.18	20	2.88	2.56	100	3.59	3.17
11	2.48	2.24	21	2.91	2.58			
12	2.55	2.29	22	2.94	2.60			

【例1-2】 试用格拉布斯法判别如下数据的真伪：

24.5 24.8 23.0 31.0 27.0 25.0 25.4 26.0 25.8 25.5。

解：（1）将测量数据按照从小到大的顺序排列：

23.0 24.5 24.8 25.0 25.4 25.5 25.8 26.0 27.0 31.0

（2）计算数据统计特征量：

$$\bar{x} = 25.8 \text{MPa} \qquad S = 2.1 \text{MPa}$$

（3）计算统计量：

$$g_{(1)} = \frac{\bar{x} - x_{(1)}}{S} = \frac{25.8 - 23.0}{2.1} = 1.33$$

$$g_{(10)} = \frac{x_{(n)} - \bar{x}}{S} = \frac{31.0 - 25.8}{2.1} = 2.48$$

由于 $g_{(10)} > g_{(1)}$，首先判别 $x_{(10)} = 31.0$。

（4）选定显著性水平 $\beta = 0.95$ 并根据 $\beta = 0.95$ 和 $n = 10$，由表1-4查得：

$$g_0(0.05, 10) = 2.18$$

（5）判别：

由于 $g_{(10)} = 2.48 > g_0(0.05, 10) = 2.18$，所以 $a_{(10)} = 31.0$ 为异常值，应予以舍弃。仿照以上方法继续对余下的9个数据进行判别，经计算没有异常值。

1.4.2 质量数据的统计方法

质量数据的统计，就是运用统计性规律，收集、整理、分析、利用数据，并以这些数据作为判断、决策和解决质量问题的依据。

质量数据中比较常用而有效的统计方法有频数分布直方图法、排列图法、因果分析图法、控制图法、分层法、相关图法和统计调查分析法等。限于篇幅，本节主要介绍频数分布直方图、和相关图等方法。

1. 频数分布直方图法

频数分布直方图即质量分布图,是把收集到的工序质量数据,用相等的组距进行分组,按要求进行频数(频数:重复试验中,随机事件出现的次数)统计,再在直角坐标系中以组界为顺序、组距为宽度在横坐标上描点,以各组的频数为高度在纵坐标上描点,然后画成长方形(柱状)连接图。绘制直方图的方法与步骤:

(1) 收集数据:一般应不少于50到100个数据;
(2) 数据分析与整理:找出计算数据的 x_{max}、x_{min},并计算 R(极差);
(3) 确定组数与组距:通常先定组数,后定组距,组数根据数据的数量来确定;

表1-3 组数与组距关系表

数据数量	<50	50~100	100~250	>250
组数 B	5~7	6~10	7~12	10~20

组距的计算公式为:

$$h = \frac{R}{B-1} \tag{1-15}$$

(4) 确定组界值:组界值要比原数据的精度高一位,以避免数据恰好在组界上;

$$第一组的下界值 = x_{min} - (h/2) \tag{1-16}$$
$$第一组的上界值 = x_{min} + (h/2) \tag{1-17}$$

(5) 统计频数:组界值确定后按组号统计频数、频率(相对频数)。
(6) 绘制直方图。

【例1-3】 某沥青混凝土拌和过程中,油石比的抽检结果列于下表中,试绘制该检测结果的直方图。其数据如表1-4所示。

表1-4 油石比检测数据

顺序	数 据										最大	最小	极差
1	6.1	6.3	5.8	5.9	5.9	6.1	6.0	6.0	5.8	5.8	6.3	5.8	0.5
2	5.8	6.2	5.9	5.8	5.9	5.8	6.0	6.2	6.2	5.9	6.2	5.8	0.4
3	5.7	5.6	5.8	5.7	5.8	5.9	5.9	5.8	5.7	6.0	6.0	5.6	0.4
4	6.0	6.0	6.1	6.0	5.9	5.7	6.1	5.8	5.8	5.9	6.1	5.7	0.4
5	5.9	5.6	5.6	6.3	6.1	6.1	6.3	5.7	6.2	5.7	6.3	5.6	0.7
6	5.6	5.7	5.8	5.6	6.0	6.1	6.0	5.9	6.0	6.1	6.1	5.6	0.5
7	6.1	5.8	5.5	6.2	6.0	6.0	5.9	6.1	6.0	6.3	6.3	5.5	0.8
8	5.9	5.9	6.0	5.8	6.0	5.8	6.0	6.1	5.8	6.1	6.1	5.8	0.3
9	5.9	6.4	5.9	5.9	5.9	6.0	6.0	6.2	6.1	6.1	6.4	5.9	0.5
10	6.1	5.8	6.0	5.5	6.3	6.2	6.2	6.3	6.1	6.0	6.3	5.5	0.8

解:(1) 数据分析与整理:计算数据的 $x_{max}=6.4$,$x_{min}=5.5$;
R(极值)$= x_{max} - x_{min} = 6.4 - 5.5 = 0.9$;
根据数据的数量确定组数:$B = 6 \sim 10$;
确定组距:$h = R/(B-1) = 0.9/(10-1) = 0.1$;
确定组界值:

第一组的下界值 = $x_{min} - (h/2) = 5.5 - (0.1/2) = 5.45$
第一组的上界值 = $x_{min} + (h/2) = 5.5 + (0.1/2) = 5.55$
第一组的界值为：5.45~5.55

第一组的上界值就是第二组的下界值，第二组的下界值加上组距 h 即为第二组的上界值，其余依次类推。

(2) 统计频数：组界值确定后按组号，统计分组区间内数据出现的（个数）频数、（相对频数）频率见表1-5。

表1-5 频率表

序号	分组区间	频数	相对频数	序号	分组区间	频数	相对频数
1	5.45~5.55	2	0.02	7	6.05~6.15	15	0.15
2	5.55~5.65	4	0.04	8	6.15~6.25	8	0.08
3	5.65~5.75	8	0.08	9	6.25~6.35	5	0.05
4	5.75~5.85	14	0.14	10	6.35~6.45	1	0.01
5	5.85~5.95	21	0.21	合计：		100	1.00
6	5.95~6.05	22	0.22	—			

(3) 绘制直方图。以横坐标为质量特征，纵坐标为频数（或频率）作直方图。

由图1-3可知，如果收集的检测数据量越来越多，分组越来越细，直方图就转化为一条光滑的曲线。这条曲线称为概率分布曲线。概率分布曲线的形式很多，在工程质量检验与评价中，常用到正态分布和 t 分布。

(7) 频数分布直方图的应用。作直方图的目的，是通过观察图的形状来判断质量是否稳定，质量分布状态是否正常，预测不合格率。直方图在质量控制中的用途，主要有估计可能出现的不合格率、考察工序能力、判断质量分布状态和判断施工能力。

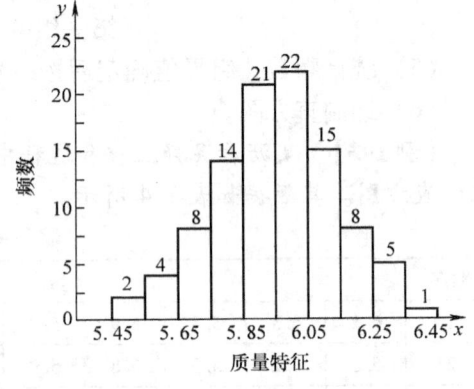

图1-3 直方图

1) 估算可能出现的不合格率。质量评定标准，一般都有上下两个标准界限值，上限为 T_u，下限为 T_L，故不合格率有超上限不合格率 P_u 和超下限不合格率 P_L，总的不合格率为：

$$P = P_u + P_L \qquad (1-18)$$

为了计算 P_L 和 P_u 引入相应的系数：

$$K_u = \frac{|T_u - \bar{x}|}{S} \qquad (1-19)$$

$$K_L = \frac{|T_L - \bar{x}|}{S} \qquad (1-20)$$

根据 K_u、K_L 查"正态分布概率系数表"（附表1），即可确定相应的超上限不合格率 P_u 和超下限不合格率 P_L。

2) 判断质量分布状态。当生产条件正常时，直方图应该是中间高，两侧低，左右接近对称的正常型图形，如图1-4a所示。当出现非正常型图形时，就要进一步分析原因，并采取措施加以纠正。常见的非正常型图形有图1-4中b～f五种类型。

图b，折齿型：图形出现凹凸状，多是由于分组不当或者组距确定不当所致。

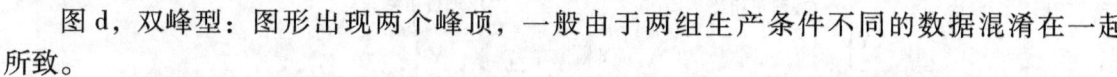

图1-4 常见的直方图图形

图c，孤岛型：出现孤立小直方图，这是由于少量材料不合格，或短时间内工人操作不熟练所造成的。

图d，双峰型：图形出现两个峰顶，一般由于两组生产条件不同的数据混淆在一起所致。

图e，缓坡型：图形向左或向右呈缓坡状，即平均值偏左或偏右，这是由于工艺施工过程中的上控制界限或下控制界限控制太严造成的。

图f，绝壁型：直方图的分布中心偏向一侧，常是由操作者的主观因素所造成的，或是在工序检验中出现了人为干扰现象。这时应重新进行数据统计或按规定重新检验。

3）判断施工能力。将正常型直方图与质量标准进行比较，即可判断实际生产施工能力。如图1-5所示，T 表示质量标准要求的界限，B 代表实际质量特性值分布范围。比较结果一般有以下几种情况：

图a：B 在 T 中间，两边各有一定余地，这是理想的控制状态。

图b：B 虽在 T 之内，但偏向一侧，有可能出现超上限或超下限不合格品，要采取纠偏措施。

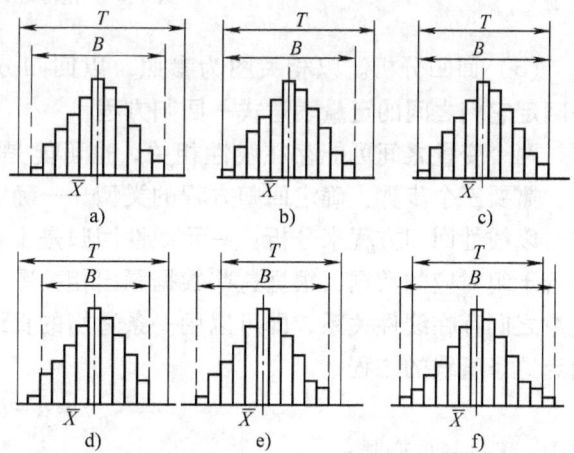

图1-5 实际质量分布与质量标准的关系

图c：B 与 T 相重合，实际分布太宽，极易产生超上限上与超下限的不合格品，要采取措施提高工序能力。

图d：B 过分小于 T，说明工序能力过大，不经济。

图e：B 过分偏离 T 的中心，已经产生超上限或下限的不合格品，需要调整。

图f：B 大于 T，已经产生大量超上限与超下限的不合格品，说明工序能力不能满足技术要求。

2. 相关图法

相关图又称散布图，用以研究两种数据之间是否存在相关关系。它是把两种数据列出来之后，在坐标纸上打点，而得到的一张图纸。从图纸上点子的散布情况可疑判断两种数据之间的关系。

（1）作图方法。数据收集──→设计坐标──→数据打点入座──→注说明。

(2) 相关图的观察分析。六种基本关系：强正相关、弱正相关、强负相关、弱负相关、不相关、非线性相关，如图 1-6 所示。

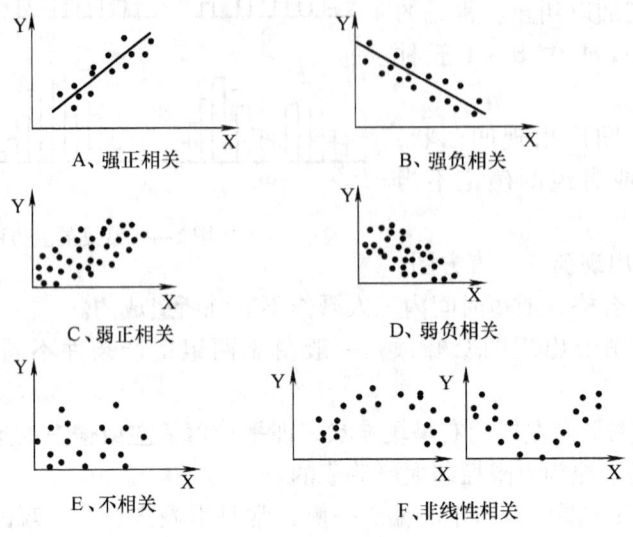

图 1-6 相关图的基本类型

(3) 回归分析。以相关图为参照，以回归分析的方法揭示两个变量之间的相关关系，并确定它们之间的定量表达式—回归方程。

两个变量之间可能存在线性相关，也可能是非线性相关，故用数学方法表示试验结果时，需要三个步骤：确定回归方程的类型——确定回归系数——判断相关关系。

以线性回归方程来分析：一元线性回归是工程中常见的配直线问题。通过试验，可以得到若干组对应的数据，根据这些数据画出相关图，当点大致分布在一条直线附近时，说明两变量之间存在线性关系，即可以用一条适当的直线来表达这两个变量之间的关系，并且可以确定这条直线的方程：

$$Y = a + bX \tag{1-21}$$

式中 X——自变量；
Y——因变量；
a、b——回归系数。

通过上述两变量形成的点的直线很多，确定 a、b 值所构成的直线必须使函数 Y_i 与实际观测值 y_i 之差最小。工程实践中，多采用最小二乘法确定回归系数 a、b 值。

最小二乘法的基本原理是：当所有测量数据偏差的平方和最小时，所配的直线最优。根据这个条件求得：

$$b = L_{xy}/L_{xx} \tag{1-22}$$

$$a = \bar{y} - b\bar{x} \tag{1-23}$$

式中：

$$L_{xy} = \sum_{i=1}^{n}(x_i - \bar{x})(y_i - \bar{y}) = \sum_{i=1}^{n} x_i y_i - n\overline{xy} \tag{1-24}$$

$$L_{xx} = \sum_{i=1}^{n}(x_i - \bar{x})^2 = \sum_{i=1}^{n}x_i^2 - n\bar{x}^2 \tag{1-25}$$

最后要确定该直线方程 $Y = a + bX$ 与两种变量之间的相关程度。比如，两组数据在直角坐标图上分布无规律，我们通过一定方法，找到两组数据的回归方程为一条直线，那么，这条直线就不能反映这两组数据之间的实际关系，这条直线表达的两组数据之间的关系就没有实际意义。在这里，为了衡量回归方程与两组变量之间的相关程度，需要引入一个指标，即相关系数 r。

相关系数是表述回归方程线性相关密切程度的指标，其取值范围为 $-1 \leq r \leq 1$，r 的绝对值越接近 1，则 x 和 y 的线性关系越好，若 r 接近于 0，说明 x 和 y 没有线性关系，这时 x 和 y 可能不相关，也可能是曲线相关。r 的计算方法如下：

$$r = \frac{L_{xy}}{\sqrt{L_{xx} \cdot L_{yy}}} \tag{1-26}$$

式中：

$$L_{yy} = \sum_{i=1}^{n}(y_i - \bar{y})^2 = \sum_{i=1}^{n}y_i^2 - n\bar{y}^2 \tag{1-27}$$

对于具体的问题，只有当相关系数 r 的绝对值大于临界值 r_a 时，才可以用直线近似表示 x 和 y 的线性相关关系，其中 r_a 的取值与测量数据的个数 n 和显著性水平 β 有关，其值列于附表 3。

【例 1-4】 不同灰水比（C/W）的混凝土 28d 强度（R_{28}）试验结果如表 1-6 所示，试确定 $R_{28} \sim$ C/W 之间的回归方程，并计算 $R_{28} \sim$ C/W 的相关性（取显著性水平 $\beta = 0.05$）

解： 为方便计算，根据前述公式，计算列表如下：

$$b = L_{xy}/L_{xx} = 15.98$$
$$a = \bar{y} - b\bar{x} = -5.56$$

则回归方程：

$$Y = 15.98x - 5.56$$
$$\text{或 } R_{28} = 15.98(\text{C/W}) - 5.56$$

回归系数 b 的物理意义为：灰水比每增减 1，混凝土 28d 强度增减 15.98MPa。

表 1-6 $R_{28} \sim$ C/W 试验结果及回归计算

序号	X(C/W)	Y(R_{28})/MPa	X^2	Y^2	xy
1	1.25	14.3	1.5625	204.49	17.875
2	1.50	18.0	2.25	324.00	27.0
3	1.75	22.8	3.065	519.84	39.9
4	2.00	26	4.00	712.89	53.4
5	2.25	30.3	5.0625	918.09	68.175
6	2.50	34.1	6.25	1162.81	85.25
$\sum$	11.25	146.2	22.1875	3842.12	291.6

$\bar{x} = 1.875$ $\bar{y} = 24.4$

$(\sum x)^2 = 126.5625$ $(\sum y)^2 = 21374.44$ $(\sum x)(\sum y) = 1644.75$

$L_{xx} = 1.09375$ $L_{yy} = 279.7133$ $L_{xy} = 17.475$

相关系数：$r = \dfrac{L_{xy}}{\sqrt{L_{xx} \cdot L_{yy}}} = 0.9991$

由试验次数 $n=6$，显著性水平 $\beta=0.05$，查附表3，得相关系数临界值 $r_{0.05}=0.811$。故 $r > r_{0.05}$，说明混凝土28d强度与灰水比是线性相关的，所确定的直线回归方程有意义的。

思考题与习题

一、填空题

1. 随机抽样的方法可以分为（　　）、（　　）、（　　）、（　　）。
2. 表示检测统计性规律的特征数，主要有（　　）、（　　）、（　　）。表示离散特征数的，主要有（　　）、（　　）、（　　）。
3. 修约间隔为0.1，3.051的修约值是（　　）；修约间隔为0.2，0.53的修约值是（　　）。
4. 请按"奇升偶舍法"修约以下数据：
15.3528（保留两位小数）（　　）；15.3528（保留一位小数）（　　）；
125.555（保留整数）（　　）；19.9998（保留两位小数）（　　）；
10.0500001（保留一位小数）（　　）；16.6875（保留三位小数）（　　）；
10.35（保留一位小数）（　　）；10.45（保留一位小数）（　　）。

二、单项选择题

1. 根据数字修约规则，当23.5和24.5修约至"个"数位时，分别为（　　）。
   A. 24，24   B. 23，24   C. 23，25   D. 24，25
2. 数据0.23和23.0的有效数字分别为（　　）个。
   A. 2，2   B. 3，3   C. 3，2   D. 2，3
3. 将15.45修约成三位有效数字，其修约值为（　　）。
   A. 16.0   B. 15.4   C. 15.0   D. 15.5
4. 将0.285修约成两位有效数字后，其修约值为（　　）。
   A. 0.28   B. 0.280   C. 0.29   D. 0.290
5. 数字15.50（+）表示实际值（　　）15.50。
   A. 等于   B. 小于   C. 大于   D. 等于大于
6. 不属于表示数据离散程度的统计特征量是（　　）。
   A. 标准偏差   B. 变异系数   C. 中位数   D. 极差
7. 采用摆式仪测定沥青混凝土路面甲乙两段路的摩擦摆值的算术平均值为56.4、58.6，标准差分别为4.21、4.32，则抗滑稳定性（　　）
   A. 甲＞乙   B. 乙＞甲   C. 甲＝乙   D. 无法比较
8. 可疑数据的取舍方法的基本思想是（　　），即认为有限次重复试验条件下，几乎是不可能的，如果试验中出现，就说明该检测数据不可靠，应该舍弃。
   A. 小概率事件   B. 大概率事件   C. 小数据   D. 大数据
9. 当测量值与平均值之差大于2倍标准差时，则该测量值应（　　）
   A. 保留   B. 存疑   C. 舍弃   D. 保留但需存疑
10. 一元线性分析中，（　　）确定的回归方程偏差最小。

A. 最小二乘法　　　B. 端值法　　　　C. 平均法　　　　D. 插值法
11. 当相关系数 r（　　）时，x 和 y 之间符合直线函数关系，称 x 与 y 完全相关。
A. $= +1$　　　　B. -1　　　　　C. $= \pm 1$　　　　D. 接近 1

三、多项选择题

1. 适用于公路工程的随机抽样的方法主要有（　　）。
A. 分段抽样　　　B. 分层抽样　　　C. 单纯随机抽样　　D. 系统抽样
2. 样本数据按其性质可分为（　　）
A. 计量值　　　　B. 计数值　　　　C. 检测值　　　　D. 效验值
3. 表示数据离散程度的特征量有（　　）。
A. 平均值　　　　B. 极差　　　　　C. 标准偏差　　　　D. 变异系数
4. （　　）为表示数据集中程度的统计特征量。
A. 平均值　　　　B. 中位数　　　　C. 极差　　　　　D. 标准偏差
5. 常用的可疑数据的取舍方法主要有（　　）。
A. 3 倍标准差法　　B. 肖维纳特法　　C. 变异系数法　　D. 格拉布斯法
6. 格拉布斯法判定可疑数据取舍，需要以下参数（　　）。
A. 标准化顺序统计量 g　　　　　　B. 判别可疑数据的临界值 $g_{0(\beta,n)}$
C. 显著性水平 β　　　　　　　　D. 测量组数 n
7. 直方图在质量控制中的用途主要有（　　）。
A. 估计可能出现的不合格率　　　　　B. 考察工序能力
C. 判断质量分布状态　　　　　　　　D. 判断施工能力
8. 质量检测工作中，绘制直方图的目的是通过观察图的形状（　　）。
A. 判断质量是否稳定　　　　　　　　B. 质量分布状态是否正常
C. 预测不合格率　　　　　　　　　　D. 统计数据出现的概率
9. 如果某一回归方程的相关系数 r 小于临界值 $r_{\alpha(n-2)}$，那么（　　）。
A. 只要 r 不小于 0.90，回归方程仍然可以应用
B. 说明试验误差可能很大
C. 说明回归方程的函数类型可能不正确
D. 增加试验次数 n，必使 r 大于临界值 $r_{\alpha(n-2)}$

四、判断题

1. 全数检验是抽样检验的极限，但只适用于有限总体和非破坏性试验。　　　　（　　）
2. 极差和标准偏差均表示数据的离散程度，但极差比标准偏差利用的数据信息少。
　　　　　　　　　　　　　　　　　　　　　　　　　　　　　　　　　　　（　　）
3. 在质量检验中，总体的标差一般不宜求得，通常采取样本的标准差。　　　　（　　）
4. 绘制直方图的过程中，确定的组界值应与原始数据的精度一样。　　　　　　（　　）

五、计算题

1. 某路段沥青混凝土面层抗滑性能检测，摩擦系数的检测值（共 10 个测点）分别为：55、56、59、60、54、53、52、54、49、53，求摩擦系数的平均值、中位数、极差、标准差、变异系数。
2. 某路段二灰碎石基层无侧限抗压强度试验结果（单位：MPa）为 0.792、0.306、0.968、0.804、0.447、0.894、0.702、0.424、0.498、1.075、0.815，请分别用拉依达法、肖维纳特法、格拉布斯法对上述数据进行取舍判别。

项目 2　路基工程检测

主要知识点	土的含水率试验、路基土的击实试验及路基压实度检测，土基回弹模量检测及承载比试验
重点	路基压实度检测，土基回弹模量检测，承载比试验
难点	压实度检测中体积的测定
学习指导	通过本项目的学习，能合理选择仪器，正确使用路基工程检测中所需的各类设备，能对试验检测仪器进行日常养护，对一般的仪器进行检验和校正，能使用仪器测定路基工程质量指标，能正确如实地填写原始记录，能运用数理统计的知识对试验检测数据进行分析与处理

路基工程检测是评价路基施工过程中或竣工后路基的质量，检验路基是否达到了设计要求；控制施工进度，促进施工单位改进施工工艺，加强施工质量管理，保质保量地完成施工任务。

任务 2.1　土的含水率试验

2.1.1　烘干法（标准法）——（JTG E40T 0104—1993）

1. 目的与适用范围

本试验方法适用于测定黏质土、粉质土、砂类土、砂砾石、有机质土和冻土土类的含水率。含水率是土的基本物理指标之一，是描述土的干湿程度的重要指标，它能反映土的状态，以百分数表示。

2. 试验仪器

（1）烘箱：可采用电热烘箱或温度能保持 105～110℃ 的其他能源烘箱。

（2）天平：称量200g，感量0.01g；称量1000g，感量0.1g。

（3）其他：干燥器、称量盒等。

3. 试验步骤

（1）选取具有代表性的试样，细粒土 15～30g，砂类土、有机土为50g，砂砾石 1～2kg，放入称量盒内，立即盖好盒盖，称质量。称量时，可在天平一端放上与该称量盒等质量的砝码，移动天平游码，平衡后称量结果减去称量盒质量即为湿土质量。

（2）揭开盒盖，将试样铝盒放入烘箱内，在温度 105～110℃ 恒温下烘干。对细粒土烘干时间不得少于 8h，对砂类土烘干时间不得少于 6h。对含有机质超过5%的土或含石膏的土，应将温度控制在 65～70℃ 的恒温下，干燥 12～15h 为好。

（3）将烘干后的试样铝盒取出，放入干燥器内冷却（一般只需0.5～1h即可），冷却后盖好盒盖，称质量，精确至0.01g。

注：1. 对于大多数土，通常烘干 16～24h 就足够。但是某些土或试样数量过多或试样很潮湿，可能需要更长时间。烘干的时间也与烘箱内试样的总质量、烘箱的尺寸及其通风系统的效率有关。

2. 如铝盒的盖密闭，而且试样在称量前放置时间较短，可以不需要放在干燥器中冷却。

4. 结果整理

（1）按下式计算含水率：

$$w = \frac{m - m_s}{m_s} \times 100 \tag{2-1}$$

式中　w——含水率（%），计算至 0.1；

m——湿土质量（g）；

m_s——干土质量（g）。

（2）精密度和允许差。本试验须进行二次平行测定，取其算术平均值。

2.1.2　酒精燃烧法（快速法）（JTG E40T 0104—1993）

1. 目的与适用范围

本试验方法适用于快速简易测定细粒土（含有机质的除外）含水率的一种方法。酒精燃烧法是在土样中加入酒精，利用酒精能在土上燃烧，随着酒精的燃烧使试样水分蒸发的方法。其适用于没有烘箱或土样较少的情况。

2. 试验仪器

（1）称量盒。

（2）天平：感量 0.01g。

（3）酒精：纯度 95%。

（4）滴管、火柴、调土刀等。

3. 试验步骤

（1）取代表性试样（黏质土 5~10g，砂类土 20~30g）放入称量盒内，称湿土质量准确至 0.01g。

（2）用滴管将酒精注入放有试样的称量盒中，直至盒中出现自由液面为止。为使酒精在试样中充分混合均匀，可将盒底在桌面上轻轻敲击。

（3）点燃盒中酒精，燃至火焰熄灭。

（4）将试样冷却数分钟，按第（2）、（3）步的方法重新燃烧两次。

（5）待第三次火焰熄灭后，盖好盒盖，立即称干土质量，准确至 0.01g。

4. 结果整理

（1）按下式计算含水率：

$$w = \frac{m - m_s}{m_s} \times 100 \tag{2-2}$$

式中　w——含水率（%），计算至 0.1；

m——湿土质量（g）；

m_s——干土质量（g）。

（2）精密度和允许差。本试验须进行二次平行测定，取其算术平均值，允许平行差值应符合表 2-1 的规定。

表 2-1 允许平行差值

含水率（%）	允许平行差值（%）	含水率（%）	允许平行差值（%）
5 以下	0.3	40 以上	≤2
40 以下	≤1	对层状和网状构造的冻土	<3

5. 试验报告

试验报告的格式如表 2-2 所示。

表 2-2 土的含水率试验记录表（烘干法）

记录编号： □□□□□□□

试验单位		执行标准	JTG E40T 0104—1993
委托单位		环境条件	
样品来源		仪器编号	
样品编号及名称		试验日期	
试 验 人		审 核 人	

试验编号						
盒 号						
盒+湿土质量/g						
盒+干土质量/g						
盒质量/g						
水分质量/g						
干土质量/g						
含水率（%）						
平均含水率（%）						

结论：

授权签字人：　　　　　　　日期：

6. 注意事项

（1）打开土样后，应立即取样称湿土质量，以免水分蒸发。

（2）土样必须按要求烘至恒重，否则影响测试精度。

（3）烘干的试样应冷却后称量，防止热土吸收空气中的水分。

任务 2.2　路基土的击实试验

（JTG E40T 0131—2007）

1. 目的与适用范围

（1）本试验适用于细粒土。

（2）本试验目的是用标准击实方法测定土的密度和含水率的关系，从而确定土的最大干密度与相应的最佳含水率。单位体积击实功能控制在 2677.2~2687.0kJ/m³ 范围内。

（3）本试验分轻型击实和重型击实。内径 100mm 试筒适用于粒径不大于 20mm 的土。

内径152mm试筒适用于粒径不大于40mm的土。

2. 试验仪器

（1）标准击实仪（图2-1、图2-2）。轻、重型试验方法和设备的主要参数应符合表2-3规定。

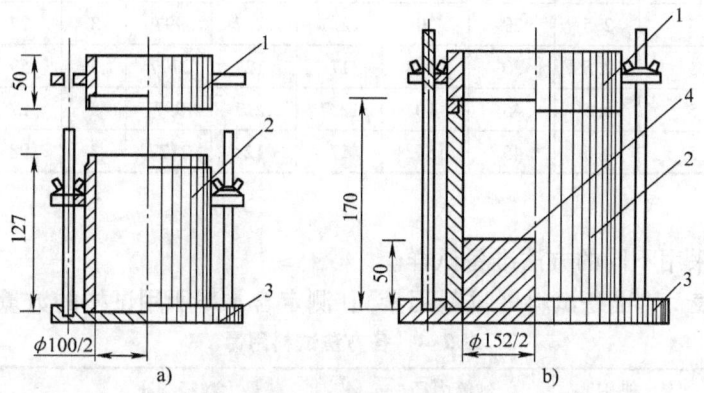

图2-1 击实筒（单位：mm）
a）小击实筒 b）大击实筒
1—套筒 2—击实筒 3—底板 4—垫板

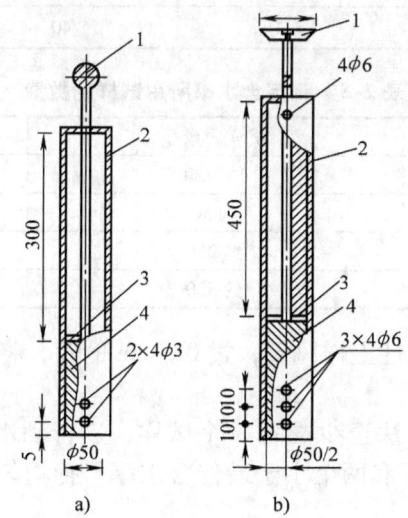

图2-2 击锤和导杆（单位：mm）
a）2.5kg击锤（落高30cm） b）4.5kg击锤（落高45cm）
1—提手 2—导筒 3—硬橡皮垫 4—击锤

（2）烘箱及干燥器。
（3）天平：感量0.01g。
（4）台秤：称量10kg，感量5g。
（5）圆孔筛：孔径40mm、20mm和5mm各1个。
（6）拌和工具：400mm×600mm、深70mm的金属盘、土铲。
（7）其他：喷水设备、碾土器、盛土盘、量筒、推土器、铝盒、修土刀、平直尺等。

表 2-3 击实试验方法种类

试验方法	类别	锤底直径/cm	锤质量/kg	落高/cm	试筒尺寸 内径/cm	试筒尺寸 高/cm	试样尺寸 高度/cm	试样尺寸 体积/cm³	层数	每层击数	击实功/kJ/m³	最大粒径/mm
轻型	Ⅰ-1	5	2.5	30	10	12.7	12.7	997	3	27	598.2	20
轻型	Ⅰ-2	5	2.5	30	15.2	17	12	2177	3	59	598.2	40
重型	Ⅱ-1	5	4.5	45	10	12.7	12.7	997	5	27	2687.0	20
重型	Ⅱ-2	5	4.5	45	15.2	17	12	2177	3	98	2677.2	40

3. 试验步骤

（1）可分别采用不同的方法准备试样。

各方法可按表 2-4 准备试料（试料用量）；测定含水率所用试样的数量见表 2-5。

表 2-4 各方法试料用量

使用方法	类别	试筒内径/cm	最大粒径/mm	试料用量/kg
干土法，试样不重复使用	b	10	20	至少5个试样，每个3
干土法，试样不重复使用	b	15.2	40	至少5个试样，每个6
湿土法，试样不重复使用	c	10	20	至少5个试样，每个3
湿土法，试样不重复使用	c	15.2	40	至少5个试样，每个6

表 2-5 测定含水率所用试样的数量

最大粒径/mm	试样质量/g	个数
<5	15~20	2
约5	约50	1
约20	约250	1
约40	约500	1

（2）根据工程要求取代表性土样风干，过 0.5mm 的筛，将筛下的土样拌匀，并测定土样的风干含水率。

（3）将试样搓散，按四分法至少准备 5 个试样，进行洒水、拌和，每次约增加 2%~3% 的含水率，其中有两个大于和两个小于最佳含水率，拌均匀，闷料一夜备用。所需加水量按下式计算：

$$m_w = \frac{m_i}{1+0.01w_i} \times 0.01(w - w_i) \tag{2-3}$$

式中 m_w——所需的加水量（g）；

m_i——含水率 w_i 时土样的质量（g）；

w_i——土样原有含水率（%）；

w——要求达到的含水率（%）。

（4）击实。将击实筒放在坚硬的地面上，取闷好水分的土样分 3~5 次倒入击实筒内，每次略多于筒高的 1/3 或 1/5，然后整平表面，并稍加压紧。再按规定的击数进行击实，击实时锤应自由垂直下落，锤迹必须均匀分布于试样表面。第一层击实完毕后，将试样层面"拉毛"，然后进行第二、第三层击实。击实完毕后，试样不得高出小试筒5mm，大试筒6mm。

(5) 测击实后土的湿密度（ρ）。取下套筒，修平土样，使之与试筒顶端齐平，用修土刀沿套筒内壁削刮，使试样与套筒脱离后，扭动并取下套筒，齐筒顶细心削平试样，拆除底板，擦净筒外壁，称量，准确至1g。除以筒的容积即为ρ。

(6) 测击实土的含水率（w）。用推土器推出筒内试样，从试样中心处取样测其含水率，计算至0.1%。测定含水率用试样的数量按表2-5规定取样（取出有代表性的土样）。两个试样含水率的精度应符合本规程的规定。

(7) 重复其他含水率试样的试验。

4. 结果整理

(1) 按下式计算击实后各点的干密度：

$$\rho_d = \frac{\rho}{1+0.01w} \tag{2-4}$$

式中　ρ_d——干密度（g/cm³），计算至0.01；
　　　ρ——湿密度（g/cm³）；
　　　w——含水率（%）。

(2) 以干密度为纵坐标，含水率为横坐标，绘制干密度与含水率的关系曲线，曲线上峰值点的纵、横坐标分别为最大干密度和最佳含水率，如曲线不能绘出明显的峰值点，应进行补点或重做。

(3) 当试样中有大于40mm的颗粒时，应先取出大于40mm的颗粒，并求得其百分率p，把小于40mm部分作击实试验，按下面公式分别对试验所得的最大干密度和最佳含水率进行校正（适用于大于40mm的颗粒含量小于30%时）。

最大干密度按下式校正：

$$\rho'_{dm} = \frac{1}{\dfrac{1-0.01p}{\rho_{dm}} + \dfrac{0.01p}{\rho_w G'_s}} \tag{2-5}$$

式中　ρ'_{dm}——校正后最大干密度（g/cm³），计算至0.01g/cm³；
　　　ρ_{dm}——用粒径小于40mm的土样试验所得的最大干密度（g/cm³）；
　　　p——试料中粒径大于40mm颗粒的百分率（%）；
　　　ρ_w——水的密度（g/cm³）；
　　　G'_s——粒径大于40mm颗粒的毛体积与水的相对密度，计算至0.01。

最佳含水率按下式校正：

$$w'_0 = w_0(1-0.01p) + 0.01pw_2 \tag{2-6}$$

式中　w'_0——校正后的含水率（%），计算至0.01；
　　　w_0——用粒径小于40mm的土样试验所得的最佳含水率（%）；
　　　p——试料中粒径大于颗粒的百分率（%）；
　　　w_2——粒径大于40mm颗粒的吸水量（%）。

(4) 精密度和允许差。本试验含水率须进行两次平行测定，取其算术平均值，允许平行差值应符合表2-6规定。

表2-6　含水率测定的允许平行差值

含水率（%）	允许平行差值（%）	含水率（%）	允许平行差值（%）	含水率（%）	允许平行差值（%）
5以下	0.3	40以下	≤1	40以上	≤2

5. 试验报告

试验报告的格式如表 2-7 所示。

表 2-7　土的击实试验记录表

记录编号：　　　　　　　　　　　　　　　　　　　　　　　□□□□□□□

试验单位		执行标准	JTG E40T 0131—2007
委托单位		环境条件	
样品来源		仪器编号	
样品编号及名称		试验日期	
试 验 人		审 核 人	

击实方法		层数：	层	击数：	锤	筒容积：	cm^3	超尺寸颗粒含量：	%

干密度	试验编号					
	预加含水率（%）					
	筒+湿土质量					
	筒质量/g					
	湿土质量/g					
	筒容积/cm^3					
	湿密度/(g/cm^3)					
	干密度/(g/cm^3)					
含水率	盒号					
	盒+湿土质量					
	盒+干土质量					
	盒质量/g					
	水分质量/g					
	干土质量/g					
	含水率（%）					
	平均含水率（%）					

最佳含水率：　　　　%　　　　　　　　最大干容重：　　　　　　g/cm^3

干重度/(g/cm^3)

含水率（%）

结论

　　　　授权人：　　　　　　　　　　　日期：

6. 注意事项:
(1) 闷料时预配含水率以2%~3%递增。
(2) 击实试验时击实筒应放在坚硬的地板上。
(3) 击实筒内土样高出击实筒不应大于5mm。
(4) 击实曲线绘制应用光滑的曲线连接。
(5) 含有超粒径颗粒时应注意修正。

任务2.3 路基压实度检测

2.3.1 环刀法测压实度（JTG E40T 0107—1993）

1. 目的与适用范围
(1) 本试验方法适用于细粒土。
(2) 密度是土的基本物理性指标之一，用它可以换算土的干密度、孔隙比、孔隙率、饱和度等指标。环刀法只能用于测定不含砾石颗粒的细粒土的密度。环刀法操作简单而准确，在室内和野外普遍采用。

2. 试验仪器
(1) 环刀：内径6~8cm，高2~5.4cm，壁厚1.5~2.2mm。
(2) 天平：感量0.1g。
(3) 其他：修土刀、钢丝锯、凡士林等。

3. 试验步骤
(1) 按工程需要取原状土或制备所需状态的扰动土样，整平两端，环刀内壁涂一薄层凡士林，刀口向下放在土样上。
(2) 用修土刀或钢丝锯将土样上部削成略大于环刀直径的土柱，然后将环刀垂直下压，边压边削，至土样伸出环刀上部为止，削去两端余土，使土样与环刀口面齐平，并用剩余土样测定含水率。
(3) 擦净环刀外壁，称环刀与土合质量 m_1，准确至0.1g。

4. 结果整理
(1) 按下列公式计算湿密度及干密度：

$$\rho = \frac{m_1 - m_2}{V} \tag{2-7}$$

$$\rho_d = \frac{\rho}{1 + 0.01w} \tag{2-8}$$

式中 ρ——湿密度（g/cm³），计算至0.01g/cm³；
m_1——环刀与土合质量（g）；
m_2——环刀质量（g）；
V——环刀体积（cm³）；
ρ_d——干密度（g/cm³），计算至0.01g/cm³；
w——含水率（%）。

(2) 精密度和允许差。本试验须进行二次平行测定，取其算术平均值，其平行差值不得大于 0.03g/cm³。

5. 试验报告

试验报告的格式如表 2-8 所示。

表 2-8 土的密度试验记录表（环刀法）

记录编号： □□□□□□

试验单位		执行标准	JTG E40T 0107—1993
委托单位		环境条件	
样品来源		仪器编号	
样品编号及名称		试验日期	
试 验 人		审 核 人	

环刀号				
环刀容积/cm³				
环刀质量/g				
土＋环刀质量/g				
土样质量/g				
湿容重/（g/cm³）				
含水率（%）				
干密度/（g/cm³）				
平均干密度/（g/cm³）				

结论：

授权签字人：　　　　　日期：

注意事项：

（1）用环刀切取土样时，必须严格按试验步骤操作，不能急于求成，用力过猛或图省事不削成土柱，这样容易使土样开裂扰动。

（2）修平环刀两端余土时，不得在试样表面往返压抹。对于较软的土，宜先用钢丝锯将土样锯成几段，然后用环刀切取。

2.3.2 灌砂法测定压实度（JTG E60T 0921—2008）

1. 目的适用范围

（1）本方法适用于在现场测定基层（或底基层）、砂石路面及路基土的各种材料压实层的密度和压实度，也适用于沥青表面处治、沥青灌入路面层的密度和压实度检测，但不适用于填石路堤等有大孔洞或大孔隙材料的压实度检测。

（2）用挖坑灌砂法测定密度和压实度时，应符合下列规定：

1）当集料的最大粒径小于 15mm、测定层的厚度不超过 150mm 时，宜采用 ϕ100mm 的小型灌砂筒测试。

2）当集料的最大粒径等于或大于 15mm，但不大于 40mm，测定层的厚度超过 150mm，但不超过200mm时，应用φ150mm的大型灌砂筒测试。

2. 试验仪器

（1）灌砂筒。有大小两种，根据需要采用，形式见图2-3。灌砂筒筒底中心有一个圆孔，下部装一倒置的圆锥形漏斗，漏斗上端开口，直径与储砂筒的圆孔相同，漏斗焊接在一块铁板上，铁板中心有一圆孔与漏头上开口相接。自储砂筒筒底与漏斗顶端铁板之间设有开关。开关为一薄铁板，一端与筒底及漏斗铁板铰接在一起，另一端伸出筒身外，开关铁板上也有一个相同直径的圆孔。

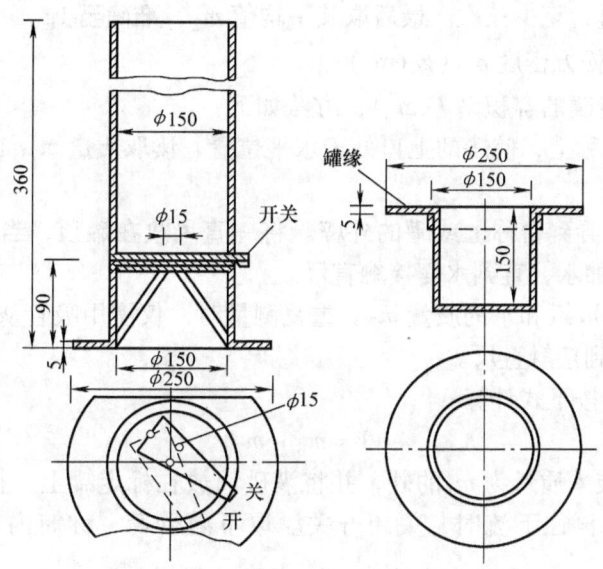

图2-3 灌砂筒和标定罐（尺寸单位：mm）

（2）金属标准罐。用薄铁板制作的金属罐，上端周围有一罐缘。

（3）基板。用薄铁板制作的金属方盘，盘的中心有一圆孔。

（4）玻璃板。边长约500~600mm的方形板。

（5）试样盘。小筒挖出的试样可用饭盒存放、大筒挖出的试样可用300mm×500mm×400mm的搪瓷盘存放。

（6）天平或台称。称量10~15kg，感量不大于1g，用于含水率测定的天平精度，对细粒土、中粒土、粗粒土宜分别为0.01g、0.1g、1.0g。

（7）含水率测定器具。如铝盒、烘箱等。

（8）量砂。粒径0.30~0.60mm或0.25~0.50mm清洁干燥的均匀砂，约20~40kg，使用前须洗净烘干，并放置足够的时间，使其与空气的湿度达到平衡。

（9）盛砂的容器。塑料桶等。

（10）其他。凿子、改锥、铁锤、长把勺、长把小簸箕、毛刷等。

3. 试验步骤

（1）仪器标定

确定灌砂下部圆锥体内砂的质量，其步骤如下：

1）在储砂筒内装满砂。筒内高度与筒顶的距离不超过15mm。称筒内砂的质量 m_1，准确至1g。每次标定及而后的试验都维持这个质量不变。

2）将开关打开，让砂流出，并使流出砂的体积与工地所挖试洞的体积相当（或等于标定罐的容积）。然后关上开关，并称量筒内砂的质量 m_5，准确至1g。

3）将灌砂筒放在玻璃板上。打开开关，让砂流出，直到筒内砂不再往下流时，关上开关，并细心地取走罐砂筒。

4）收集称量留在玻璃板上的砂或称量筒内的砂，准确至1g。玻璃板上的砂就是填满罐砂筒下部圆锥体的砂。

5）重复上述测量，至少三次。最后取其平均值 m_2，准确至1g。

（2）确定量砂的松方密度 ρ_s（g/cm³）

1）用水确定标定罐的容积 V（cm³），方法如下：

① 将空罐放在台称上，使罐的上口处于水平位置，读取质量 m_7 准确至1g。向标定罐中灌水。

② 注意不要将水弄到台称上或罐的外壁。将一直尺放在罐顶，当罐中水面快要接近直尺时，用滴管往罐中加水，直到水面接触直尺。

③ 移去直尺，读取罐和水的质量 m_8。重复测量时，仅需用吸管从罐中取出少量水，并用滴管重新将水加满到接触直尺。

④ 标定罐的体积按下式计算：

$$V = m_8 - m_7 \tag{2-9}$$

2）在储砂筒中装入质量为 m_1 的砂，并将灌砂筒放在标定罐上，打开开关，让砂流出，直到储砂筒内的砂不再往下流时，关闭开关。取下灌砂筒，称筒内剩余砂的质量，准确至1g。

3）重复上述测量至少三次，最后取其平均值 m_3，准确至1g。

按下式计算填满标定罐所需砂的质量 m_a(g)：

$$m_a = m_1 - m_2 - m_3 \tag{2-10}$$

式中　m_a——标定罐内砂的质量（g）

　　　m_1——灌砂入标定罐前筒内砂的质量（g）；

　　　m_2——灌砂筒下部圆锥体内砂的平均质量（g）；

　　　m_3——灌砂入标定罐后筒内剩余砂的质量（g）。

4）按下式计算量砂的密度 ρ_s(g/cm³)

$$\rho_s = \frac{m_a}{V} \tag{2-11}$$

式中　V——标定罐的体积（cm³）。

（3）试验步骤

1）在试验地点，选表面平坦、面积约 40cm×40cm 的一块地面，并将其清扫干净。

2）将基板放在平坦的地面上，当表面的粗糙度较大时，则将盛有量砂 m_5（g）的灌砂筒放在基板中间的圆孔上。打开灌砂筒开关，让砂流入基板的中孔内，直到储砂筒内的砂不再往下流时关闭开关。取下灌砂筒，并称筒内质量 m_6 准确至1g。

3）取走基板，将留在试验地点的量砂收回，重新将表面清扫干净。

4）沿基板中孔凿洞，在凿洞过程中，应注意不使凿出的材料丢失，并随时将凿松的材料取出装入塑料袋中，不使水分蒸发。洞内的全部凿松材料取出。

5）试洞的深度应等于测定层厚度，但不得有下层材料混入，最后将全部取出材料总质量为 m_w，准确至 1g。试洞尺寸见表 2-9。

6）从挖出的全部试样中取有代表性的试样，放入铝盒中测定含水率 w。

7）将基板安放在试坑上，灌砂筒放在基板中间（储砂筒内放满砂至恒量 m_1），使灌砂筒的下口对准基板的中孔及试坑。打开灌砂筒开关，让砂流入试筒内，在此期间，应注意勿碰动灌砂筒。直到储砂筒内的砂不再往下流时，关闭开关。取走灌砂筒，称量筒中剩余砂的质量 m_4 准确至 1g。如清扫出的地面平坦的粗糙度不大，则不需放基板直接将灌砂筒放在已挖好的试坑上。

表 2-9 试洞尺寸

试样最大粒径/mm	试样尺寸	
	直径/mm	深度/mm
5~20	150	200
40	200	250
60	250	300
200	800	1000

8）装砂入坑，使砂面与套环边缘齐平。注意装砂时应使砂从漏斗中下落速度基本一致。将多余的砂放回容器内。称剩余量砂及容器质量。如坑内有尺寸较大的空洞，可松弛地放入一层柔软纱布。

9）回收量砂，把试坑中量砂取出，过筛、烘干，以备以后使用。如量砂的湿度已发生变化或量砂中混杂有杂质，则应重新烘干，过筛，并放置一段时间，使其与空气的湿度达到平衡后再用。

10）试验称量精度：称量小于 10kg 时为 5g，大于 10kg 时为 10g。

4. 结果整理

（1）按下式计算填满试坑所需的质量 m_b(g)：

灌砂时试筒上放有基板的情况：$m_b = m_1 - m_4 - (m_5 - m_6)$ （2-12a）

灌砂时试筒上不放基板的情况：$m_b = m_1 - m_4' - m_2$ （2-12b）

式中　m_1——灌砂入试筒前筒内砂的质量（g）；

　　　m_2——灌砂筒下部圆锥体内砂的平均质量（g）；

m_4、m_4'——灌砂入试筒后筒内剩余砂的质量（g）；

$(m_5 - m_6)$——灌砂筒下部圆锥体内基板和粗糙表面间砂的总质量（g）。

（2）按下式计算试验地点土的湿密度 ρ(g/cm³)：

$$\rho = \frac{m_t}{m_b} \times \rho_s \quad (2\text{-}13)$$

（3）按下式计算试验地点砂的干密度 ρ_d(g/cm³)。

$$\rho_d = \frac{\rho}{1 + 0.01w} \quad (2\text{-}14)$$

式中　m_t——试筒中取出的全部土样的质量（g）；

m_b——填满试筒所需砂的质量（g）；

ρ_d——量砂的密度（g/cm³）。

（4）按下式计算压实度：

$$K = \frac{\rho_d}{\rho_c} \times 100\% \qquad (2\text{-}15)$$

式中 K——测试地点的压实度（%）；

ρ_d——试样砂的干密度（%）；

ρ_c——由击实试验得到的试样的最大干密度（g/cm³）。

5. 试验报告

试验报告编制如表2-10所示。

表2-10 压实度检测记录表（灌砂法）

记录编号：□□□□□□□

试验单位		执行标准	JTG E60T 0921—2008
委托单位		环境条件	
距路基顶面设计高		仪器编号	
检测段落		土层次	
土场位置		最大干密度/(g/cm³)	
锥体砂质量/g		最佳含水率（%）	
砂密度/(g/cm³)		检测日期	
检测人		审核人	

桩号及幅别						
检测深度/cm						
试样总质量/g						
灌前（筒+砂）质量/g						
灌后（筒+砂）质量/g						
湿密度/(g/cm³)						
盒号						
（盒+湿料）质量/g						
（盒+干料）质量/g						
水分质量/g						
盒质量/g						
干料质量/g						
含水率（%）						
平均含水率（%）						
干密度/(g/cm³)						
压实度（%）						

结论：

授权签字人： 日期：

6. 注意事项

（1）正确标定灌砂筒下部圆锥体内量砂的质量。

（2）试洞笔直，量砂的密度均匀。

（3）随时将试洞中挖出的材料装入塑料袋，封口保湿，以防散失水分，造成测定的含水率值偏小。

任务2.4　土基回弹模量检测

2.4.1　承载板法（T0135—1993）

1. 目的和适用范围

（1）本方法适用于在现场土基表面，通过承载板对土基逐级加载、卸载的方法，测出每级荷载下相应的土基回弹变形值，经过计算求得土基回弹模量。

（2）本方法测定的土基回弹模量可作为路面设计参数使用。

2. 仪具与材料

（1）加载设施。载有铁块或集料等重物、后轴重不小于60kN的载重汽车一辆。在汽车大梁的后轴之后约80cm处，附设加劲小梁一根作反力架。汽车轮胎充气压力为0.50MPa。

（2）现场测试装置，由千斤顶、测力计（测力环或压力表）及球座组成。

（3）刚性承载板一块，板厚20mm，直径为$\phi 30cm$，直径两端设有立柱和可以调整高度的支座供安放弯沉仪测头，承载板放在土基表面上。

（4）路面弯沉仪两台，由贝克曼梁、百分表及其支架组成。

（5）液压千斤顶一台，80~100kN，装有经过标定的压力表或测力环，其容量不小于土基强度，测定精度不小于测力计量程的1/100。

（6）秒表。

（7）水平尺。

（8）其他：细砂、毛刷、垂球、镐、铁锹、铲等。

3. 试验前准备工作

（1）根据需要选择有代表性的测点，测点应位于水平的路基上，土质均匀，不含杂物。

（2）仔细平整土基表面，撒干燥洁净的细砂填平土基凹处，砂子不可覆盖全部土基表面。

（3）安置承载板，并用水平尺进行校正，使承载板处于水平状态。

（4）将试验车置于测点上，在加劲小梁中部悬挂垂球测试，使之恰好对准承载板中心，然后收起垂球。

（5）在承载板上安放千斤顶，上面衬垫钢圆筒，并将球座置于顶部与加劲横梁接触。如用测力环时，应将测力环置于千斤顶与横梁中间，千斤顶及衬垫物必须保持垂直，以免加压时千斤顶倾倒发生事故并影响测试数据的准确性。

（6）安放弯沉仪，将两台弯沉仪的测头分别置于承载板立柱的支座上，百分表对零或其他合适的初始位置。

4. 测试步骤

（1）用千斤顶开始加载，注视测力环或压力表，至预压 0.05MPa、稳压 1min，使承载板与土基紧密接触，同时检查百分表的工作情况是否正常，然后放松千斤顶油门卸载，稳压 1min，将指针对零或记录初始读数。

（2）测定土基的压力变形曲线。用千斤顶加载，采用逐级加载卸载法，用压力表或测力环控制加载量，荷载小于 0.1MPa 时，每级增加 0.02MPa，以后每级增加 0.04MPa 左右。为了使加载和计算方便，加载数值可适当调整为整数。每次加载至预定荷载后，稳定 1min，立即读记两台弯沉仪百分表数值，然后轻轻放开千斤顶油门卸载至 0，待卸载稳定 1min 后，再次读数，每次卸载后百分表不再对零。当两台弯沉仪百分表读数之差小于平均值的 30% 时，取平均值。如超过 30%，则应重测，当回弹变形值超过 1mm 时，即可停止加载。

（3）各级荷载的回弹变形和总变形，按以下方法计算：

回弹变形 L =（加载后读数平均值 - 卸载后读数平均值）×调弯沉仪杠杆比

总变形 L' =（加载后读数平均值 - 加载初始前读数平均值）×调弯沉仪杠杆比

（4）测定汽车总影响量 a。最后一次加载卸载循环结束后，取走千斤顶，重新读取百分表初读数，然后将汽车开出 10m 以外，读取终值数，两只百分表的初、终读数差之平均值乘弯沉仪杠杆比即为总影响量 a。

（5）在试验点下取样，测定材料含水率。取样数量如下：

最大粒径不大于 5mm，试样数量约 120g；

最大粒径不大于 25mm，试样数量约 250g；

最大粒径不大于 40mm，试样数量约 500g。

（6）在紧靠试验点旁边的适当位置，用灌砂法或环刀法或其他方法测定土基的密度。

5. 计算

（1）各级压力的回弹变形加上该级的影响量后，则为计算回弹变形值。表 2-11 是以后轴重 60kN 的标准车为测试车的各级荷载影响量的计算值。当使用其他类型测试车时，计算各级压力下的影响量 α_i。

表 2-11　各级荷载影响量（后轴 60kN 车）

承载板压力/MPa	0.05	0.10	0.15	0.20	0.30	0.40	0.50
影响量 α_i	0.06α	0.12α	0.08α	0.24α	0.36α	0.48α	0.60α

（2）将各级计算回弹变形值点绘于标准计算纸上，排除显著偏离的异常点并绘出顺滑的 $P-L$ 曲线，如曲线起始部分出现反弯，应修正原点。

（3）计算相应于各级荷载下的土基回弹模量值。

（4）取结束试验前的各回弹变形值按线形回归方法计算土基回弹模量 E_0 值。

6. 报告

（1）本实验采用的标准记录格式。

（2）试验报告应记录下列结果：

1）试验时所采用的汽车。

2）近期天气情况。

3）试验时土基的含水率。

4）土基密度和压实度。
5）相应于各级荷载下的土基回弹模量值。
6）土基回弹模量值。

任务 2.5 承载比试验

2.5.1 室内测路基填料承载比（CBR）试验

1. 目的和适用范围

（1）本试验方法只适用于在规定的试筒内制件后，对各种土和路面基层、底基层材料进行承载比试验。

（2）试样的最大粒径宜控制在 25mm 以内，最大不得超过 38mm。

2. 仪器设备

（1）圆孔筛。孔径 38mm、25mm、20mm 及 5mm 筛各 1 个。

（2）试筒。内径 152mm、高 170mm 的金属圆筒；套环：高 50mm；筒内垫块：直径 151mm、高 50mm；夯击底板，同击实仪。试筒的形式和主要尺寸如图 2-4 所示，也可用击实试验的大击实筒。

（3）夯锤和导管。夯锤的底面直径 50mm，总质量 4.5kg。夯锤在导管内的总行程为 450mm，夯锤的形式和尺寸与重型击实试验法所用的相同。

（4）贯入杆。端面直径 50mm、长约 100mm 的金属柱。

（5）路面材料强度仪或其他载荷装置。能量不小于 50kN，能调节贯入速度至贯入 1mm/min，可采用手摇测力计式荷载装置，如图 2-5 所示。

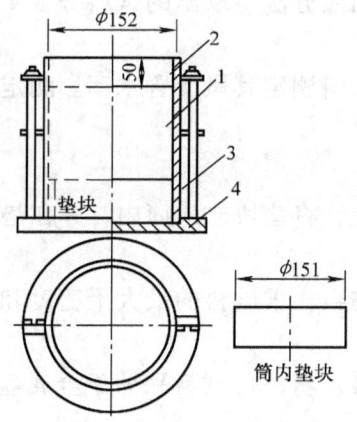 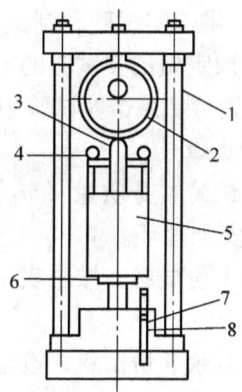

图 2-4 承载比试筒（尺寸单位：mm）　　　图 2-5 手摇测力计式荷载装置示意图
1—试筒 2—套环 3—拉杆 4—夯击底板　　1—框架 2—量力环 3—贯入杆 4—百分表 5—试件
　　　　　　　　　　　　　　　　　　　　　　6—升降台 7—蜗轮蜗杆箱 8—摇把

（6）百分表。3 个。

（7）试件顶面上的多孔顶板（测试件吸水时的膨胀量）。如图 2-6 所示。

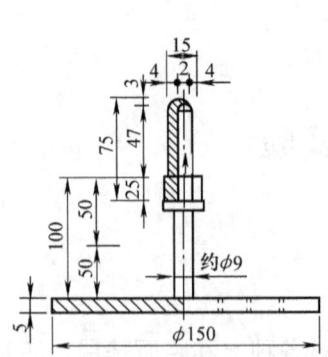

图 2-6 带调节杆的多孔顶板（尺寸单位 mm）

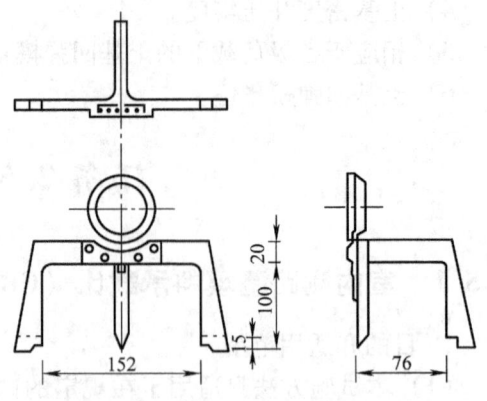

图 2-7 膨胀量测定装置（尺寸单位 mm）

（8）多孔底板。试件放上后浸泡水中。

（9）测膨胀量时支承百分表的架子。如图 2-7 所示。

（10）荷载板。直径 150mm，中心孔眼直径 52mm，每块质量 1.25kg，共 4 块，并沿直径分为两个半圆块。

（11）水槽。浸泡试件用，槽内水面应高出试件顶面 25mm。

（12）台秤。感量为试件用量 0.1%、拌和盘、直尺、滤纸、脱模器等。

3. 试样制备

（1）将具有代表性的风干试料（必要时可在 50℃ 烘箱内烘干），用木碾捣碎，但应尽量注意不使土或粒料的单个颗粒破碎。土团均应捣碎到通过 5mm 的筛孔。

（2）取有代表性的试料 50kg，用 38mm 筛筛除大于 38mm 的颗粒，并记录超尺寸颗粒的百分数。将已过筛的试料按四分法取出约 25kg。再用四分法将取出的试料分成 4 份，每份质量 6kg，供击实试验和制试件之用。

（3）在预定做击实试验的前一天，取有代表性的试料测定其风干含水率。测定含水率用的试样数量可参照击实试验中采用的试样数量。

4. 试验步骤

（1）称试筒本身质量（m_1），将试筒固定在底板上，将垫块放入筒内，并在垫块上放一张滤纸，安上套环。

（2）将 1 份试料，按击实试验规定的层数和每层击数，求试料的最大干密度和最佳含水率。

（3）将其余 3 份试料，按最佳含水率制备 3 个试件。将一份试料平铺于金属盘内，按事先计算得的该份试料应加的水量均匀地喷洒在试料上。

用小铲将试料充分拌和到均匀状态，然后装入密闭容器或塑料袋内浸润备用。

浸润时间：高液限黏质土不得少于 24h；低液限黏质土可缩短到 12h；砂土可缩短到 1h；天然砂砾可缩短到 2h 左右。

制每个试件时，都要取样测定试料的含水率。

需要时，可制备三种干密度试件。如每种干密度试件制 3 个，则共制 9 个试件。每层击数分别为 30 击、50 击和 98 击，使试件的干密度从低于 95% 到等于 100% 的最大干密度。这样9个试件共需试料约55kg。

(4) 将试筒放在坚硬的地面上，取备好的试样分3~5次倒入筒内（视最大粒径而定）。按五层法时，每层需试样约900g（细粒土）~1100g（粗粒土）；按三层法时，每层需试样1700g左右（其量应使击实后的试样高出1/3筒高的1~2mm）。整平表面并稍加压紧，然后按规定的击数进行第一层试样的击实，击实时锤应自由垂直落下，锤迹必须均匀分布于试样面上。第一层击实完后，将试样层面"拉毛"，然后重复上述方法进行其余每层试样的击实。大试筒击实后试样不宜高出筒高10mm。

(5) 卸下套环，用直刮刀沿试筒顶修平击实的试件，表面不平整处用细料修补。取出垫块，称试筒和试件的质量（m_2）。

(6) 泡水测膨胀量的步骤如下：

1) 在试件制成后，取下试件顶面的破残滤纸，放一张好滤纸，并在上面安装附有调节杆的多孔板，在多孔板上加4块荷载板。

2) 将试筒置于多孔底板上并用拉杆将试筒拉紧，一起放入水槽内（先不放水），安装百分表，并读取初读数。

3) 向水槽内放水，使水自由进到试件的底部和顶部。在泡水期间，槽内水面应保持在试件顶面以上大约25mm。通常试件要泡水4昼夜。

4) 泡水终了时，读取试件上百分表的终读数。

5) 从水槽中取出试件，倒出试件顶面的水，静置15min，让其排水，然后卸去附加荷载板、多孔顶板、多孔底板，除去滤纸，并称量（m_3），以计算试件的湿度和密度的变化。

(7) 贯入试验

1) 将泡水试验终了的试件放到路面材料强度试验仪的升降台上，调整偏球座，使贯入杆与试件顶面全面接触，在贯入杆周围放置4块荷载板。

2) 先在贯入杆上施加45N荷载，然后将测力和测变形的百分表的指针都调整至零点。

3) 加荷使贯入杆以1~1.25mm/min的速度压入试件，记录测力计内百分表某些整读数（如20、40、60）时的贯入量，并注意使贯入量为2.5mm时，能有5个以上的读数。因此，测力计内的第一个读数应是贯入量0.3mm左右。

5. 结果整理

(1) 用下式计算膨胀量

$$\text{膨胀量} = \frac{\text{泡水后试件的高度变化}}{\text{原试件高}} \times 100 \quad (2-16)$$

(2) 以单位压力（p）为横坐标，贯入量（L）为纵坐标，绘制$p-L$关系曲线，如图2-8所示。图上曲线1是合适的，曲线2开始段是凹曲线，需要进行修正。修正时，在变曲率点引一切线，与纵坐标交于点O'，即为修正后的原点。

(3) 按下式计算承载比（CBR）。一般采用贯入量为2.5mm时的单位压力与标准压力之比作为材料的承载比（CBR）。

$$\text{CBR} = \frac{p}{7000} \times 100 \quad (2-17)$$

式中 CBR——承载比（%）；

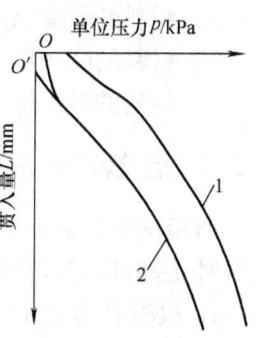

图2-8 单位压力与贯入量的关系曲线

p——单位压力（kPa）。

按下式计算贯入量为5mm时的承载比。

$$\text{CBR} = \frac{p}{10500} \times 100 \tag{2-18}$$

如贯入量为5mm时的承载比大于2.5mm时的承载比，则试验要重作。如结果仍然如此，则采用5mm时的承载比。

（4）试件的湿密度用式（2-19）计算。

$$\rho = \frac{m_2 - m_1}{2177} \tag{2-19}$$

式中 ρ——试件的湿密度（g/cm³）；
m_1——试筒的质量（g）；
m_2——试筒和试件的合质量（g）。

（5）试件的干密度用式（2-20）计算。

$$\rho_d = \frac{\rho}{1 + 0.01w} \tag{2-20}$$

式中 ρ_d——试件的干密度（g/cm³）；
w——试件的含水率（%）。

（6）泡水后试件的吸水量按式（2-21）计算。

$$m_a = m_3 - m_2 \tag{2-21}$$

式中 m_a——泡水后试件的吸水量（g）；
m_2——试筒和试件的合质量（g）；
m_3——泡水后试筒和试件的合质量（g）。

（7）精度要求。如根据3个平行试验结果计算得的承载比变异系数 C_v 大于12%，则去掉一个偏离大的值，取其余2个结果的平均值。如 C_v 小于12%，且3个平行试验结果计算的干密度偏差小于0.03g/cm³，则取3个结果的平均值；如3个试验结果计算的干密度偏差超过0.03g/cm³，则去掉一个偏离大的值，取其2个结果的平均值。

（8）报告

1）材料的颗粒组成，最佳含水率（%）和最大干密度（g/cm³）。

2）材料的承载比（%），承载比小于100，准确到5%；承载比大于100，准确到10%。

3）材料的膨胀量（%）。

4）材料的吸水量（g）。

2.5.2 土基现场承载比试验

所用试样的最大集料粒径小于19.0mm，最大不得超过31.5mm，适用于在公路现场测定各种土基材料的现场CBR值。

1. 检测器具与材料

（1）荷重装置：装载有铁块或集料等重物的载重汽车，后轴重不小于60kN，在汽车大梁的后轴之后设有一加劲横梁作反力架用。

（2）现场测试装置：如图2-9所示，由千斤顶（机械或液压）、测力计（测力环或压力表）及球座组成。千斤顶可使贯入杆的贯入速度调节为 1mm/min。测力计的容量不小于土基强度，测定精度不小于测力计量程的 1/100。

（3）贯入杆：直径 ϕ50mm，长约 200mm 的金属圆柱体。

（4）承载板：每块 1.25kg，直径 ϕ150mm，中心孔眼直径 ϕ52mm，不小于 4 块，并沿直径分为两个半圆块。

（5）贯入量测定装置：由图 2-9 中所示的平台及百分表组成，百分表量程 20mm，精度 0.01mm，数量 2 个，对称固定于贯入杆上，端部与平台接触，平台跨度不小于 50cm。此设备也可用两台贝克曼梁弯沉仪代替。

（6）细砂：洁净干燥的细干砂，粒径为 0.3~0.6mm。

（7）其他：铁铲、盘、直尺、毛刷、天平等。

2. 方法与步骤

（1）准备工作

1）将试验地点直径约 30cm 范围的表面找平，用毛刷刷净浮土。如表面为粗粒土时，应撒布少许洁净的干砂填平，但不能覆盖全部土基。

2）装置测试设备，按图 2-9 设置贯入杆及千斤顶，千斤顶顶在汽车后轴上且调节至高度适中，贯入杆应与土基表面紧密接触。

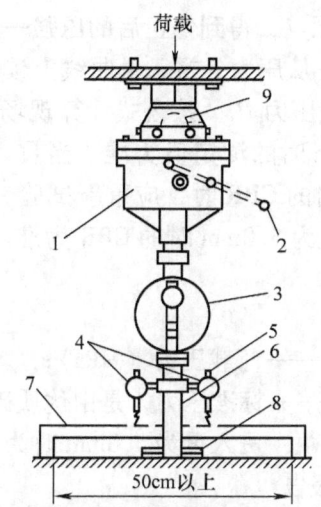

图 2-9 CBR 现场测试装置
1—加载千斤顶 2—手柄 3—测力计
4—贯入量测定装置（百分表） 5—百分表夹持具
6—贯入杆 7—平台 8—承载板 9—球座

3）安装贯入量测定装置，将支架平台、百分表（或两台贝克曼梁弯沉仪）按图 2-9 安装好。

（2）测试步骤

1）在贯入杆位置安放 4 块 1.25kg 的分开成半圆的承载板（共 5kg）。

2）试验贯入前，先在贯入杆上加载 45N 后，将测力计及贯入量百分表调零，记录初始读数。

3）启动千斤顶，使贯入杆以 1mm/min 速度压入土基，当相应贯入量为 0.5mm、1.0mm、1.5mm、2.0mm、2.5mm、3.0ram、4.0mm、5.0mm、6.5mm、10.0ram、及 11.5mm 时，分别读取测力计读数。根据情况，也可在贯入量达 6.5mm 时结束测试。

用千斤顶连续加载，两个贯入量百分表及测力计均应在同一时刻读数，当两个百分表读数差值不超过平均值的 30% 时，以其平均值作为贯入量，当两个表读数差值超过平均值的 30% 时，应停止试验。

4）卸除荷载，移去测定装置。

5）在试验点下取样，测定材料含水率。取样数量如下：最大粒径不大于 4.75mm，试样数量约 120g；最大粒径不大于 19.0mm，试样数量约 250g；最大粒径不大于 31.5mm，试样数量约 500g。

6）在紧靠试验点旁边的适当位置，用灌砂法或环刀法等测定土基的密度。

3. 计算

(1) 将贯入试验得到的各等级荷载数除以贯入断面积（19.625cm²），得各级压力（MPa），绘制荷载压力—贯入量曲线，如图2-10所示。当图中曲线如1所示有明显下凹的情况时，应在曲线的拐弯处作切线延长作贯入量修正，以与坐标轴相交的点 O' 作原点，得到修正后的压强—贯入量曲线。

(2) 从压力—贯入量曲线上读取贯入量为 2.5mm 及 5.0mm 时的荷载压力 P_1，按公式计算现场 CBR 值。CBR 一般以贯入量为 2.5mm 时的测定值为准，当贯入量为 5.0mm 时的 CBR 大于 2.5mm 时的 CBR 时，应重新试验。如重新试验仍然如此时，则以贯入量为 5.0mm 时的 CBR 为准。

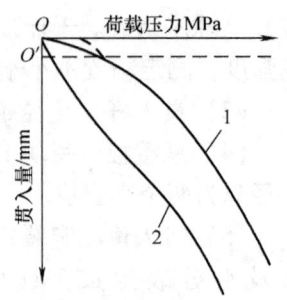

图2-10 荷载压力—贯入量关系曲线

$$\text{CBR}（\%）=\frac{p_1}{p_0}\times 100 \tag{2-22}$$

式中 p_1——荷载压力（MPa）；

p_0——标准压力，是由优质碎石大量试验得到的；当贯入量为 2.5mm 时为 7MPa，当贯入量为 5.0mm 时为 10.5MPa。

4. 报告

试验报告应包括的内容有：

(1) 土基含水率（%）。

(2) 测点的干密度（g/cm²）。

(3) 现场 CBR 值及相应的贯入量。

思考题与习题

一、单项选择题

1. 重型击实试验与轻型击实试验比较，试验结果（　　）。（注：ρ_0 为最大干密度，w_0 为最佳含水率）

　　A. ρ_0 大，w_0 大　　B. ρ_0 小，w_0 小　　C. ρ_0 大，w_0 小　　D. ρ_0 小，w_0 大

2. 重型击实试验与轻型击实试验的本质区别是（　　）。

　　A. 击实次数　　B. 击实锤重量　　C. 击实筒大小　　D. 击实功能

3. 土基回弹模量 E_0 的单位是（　　）。

　　A. MN　　B. kN　　C. kg　　D. MPa

4. 土基现场 CBR 测试时，标准压力当贯入量为 2.5mm 时 P_0 为（　　）。

　　A. 5MPa　　B. 7MPa　　C. 10.5MPa　　D. 12MPa

5. 某土场现场含水率测定时，实测含水率计算值为 5.185%，将其修约成含水率要求有效数字后，应为（　　）。

　　A. 5.2%　　B. 5.19%　　C. 5.180%　　D. 5.190%

6. 灌砂法测定压实度试验，灌砂过程中，储砂筒内砂尚在下流时即关闭开关，压实度结果将比正常结果（　　）。

　　A. 偏大　　B. 偏小　　C. 一样　　D. 偏大偏小无规律

7. 下列有关承载能力和强度的说法中，正确的是（   ）。
   A. 回弹模量越大，表示承载能力越小   B. 回弹弯沉值越大，表示承载能力越小
   C. CBR 值越大，表示强度越小   D. 压力值越大，表示强度越大
8. 黏性土击实试验，试样浸润时间一般为（   ）。
   A. 12~24h   B. 6~12h   C. 24~36h   D. 6~24h
9. 高速、一级公路路基压实度标准，路床应不小于（   ）%。
   A. 90   B. 93   C. 95   D. 96
10. 巨粒土的标准密度适宜采用（   ）来测定。
    A. 轻型击实法   B. 重型击实法   C. 振动台法   D. 压实法
11. 用小灌砂筒测定中粒土的密度中，测定土的含水率时样品的取样数（   ）。
    A. 500g   B. 不大于 300g   C. 不少于 500g   D. 不大于 500g
12. 灌砂法试验结果为：量砂密度 $1.15g/cm^3$，试坑中全部材料质量 4428.8g，填满试坑的砂的质量 2214.4g，代表性试样含水率 5.0%，则试坑材料的干密度为（   ）。
    A. $1.90g/cm^3$ B. $2.00g/cm^3$ C. $2.19g/cm^3$ D. $2.30g/cm^3$
13. 环刀法测定压实度时，环刀取样位置应位于压实层的（   ）。
    A. 上部   B. 中部   C. 底部   D. 任意位置
14. 含水率的定义是（   ）。
    A. 水质量与干土质量之比   B. 水质量与湿土质量之比
    C. 干土质量与湿土质量之比   D. 水质量与水所占体积之比
15. 用环刀法检测压实度时，如环刀打入深度较浅，则检测结果会（   ）。
    A. 偏大   B. 准确   C. 偏小   D. 偏大偏小无规律

二、多项选择题

1. 压实度试验方法有（   ）等。
   A. 灌砂法   B. 环刀法
   C. 核子仪法   D. 钻芯法测定沥青面层压实度
2. 在用承载板法测定土基回弹模量试验中，下列说法不正确的有（   ）。
   A. 测点位置根据需要而不是按随机取样的方法确定
   B. 采用逐级加载、卸载的方法，测出每级荷载下相应的土基回弹变形
   C. 计算回弹模量时以实测回弹变形代入公式
   D. 当两台弯沉仪百分表读数之差小于平均值的 30%时取平均值
3. 土基现场 CBR 值测试时所用试样的最大粒径（   ）。
   A. 宜小于 20mm   B. 宜小于 25mm
   C. 最大不超过 35mm   D. 最大不超过 40mm
4. 承载板测定土基回弹模量试验中，刚性承载板的板厚和直径一般为（   ）。
   A. 板厚 20mm   B. 板厚 40mm   C. 直径 30mm   D. 直径 76mm
5. 灌砂法现场测定路基或路面材料密度，当（   ）时宜采用 Φ150mm 的大型灌砂筒。
   A. 集料最大粒径≥15mm，≤40mm   B. 集料最大粒径≥20mm，≤40mm
   C. 测定层厚度≥150mm   D. 测定层厚度≤200mm

6. 有关标准密度（最大干密度）确定的下列说法，正确的有（　　）。
A. 路基土标准密度的确定采用击实试验方法
B. 击实试验根据击实功的不同，可分为轻型和重型
C. 沥青混合料标准密度以马歇尔击实法确定
D. 无黏聚性自由排水土采用振动台法和表面振动压实仪法测定的结果基本一致

7. 路基土方压实度的规定值分为（　　）进行控制。
A. 高速和一级公路　　B. 其他公路　　　　C. 二级公路　　　　D. 三四级公路

8. 灌砂法测定过程中，下列（　　）操作会使测定结果偏小。
A. 测定层表面不平整而操作时未先放置基板测定粗糙表面的耗砂量
B. 标定砂锥质量时未先流出一部分与试坑体积相当的砂而直接用全部的砂来形成砂锥
C. 开凿试坑时飞出的石子未捡回
D. 所挖试坑的深度只达到测定层的一半

三、判断题（对者打"√"，错者打"×"）

1. 土的含水率是指土中水与干土质量之比。　　　　　　　　　　　　（　　）
2. 灌砂试验时，每换用一次量砂，都必须测定松方密度。　　　　　　（　　）
3. 土基 CBR 值测试，标准压力（当贯入量为 5.0mm 时）为 10.5MPa。　（　　）
4. 路基压实度须分层检测，但可只按上路床的检查数据计分。　　　　（　　）
5. 灌砂法适应于现场测定基层（或底基层）、砂石路面、沥青表面处治、沥青贯入式面层和路基土的密度和压实度，但不适宜于填石路堤的压实度检测。　（　　）
6. 环刀法适用于细粒土及无机结合料稳定细粒土的密度测试。　　　　（　　）
7. 灌砂法标准量砂重复使用时，应重新烘干、过筛。　　　　　　　　（　　）
8. 高等级公路土方路基压实质量控制，应采用重型击实试验。　　　　（　　）
9. 路基土在最佳含水率条件下最容易压实。　　　　　　　　　　　　（　　）

四、简答题

1. 简述标定灌砂筒下部圆锥体内砂的质量的步骤。
2. 简述灌砂法标定量砂的密度的步骤。
3. 简述灌砂法试验步骤。
4. 简述环刀法测定黏性土密度的步骤。
5. 简述土基现场 CBR 值测试方法的原理及测试技术要点。

项目3 路面工程检测

主要知识点	路面现场测试随机选点方法，路面几何尺寸检测，路面厚度检测，路面回弹弯沉检测，路面压实度检测，路面平整度检测，路面抗滑性能检测，沥青路面渗水系数检测，路面外观检测
重点	常用路面性能试验检测方法、仪器设备、操作步骤及注意事项，检测数据的处理，路面质量的评定
难点	试验检测过程中的注意事项，检测数据的处理，路面质量的评定
学习指导	通过本项目的学习，掌握常用路面性能试验检测方法、仪器设备、操作步骤及注意事项，检测数据的处理及路面质量的评定

任务3.1 路面几何尺寸检测及厚度检测

3.1.1 路面现场测试随机选点方法

对公路路面各个层次进行各种测定时，为采取代表性试验数据，往往用随机取样选点的方法确定测点区间、测定断面、测定位置。随机取样选点是按照数理统计原理，在路面现场测定时决定区间、测定断面、测点位置的方法。

随着计算机的普及，也可以采用 Excel 电子表格等软件或计算器中的随机函数代替模数来计算测点位置。

随机取样选点法需要的材料有：钢尺、皮尺、硬纸片（共28块，编号1~28，每块大小2.5cm×2.5cm，装在一个布袋内）、骰子（2个）、毛刷、粉笔等。

1. 测定断面或测定区间的确定方法

检测路段可以是一个作业段、一天完成的路段或路线全程。在路基、路面工程检查验收时，通常取1km为一个检测路段。下面主要介绍测定断面的确定步骤（检测路段的确定与此相同）。

（1）将检测路段按桩号间距（一般为20m）分成若干个断面，依次编号为1、2、3、…、n，总的断面数为 n 个。

（2）从布袋中随机摸出一块硬纸片，硬纸片上的号数即为表3-1中的栏号。从1~28栏中选出该栏号对应的一栏。

（3）按照检测频度的要求，确定测定断面的取样总数 n。依次找出与 A 列中01、02、…、n 对应的 B 列中的值，共 n 对对应的 A、B 值。当 $n>30$ 时，应分次进行。

（4）将 n 个 B 值与总的断面数 T 相乘，四舍五入成整数，即得到 n 个断面的编号。

（5）查断面编号对应的桩号，即为拟检测的断面。

表3-1 一般取样的随机数表

栏号1			栏号2			栏号3			样号4			栏号5		
A	B	C	A	B	C	A	B	C	A	B	C	A	B	C
15	0.033	0.578	05	0.048	0.879	21	0.013	0.220	18	0.089	0.716	17	0.024	0.863
21	0.101	0.300	17	0.074	0.156	30	0.036	0.853	10	0.102	0.330	24	0.060	0.032

(续)

栏号1			栏号2			栏号3			栏号4			栏号5		
A	B	C	A	B	C	A	B	C	A	B	C	A	B	C
23	0.129	0.916	18	0.102	0.191	10	0.052	0.746	14	0.111	0.925	26	0.074	0.639
30	0.158	0.434	06	0.105	0.257	25	0.061	0.954	28	0.127	0.840	07	0.167	0.512
24	0.177	0.397	28	0.179	0.447	29	0.062	0.507	24	0.132	0.271	28	0.194	0.776
11	0.202	0.271	26	0.187	0.844	18	0.087	0.887	19	0.285	0.089	03	0.219	0.166
16	0.204	0.012	04	0.188	0.482	24	0.105	0.849	01	0.326	0.037	9	0.264	0.284
08	0.208	0.418	02	0.208	0.577	07	0.139	0.159	30	0.334	0.938	11	0.282	0.262
19	0.211	0.798	03	0.214	0.402	01	0.175	0.647	22	0.405	0.295	14	0.379	0.994
29	0.233	0.070	07	0.245	0.080	23	0.196	0.873	05	0.421	0.282	13	0.394	0.405
07	0.260	0.073	15	0.248	0.831	26	0.240	0.981	13	0.451	0.212	06	0.410	0.157
17	0.262	0.308	29	0.261	0.037	14	0.255	0.374	02	0.461	0.023	15	0.438	0.700
25	0.271	0.180	30	0.302	0.883	06	0.310	0.043	06	0.487	0.539	22	0.453	0.635
06	0.302	0.672	21	0.318	0.088	11	0.316	0.653	08	0.497	0.396	21	0.472	0.824
01	0.409	0.406	11	0.376	0.936	13	0.324	0.585	25	0.503	0.893	05	0.488	0.118
13	0.507	0.693	14	0.430	0.814	12	0.351	0.275	15	0.594	0.603	01	0.525	0.222
02	0.575	0.654	27	0.438	0.676	20	0.371	0.535	27	0.620	0.894	12	0.561	0.980
18	0.591	0.318	08	0.467	0.205	08	0.409	0.495	21	0.629	0.841	08	0.652	0.508
20	0.610	0.821	09	0.474	0.138	16	0.445	0.740	17	0.691	0.583	18	0.668	0.271
12	0.631	0.597	10	0.492	0.474	03	0.494	0.929	09	0.708	0.689	30	0.736	0.634
27	0.651	0.281	13	0.498	0.892	27	0.543	0.387	07	0.709	0.012	02	0.763	0.253
04	0.661	0.953	19	0.511	0.520	17	0.625	0.171	11	0.714	0.049	23	0.804	0.140
22	0.692	0.089	23	0.591	0.770	02	0.699	0.073	23	0.720	0.695	25	0.828	0.425
05	0.779	0.346	20	0.604	0.730	19	0.702	0.934	03	0.748	0.413	10	0.843	0.627
09	0.787	0.173	24	0.654	0.330	22	0.816	0.802	20	0.781	0.603	16	0.858	0.849
10	0.818	0.837	12	0.728	0.523	04	0.838	0.166	26	0.830	0.384	04	0.903	0.327
14	0.905	0.631	16	0.753	0.344	15	0.904	0.116	04	0.843	0.002	09	0.912	0.382
26	0.912	0.376	01	0.806	0.134	28	0.969	0.742	12	0.884	0.582	27	0.935	0.162
28	0.920	0.163	22	0.878	0.884	09	0.974	0.046	29	0.926	0.700	20	0.970	0.582
03	0.945	0.140	25	0.930	0.162	05	0.977	0.494	16	0.951	0.601	19	0.975	0.327

注：此表共 28 个栏号，第 6~28 栏号中的 A、B、C 值可参照有关规程、规范或标准。

【例 3-1】 拟从 K18+000~K19+000 的检测路段中选择 20 个断面测定路面宽度、高程、横坡度等外形尺寸，断面桩号决定方法如下：

(1) 1km 总长的断面数 $T=1000/20=50$ 个，编号为 1、2、…、50。

(2) 从布袋中取出一块硬纸片，其编号为 5，即采用表 3-1 中的第 5 栏。

(3) 从第 5 栏中 A 列中挑出小于 20 所对应的 B 列数值，将 B 列数值与 T 相乘，四舍五入得到 20 个编号，并得到 20 个断面的桩号。计算过程列于表 3-2。

表 3-2 路面宽度、高程、横坡度检测断面随机选点计算

断面序号	5 栏 A 列	B 列	$B \times T$	断面编号	桩号
1	17	0.024	1.20	1	K18+020
2	07	0.167	8.35	8	K18+160

(续)

断面序号	5栏A列	B列	$B \times T$	断面编号	桩号
3	03	0.219	10.95	11	K18+220
4	11	0.282	14.10	14	K18+280
5	14	0.739	18.95	19	K18+380
6	13	0.394	19.70	20	K18+400
7	06	0.410	20.50	21	K18+420
8	15	0.438	21.90	22	K18+440
9	05	0.488	24.40	24	K18+480
10	01	0.525	26.25	26	K18+520
11	12	0.561	28.05	28	K18+560
12	08	0.652	32.60	33	K18+660
13	18	0.668	33.40	33	K18+680
14	02	0.763	38.00	38	K18+760
15	10	0.843	43.15	42	K18+840
16	16	0.858	42.90	43	K18+860
17	04	0.903	45.15	45	K18+900
18	09	0.912	45.60	46	K18+920
19	20	0.970	48.50	49	K18+980
20	19	0.975	48.75	49	K19+000

2. 测点位置确定方法

(1) 从布袋中任意取出一块硬纸片,纸片上号数即为表3-1中的栏号。从1~28栏中选出该栏号的一栏。

(2) 按照测点数的频数要求(取样总数为n)。依次找出所定栏号的A列所需取样位置数的全部数,如01、02、…、n。当$n>30$时,应分次进行。

(3) 确定取样位置的纵向距离。找出与A列中相对应的B列中数值,以此数乘以检测区间的总长度,并加上该段的起点桩号,即得出取样位置距该段起点的距离或桩号。

(4) 确定取样位置的横向距离。找出与A列中相对应的C列中数值,以此数乘以检测路面的宽度,再减去宽度的一半,即得出取样位置距离路中心线的距离。如差值是正值,表示在中心右侧;如差值是负值,表示在中心线的左侧。

【例3-2】 拟从K18+000~K19+000的检测路段中选择6个测点进行钻孔取样检测压实度、结构层厚度等,钻孔位置决定方法如下:

(1) 选定随机数编号为3,即采用表3-1中的第3栏。

(2) 从第3栏A列中挑出小于6的数为:05、06、04、02、03、01。

(3) 从B列中挑出与这6个数对应的6个数填于表3-3中。

(4) 取样路段长度为1000m,计算得出6个乘积分别列于表中。

(5) 从C列中挑出与A列对应的数分别列于表中。

(6) 路面宽度为10m,用10分别乘C列数值,得出6个数值,分别再减去宽度的一半即测点的位置。计算结果列于表3-3。

表3-3 钻孔位置取样选点计算表

测点编号	A列	B列	距起点距离/m	桩号	C列	距边缘距离/m	距中心距离/m
1	01	0.175	175	K18+175	0.647	6.47	右1.47
2	06	0.310	310	K18+310	0.043	0.43	左4.57
3	03	0.494	494	K18+494	0.929	9.29	右4.29

(续)

测点编号	A列	B列	距起点距离/m	桩号	C列	距边缘距离/m	距中心距离/m
4	02	0.699	699	K18+699	0.073	0.73	左4.27
5	04	0.838	838	K18+838	0.166	1.66	左3.34
6	05	0.977	977	K18+977	0.494	4.94	左0.06

3.1.2 路面几何尺寸检测

1. 检测项目与要求

在路面施工过程中、交工验收期间及旧路调查中，都需要检测路面各部分的几何尺寸，以保证其符合规定的要求。几何尺寸检测所用的仪器与材料有：钢尺、经纬仪、全站仪、精密水准仪、塔尺、粉笔等。几种结构层的几何尺寸检测项目的要求见表3-4。其他结构层检测项目的要求参见《公路工程质量检验评定标准》（JTG F80/1—2004）。

表3-4 几何尺寸检测要求

结构名称	检查项目		规定值或允许偏差		检查方法和频率	权值
			高速、一级公路	其他公路		
土方路基	纵断高程/mm		+10，-15	+10，-20	水准仪：每200m测4断面	2
	中线偏位/mm		50	100	经纬仪：每200m测4点，弯道加HY、YH两点	2
	宽度/mm		不小于设计值		米尺：每200m测4处	2
	横坡（%）		±0.3	±0.5	水准仪：每200m测4个断面	1
	边坡		不陡于设计值		尺量：每200m测4处	1
水泥土基层	纵断高程/mm	基层	—	+5，-15	水准仪：每200m测4个断面	1
		底基层	+5，-15	+5，-20		1
	宽度/mm		不小于设计		尺量：每200m测4个断面	1
	横坡（%）	基层	—	±0.5	水准仪：每200m测4个断面	1
		底基层	±0.3	±0.5		1
沥青混凝土面层	中线平面偏位/mm		20	30	经纬仪：每200m测4点	1
	纵断高程/mm		±10	±15	水准仪：每200m测4个断面	1
	宽度/mm	有侧石	±20	±30	尺量：每200m测4断面	1
		无侧石	不小于设计值			1
	横坡（%）		±0.3	±0.5	水准仪：每200m测4处	1

2. 检测准备工作

（1）在路面上准确恢复桩号。

（2）按随机取样的方法，在一个检测路段内选取测定的断面位置及里程桩号，在测定断面做上记号。通常将路面宽度、横坡、高程及中线偏位选在同一断面位置，且宜在整数桩号上。

（3）根据道路设计的要求，确定路面各部分的设计宽度的边界位置，在测定位置上用粉笔做上记号。

（4）根据道路设计的要求，确定设计高程的纵断面位置，在测定位置上用粉笔做上记号。

(5) 根据道路设计的要求，在与中线垂直的横断面上确定成型后的路面的实际中线位置。

(6) 根据道路设计的路拱形状，确定曲线与直线部分的交界位置及路面与路肩（或硬路肩）的交界处，作为横坡检验的标准；当有路缘石或中央分隔带时，以两侧路缘石边缘为横坡测定的基准点，用粉笔做上记号。

3. 纵断面高程测定

(1) 将水准仪架设在路上平顺处调平，以路线附近的水准点高程为基准，依次将塔尺竖立在中线的测定位置上，测记测定点的高程读数，以"m"计，准确至0.001m。

(2) 连续测定全部测点，并与水准点闭合。各测点的实测高程 h_i 与设计高程 h_{0i} 差为：

$$\Delta h = h_i - h_{0i} \tag{3-1}$$

4. 路面横坡测定

对于无中央分隔带的公路路面横坡是指路拱两侧直线部分的坡度；对于有中央分隔带的公路路面横坡是指路面与中央分隔带交界处及路面边缘与路肩交界处两点的高程差与水平距离的比值，以"%"表示。其测定方法如下：

(1) 对设有中央分隔带的路面，测定横坡时，将水准仪架设在路面平顺处整平，将塔尺分别竖立在路面与中央分隔带分界的路缘带边缘 d_1 处以及路面与路肩交界（或外侧路缘石边缘）的标记 d_2 处，d_1 和 d_2 测点必须在同一横断面上。测量 d_1 和 d_2 处的高程，记录高程读数，以"m"计，准确至0.001m。

(2) 对无中央分隔带的路面，测定横坡时，将水准仪架设在路面平顺处整平，将塔尺分别竖在路拱曲线与直线部分的交界位置 d_1 处以及路面与路肩交界位置 d_2 处，d_1 和 d_2 测点必须在同一横断面上。测量 d_1 与 d_2 处的高程，记录高程读数，以"m"计，准确至0.001m。

(3) 用钢尺测量两测点的水平距离 B_i，以"m"计。对于高速公路及一级公路，准确至0.005m；对于其他等级公路，准确至0.01m。各测点断面的横坡度 i_i 按式（3-2）计算，准确至一位小数。按式（3-3）计算实测横坡 i_i 与设计横坡 i_{0i} 之差 Δi_i。

$$i_i = \frac{h_{d1} - h_{d2}}{B_i} \times 100 \tag{3-2}$$

式中 h_{d1}、h_{d2}——各测定断面两测点 d_1 和 d_2 的高程读数。

$$\Delta i_i = i_i - i_{0i} \tag{3-3}$$

5. 路基路面宽度及中线偏差测定

路基宽度是指行车道与路肩宽度之和，以"m"计；路面宽度包括行车道、路缘带、变速车道、爬坡车道、硬路肩和紧急停车带的宽度，以"m"计。其测定方法如下：

用钢尺沿中心线垂直方向水平量取路基路面各部分的宽度，以"m"计。对于高速公路及一级公路，准确至0.005m；对于其他公路，准确至0.01m。

测量时量尺应保持水平，不得将尺紧贴路面量取，也不得使用皮尺。各测定断面的实测宽度 B_i 与设计宽度 B_{0i} 之差 ΔB_i 为：

$$\Delta B_i = B_i - B_{0i} \tag{3-4}$$

6. 路面中线偏位测试

路面实际中心线偏离设计中心线的距离为路面中线偏位，以"mm"计。中线偏位的测定方法如下：

（1）有中桩坐标的道路。首先从设计资料中查出待测点 P 的设计坐标，用经纬仪对该设计坐标进行放样，并对放样点 P' 做好标记，量取 PP' 的长度，即为中线平面偏位 Δ_{CL}，以"mm"表示。对高速公路及一级公路，准确至5mm；对其他等级公路，准确至10mm。

（2）无中桩坐标的低等级道路。应首先恢复交点或转点，实测偏角和距离，然后采用链距法、切线支距法或偏角法等传统方法敷设道路中线的设计位置，量取设计位置与施工位置之间的距离，即为中线平面偏位 Δ_{CL}，以"mm"表示，准确至10mm。

7. 检测路段数据整理

将路基路面几何尺寸检测结果汇总于表3-5，然后计算一个评定路段内各测定断面测定值的平均值、标准差、变异系数，但加宽及超高部分的测定值不参与计算。

表3-5 路面几何尺寸检测记录

工程名称：××工程　　路段桩号：$K0+000 \sim K0+150$　　结构名称：二灰砂砾基层

检验者：　　　计算者：　　　校核者：　　　检测日期：

序号	测点桩号	纵断高程/m			横坡（%）			宽度/mm			路面厚度/mm			中线偏位/mm
		实测值	设计值	差值/mm	实测值	设计值	差值	实测值	设计值	差值/mm	实测值	设计值	差值/mm	实测值
1	K0+000	19.695	19.69	+5	0.6	0.5	+0.1	4.75	4.75	0	17.6	18	-4	
2	K0+050	19.682	19.69	-8	0.7	0.5	+0.2	4.75	4.75	0	18.5	18	+5	
3	K0+100	19.675	19.69	-15	0.4	0.5	-0.1	4.75	4.75	0	18.2	18	+2	
4	K0+150	19.693	19.69	+3	0.5	0.5	0	4.75	4.75	0	17.9	18	-1	

8. 检测报告

（1）以评定路段为单位列出桩号、宽度、高程、横坡以及中线偏位测定的记录表，记录平均值、标准差、变异系数。注明不符合规范要求的断面。

（2）纵断面高程测试报告中应报告实测高程与设计高程的差值，低于设计高程为负，高于设计高程为正。

（3）路面横坡测试报告中应记录实测横坡的差值。实测横坡小于设计横坡差值为负；实测横坡大于设计横坡为正。

3.1.3 路面厚度检测

1. 路面厚度代表值与极值的允许偏差

路面结构层厚度检测，一般应与压实度灌砂法或钻芯取样法一起进行。

路面各结构层厚度的检测方法与结构层的层位和种类有关，基层和砂石路面的厚度可用挖坑法测定，沥青面层及水泥混凝土路面板的厚度应用钻孔法测定。对于路面各层施工完成后及工程交工验收检查使用时，必须进行厚度的检测。几种常用的路面结构层厚度的代表值与极度值的允许偏差见表3-6。

（1）抽检频率。水泥混凝土面层，每200m每车道检查2处；沥青混凝土、沥青碎石及沥青贯入式面层，每200m每车道检查1处；水泥稳定粒料基层及石灰稳定土底基层，每200m每车道检查1处。

（2）仪具与材料

1）挖坑用的镐、铲、凿子、锤子、小铲、毛刷。

表3-6 几种常用的路面结构层厚度的代表值与极度值的允许偏差

类型与层位		厚度/mm				检查频率	权值
		代表值		合格值			
		高速、一级公路	其他公路	高速、一级公路	其他公路		
水泥混凝土面层		-5	-5	-10	-10	每200m车道测2处	3
沥青混凝土、沥青碎石面层		总厚度：-5%H 上面层：-10%H	-8%H	总厚度：-10%H 上面层：-20%H	-15%H	双车道每200m测1处	
沥青贯入式面层		—	-8%H或-5mm	—	-15%H或-10mm		
水泥稳定粒料	基层	-8	-10	-15	-20	每200m车道测1处	
	底基层	-10	-12	-25	-30		
石灰土	基层	—	-10	—	-25		
	底基层	-10	-12	-25	-30		

2）取样用路面取芯钻机及钻头、冷水机。钻头的标准直径为 $\phi100mm$，如芯样仅供测量厚度，不做其他试验时，对沥青面层与水泥混凝土板也可用直径 $\phi50mm$ 的钻头；基层材料有可能损坏试件时，也可用直径 $\phi150mm$ 的钻头，但钻孔深度均必须达到层厚。

3）量尺。钢板尺、钢卷尺、卡尺。

4）补坑材料。与检查层位的材料相同。

5）补坑用具。夯、热夯、水等。

6）其他。搪瓷盘、棉纱等。

2. 挖坑法测定路面厚度

（1）按随机选点法决定挖坑检查的位置。如为旧路，测点有坑洞等显著缺陷或处于接缝处时，可在其旁边检测。

（2）选一块约40cm×40cm的平坦表面作为试验地点，用毛刷将其清扫干净。

（3）根据材料坚硬程度，选择镐、铲、凿子等适当的工具开挖这一层材料，直至层位底面。为便于开挖，开挖面积应尽量缩小，坑洞大体呈圆形。边开挖边将材料铲出置于方盘内。

（4）用毛刷将坑底清扫，作为下一层的顶面。

（5）将一把钢板尺平放横跨于坑的两边，用另一把钢尺或卡尺等量具在坑的中部位置垂直伸至坑底，测量坑底至钢板尺底面的距离，即为检查层的厚度，以"mm"计，精确至1mm。

（6）用取样层的相同材料填补试坑。对有机结合料稳定类结构层，应按相同配比用新拌的材料分层填补，并用小锤夯实整平；对无机结合粒料结构层，可用挖坑时取出的材料，适当加水拌和后分层填补，并用小锤夯实整平。

3. 钻孔取样法测定路面厚度

（1）按随机选点法决定挖坑检查的位置。如为旧路，测点有坑洞等显著缺陷或处于接缝处时，可在其旁边检测。

（2）按钻取芯样的方法用路面取芯机钻孔。

（3）仔细取出芯样，清除表面灰土，找出与下层的分界。

(4) 用钢板尺或卡尺沿圆周对称的十字方向上的四处量取表面至上下层界面的高度，取其平均值，即为该层的厚度，准确至1mm。

在沥青路面施工过程中，当沥青混合料尚未冷却时，可根据需要随机选择测点，用大螺丝刀插入至沥青层底面深度后用尺读数，量取沥青层的厚度，以"mm"计，准确至1mm。

(5) 用取样层的相同材料填补钻孔。对正在施工的沥青路面，用相同级配的热拌沥青混合料分层填补，并用热的铁锤或热夯夯实整平；旧路钻孔也可用乳化沥青混合料修补；对水泥混凝土面板，应按相同配比用新拌的材料分层填补，并用小锤夯实。新拌材料中宜掺加快凝早强的外掺剂。所有补坑结束时，宜比原面层略鼓出少许，用重锤或压路机压实平整。

4. 短脉冲雷达检测路面面层厚度

用钻孔取芯法检测路面面层厚度时，对面层有一定的破坏作用。西方发达国家自20世纪80年代开始研究用地质雷达检测路面面层厚度技术，并取得了成功。该项检测技术是一种先进的、高效的、不损坏路面的、连续的检测路面面层厚度的方法。

(1) 雷达路面检测仪的主要结构与功能。用地质雷达测量路面厚度（主要是沥青混凝土与水泥混凝土），在我国已有应用，但用得不多。就已应用的情况来看，效果比较理想。在长距离、快速路面厚度的测量中，雷达将有广阔的应用前景。雷达检测设备有两种，一种是便携式，宜于野外与局部检测；另一种是车载式，适合于高速、大面积检测。图3-1为美国劳雷公司的地质雷达检测设备工作（路面检测）示意图。

图3-1 雷达路面检测仪

雷达快速测厚度技术基本结构如图3-2所示。其测厚技术结构主要由固体腔、天线（发射与接收）、时窗、波形显示与打印等五部分组成。

第一部分固体腔，是雷达的核心，脉冲高频电磁波就由此产生，它是一种特制的共振腔，产生的频率可达到2GHz以上。共振腔要求振源稳定，选频准确。

第二部分是天线，它分发射天线与接收天线两部分。发射天线是将波源的尖频电磁波定向向路基路面发送的主要器件，要求定向性好、发射稳定、功率损失小，这是一般材料所达不到的。为了使天线不贴地发射，以便车载快速扫描测定，天线特制成空气偶合聚焦型，并制成横向电磁波喇叭形。天线发射器具有很高的分辨率，最高输出电压为5V。根据检测用途，天线可分成50MHz、100MHz、300MHz、500MHz、1GHz等多种。对于接收天线可组成发、收两用型。

第三部分是时窗记录器，是发射记时脉冲的主要器件，由于是时间的集中器，故称时间窗。采样收发时间为雷达测时的主要工作，因此，时间窗对雷达检测更加显得重要。

第四部分是波形显示器，它能真实、直观地将测量结果显示在波形图上。

第五部分是打印输出部分，主要将被测波形体与时间记录打印在纸上，以便使用。雷达测量时覆盖面积为30cm×40cm。

(2) 雷达快速检测厚度的基本原理。地质雷达检测公路路面面层厚度属于反射探测法。其基本原理是：不同的介质具有不同的介电常数，地质雷达向地下发射一定强度的高频电磁脉冲波，电磁波在地下传播的过程中遇到不同介电常数的界面时，一部分能量产生反射波，一部分能量继续向地下传播，如图3-3所示，地质雷达接收并记录这些反射信息。由于地下

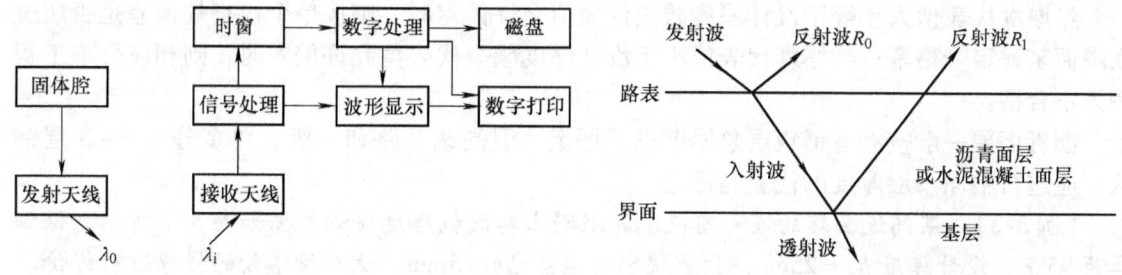

图 3-2 雷达路面测厚度技术结构框图　　图 3-3 电磁波任路向面层中的反射

介质具有不同的介电常数，造成各种介质具有不同的电导性，电导性的差异影响电磁波的传播速度。

相对于雷达所用的高频电磁波（900～2500MHz）而言，路面面层所用的材料都是低损耗介质，电磁波在面层中的传播速度为：

$$v = c/\sqrt{\varepsilon} \tag{3-5}$$

式中　c——电磁波在大气中的传播速度，约 300mm/ns；

　　　ε——面层的相对有效介电常数，它取决于构成面层的所有物质的介电常数。

根据雷达波在路面面层中的双程走时以及材料的相对介电常数，按下式计算面层的厚度 h：

$$h = \frac{\Delta t \times c}{2\sqrt{\varepsilon}} \tag{3-6}$$

式中　c——电磁波在面层中的传播速度（mm/ns）；

　　　Δt——雷达波在路面面层中的双程走时（ns）。

为了准确反算出路面厚度，必须知道路面材料的介电常数，通常采用在路面上钻芯取样方法以获取路面材料的介电常数。做法是首先令雷达天线在需要标定芯样点的上方采样，然后钻芯，最后将芯样的真实厚度数据输入到计算程序中，反算出路面材料的介电常数或者雷达波在材料中的传播速度。路面材料的介电常数会随集料类型、沥青产地、密度、湿度等而不同，测试过程中应根据实际情况增加芯样数量，以保证测试厚度的准确性。

5. 路面结构层厚度评定

对路段内路面结构层厚度按代表值的允许偏差和单个测定值的允许偏差进行评定。厚度代表值为厚度的算术平均值的下置信界限值，即：

$$h_L = \bar{h} - S \cdot \frac{t_a}{\sqrt{n}} \tag{3-7}$$

式中　h_L——厚度代表值；

　　　$\bar{h}$——厚度平均值；

　　　S——标准差；

　　　n——检查数量；

　　　t_a——t 分布中随测点数和保证率（置信度 α）而变的系数（附表2）。采用的保证率：高速、一级公路基层、底基层为 99%，面层为 95%；其他公路基层、底基层为 95%，面层为 90%。

当厚度代表值大于等于设计厚度减去代表值允许偏差时,则按单个检查的偏差是否超过极限值来评定合格率;当厚度代表值小于设计厚度减去代表值允许偏差时,则相应分项工程评为不合格。

沥青面层一般按沥青铺筑层总厚度进行评定,但高速公路和一级公路多分为2~3层铺筑,应进行上面一层厚度的检查与评定。

【例3-3】 某高速公路的某一路段水泥混凝土路面板厚度检测数据如表3-7所示。保证率为95%,设计厚度$h_d = 25$cm,代表值容许偏差$\Delta h = 5$mm,试对该路段的板厚进行评价。

表3-7 水泥混凝土路面板厚度检测结果　　　　　　　　(单位:cm)

序号	1	2	3	4	5	6	7	8	9	10	11	12	13	14	15
厚度h_i	25.1	24.8	25.1	24.6	24.7	25.4	25.2	25.3	24.7	24.9	24.9	24.8	25.3	25.3	25.2
序号	16	17	18	19	20	21	22	23	24	25	26	27	28	29	30
厚度h_i	25.0	25.1	24.8	25.0	25.1	24.7	24.9	25.0	25.4	25.2	25.1	25.0	25.0	25.5	25.4

解:经计算得:$\overline{h} = 25.05$cm,$S = 0.24$cm

根据$n = 30$,$\alpha = 95\%$,查附表2得:$\dfrac{t_a}{\sqrt{n}} = 0.310$

厚度代表值为算术平均值的下置信界限,即:

$$\overline{h}_L = \overline{h} - S \cdot \dfrac{t_a}{\sqrt{n}} = 25.05 - 0.310 \times 0.24 = 24.98\text{cm}$$

因为$h_L > h_d - \Delta h = 24.5$cm,所以该路段的板厚满足要求。

又因为该路段最小实测厚度为24.6cm,规范要求的高速公路水泥混凝土面层合格值为-10mm,最小实测厚度$> 25 - 1 = 24$cm。所以该路段板厚合格率为100%。

思考题与习题

一、填空题

1. 通常将路面宽度、横坡、高程及中线偏位选在(　　)位置,且宜在(　　)上。

2. 厚度的检测方法有破坏性检测和非破坏性检测两种,前者有(　　)和(　　),后者有(　　)。

3. 对路段内路面结构层厚度按(　　)的允许偏差和(　　)的允许偏差进行评定。

二、单项选择题

1. 路拱横坡是指(　　)。($H_中$、$H_左$、$H_右$分别表示路基中心和左、右边缘的高程,B为半幅路基宽度)。

　A. $\dfrac{H_中 - H_左(H_右)}{2B}$　　B. $\dfrac{H_左 - H_右}{2B}$　　C. $\dfrac{H_中 - H_左(H_右)}{B}$　　D. $\dfrac{H_左 - H_右}{B}$

2. 路基路面各部分宽度及总宽度测量时,高速公路及一级公路应准确到(　　)。

　A. 0.001m　　B. 0.005m　　C. 0.01m　　D. 0.05m

3. 下列检测项目中,用数理统计方法进行评分的项目是(　　)。

　A. 纵断高程　　B. 中线偏位　　C. 宽度　　D. 厚度

4. 可以采用挖坑法测定厚度的结构层是(　　)。

A. 沥青面层　　　　　　　　　　　　B. 水泥混凝土路面板
C. 水泥稳定碎石基层　　　　　　　　D. 级配碎石基层路面

5. 路面结构层厚度的评定采用（　　）作为否决指标。
A. 平均值　　　　　　　　　　　　　B. 平均值的置信下限
C. 平均值的置信上限　　　　　　　　D. 单点极值

6. 结构层厚度的评定用（　　）作为扣分的指标。
A. 平均值　　　　　　　　　　　　　B. 单点极值
C. 算术平均值的下置信界限值　　　　D. 算术平均值的上置信界限值

7. 厚度代表值 h 按（　　）公式计算。
A. $h = \bar{h} - Z_a \cdot S$ 　　　　　　　　　B. $h = \bar{h} + Z_a \cdot S$
C. $h = \bar{h} - t_a/\sqrt{n} \cdot S$ 　　　　　　D. $h = \bar{h} + t_a/\sqrt{n} \cdot S$

8. 对于结构层厚度评定，下列说法中正确的是（　　）。
A. 厚度代表值应≥设计厚度　　　　　B. 厚度代表值应≥设计厚度减代表值允许偏差
C. 厚度代表值应≤设计厚度　　　　　D. 厚度代表值应≤设计厚度减代表值允许偏差

三、多项选择题

关于路面结构层厚度的评分，下列说法正确的是（　　）
A. 当厚度代表值大于设计厚度减去代表值允许偏差时，评为满分
B. 当代表值偏差满足要求但有超过极值偏差的测点时，按合格率计分
C. 当厚度代表值小于设计厚度减去代表值允许偏差时，评为零分
D. 基层和底基层厚度当代表值偏差超过标准值时，评为零分

四、判断题

1. 新建公路路基设计标高规定为路中线标高。　　　　　　　　　　　　　　（　　）
2. 中位偏位是指公路中线的实际位置与设计位置之间的偏移量。　　　　　　（　　）
3. 在设计文件中，路基设计标高一般是指路肩（单幅）或中央分隔带边缘（双幅）之值，而不是中线之值。　　　　　　　　　　　　　　　　　　　　　　　　　　（　　）
4. 厚度评定的合格标准为厚度代表值应大于等于设计厚度。　　　　　　　　（　　）
5. 高速公路一般分 2~3 层铺筑沥青面层，在检查评定时只对总厚度进行评定。（　　）
6. 路面结构层厚度检测，一般应与压实度灌砂法或钻芯取样法一起进行。　　（　　）
7. 路面结构层厚度评定中，保证率的取值与公路等级有关。　　　　　　　　（　　）
8. 厚度代表值、压实度代表值与 t 分布系数有关。　　　　　　　　　　　　（　　）

五、计算题

1. 拟从 $K10+000 \sim K11+000$ 的检测路段中选择 6 个点检测压实度和结构层厚度，试确定测点的位置（随机抽样编号为 4，路面宽度 10m）。

2. 某一级公路稳定粒料基层设计厚度为 20cm，该评定路段的检测值为 21、22、19、19、20、21、21、22、19（单位：cm），评定其厚度是否满足要求并计算合格率。（已知厚度代表值容许偏差为 -8mm，单值容许偏差为 -15mm，$t_{0.99}/\sqrt{9} = 0.966$）。

任务 3.2　路面回弹弯沉检测

3.2.1　回弹弯沉及检测方法认知

国内外普遍采用回弹弯沉值来表示路基路面的承载能力，回弹弯沉值越大，承载能力越小，反之则越大。回弹弯沉值是公路工程的一个基本参数，广泛应用于路面结构的设计（设计回弹弯沉）、施工控制、施工验收中（竣工验收弯沉值），以及旧路补强设计中。

弯沉值是指在规定的标准轴载作用下，路基或路面表面轮隙中心处产生的总垂直变形（总弯沉），或垂直回弹变形值（回弹弯沉），以 0.01mm 为单位。通常所说的回弹弯沉是指后轴载轮隙中心处的最大回弹弯沉值。设计弯沉值是指根据设计年限内一个车道上预测通过的累计当量轴次、公路等级、面层和基层类型而确定的路面弯沉设计值。当路面厚度计算以设计弯沉值为控制指标时，则验收弯沉值应小于或等于设计弯沉值；当厚度计算以层底拉应力为控制指标时，应根据拉应力计算所得的结构厚度，重新计算路面弯沉值，该弯沉值即为竣工验收弯沉值。沥青路面回弹弯沉最好在路面竣工后第一个最不利季节测试。

弯沉值的测试方法较多，目前用得最多的是贝克曼梁法，在我国已有成熟的经验，但由于受测试速度等因素的限制，各国都对快速连续或动态测定进行了研究，现在我国逐渐引进的有：法国洛克鲁瓦式自动弯沉仪，丹麦等国家发明并几经改进形成的落锤式弯沉仪，美国的振动弯沉仪等。现将常用的几种方法各自的特点作简单的比较，见表 3-8。

表 3-8　几种弯沉测试方式比较

方法	特　　点
贝克曼梁法	传统方法，速度慢，静态测试，比较成熟，目前属于标准方法
自动弯沉仪法	利用贝克曼梁原理快速连续，属于静态测试范畴，但测定的是总弯沉，因此使用时应用贝克曼梁进行标定换算
落锤式弯沉仪法	利用重锤自由落下的瞬间产生的冲击荷载测定弯沉，属于动态弯沉，并能反算路面的回弹模量，快速连续，使用时应用贝克曼梁法进行标定换算

采用贝克曼梁或自动弯沉仪测量弯沉值，每一双车道评定路段（不超过1km）检查 80~100 个点，多车道公路必须按车道数与双车道之比，相应增加测点。

3.2.2　贝克曼梁测定路基路面回弹弯沉

本方法利用杠杆原理制成杠杆式弯沉仪测定轮隙弯沉，适用于测定各类路基路面的回弹弯沉，用以评定其整体承载能力，供路面结构设计使用。沥青路面的弯沉以路表温度20℃时为准，在其他温度测试时，对厚度大于5cm的沥青路面，弯沉值应予温度修正。

1. 检测器具与材料

（1）标准车。标准车为双轴、后轴双侧 4 轮的载重车，其标准轴荷载、轮胎尺寸、轮胎间隙及轮胎气压等主要参数应符合表 3-9 的要求。测试车采用后轴 10t 的 BZZ-100 的汽车。

表3-9 测定弯沉用的标准车参数

标准轴载等级	BZZ-100	轮胎允气压力/MPa	0.70±0.05
后轴标准轴载 P/kN	100±1	单轮传压面当量圆直径/cm	21.30±0.5
一侧双轮荷载/kN	50±05	轮隙宽度	满足自由插入弯沉仪测头的测试要求

(2) 路面弯沉仪。路面弯沉仪由贝克曼梁、百分表及表架组成。贝克曼梁由合金铝制成，上有水准泡，其前臂（接触路面）与后臂（装百分表）长度比2:1。弯沉仪长度有两种：一种长3.6m，前后臂分别为2.4m和1.2m；另一种加长的弯沉仪长5.4m，前后臂分别为3.6m和1.8m，其构造如图3-4所示。当在半刚性基层沥青路面或水泥混凝土路面上测定时，宜采用长度为5.4m的贝克曼梁弯沉仪；对柔性基层沥青路面或混合式结构沥青路面可采用长度为3.6m的贝克曼梁弯沉仪。弯沉采用百分表量得，也可用自动记录装置进行测量。

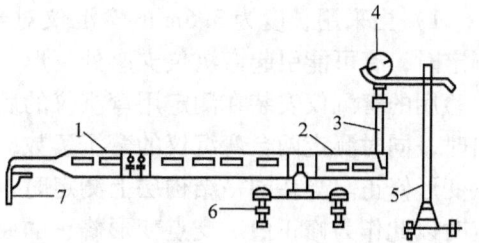

图3-4 路面弯沉仪的构造
1、2—前后杠杆 3—立杆 4—百分表
5—表架 6—支座 7—测头

(3) 接触式路表温度计。端部为平头，分度不大于1℃。
(4) 其他。皮尺、口哨、白油漆或粉笔、指挥旗等。

2. 检测方法

(1) 准备工作

1) 检查并保持测定用标准车的车况及制动性能良好、轮胎符合规定充气压力。

2) 向汽车车槽中装载铁块等集料，并在地磅上称量后轴质量，符合要求的轴重规定。汽车行驶及测定过程中，轴重不得变化。

3) 测定轮胎接地面积：在平整光滑的硬质路面上用千斤顶将汽车后轴顶起，在轮胎下方铺一张新的复写纸，轻轻落下千斤顶，即在方格纸印上轮胎印痕，用求积仪或数方格的方法测算轮胎接地面积，准确至$0.1 cm^2$。

4) 检查弯沉仪百分表测量灵敏情况。

5) 当在沥青路面上测定时，用路表温度计测定试验时气温及路表温度（一天中气温不断变化，应随时测定），通过气象台了解前5d的平均气温（日最高气温与最低气温的平均值）。

6) 记录沥青路面修建或改建时材料、结构、厚度、施工及养护等情况。

(2) 测试步骤

1) 在测试路段布置测点，其距离随测试需要而定。测点应在路面行车车道的轮迹带上，并用白漆或粉笔画上标记。

2) 将试验车后轮轮隙对准测点后约3~5cm处的位置上。

3) 将弯沉仪插入汽车后轮之间的缝隙处，与汽车方向一致，梁臂不得碰到轮胎，弯沉仪测头置于测点上（轮隙中心前方3~5cm处），并安装百分表于弯沉仪的测定杆上。百分表调零，用手指轻轻叩打弯沉仪，检查百分表是否稳定回零。弯沉仪可以是单侧测定，也可以是双侧同时测定。

4）测定者吹哨发令指挥汽车缓缓前进，百分表随路面变形的增加而持续向前转动。当表针转动到最大值时，迅速读取初读数 L_1。汽车仍在继续前进，表针反向回转，待汽车驶出弯沉影响半径（约3m以上）后，吹口哨或挥动指挥红旗，汽车停止。待表针回转稳定后，再次读取终读数 L_2。汽车前进的速度宜为5km/h左右。

（3）弯沉仪的支点变形修正

1）当采用长度为3.6m的弯沉仪对半刚性基层沥青路面、水泥混凝土路面等进行弯沉测定时，有可能引起弯沉仪支座处变形，因此测定时应检验支点有无变形。此时应用另一台检验用的弯沉仪安装在测定用弯沉仪的后方，其测点架于测定用弯沉仪的支点旁。当汽车开出时，同时测定两台弯沉仪的弯沉读数，如检验用弯沉百分表有读数，即应该记录并进行支点变形修正。当在同一结构层上测定时，可在不同位置测定5次，求取平均值，以后每次测定时以此作为修正值。支点变形修正的原理如图3-5所示。

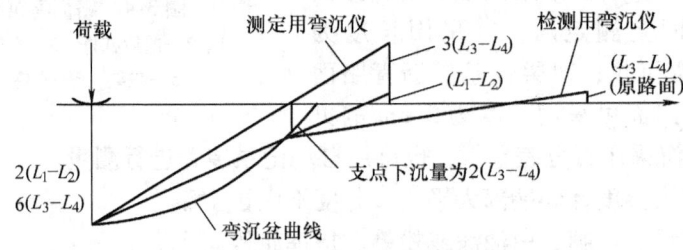

图3-5 弯沉仪支点变形修正原理

2）当采用长度为5.4m的弯沉仪测定时，可不进行支点变形修正。

3. 结果计算及温度修正

（1）路面测点的回弹弯沉值依下式计算：

$$L_T = (L_1 - L_2) \times 2 \tag{3-8}$$

式中　L_T——在路面温度 T 时的回弹弯沉值，0.01mm；
　　　L_1——车轮胎中心临近弯沉仪测头时百分表的最大读数，0.01mm；
　　　L_2——汽车驶出弯沉影响半径后百分表的终读数，0.01mm。

（2）当需要进行弯沉仪支点变形修正时，路面测点的回弹弯沉值按式（3-9）计算（适用于测定弯沉仪支座处有变形，但百分表架处路面已无变形的情况）：

$$L_T = (L_1 - L_2) \times 2 + (L_3 - L_4) \times 6 \tag{3-9}$$

式中　L_1——车轮胎中心临近弯沉仪测头时百分表的最大读数，0.01mm；
　　　L_2——汽车驶出弯沉影响半径后百分表的终读数，0.01mm；
　　　L_3——车轮中心临近弯沉仪测头时检验用弯沉仪的最大读数，0.01mm；
　　　L_4——汽车驶出弯沉影响半径后检验用弯沉仪的最终读数，0.01mm。

（3）沥青面层厚度大于5cm的沥青路面，回弹弯沉值应进行温度修正，当沥青层厚度小于或等于5cm时，或路表温度在（20±2）℃范围内，可不进行温度修正。温度修正及回弹弯沉的计算宜按下列步骤进行：

1）测定时的沥青层平均温度按下式计算：

$$T = \frac{T_{25} + T_m + T_e}{3} \tag{3-10}$$

式中 T——测定时沥青层平均温度（℃）；

　　　T_{25}——根据 T_0 由图 3-6 决定的路表下 25mm 处的温度（℃）；

　　　T_m——根据 T_0 由图 3-6 决定的沥青中间深度的温度（℃）；

　　　T_e——根据 T_0 由图 3-6 决定的沥青层底面处的温度（℃）。

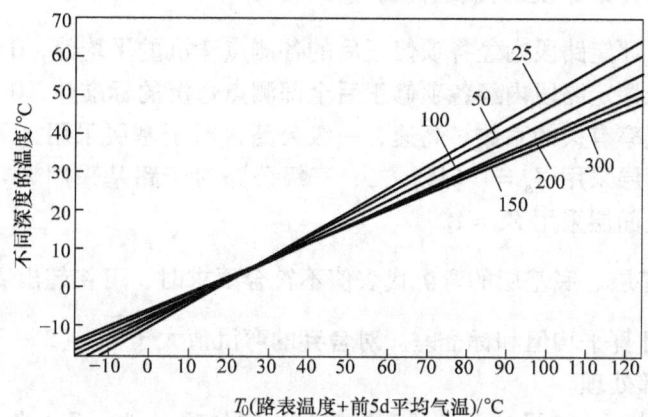

图 3-6　沥青层平均温度的决定

注：线上的数字为纵路表下的不同深度（mm）

图 3-6 中 T_0 为测定时路表温度与测定前 5d 日平均气温的平均值之和（℃），日平均气温为日最高气温与最低气温的平均值。

2）采用不同基层的沥青路面弯沉值的温度修正系数 K，根据沥青层平均温度 T 及沥青层厚度，分别由图 3-7 和图 3-8 求取。

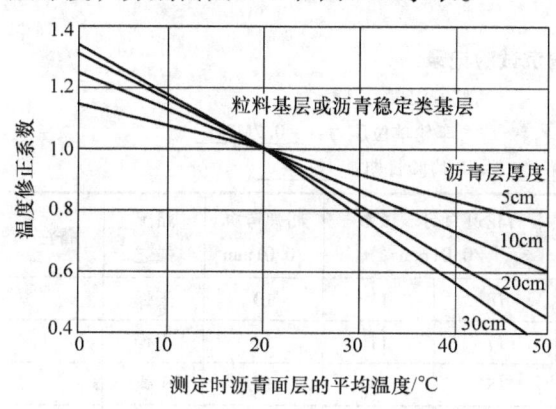

图 3-7　路面弯沉温度修正系数曲线图
（适用于粒料基层及沥青稳定基层）

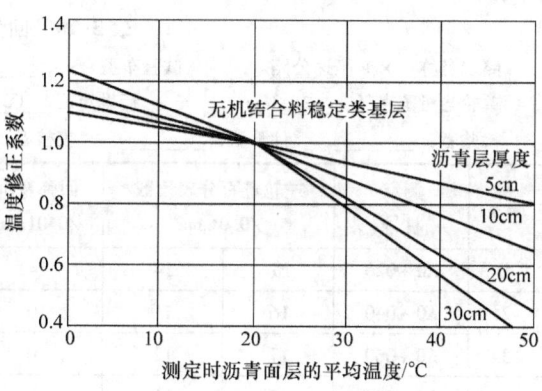

图 3-8　路面弯沉温度修正系数曲线
（适用于无机结合料稳定的半刚性基层）

3）沥青路面回弹弯沉按下式计算：

$$L_{20} = L_T \times K \qquad (3-11)$$

式中　K——温度修正系数；

　　　L_{20}——换算为 20℃ 的沥青路面回弹弯沉值，0.01mm；

　　　L_T——测时定沥青面层内平均温度为 T 时的回弹弯沉值，0.01mm。

4. 结果评定

(1) 按下式计算每一个评定路段的代表弯沉：

$$L_r = \overline{L} + Z_a \cdot S \tag{3-12}$$

式中 L_r——为一个评定路段的代表弯沉，0.01mm；

$\overline{L}$——为一个评定路段内经各项修正后的各测点弯沉的平均值，0.01mm；

S——为一个评定路段内经各项修正后全部测点弯沉的标准差，0.01mm；

Z_a——与保证率有关的系数。高速、一级公路，对于基层采用 $Z_a=2.0$；对于沥青混凝土面层采用 $Z_a=1.645$；二、三级公路对于路基采用 $Z_a=1.645$；对于沥青混凝土面层采用 $Z_a=1.5$。

当路基和柔性基层、底基层的弯沉代表值不符合要求时，可将超出 $\overline{L}\pm(2\sim3)s$ 的弯沉特异值舍弃，重新计算平均值和标准差。对舍弃的弯沉值大于 $\overline{L}+(2\sim3)s$ 的点，应找出其周围界限，进行局部处理。

(2) 弯沉代表值不大于设计要求的弯沉值时相应分项工程为不合格。

若在不利季节测定时，应考虑季节影响系数。若用两台弯沉仪同时进行左右轮弯沉值测定时，应按两个独立测点计，不能采用左右两点的平均值。

5. 检测报告

报告应包括下列内容：

(1) 弯沉测定表、支点变形修正值、测试时的路面温度及温度修正值。

(2) 每一个评定路段的各测点弯沉的平均值、标准差及代表弯沉。记录格式如表 3-10 所示。

表 3-10 回弹弯沉试验记录

路线名称：××高速公路　　试验车型号：＿＿＿　　路表温度：21℃
单轮当量圆直径：21.3cm　　后轴重：100kN　　车轮单位压力：0.7MPa
检验者：＿＿＿　　计算者：＿＿＿　　校核者：＿＿＿　　检验日期：＿＿＿

编号	测点桩号	左轮迹百分表读数 /0.01mm		回弹弯沉 /0.01mm	右轮迹百分表读数 /0.01mm		回弹弯沉 /0.01mm	路况描述	备注
1	K0+020	21	14	14	18	13	10	干燥	
2	K0+040	16	11	10	17	11	12	干燥	
3	K0+060	17	12	10	18	13	10	干燥	
4	K0+080	15	11	8	16	12	8	干燥	
5	K0+100	18	11	14	20	13	14	干燥	
6	K0+120	19	13	12	18	12	12	干燥	
7	K0+140	15	10	10	18	12	12	干燥	

【例 3-4】 某新建高速公路竣工后，在不利季节测得某段路面的弯沉值如表 3-11 所示，路面设计弯沉值为 40 (0.01mm)，试判断该路段的弯沉值是否符合要求。（保证率系数 $Z_a = 1.645$）

表 3-11 弯沉值检测结果　　　　　　　　　（单位：0.01mm）

序号	1	2	3	4	5	6	7	8	9	10	11
弯沉值 L_i	30	29	31	28	27	26	33	32	30	30	31
序号	12	13	14	15	16	17	18	19	20	21	22
弯沉值 L_i	29	27	26	32	31	33	31	30	29	28	28

解：经计算：$\overline{L} = 29.6$（0.01mm），$S = 2.09$（0.01mm）

代表弯沉值为弯沉检测值的上波动界限，即：

$$L_r = \overline{L} + Z_a \cdot S = 29.6 + 1.645 \times 2.09 = 33.0 \ (0.01\text{mm})$$

因为代表弯沉值 $L_r < L_d = 40$（0.01mm），所以该路段的弯沉值是满足要求的。

3.2.3　自动弯沉仪测定路基路面弯沉

用自动弯沉仪在标准条件下每隔一定距离连续测试路面的总弯沉，并计算总弯沉值的平均值。以此作为尚无坑洞等严重破坏的道路验收检查及旧路面强度的评价指标，可为路面养护管理系统提供数据，经过与贝克曼梁测定值进行换算后，也可以进行路面结构设计。

1. 检测器具

自动弯沉仪测定车由承载车、测量机架及控制系统、位移、温度和距离传感器、数据采集与处理系统等基本部分组成，如图3-9所示。

自动弯沉仪的承载车辆应为单后轴、单侧双轮组的载重车，其标准参数要求参见表3-9。

测试系统基本技术要求和参数：

（1）位移传感器分辨率：0.01mm。
（2）位移传感器有效量程：≥3mm。
（3）设备工作环境温度：0～60%。
（4）距离标定误差：≤1%。

2. 准备工作

（1）位移传感器标定。每次测试之前必须

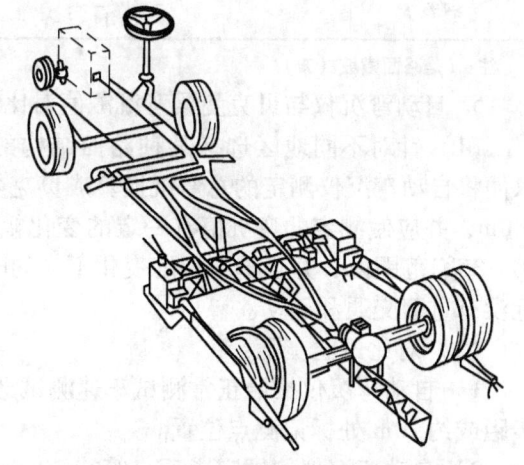

图3-9　自动弯沉仪的测量机构

按照设备使用手册规定的方法进行位移传感器的标定，记录标定数据并存档。

（2）检查承载车轮胎气压。每次测试之前必须检查后轴轮胎气压，应满足（0.70±0.05）MPa。

（3）检查承载车轮轮载。一般每年检查一次，后轴载应满足（100±1）kN。
（4）检查测量架的易损部件情况，及时更换损坏部件。
（5）打开设备电源进行检查，控制面板功能键、指示灯、显示器等应正常。
（6）开动承载车试测 2～3 个步距，观察测试机构。测试机构应正常，否则需要调整。

3. 测试步骤

（1）测试系统在开始测试前需要通电预热，时间不少于设备操作手册要求，并开启工程警灯和导向标等警告标志。

（2）在测试路段前20m处将测量架放落在路面上，并检查各机构的部件情况。

（3）操作人员按照设备使用手册的规定和测试路段的现场技术员取舍之要求设置所需的测试状态。

（4）驾驶员缓慢加速承载车到正常测试速度，沿正常行车轨迹驶入测试路段。

（5）操作人员将测试路段起终点、桥涵等特殊位置的桩号输入到记录数据中。

（6）当测试车辆驶出测试路段后，操作人员停止数据采集和记录，并恢复仪器各部分至初始状态，驾驶员缓慢停止承载车，提起测量架。

（7）操作人员检查数据文件，文件应完整，内容应正常，否则需要重新测试。

4. 计算

（1）采用自动弯沉仪采集路面弯沉盆峰值数据。

（2）数据组中左臂、右臂测值按单独弯沉处理。

（3）对原始弯沉测试数据进行温度、坡度、相关性等修正。当面横坡超过4%，不进行超高影响修正；当横坡超过4%时，超高影响的修正见表3-12。

表3-12 弯沉值横坡修正

横坡范围	高位修正系数	低位修正系数
>4%	$\dfrac{1}{1-i}$	$\dfrac{1}{1+i}$

注：i 是路面横坡（%）

5. 自动弯沉仪与贝克曼梁弯沉测值对比试验步骤

（1）针对不同地区选择某种路面结构的代表性路段，进行两种测定方法的对比试验，以便将自动弯沉仪测定的总弯沉换算成贝克曼梁测定的回弹弯沉值。测定路段长度为300～500m，并应使测定的弯沉值有一定的变化幅度。对比试验路段的路面应清洁干燥，温度在10～35℃范围内，并且选择温度变化不大的时间，宜选择晴天无风的天气条件，试验路段附近没有重型交通和震动。

（2）对比试验步骤：

1）自动弯沉仪按照正常测试车速测试选定路段，工作人员仔细用油漆在每隔三个测试步距或约20m处标记测点位置。

2）自动弯沉仪测试完毕后，等待30min；然后，在每一个标记位置用贝克曼梁按照贝克曼梁测定路基路面回弹弯沉试验方法测定各点回弹弯沉值。

3）从自动弯沉仪的记录数据中按照路面标记点的相应桩号提出各试验点测值，并与贝克曼梁测值一一对应，用数理统计的回归分析方法得到贝克曼梁测值和自动弯沉仪测值之间的相关关系方程，相关系数不得小于0.95。

6. 检测报告内容

（1）弯沉的平均值、标准差、代表值、测试时的路面温度及温度修正值。

（2）自动弯沉仪测值与贝克曼梁测值的相关关系式及相关系数。

3.2.4 落锤式弯沉仪测定路基路面弯沉

用落锤式弯沉仪（FWD）在标准质量的重锤落下一定高度发生的冲击荷载的作用下，测定路基或路面表面所产生的瞬时变形，即测定在动态荷载作用下产生的动态弯沉及弯沉盆，由此反算路基路面各层材料的动态弹性模量，作为设计参数使用。所测结果也可用于评定道路承载能力、调查水泥混凝土路面接缝的传力效果和探查路面板下的空洞等。

1. 检测器具

落锤式弯沉仪，简称FWD，由荷载发生装置、弯沉检测装置、运算控制系统与车辆牵引系统等组成。其结构示意如图3-10所示。

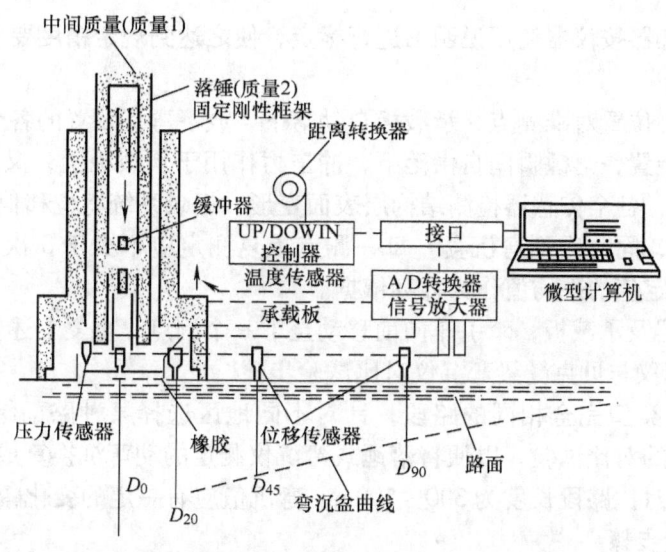

图3-10 落锤式弯沉仪测量系统示意图

（1）荷载发生装置：重锤的质量及落高根据使用目的与道路等级选择，荷载由传感器测定，如无特殊需要，可采用质量为（200±10）kg，产生（50±2.5）kN冲击荷载的重锤。承载板宜为十字对称，分开成4部分，且底部固定有橡胶片的承载板。承载板的直径为300mm。

（2）弯沉检测装置：由一组高精度位移传感器组成，如图3-11所示，传感器可为差动变压器式位移计（LVDT）。自中心开始，承载板沿道路纵向设置，隔开一定距离布设

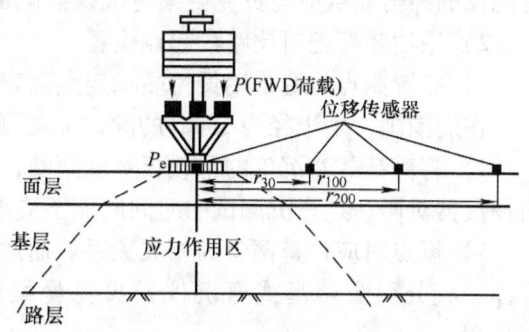

图3-11 落锤式弯沉仪传感器布置及应力作用范围示例

一组传感器，传感器总数不少于7个，建议布置在0~250cm范围以内，必须包括0cm、30cm、60cm、90cm四点，其他根据需要及设备性能决定。

（3）运算及控制装置：能在冲击荷载作用的瞬间内，记录冲击荷载及各个传感器所在位置测点的动态变形。

（4）牵引装置：牵引FWD并安装有运算及控制装置的车辆。

2. 评定道路承载能力的方法与步骤

（1）准备工作

1）调整重锤的质量及落高，使重锤的质量及产生的冲击荷载符合前述仪器的要求。

2）在测试路段的路基或路面各层表面布置测点，其位置或距离随测试需要而定。当在路面表面测定时，测点宜布置在行车车道的轮迹带上。测试时，还可利用距离传感器定位。

3）检查 FWD 的车况及使用性能，用手动操作检查，各项标准符合仪器规定要求。

4）将 FWD 牵引至测定地点，并将仪器打开，进入工作状态。牵引 FWD 行驶的速度不宜超过 50km/h。

5）对位移传感器按仪器使用说明书进行标定，使之达到规定精度要求。

（2）测定方法

1）承载板中心位置对准测点，承载板自动落下，放下弯沉装置的各个传感器。

2）启动落锤装置，落锤瞬间自由落下，冲击力作用于承载板上，又立即自动提升至原来位置固定。同时，各个传感器检测结构层表面变形，记录系统将位移信号输入计算机，并得到路面弯沉峰值，同时得到弯沉盆。每一测点重复测定应不少于 3 次，除去第一个测定值，取以后几次测定值的平均值作为计算依据。

3）提起传感器及承载板，牵引车向前移动至下一个测点，重复上述步骤，进行测定。

3. 落锤式弯沉仪与贝克曼梁弯沉仪对比试验步骤

（1）选择结构类型完全相同的路段，针对不同地区选择某种路面结构的代表性路段，进行两种测定方法的对比试验，以便将落锤式弯沉仪测定的动弯沉换算成贝克曼梁测定的回弹弯沉值。选择的对比路段长度为 300~500m，弯沉值应有一定的变化幅度。

（2）对比试验步骤

1）采用与实际使用相同且符合要求的落锤式弯沉仪及贝克曼梁弯沉仪测定车。落锤式弯沉仪的冲击荷载应与贝克曼梁弯沉仪器测定车的后轴双轮荷载相同。

2）用油漆标记对比路段起点位置。

3）布置测点位置，用贝克曼梁定点测定回弹弯沉，测定车开走后，用粉笔以测点为圆心，在周围画一个半径为 15cm 的圆，标明测点位置。

4）将落锤式弯沉仪的承载板对准圆圈，位置偏差不超过 30mm，按前述方法进行测定。两种仪器对同一点弯沉测试的时间间隔不应超过 10min。

5）逐点对应计算两者的相关关系。通过对比试验得出回归方程式 $L_B = a + bL_{FWD}$，式中 L_{FWD}、L_B 分别为落锤式弯沉仪及贝克曼梁测定的弯沉值。回归方程式相关系数应不小于 0.95。

由于不同路面结构的材料、路基状况、温度、水文条件、路面使用状况不同，对比关系也有所不同，为了提高数据的准确性，应分别做此项对比试验。

4. 水泥混凝土路面板的调查方法与步骤

（1）在测试路段的水泥混凝土路面板表面布置测点，当为调查水泥混凝土路面接缝的传力效果时，测点布置在接缝的一侧，位移传感器分开在接缝两边布置；当为探查路面板下的空洞时，测点布置位置随测试需要而定，应在不同位置测定。

（2）按前述方法进行测定。

5. 数据处理

（1）按桩号记录各测点的弯沉及弯沉盆数据，计算一个评定路段平均值、标准差、变异系数。

（2）当为调查水泥混凝土路面接缝的传力效果时，利用在接缝两边布置的位移传感器测定值的差异及弯沉盆的形状，进行判断。

（3）当为探查路面板下的空洞时，利用在不同位置测定的测值差异及弯沉盆的形状，进行判断。

6. 检测报告内容

（1）各测点的最大弯沉值及弯沉盆测定数据。

（2）每一个评定路段全部测点弯沉的平均值、标准差、变异系数及代表弯沉。

（3）如与贝克曼梁弯沉仪进行了对比试验，应列出相关关系式、相关系数和换算的回弹弯沉。

思考题与习题

一、填空题

1. 弯沉测试的方法有（　　）、（　　）、（　　）。贝克曼梁法测定的是（　　），自动弯沉仪法测定的是（　　），落锤式弯沉仪测定的是（　　）。

2. 路面弯沉仪由（　　）、（　　）和（　　）组成。

3. 沥青面层厚度大于（　　）且路面温度超过（　　）范围时，回弹弯沉值应进行温度修正，修正的方法有（　　）和（　　）。

二、单项选择题

1. 用贝克曼梁法测定高速公路土基回弹弯沉时，加载车的后轴轴载一般为（　　）。
   A. 60kN　　　　B. 80kN　　　　C. 100kN　　　　D. 120kN

2. 沥青路面回弹弯沉最好在路面（　　）测试。
   A. 竣工前　　　　　　　　　　　B. 竣工后
   C. 竣工后第一个最不利季节　　　D. 竣工后第一冬季

3. 自动弯沉仪测定弯沉为（　　）。
   A. 回弹弯沉　　B. 总弯沉　　C. 动态回弹弯沉　　D. 动态总弯沉

4. 用贝克曼梁法单侧测路表面回弹弯弹，已知百分表初读数为15，加载后读数为55，卸载后读数为10，单位均为0.01mm，则回弹弯沉值为（　　）（0.01mm）。
   A. 40　　　　B. 45　　　　C. 80　　　　D. 90

5. 弯沉值的单位以（　　）计。
   A. 0.01mm　　B. 1mm　　C. 0.1mm　　D. 0.01m

6. 回弹弯沉值表示路基路面的承载能力，回弹弯沉值越大承载能力（　　）。
   A. 越大　　　B. 越小　　　C. 不变　　　D. 大小不定

7. 在测试回弹弯沉时，应将测头放置在（　　）。
   A. 测试轴轮隙中心　　　　　　　B. 测试轴轮隙中心前方3~5cm处
   C. 测试轴轮隙中心后方3~5cm处　D. 两后轮组的中间

8. 可以测得动态弯沉盆的检测设备是（　　）。
   A. 3.6m贝克曼梁　B. 5.4m贝克曼梁　C. 落锤式弯沉仪　D. 自动弯沉仪

9. 贝克曼梁测定路面弯沉时，测定应布置在（　　）位置。

A. 路面中心线　　B. 行车道中心线　　C. 行车道标线　　D. 行车道轮迹带

10. 当弯沉代表值小于设计弯沉值（或竣工验收弯沉值）时，其得分为（　　）。

A. 100 分　　B. 规定的满分　　C. 合格率×规定分　　D. 零分

11. 半刚性基层沥青面层弯沉测试中，当（　　）时应进行温度修正。

A. 路面温度 15℃，沥青面层厚度 10cm　　B. 路面温度 15℃，沥青面层厚度 4cm
C. 路面温度 20℃，沥青面层厚度 10cm　　D. 路面温度 20℃，沥青面层厚度 4cm

三、多项选择题

1. 我国测定弯沉时采用的标准轴载 BZZ-100 的有关参数是（　　）。

A. $p=0.5$ MPa　　B. $p=0.7$ MPa　　C. $d=21.3$ cm　　D. $d=19.3$ cm

2. 采用 5.4m 弯沉仪在冬季测定 8cm 厚的沥青路面弯沉值，计算代表弯沉值时应进行下列修正（　　）。

A. 弯沉仪支点变形修正　　B. 温度修正　　C. 季节修正　　D. 湿度修正

3. 下列弯沉测定方法中（　　）测出的回弹弯沉是静态弯沉。

A. 落锤式弯沉仪　　B. 自动弯沉仪　　C. 贝克曼梁　　D. 杠杆式弯沉仪

4. 弯沉测试时，测试车的（　　）会影响弯沉的测试结果。

A. 车型　　B. 后轴重　　C. 轮胎接地压力　　D. 轮胎接地半径

四、判断题

1. 贝克曼梁弯沉测试标准车根据公路等级选择，二级公路应采用后轴 10t 的 BZZ-100 标准车。（　　）
2. 弯沉是反映路基或路面压实程度的指标。（　　）
3. 用两台弯沉仪同时进行左右轮弯沉值测定时可采用左右两轮的平均值计算弯沉值。（　　）
4. 落锤式弯沉仪测定的是静态回弹弯沉，可以直接用于路基路面评定。（　　）
5. 弯沉测试中的自动弯沉仪法属于动态测试方法。（　　）
6. 弯沉测试中的落锤式弯沉仪（FWD）法属于动态测试方法。（　　）
7. 弯沉值越小，表示路面的承载力越小。（　　）
8. 弯沉指标评定结果只有两种，即评分值可以得规定的满分或零分。（　　）

五、计算题

某路段路基施工质量检查中，标准轴载测得 10 点弯沉值分别为 100、101、102、110、95、98、93、96、103、104（0.01mm），该路段的弯沉值是否满足要求？保证率系数 $Z_a = 2.0$，设计弯沉值为 108（0.01mm）。

任务 3.3　路面压实度检测

3.3.1　压实度及检测方法认知

大量的室内试验和工程实践表明：压实使路基土和路面材料的强度大大增加，压实可以减少路基路面在行车荷载作用下产生的形变，压实可以增加路基和路面材料的不透水性和强度稳定性，保证其使用质量；若压实不足，则路面容易产生车辙、裂缝、沉陷及整个路面被剪切破坏。

现场压实质量用压实度来表示。土基和路面基层的压实度是指压实层材料压实后的干密度与该材料的标准最大干密度之比，用百分数表示；沥青混凝土面层的压实度是指规定方法采取的混合料试件毛体积密度与标准密度之比，也用百分数表示。

路基和路面结构层的压实度以重型击实标准为准，沥青混凝土面层实度以马歇尔稳定度击实成型标准或试验路密实度为准。对于特殊干旱、潮湿地区或过湿土以及铺筑中、低级路面的三、四级公路路基，则以路基设计施工规范规定的击实试验方法和压实度标准进行评定。

在压实度检测过程中，现场密实度主要检测方法及各方法的适用范围见表3-13。此外，我国也采用地质雷达快速检测路面材料的密实度。

表 3-13 现场密实度检测方法及适用范围比较

试验方法	适用范围
灌砂法	适用于在现场测定基层（或底基层）、砂石路面及路基土的各种材料压实层的密度和压实度；也适用于沥青表面处治、沥青贯入式面层的密度和压实度检测，但不适用于填石路堤等有大孔洞或大孔隙材料的压实度检测
环刀法	适用于细粒土及无机结合料稳定细粒土的密度测试。但对无机结合料稳定细粒土，其龄期不宜超过2d，且适用于施工过程中的压实度检测
核子法	适用于现场用核子密度仪以散射法或直接透射法测定路基或路面材料的密度和含水率，并计算施工压实度；适用于施工质量的现场快速评定，不宜作仲裁试验或评定验收试验
钻芯法	适用于检验从压实的沥青路面上钻取的芯样试件的密实度，以评定沥青面层的施工压实度，同时适用于龄期较长的无机结合料稳定类基层和底基层的密度检测

灌砂法和环刀法在路基工程检测中已学，这里不再赘述。

3.3.2 钻芯法测定沥青路面面层压实度

钻芯法适用于检验从压实的沥青路面上钻取的芯样试件的密度，以评定沥青混凝土面层的施工压实度。

1. 检测器具与材料
(1) 路面取芯钻机。
(2) 天平：感量不大于0.1g。
(3) 溢流水槽。
(4) 吊篮。
(5) 石蜡。
(6) 其他：卡尺、毛刷、小勺、取样袋（容器）、电风扇。

2. 方法与步骤
(1) 钻取芯样。按现行《公路路基路面现场测试规程》（JTG E60—2008）中"路面钻孔及切割取样方法"钻取路面芯样，芯样直径不宜小于ϕ100mm。当一次钻孔取得的芯样包含有不同层位的沥青混合料时，应根据结构组合情况用切割机将芯样沿各层结合面锯开分层进行测定。钻孔取样应在路面完全冷却后进行，对普通沥青路面通常在第二天取样，对改性沥青及 SMA 路面宜在第三天以后取样。

（2）测定试件密度

1）将钻取的试件在水中用毛刷轻轻刷净黏附的粉尘。如试件边角有浮松颗粒，应仔细清除。

2）将试件晾干或用电风扇吹干不少于 24h，直至恒重。

3）测定试件的视密度或毛体积密度。

① 当试件的吸水率小于 2% 时，采用水中重法或表干法测定：

水中重法：
$$V = \frac{m_a - m_w}{\rho_w} \tag{3-13}$$

表干法：
$$V = \frac{m_f - m_w}{\rho_w} \tag{3-14}$$

② 当吸水率大于 2% 时，用蜡封法测定。

③ 对孔隙率很大的透水性混合料及开级配混合料用体积法测定。

圆柱体试件的毛体积：
$$V = \frac{\pi d^2}{4} h \tag{3-15}$$

棱柱体试件的毛体积：
$$V = Lbh \tag{3-16}$$

④ 试件的视密度或毛体积密度：
$$\rho_s = \frac{m_s}{V} \tag{3-17}$$

上述式中 ρ_s——试件的视密度或毛体积密度（g/cm³）；

m_a——试件在空气中的质量（g）；

m_f——试件的表干质量指试件从水中取出，用洁净柔软的拧干湿毛巾轻轻擦去试件表面水后称取的质量（g）；

m_w——试件的水中质量，指试件于网篮中浸水 3～5min 后称取的水中质量（g）；

ρ_w——常温水的密度，约为 1g/cm³；

d——表示圆柱体试件的直径（cm）；

h——试件的高度（cm）；

L——试件的长度（cm）；

b——试件的宽度（cm）。

（3）沥青混合料标准密度确定。根据现行的《公路沥青路面施工技术规范》（JTG F40—2004）的规定，确定计算压实度下的沥青混合料标准密度。

3. 检测结果计算

（1）当计算压实度的沥青混合料的标准密度采用马歇尔击实试件成型密度或试验路段钻孔取样密度时，沥青面层的压实度按下式计算：

$$K = \frac{\rho_s}{\rho_0} \times 100 \tag{3-18}$$

式中 K——沥青面层的压实度（%）；

ρ_s——沥青混合料芯样试件的视密度或毛体积密度（g/cm³）；

ρ_0——沥青混合料标准密度（g/cm³）。

（2）由沥青混合料实测最大密度计算压实度时，应按下式进行孔隙率折算，作为标准密度，再按压实度公式计算压实度：

$$\rho_0 = \rho_1 \times \frac{100 - VV}{100} \tag{3-19}$$

式中 ρ_1——沥青混合料的实测最大密度（g/cm³）；

ρ_0——沥青混合料标准密度（g/cm³）。

VV——试样的孔隙率（%）。

（3）计算一个评定路段检测的压实度的平均值、标准差、变异系数、并计算代表压实度。

4. 检测报告

压实度检测报告的记录格式参照表3-14。

表3-14 压实度检测表（钻芯法）

工程名称：××工程　　水的密度：1.00 g/cm³　　标准密度：2.41g/cm³　　最佳沥青含量：4.6%

检验者：_____　　计算者：_____　　校核者：_____　　试验日期：_____

测点桩号	取样位置	路面层次/m	试样编号	试样质量 m_s/g	试样表干质量 m_f/g	试样水中质量 m_w/g	试样体积 V/cm³	毛体积密度或视密度 ρ_s/(g/cm³)	压实度 K（%）
K190+500	K191+000 ~ K188+000	1.0	1	1194.7	695.7	499.0		2.39	99.2
+300		1.5	2	1220.3	707.6	512.7		2.38	98.8
K189+800		1.0	3	1183.3	685.1	498.2		2.38	98.8
+700		1.5	4	1210.4	704.4	506.0		2.39	99.2
K188+600		1.0	5	1235.5	719.6	515.9		2.40	99.6
+300		1.0	6	1209.3	703.1	506.2		2.39	99.2

以上为某路段用水中重法测定压实度实例，仅供参考。

3.3.3 核子密实度仪测定压实度

在施工现场用核子密度湿度仪以散射法或直接透射法可以快速测定路基或路面材料的密度和含水率，并计算施工压实度。核子密湿度仪按规定方法标定后，其检测结果可作为工程质量评定与验收的依据。

核子密湿度仪可检测土壤、碎石、土石混合物、沥青混合料和非硬化水泥混凝土等材料。当测定沥青混合料面层的压实密度或硬化水泥混凝土等难以打孔材料的密度时宜使用散射法；当测定土基、基层材料或非硬化水泥混凝土等可以打孔材料的密度及含水率时，应使用直接透射法。在表面用散射法测定时，所测定沥青面层的层厚应根据仪器的性能决定最大厚度。用于测定土或基层材料的压实度及含水率时，打洞后用直接透射法测定所测定的层厚不宜大于30cm。

1. 检测器具与材料

（1）核子密度湿度仪。符合国家规定的关于健康保护和安全使用标准，密度的测定范围为1.12~2.73g/cm³，测定误差±0.03g/cm³。含水率测量范围为0~0.64，测定误差±0.015。它主要包括下列部件：

1）射线源。双层密封的同位素放射源，如铯-137、钴-60或镭-226等。

2）中子源。如镅（241）-铍等。

3）探测器。γ射线探测器，如G-M计数管、氦-3、闪烁晶体或热中子探测器等。

4）读数显示设备。如液晶显示器、脉冲计数器、数率表或直接读数表。

5）标准计数块。密度和含氢量都均匀不变的材料块，用于标验仪器运行状况和提供射线计数的参考标准。

6）安全防护设备。符合国家规定要求的设备。

7）刮平板。钻杆、接线等。

（2）细砂。0.15~0.3mm。

（3）台秤。

（4）其他。毛刷等。

2. 方法与步骤

（1）准备工作

1）每天使用前按下列步骤用标准计数块测定仪器的标准值：

① 接通电源，按照仪器使用说明书建议的预热时间，预热测定仪。

② 在测定前，应检查仪器性能是否正常。将仪器在标准计数块上放置平稳，按照仪器使用说明书的要求进行标准化计数并判断仪器标准化计数值必须符合要求。如标准化计数值超过仪器使用说明书规定的界限时，应重复此项标准的测量；若第二次标准计数仍超出规定的限界时，需视作故障并进行仪器检查。

2）在进行沥青混合料压实层密度测定前，应用核子仪对钻孔取样的试件进行标定；测定其他材料密度时，宜与挖坑灌砂法的结果进行标定。标定的步骤如下：

① 选择压实的路表面，按要求的测定步骤用核子仪测定密度，读数。

② 在测定的同一位置用钻芯法或灌砂法取样，量测厚度，按规定的标准方法测定材料的密度。

③ 对同一种路面厚度及材料类型，在使用前至少测定15处，求取两种不同方法测定的密度的相关关系，其相关系数应不小于0.95。

3）测试位置的选择：

① 按照随机取样的方法确定测试位置，但与路面边缘或其他物体的最小距离不得小于30cm。核子仪距其他的射线源不得少于10m。

② 当用散射法测定时，应按图3-12的方法用细砂填平测试位置路表结构凸凹不平的空隙，使路表面平整，能与仪器紧密接触。

③ 当使用直接透射法测定时，应按图3-13的方法在表面上用钻杆打孔，孔深略深于要

求测定的深度，孔应竖直圆滑并稍大于射线源探头。

4）按照规定的时间，预热仪器。

（2）检测步骤

1）如用散射法测定时，应按图3-14的方法将核子仪平稳地置于测试位置上。

2）如用直接透射法测定时，应按图3-15的方法将放射源棒放下插入已预先打好的孔内。

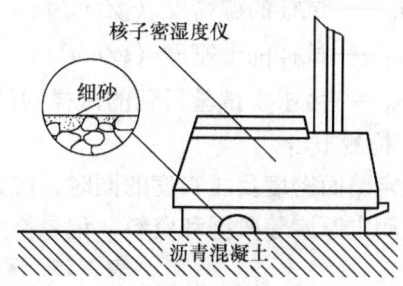

图3-12 用细砂填平测试位置的方法

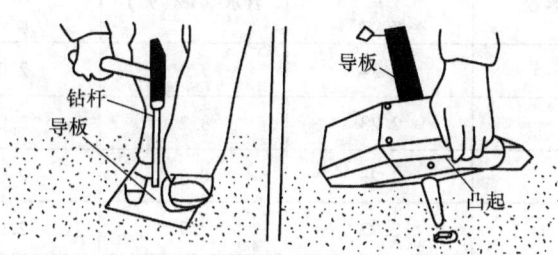

图3-13 在路表面上打孔的方法

3）打开仪器，测试员退出仪器2m以外，按照选定的测定时间进行测量，到达测定时间后，读取显示的各项数值，并迅速关机。各种型号的仪器在具体操作步骤上略有不同，可按照仪器使用说明书进行。

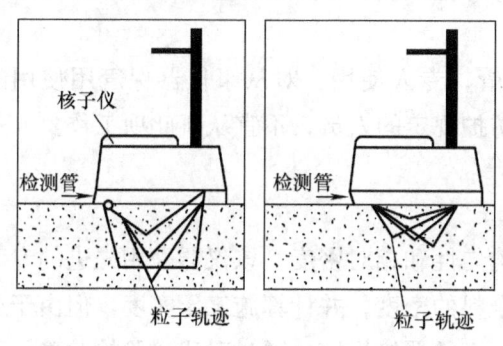

图3-14 用散射法测定的方法

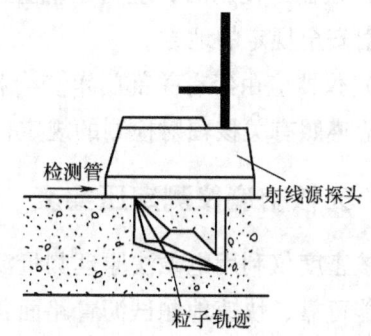

图3-15 用直接透射法测定的方法

3. 检测结果计算

按下式计算施工干密度及压实度：

$$\rho_d = \frac{\rho_w}{1 + 0.01w} \tag{3-20}$$

$$K = \frac{\rho_d}{\rho_0} \times 100 \tag{3-21}$$

式中 K——测试地点的施工压实度（%）；

w——试样的含水率（%）；

ρ_w——试样的湿密度（g/cm³）；

ρ_d——试样的干密度（g/cm³）；

ρ_0——由击实试验得到的试样的最大干密度（g/cm³）。

4. 检测报告

测定路面密度及压实度的同时，应记录气温、路面的结构深度、沥青混合料类型、面层结构及测定厚度等数据和资料。记录格式如表 3-15 所示。

表 3-15　压实度检测记录（核子仪法）

工程名称：××工程　　结构名称：二灰稳定粒料基层　　最大干密度：2.16g/cm³　　检验测日期：_____

检验者：_____　　计算者：_____　　校核者：_____　　检验温度：_____

测点桩号	试样编号	湿密度 ρ_d /(g/cm³)	含水率 w/(%)	干密度 ρ_d /(g/cm³)	压实度 K (%)
K8+250	1	2.24	9.0	2.05	95.0
K8+300	2	2.23	8.2	2.06	95.6
K8+350	3	2.23	8.5	2.06	95.3
K8+400	4	2.22	7.9	2.05	95.1
K8+450	5	2.24	8.3	2.07	95.9

5. 使用安全注意事项

（1）仪器工作时，所有人员均应退至距离仪器 2m 以外的地方。

（2）仪器不使用时，应将手柄置于安全位置，仪器应装入专用的仪器箱内，放置在符合核辐射安全规定的地方。

（3）仪器应由经有关部门审查合格的专人保管，专人使用，对从事仪器保管用使用的人员，应遵照有关核辐射检测的规定，不符合核防护规定的人员，不宜从事此项工作。

3.3.4　无核密度仪测定压实度

无核密度仪利用电磁法原理测量沥青路面的均匀性和相对密度，该仪器采用先进的专利技术，能可靠、快速地测试沥青路面各层沥青混合料的密度，并计算施工压实度。但由于测试结果受影响因素较多，因而应用无核密度仪时，必须严格标定，通过对比试验检验确认其可靠性。且其测试结果不宜用于评定验收或仲裁。

1. 检测器具与材料

（1）无核密度仪：内含电子模块和可充电电池。

探头：无核，无电容，用于野外测量。

探测深度：≥4.0cm。

测量时间：1s。

精度：0.003g/cm³。

操作环境温度：0～70℃。

测试材料表面最高温度：150℃。

湿度：98%且不结露。

（2）标准密度块：供密度标准计数用。

（3）交流充电器或直流充电器。

（4）打印机：用于打印测试数据。

2. 方法与步骤

（1）准备工作

1）所测定沥青面层的层厚应不大于该仪器性能探测的最大深度。在进行沥青混合料压实层密度测定前，应用无核密度仪与钻孔取样的试件进行标定。

2）第一次使用前需要对软件进行设置。仪器存储了软件的设置后，操作者无需每次开机后都进行软件的设置。

3）按照仪器使用说明书的要求综合标定仪器的测量精度。

4）按照不同的需要选择测量模式。

5）照要求使用说明的高度，进行修正值设置。

（2）测试步骤

1）为了保证测量精度，在正式测量前应正确选择测量场地。

2）把仪器放置平稳，保证仪器不晃动。

3）为了确保精确测量，仪器应与测量面紧密接触。

4）在开始测量前应检查仪器的工作状态，如电池电压、内部温度、选择的测量单位、运行参考读数的日期和时间等。

5）根据需要选择测量模式进行测试。

3. 检测结果计算

按下式计算测试地点的施工压实度：

$$K = \frac{\rho_d}{\rho_0} \times 100 \tag{3-22}$$

式中　K——测试地点的施工压实度（%）；

　　　ρ_d——无核密度仪测定的压实沥青混合料的实际密度（g/cm³），一组不少于13个点，取平均值；

　　　ρ_0——沥青混合料的标准密度（g/cm³）。

4. 检测报告

测定路面密度及压实度的同时，应记录气温、路面的结构深度、沥青混合料类型、面层结构及测定厚度等数据和资料。

3.3.5　压实度评定

路基、路面压实度以1~3km长的路段为检验评定单元，按要求的检测频率及方法进行现场压实度抽样检查，求算每一测点的压实度K。压实度检验评定要求见表3-16。

表 3-16 压实度检验评定要求

工程项目类型			规定值			检查方法和频率
			高速、一级公路	其他公路		
				二级公路	三、四级公路	
土方路基	零填及路堑上路床/cm	0~30			94	按有关方法检查密度，每200m每压实层测4处
		30~80	≥96	≥95		
	填方/cm	0~80	≥96	≥95	≥94	
		80~150	≥94	≥94	≥93	
		>150	93	≥92	≥90	
填隙碎石（固体体积率，%）	基层	代表值	—	85		灌砂法：每200m每车道2处
		极值	—	82		
	底基层	代表值	85	83		
		极值	82	80		
级配碎（砾）石	基层	代表值	98	98		按有关方法检查每200m每车道2处
		极值	94	94		
	底基层	代表值	96	96		
		极值	92	92		
石灰土（或）水泥土，石灰、粉煤灰土	基层	代表值	—	95		按有关方法检查每200m每车道2处
		极值	—	91		
	底基层	代表值	95	93		
		极值	91	89		
石灰稳定粒料	基层	代表值	—	97		按有关方法检查每200m每车道2处
		极值	—	93		
	底基层	代表值	96	95		
		极值	92	91		
水泥（或石灰、粉煤灰）稳定粒料	基层	代表值	98	97		按有关方法检查每200m每车道2处
		极值	94	93		
	底基层	代表值	96	95		
		极值	92	91		
沥青混凝土面层或沥青碎（砾）石面层			试验室标准密度的96%（*98%）；最大理论密度的92%（*94%）；试验段密度的98%（*99%）			按有关方法检查，每200m每车道1处

注：1. 土方路基压实度以重型击实试验为准，极值为表列值减5个百分点。
2. 表内压实度可选用其中的1个或2个标准评定，若选用两个标准时，以合格率低的作为评定结果。
3. 带*者是指SMA路面，其他为普通沥青混凝土路面。

压实度评定的要点为：

（1）控制平均压实度的置信下限，以保证总体水平。

（2）规定单点极限值不得超出给定值，防止局部隐患。

(3) 规定扣分界限以区分质量优劣。

检验评定段的压实度代表值 K_1（算术平均值的下置信界限）为：

$$K_1 = \overline{K} - S\frac{t_a}{\sqrt{n}} \geq K_0 \tag{3-23}$$

式中 $\overline{K}$——检验评定段内各测点压实度的平均值；

t_a——t 分布表中随测点数和保证率（或置信度仅）而变的系数（附表2）；高速、一级公路：基层、底基层为99%，路基、路面面层为95%；其他公路：基层、底基层为95%，路基、路面面层为90%；

S——检测值的均方差；

n——检测点数；

K_0——压实度标准值。

1. 路基、基层和底基层

当 $K_1 \geq K_0$，且单点压实度 K_i 全部大于等于规定值减2个百分点时，评定路段的压实度合格率为100%；当 $K_1 \geq K_0$，且单点压实度全部大于或等于规定极值时，按测定值低于规定值减2个百分点的测点数计算合格率；当 $K_1 < K_0$ 或某一单点压实度 K_i 小于规定极值时，该评定路段压实度为不合格，相应分项工程为不合格。

路基施工段短时，分层压实度要点点符合要求，且实际样本数不小于6个。

2. 沥青面层

当 $K_1 \geq K_0$，且全部测点大于等于规定值减1个百分点时，评定路段的压实度合格率为100%；当 $K_1 \geq K_0$ 时，按测定值低于规定值减1个百分点的测点数计算合格率。$K_1 < K_0$ 时，评定路段的压实度为不合格，相应分项工程为不合格。

【例3-5】 某新建二级公路石灰土路基施工中，对其中的一段压实质量进行检查，压实度检测结果如表3-17所示，压实度标准 $K_0 = 95\%$。请按保证率95%计算该路段的代表性压实度并进行质量评定。

表3-17 压实度检测结果

序号	1	2	3	4	5	6	7	8	9	10
压实度（%）	96.4	95.4	93.5	97.3	96.3	95.8	95.9	96.7	95.3	95.6
序号	11	12	13	14	15	16	17	18	19	20
压实度（%）	97.6	95.8	96.8	95.7	96.1	96.3	95.1	95.5	97.0	95.3

解：经计算：$\overline{K} = 95.97\%$，$S = 0.91$

根据 $n = 20$，$\alpha = 95\%$，查附录二得 $\frac{t_a}{\sqrt{n}} = 0.387$

压实度代表值 K_1 为算术平均值的下置信界限，即：

$$K_1 = \overline{K} - S\frac{t_a}{\sqrt{n}} = 95.97 - 0.91 \times 0.387 = 95.62\ (\%)$$

由于压实度代表值 $K_1 > K_0 = 95\%$，且压实度单点检验都符合要求，所以该路段的压实质量是合格的。

思考题与习题

一、填空题

1. 现场密度的检测方法有（　　）、（　　）、（　　）、（　　）。
2. 路基的压实度评定时，用（　　）反映总体压实水平，用（　　）来限制局部隐患，并应按（　　）计算扣分值。

二、单项选择题

1. 压实沥青混合料密实度试验，含水率大于2%的沥青混凝土应使用（　　）。
   A. 表干法　　　　B. 蜡封法　　　　C. 水中重法　　　　D. 体积法
2. 沥青面层压实度计算式 $K = \rho_S/\rho_0 \times 100\%$ 中，ρ_S 表示（　　）。
   A. 标准密度　　　　B. 试件视密度或毛体积密度
   C. 马歇尔密度　　　D. 钻孔取样密度
3. 使用核子密度湿度仪测定密度前应与灌砂法的结果进行标定，对同一种路面厚度及材料类型，使用前至少测定（　　）处，求取两种方法测定密度的相关关系。
   A. 15　　　　B. 20　　　　C. 25　　　　D. 30
4. 路基压实度评定时，当 $K \geq K_0$，且单点压实度 K_i 全部大于等于规定极值时，评定路段的压实度可得（　　）。
   A. 满分　　　　B. 合格
   C. 对于测定值低于规定值减2个百分点的测点，按其占总检查点数的百分率计算扣分
   D. 对于测定值低于规定值减1个百分点的测点，按其占总检查点数的百分率计算扣分
5. 沥青面层压实度评定时，当 $K \geq K_0$ 且全部测点 $\geq$ 规定值减1个百分点，评定路段的压实度可得（　　）。
   A. 满分　　　　B. 合格　　　　C. 扣除测点中低于规定值的测点分数
   D. 低于规定值的测点按其占总检查点数的百分率计算扣分值

三、多项选择题

1. 压实度试验方法有（　　）等。
   A. 灌砂法　　　　　　　　B. 环刀法
   C. 核子仪法　　　　　　　D. 钻芯法测定沥青面层压实度
2. 沥青面层压实度的检测方法有（　　）。
   A. 灌砂法　　　　B. 环刀法　　　　C. 钻芯取样法　　　　D. 核子密实仪法
3. 使用核子仪测定压实度，一般用（　　）。
   A. 直接透射法　　B. 间接透射法　　C. 散射法　　　　D. 反射法
4. 应用核子密度仪测定压实度，下列说法正确的是（　　）。
   A. 核子密度仪法可以作为仲裁试验
   B. 核子密度仪法可以测定粗粒料土的压实度
   C. 核子密度仪使用前应进行标定
   D. 核子密度仪法适用于施工质量的现场快速评定

5. 关于压实度的评定，下列说法正确的是（　　）。
A. 若压实度代表值 K 小于规定值 K_0，则压实度不合格
B. 若任一压实度 K_i 小于规定极值，则压实度不合格
C. 若压实度代表值 K 不小于规定值 K_0，则压实度合格
D. 若任一压实度 K_i 不小于规定值 K_0，则压实度合格

四、判断题
1. 核子密度仪法测定的现场压实度不宜作为评定验收的依据。（　　）
2. 表干法适用于测定吸水率大于2%的各种沥青混合料密度。（　　）
3. 核子密度仪法测定路基路面压实度，结果比较可靠，可作为仲裁试验。（　　）
4. 蜡封法适用于测定吸水率小于2%的沥青混合料试验的毛体积密度。（　　）
5. 灌砂法适应于现场测定基层（或底基层）、砂石路面、沥青表面处治、沥青贯入式面层和路基土的密度和压实度，但不适宜于填石路堤的压实度检测。（　　）
6. 沥青混合料面层的施工压实度是指按规定方法测得的混合料试样的毛体积密度与标准密度之比，以百分率表示。（　　）
7. 核子密度湿度仪测定沥青混合料面层的压实密度时采用透射法。（　　）
8. 核子密度仪采用直接透射法测定路面结构层压实度时，孔深应略小于结构层厚度。（　　）
9. 压实度评定时，高速公路、一级公路的保证率比二级公路的小。（　　）
10. 路基检验评定段的压实度代表值 K 小于压实度标准值，则该评定路段压实度为不合格，评为零分。（　　）

五、问答题
1. 压实的作用是什么？现场压实质量用什么指标来衡量？
2. 何谓压实度？路基路面压实度有哪些常用的检测方法？在什么情况下选择这些方法？
3. 简述用核子仪测定压实度的步骤。
4. 沥青混凝土面层施工压实质量采用什么方法检测？

六、计算题
1. 对某段公路路基压实质量进行检查时，压实度检测结果下表所示，压实度标准 $K_0 = 95\%$。请按保证率95%对该路段进行质量评定，并计算该路段的得分。（规定极值为91%）

表 3-18　压实度检测结果

序号	1	2	3	4	5	6	7	8	9	10
压实度（%）	96.0	95.4	93.5	97.0	96.3	95.0	95.9	96.7	95.3	95.6
序号	11	12	13	14	15	16	17	18	19	20
压实度（%）	97.6	95.8	96.8	95.7	96.1	96.3	95.1	95.5	97.0	95.3

2. 某二级公路土方路基通过室内击实试验，测得该土最大干密度为 1.82g/cm^3，最佳含水率为15.2%，其测定结果如表3-19所示，并按95%的保证率评定路段的压实质量（要求 $K_0 = 95\%$，$t_{0.95}\sqrt{7} = 0.734$）。如何进行评分？

表 3-19 击实试验测定结果

测点编号	湿密度/(g/cm³)	含水率（%）	干密度/(g/cm³)	压实度（%）
1	1.98	14.8		
2	1.*94	14.6		
3	1.97	14.7		
4	2.03	15.6		
5	2.07	16.2		
6	2.05	16.3		
7	1.94	15.8		

任务 3.4 路面平整度检测

3.4.1 路面平整度及检测方法认知

路面平整度是评定路面使用质量、施工质量及现有路面破坏程度的重要指标之一。它直接关系到行车安全性、舒适性以及营运经济性，并影响着路面使用年限。

路面平整度的检测设备分为断面类及反应类两大类。断面类检测设备是测定路面表面凹凸情况的一种仪器，如最常用的 3m 直尺及连续式平整度仪。国际平整度指数便是以此为基准建立的，这是平整度最基本的指标。反应类检测设备是测定由于路面凹凸不平引起车辆颠簸的情况，这是司机和乘客直接感受到的平整度指标，因此，它实际上是舒适性能指标。最常用的是车载式颠簸累积仪。现已有更新的自动测试设备，如纵断面分析仪、路面平整度数据采集系统测定车等。

水泥混凝土路面和沥青路面平整度检测设备的比较见表 3-20；有关规范对路基、路面面层、路面基层、路面底基层的平整度的要求见表 3-21。

表 3-20 平整度测试方法比较

方法	特点	技术指标
3m 直尺法	设备简单，结果直观，间断测试，工作效率低，反应凸凹程度	最大间隙 h/mm
连续式平整度仪法	设备较复杂，连续测试，工作效率高，反应凸凹程度	标准差 σ/mm
颠簸累积仪	设备复杂，工作效率高，连续测试，反应舒适性	单向累计值 VBI/(cm/km)

表 3-21 路基、面层、基层、底基层的平整度要求

结构类型	规定值或允许偏差						检查方法与频率	权值
	3m 直尺：最大间隙/mm				平整度仪：标准偏差/mm			
	高速、一级公路		其他公路		高速、一级公路	其他公路		
	基层	底基层	基层	底基层				
土方路基			15		20		每200m测2处×10尺	2
石方路基		20		30				

（续）

结构类型	规定值或允许偏差						检查方法与频率	权值
	3m直尺：最大间隙/mm				平整度仪：标准偏差/mm			
	高速、一级公路		其他公路		高速、一级公路	其他公路		
	基层	底基层	基层	底基层				
水泥混凝土面层			5.0		1.2（2.0）	2.0（3.2）	3m直尺每200m测2处×10尺（水泥混凝土面层为半幅车道板带）；平整度仪：全线每车道连续按每100m计算σ或IRI	2
沥青混凝土面层			5.0		1.2（2.0）	2.5（4.2）		
沥青碎石面层			5.0		1.2（2.0）	2.5（4.2）		
沥青贯入式面层			8.0			3.5（5.8）		3
沥青表面处治面层			10			4.5（7.5）		
水泥土基层、底基层	—	12	12	15				2
水泥稳定土粒料基层、底	8	12	12	15				
石灰土基层、底基层	—	12	12	15				
石灰、粉煤灰土基层、底基层	—	12	12	15				
石灰、粉煤灰稳定粒料基层、底基层	8	12	12	15				
级配碎石基层、底基层	8	12	12	15				
填隙碎石（矿渣）基层、底基层	—	12	12	15				

3.4.2　3m直尺测定平整度

3m直尺测定法有单尺测定最大间隙和等距离（1.5m）连续测定两种，前者常用于施工时质量控制和检查验收，单尺测定时要计算出测定段的合格率。等距离连续测试也同样可用于施工质量检查验收，但要算出标准差，用标准差来表示平整度程度。

3m直尺测定尺底距离路表面的最大间隙来表示路面的平整度，以"mm"计。它适用于测定压实成型的路面各层表面的平整度，以此评定路面的施工质量及使用质量；它也可用于路基表面成型后的施工平整度检测。

1. 检测器具与材料

（1）3m直尺。硬木或铝合金钢制，底面平直，长3m，如图3-16所示。

（2）最大间隙测量器具

1）楔形塞尺。木或金属制的三角形塞尺，有手柄。塞尺的长度与高度之比不小于10，宽度不大于15mm，边部有高度标记，刻度精度不小于0.2mm，如图3-17所示。

2）深度尺。金属制的深度测量尺，有手柄。深度尺测量杆端头直径不小于10mm，刻度精度不小于0.2mm。

（3）其他。皮尺或钢尺、粉笔等。

2. 方法与步骤

（1）准备工作

1）选择测试路段。

2）在测试路段路面上选择测试地点。当施工过程中有质量检测需要时，测试地点根据需要确定，可以单尺检测；除高速公路外，可用于其他中等级公路路基路面工程质量检查验收或进行路行车路况评定，每200m测2处，每处连续测量10尺。除特殊需要外，应以行车道一侧车轮轮迹（距车道标线80~100cm）作为连续测定的标准位置，如图3-18所示。对旧路已形成车辙的路面，应取车辙中间位置为测定位置，用粉笔在路面上做好标记。

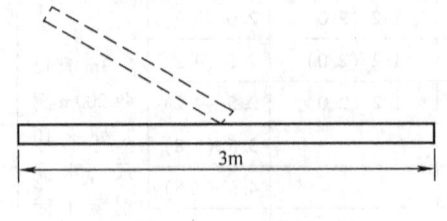

图3-16　3m直尺

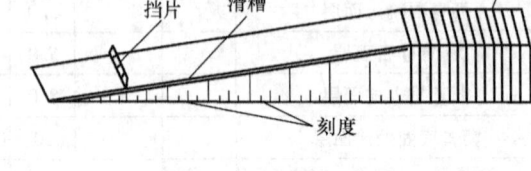

图3-17　塞尺示意图

3）清扫路面测定位置处的污物。

（2）测试步骤

1）在施工过程中检测时，根据需要确定的方向，将3m直尺摆在测试地点的路面上。

2）目测3m直尺底面与路面的间隙情况，确定间隙为最大的位置。

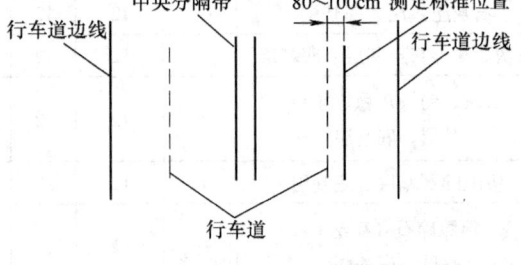

图3-18　测点位置示意图位置道边线

3）用有高度标线的塞尺塞进间隙处，量记其最大间隙的高度（mm）；或者用深度尺在最大间隙位置量测直尺上顶面距地面的深度，该深度减去尺高即为测试点的最大间隙的高度，准确到0.2mm，如图3-19所示。

4）施工结束后检测时，每1处连续检测10尺，按上述（1）~（3）的步骤测记10个最大间隙。

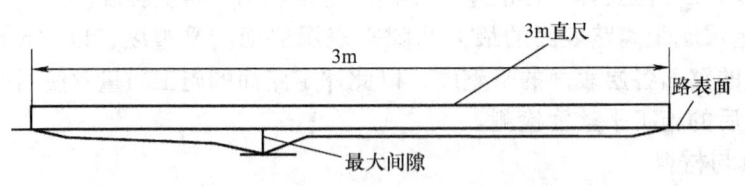

图3-19　3m直尺测平整度示意图

3. 数据处理与评定

单尺检测路面的平整度计算，以3m直尺与路面的最大间隙为测定结果，连续测定10尺时，判断每个测定值是否合格，根据要求计算合格百分率，并计算10个最大间隙的平均值。

$$合格率(\%) = \frac{合格尺数}{总测尺数} \times 100\% \tag{3-24}$$

单尺检测的结果应随时记录测试位置及检测结果。连续测定10尺时，应报告平均值、不合格尺数、合格率。记录格式见表3-22、表3-23。

表 3-22 平整度检测记录表

工程名称：××高速公路　施工单位：××工程公司　结构层类型：结构混凝土面层　检测日期：＿＿＿＿＿

桩号	读数/mm										最大值/mm
K154+200	1	2	1	2	2	3	1	2	1	3	3
K154+300	1	1	1	2	1	3	1	2	1	3	3

本段检测点数 20 个，合格点数 20 个，合格率 100%

表 3-23 平整度检测汇总表（3m 直尺法）

工程名称：××工程　　结构名称：水泥混凝土路面　　规定值：5mm　　路段桩号：K0+400～K0+600
检验者：＿＿＿＿　　计算者：＿＿＿＿　　校核者：＿＿＿＿　　检验日期：＿＿＿＿

测定区间桩号	测尺序号或桩号	最大间隙/mm	合格尺数	合格率（%）	平均值/mm
K0+400～K0+500	1	4.5	9	90	4.79
	2	5			
	3	6			
	4	4.7			
	5	4.8			
	6	4.3			
	7	4.1			
	8	4.8			
	9	4.7			
	10	5			
K0+500～K0+600	1	4.9	8	80	4.69
	2	4.1			
	3	4.5			
	4	4.6			
	5	4.7			
	6	5.2			
	7	5.3			
	8	4.8			
	9	4.2			
	10	4.6			

3.4.3 连续式平整度仪测定平整度

连续式平整度仪是近年来我国测定路面平整度的新型仪器，它通过量测路面的不平整度的标准差 σ 来表示路面的平整度，以"mm"计，其主要优点是可沿路面连续测量。它一般采用先进的微机处理技术，可自动计算、自动打印、自动显示路面平整度的标准差、正负超差等各项技术指标，并绘出路面平整度偏差曲线。

连续式平整度仪法适用于测定路表面的平整度，评定路面的施工质量和使用质量，但不适用于在已有较多坑槽、破损严重的路面上测定。

1. 检测器具

（1）连续式平整度仪。连续式平整度仪构造如图3-20所示。除特殊情况外，其标准长度为3m，其质量应符合仪器标准的要求。中间为一个3m长的机架，机架可缩短或折叠，前后各有4个行走轮，前后两组轮的轴间距离为3m。标准差测量传感器安装在机架中间，可以是能起落的测定轮，也可是非接触位移传感器，如激光或超声位移测量传感器。机架上装有蓄电池电源及可拆卸的检测箱，检测箱可采用显示、记录、打印或绘图等方式输出测试结果。测定轮上装有位移传感器、距离传感器等检测器，自动采集位移数据时，测定间距为10cm，每一计算区间的长度为100m，输出一次结果。连续式平整度仪可记录测试长度（m）、曲线振幅大于某一定值（如3mm、5mm、8mm、10mm等）的次数、曲线振幅的单向（凸起或凹下）累积值及以3m机架为基准的中点路面偏差曲线图，计算打印。机架头装有一牵引钩及手拉柄，可用人力或汽车牵引。

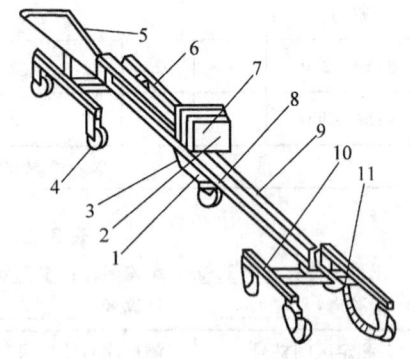

图3-20 连续式平整度仪示意图
1—脚轮 2—拉簧 3—离合器 4—测量架
5—牵引架 6—前架 7—记录计 8—测定轮
9—纵梁 10—后架 11—软轴

（2）牵引车。小面包车或其他小型牵引车。

（3）皮尺或测绳。

2. 测试步骤

（1）准备工作

1）选择测试路段。

2）当施工过程中质量检测需要时，测试地点根据需要决定；当路面工程质量检查验收或进行路况评定需要时，通常以行车道一侧车轮轮迹带作为连续测定的标准位置。对旧路已形成车辙的路面，取一侧车辙中间位置为测定位置。当以内侧轮迹（或外侧轮迹带）作为测定位置时，测定位置距车道标线80~100cm。

3）清扫路面测定位置处的杂物。

4）检查仪器检测箱各部分是否完好、灵敏，并将各连接线接妥，安装记录设备。

（2）测试步骤

1）将连续式平整度测定仪置于测试路段路面起点上。

2）在牵引汽车的后部，将平整度仪的挂钩的挂上后，放下测定轮，启动检测器及记录仪，随即启动汽车，沿道路纵向行驶，横向位置保持稳定，并检查平整度检测仪表上测定数字显示、打印、记录的情况。如遇检测设备中某项仪表发生故障，即须停止检测。牵引平整度仪的速度应保持匀速，速度宜为5km/h，最大不得超过12km/h。

在测试路段较短时，亦可用人力拖拉平整度仪测定路面的平整度，但拖拉时应保持匀速前进。

3. 数据处理与评定

（1）连续式平整度测定仪测定后，按每10cm间距采集的位移值自动计算每100m计算区间的平整度标准差（mm），还可以记录测试长度（m）。

(2) 每一计算区间的路面平整度以该区间测定结果的标准差表示。

$$\sigma_i = \sqrt{\frac{\sum d_i^2 - (\sum d_i)^2/N}{N-1}} \tag{3-25}$$

式中 σ_i——各计算区间的平整度计算值（mm）；

d_i——以100m为一个计算区间，每隔一定距离（自动采集间距为10cm，人工采集间距为1.5m）采集的路面凹凸偏差位移值（mm）；

N——计算区间用于计算标准差的测试数据个数。

(3) 计算一个评定路段内各区间平整度标准差的平均值、标准差、变异系数及合格率。记录格式如表3-24所示。

表3-24 平整度检测记录（连续平整度仪法）

工程名称：××工程　结构名称：沥青路面面层　规定值：[σ] = 1.2mm　路段桩号：K18+100~K19+200
检验者：_____　计算者：_____　校核者：_____　检验日期：_____

测定区间桩号	序号	标准差/mm	平均值/mm	标准差/mm	变异系数/%	合格区间数	合格率/%
K18+100	1	0.48					
K18+200	2	0.46					
K18+300	3	0.51					
K18+400	4	0.50					
K18+500	5	0.65					
K18+600	6	1.67 桥头伸缩缝	0.55	0.083	15	9	100
K18+700	7	1.00 桥头伸缩缝					
K18+800	8	0.71					
K18+900	9	0.50					
K19+000	10	0.54					
K19+100	11	0.57					
K19+200	12	0.91					

3.4.4 车载式颠簸累积仪测定平整度

用车载式颠簸累积仪测量车辆在路面上通行时后轴与车厢之间的单向位移累积值VBI，以此表示路面的平整度，以"cm/km"计。本方法适于测定路面表面的平整度，评定路面的施工质量和使用期的舒适性。但不适用于在已有较多坑槽、破损严重的路面上测定。

车载式颠簸累积仪的工作原理是测试车以一定的速度（以30km/h为宜，一般不超过40km/h）在路面上行驶，由于路面上凹凸不平，引起汽车的激振，通过机械传感器可测量后轴同车厢之间的单向位移累积值VBI。VBI越大，说明路面平整度越差，舒适性也越差。

1. 检测器具

(1) 测试系统组成。测试系统由承载车辆、距离测量装置、颠簸累计值测试装置和主控制系统组成图3-21。主控制系统对测试装置的操作实施控制，完成数据采集、传输、存储与计算过程。

(2) 测试系统基本技术要求和参数

1) 测试速度，30~80km/h。

2) 最大测试幅值，±20cm。

3) 垂直位移分辨力，1mm。

4) 距离标定误差，<0.5%。

5) 系统工作环境温度，0~60℃。

6) 系统软件能够依据相关关系公式自动对颠簸累计值进行换算，直接输出国际平整度指数IRI。

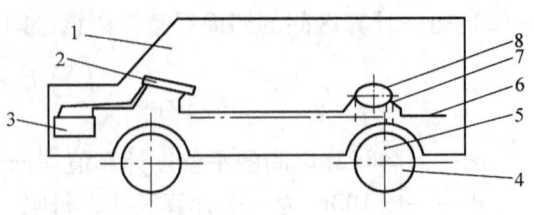

图3-21 车载试验颠簸累积仪安装示意图
1—测试车 2—数据处理器 3—电瓶 4—后桥
5—挂钩 6—底板 7—钢丝绳 8—颠簸累积仪传感器

2. 准备工作

(1) 测试车辆具备下列条件之一时，都应进行仪器测值与国际平整度指数IRI的相关性标定：相关系数不应低于0.99；在正常状态下行驶超过20000km；标定的时间间隔超过1年；减振器、轮胎等发生过更换、维修。

(2) 检查测试车轮胎气压，应达到车辆轮胎规定的标准气压；车胎应清洁；车上载重、人数以及分布应与仪器相关性标定试验时一致。

(3) 距离测量系统需要现场安装的，根据设备操作手册说明进行安装，确保紧固装置安装牢固。

(4) 检查测试系统，各部分应符合测试要求，不应有明显的可视性破损。

(5) 打开系统电源，启动控制程序，检查系统各部分的工作状态。

3. 检测步骤

(1) 测试开始之前应让测试车以测试速度行驶5~10km，按照设备操作手册规定的预热时间对测试系统进行预热。

(2) 测试车停在测试起点前300~500m处，启动平整度测试系统程序，按照设备操作手册的规定和测试路段的现场技术要求设置完毕所需的测试状态。

(3) 驾驶员在进入测试路段前应保持车速在规定的测试速度范围内，沿正常行车轨迹驶入测试路段。

(4) 进入测试路段后，测试人员启动系统的采集和记录程序，在测试过程中必须及时准确地将测试路段的起终点和其他需要特殊标记的位置输入测试数据记录中。

(5) 当测试车辆驶出测试路段后，仪器操作人员停止数据采集和记录，并恢复仪器各部分至初始状态。

(6) 操作人员检查数据文件，文件应完整，内容应正常，否则需要重新测试。

(7) 关闭测试系统电源，结束测试。

4. 颠簸累计仪测定值与国际平整度指数的相关关系

(1) 国际平整度指数。用车载式颠簸累积仪测定的VBI值需要与其他平整度指标［如国际平整度指数（IRI）等］进行换算时，应将车载式颠簸累积仪的测试结果进行标定，即与相关的平整度仪测量结果建立相关关系，相关系数均不得小于0.99。

国际平整度指数（IRI）是一项标准化的平整度指标。它同反应类平整度测定系统类似，但是采用的是数学模型模拟1/4车轮（即单轮，类似于拖车）以规定速度行驶在路面断面上，分析行驶距离内动态反应悬挂系的累积竖向位移量。标准的测定速度为80km/h，其测定结果的单位为m/km。

为与其他平整度指标建立相关关系，选择的标定路段应符合下列要求：

1）按照每段IRI值变化幅度不小于1.0的范围选择不少于4段不同平整度水平的路段，且有足够加速或减速长度的路段。根据实际测试道路IRI的分布情况，增加某些范围内的标定路段。

2）每段路长度不小于300m。

3）每一段中的平整度应均匀，包括路段前50m的引道。

4）标定路段应选纵坡变化较小的平坦、直线地段。

5）选择交通量小或可以疏导的路段，减少标定时车辆的干扰。

6）标定宜选择在车道的正常行驶轮迹上进行，明确标出标定路段的轮迹、起终点。

（2）标定步骤

1）距离标定：

① 选择坡度变化较小的平坦直线路段，标出起终点和行驶轨迹。

② 标定开始之前应让测试车以测试速度行驶5～10km，按照设备操作手册规定预热时间对测试系统进行预热。

③ 将测试车的前轮对准起点线，启动距离校准程序，然后令车辆沿着路段轨迹直线行驶，避免突然加速或减速，接近终点时，看指挥人员手势减速停车，确保测试车的前轮对准终点线，结束距离校准程序。重复此过程，确保距离传感器脉冲当量的准确性，应在允许误差范围内。

2）用颠簸累计仪按选定的测试速度测试每个标定路段的颠簸累计值，重复测试至少5次，取其平均值作为该路段的反应值。

3）IRI值的确定：以精密水准仪作为标准仪具，分别测量标定路段两个轮迹的纵断高程，要求采样间隔为250mm，高程测试精度为0.5mm；然后用IRI标准计算程序对每个轮迹的纵断面测量值进行模型计算，得到该轮迹的IRI值。两个轮迹IRI值的平均值即为该路段的IRI值。

（3）试验数据处理。用数理统计的方法将各标定路段的IRI值和相应的颠簸累计仪测值进行回归分析，建立相关关系方程式，相关系数不得小于0.99。

$$IRI = a + b \cdot VBI_v \tag{3-26}$$

式中 IRI——国际平整度指数（m/km）；

VBI_v——测试速度为v（km/h）时颠簸累积仪测得的颠簸累积值（cm/km）；

a、b——回归系数。

5. 检测报告

（1）应列表报告每一个评定路段内测定区间的颠簸累积值VBR，国际平整度IRI平均值和现场测试速度。

（2）颠簸累计值VBR与国际平整度指数IRI在选定测试条件下的相关关系式及相关系数。

3.4.5 车载式激光平整度仪测定平整度

激光路面平整度测定仪是一种与路面无接触的测量仪器，测试速度快，精度高。它适于在无严重坑槽、车辙及无积水、积雪、泥浆的正常通车条件下连续采集路段平整度数据，评定验收新建、改建路面工程质量。

激光平整度仪采集的数据是路面相对高程值，应以100m为计算区间长度用IRI的标准计算程序计算IRI值，以"m/km"计。

1. 检测器具

（1）测试系统。测试系统由承载车辆、距离传感器、纵断面高程传感器和主控制系统组成。主控制系统对测试装置的操作实施控制，完成数据采集、传输、存储与计算过程。

（2）测试系统基本技术要求和参数

1）测试速度：30~100km/h。

2）采样间隔：≤500mm。

3）传感器测试精度：0.5mm。

4）距离标定误差：<0.1%。

5）系统工作环境温度：0~60℃。

2. 准备工作

（1）设备安装到承载车上以后按规定进行相关性试验。

（2）根据设备操作手册的要求对测试系统各传感器进行校准。

（3）检查测试车轮胎气压，应达到车辆轮胎规定的标准气压，车胎应清洁。

（4）距离测量装置需要现场安装的，根据设备操作手册说明进行安装，确保机械紧固装置安装牢固。

（5）检查测试系统各部分应符合测试要求，不应有明显的可视性破损。

（6）打开系统电源，启动控制程序，检查各部分的工作状态。

3. 测试步骤

（1）测试开始之前应让测试车以测试速度行驶5~10km，按照设备操作手册规定的预热时间对测试系统进行预热。

（2）测试车停在测试起点前50~100m处，启动平整度测试系统程序，按照设备操作手册的规定和测试路段的现场技术要求设置完毕所需的测试状态。

（3）驾驶员按照规定的测试速度驾驶测试车，测试速度宜在50~80km/h之间，避免急加速和急减速，急弯路段应放慢车速，沿正常行车轨迹驶入测试路段。

（4）进入测试路段后，测试人员启动系统的采集和记录程序，在测试过程中必须及时准确地将测试路段的起终点和其他需要特殊标记的位置输入测试数据记录中。

（5）当测试车辆驶出测试路段后，仪器操作人员停止数据采集和记录，并恢复仪器各部分至初始状态。

（6）检查测试数据文件，文件应完整，内容应正常，否则需要重新测试。

（7）关闭测试系统电源，结束测试。

4. 激光平整度仪测值与国际平整度指数IRI相关关系

（1）试验条件

1) 按照每段 IRI 值变化幅度不小于 1.0 的范围选择不少于 4 段不同平整度水平的路段，且有足够加速或减速长度的路段。根据实际测试道路 IRI 的分布情况，增加某些范围内的标定路段。

2) 每路段路长度不小于 300m。

3) 每一路段的平整度应均匀，包括路段前 50m 的引道。

4) 选择坡度变化较少的直线路段，路段交通量小，便于疏导。

5) 有多个激光测头的系统需要分别标定。

6) 标定宜选择在车道的正常行驶轮迹上进行，明确画出轮迹带测线和起终点位置。

（2）试验步骤

1) 距离标定

① 选择坡度变化较小的平坦直线路段，标出起终点和行驶轨迹。

② 标定开始之前应让测试车以测试速度行驶 5~10km，按照设备操作手册规定预热时间对测试系统进行预热。

③ 将测试车的前轮对准起点线，启动距离校准程序，然后令车辆沿着路段轨迹直线行驶，避免突然加速或减速，接近终点时，看指挥人员手势减速停车，确保测试车的前轮对准终点线，结束距离校准程序。重复此过程，确保距离传感器测试结果的准确性，应在允许误差范围内。

2) 将激光平整度仪所标定的纵断面高程传感器对准测线重复测试 5 次，取其 IRI 计算值得平均值作为该路段的测试值。

3) IRI 值的确定以精密水准仪作为标准仪具，分别测量标定路段两个轮迹的纵断高程，要求采样间隔为 250mm，高程测试精度为 0.5mm；然后用 IRI 标准计算程序对每个轮迹的纵断面测量值进行模型计算，得到标定线路的 IRI 值。

（3）试验数据处理。试验数据处理后用数理统计的方法，将各标定路段的 IRI 值和相应的平整度仪测值进行回归分析，建立相关关系方程式，相关系数 R 不得小于 0.99。

5. 检测报告

（1）国际平整度指数 IRI 平均值。

（2）激光平整度仪测值与国际平整度指数 IRI 在选定测试条件下的相关关系式及相关系数。

思考题与习题

一、填空题

1. 平整度的测试设备分为两类，一类为（　），最常用的有（　）和（　）；另一类为（　），常用的有（　）。

2. 常见的平整度测试方法有（　）、（　）和（　）三种，相应的技术指标分别为（　）、（　）和（　）。

3. "评定标准"规定，高速公路和一级公路沥青混凝土面层平整度应采用（　）方法检测，评定指标是（　）、（　）；二级公路也可采用（　）方法检测，也可用

（　　）作为评定指标。

二、单项选择题

1. 平整度主要反映了路面的（　　）性能。
   A. 安全　　　B. 舒适　　　C. 抗滑　　　D. 经济

2. 平整度测试设备有两类，其中（　　）为断面类测试设备。
   A. 3m直尺、连续平整度仪
   B. 3m直尺、颠簸累积仪
   C. 连续平整度仪、颠簸累积仪
   D. 3m直尺、连续平整度仪、颠簸累积仪

3. 当进行路基路面工程质量检查验收或路况评定时，三m直尺测定的标准位置为（　　）。
   A. 行车道中心线
   B. 行车道一侧车轮轮迹带
   C. 行车道左边缘
   D. 行车道右边缘

4. 采用3m直尺测定路面各结构层平整度时，以每尺最大间隙作为指标，合格率不小于（　　）时，可得规定值的满分。
   A. 100%　　　B. 90%　　　C. 95%　　　D. 96%

5. 使用连续式平整度仪测定路面平整度时，牵引平整度仪的速度应均匀，速度宜为（　　）。
   A. 5km/h，最大不得超过12km/h
   B. 8km/h，最大不得超过15km/h
   C. 10km/h，最大不得超过16km/h
   D. 15km/h，最大不得超过20km/h

6. 连续式平整度仪法测定路面平整度时，其技术指标为（　　）。
   A. 最大间隙　　B. 标准差　　C. 单向累计值　　D. 国际平整度指数

7. 颠簸累积仪法测定路面平整度时，其技术指标为（　　）。
   A. 最大间隙　　B. 标准差　　C. 单向累计值　　D. 国际平整度指数

8. 颠簸累积仪法测定路面平整度时，测试速度以（　　）为宜。
   A. 32km/h　　B. 48km/h　　C. 64km/h　　D. 80km/h

9. 国际平整度指数（IRI）的标准测定速度为（　　）。
   A. 40km/h　　B. 60km/h　　C. 80km/h　　D. 100km/h

10. 国际平整度指数（IRI）的单位为（　　）。
    A. cm/km　　B. m/km　　C. cm　　D. m

11. 国际平整度指数IRI与标准差的关系是（　　）。
    A. 0.2　　　B. 0.4　　　C. 0.6　　　D. 0.8

三、多项选择题

1. 关于平整度的下列说法中，正确的是（　　）。
   A. 平整度反映了行车的舒适性
   B. 最大间隙h越小，平整性越好
   C. 标准偏差σ越小，平整性越好
   D. 国际平整度指标IRI越小，平整性越好

2. 平整度测试方法有（　　）。
   A. 3m直尺法　B. 连续平整度仪法　C. 摆式仪法　D. 车载颠簸累积仪法

3. 反映平整度的技术指标有（　　）。
   A. 最大间隙　B. 标准差　C. 国际平整度指数IRI　D. 横向力系数

4. 下列测定路面平整度的方法中属于断面类的方法有（　　）。

A. 3m 直尺　　　　　　　　　　　B. 激光路面平整度测定仪
C. 连续式平整度仪　　　　　　　D. 车载式颠簸累积仪

5. 关于连续式平整度仪测定路面平整度的说法中，正确的有（　　）。
A. 一般连续平整度仪的标准长度为 3m　　B. 得到标准差越大，表明路面平整性越好
C. 自动采集数据时测定间距为 10cm　　　D. 不适用于已有较多坑槽、破损严重的路面测定

6. 用连续式平整度仪测定时应注意的问题有（　　）。
A. 测试速度不能过快，以 5km/h 为宜　　B. 不能测定水泥混凝土路面
C. 测试时应保持匀速，并不得左右摆动　D. 不能用于路面有较多坑槽、破坏的情况

7. 将车载式颠簸累计仪的测试结果与其他平整度指标建立相关关系时，选择的标定路段应符合（　　）。
A. 有 3~4 段不同平整度的路段　　B. 有 5~6 段不同平整度的路段
C. 每路段长为 250~300m　　　　　D. 每路段长为 400~600m

四、判断题

1. 平整度是反映路面施工质量和服务水平的重要指标。（　　）
2. 路面表层平整度规定值是指交工验收时应达到的平整度要求。（　　）
3. 平整度是重要的检测项目，故应采用数理统计的方法进行评定。（　　）
4. 对路面面层应检验平整度，路基由于不影响路面的平整度，所以不需检验。（　　）
5. 3m 直尺测定法有单尺测定最大间隙及等距离连续测定两种，前者常用于施工质量控制与检查验收。（　　）
6. 用 3m 直尺测定平整度时，应将 3m 直尺垂直于行车方向摆放，量测最大间隙。（　　）
7. 连续式平整度仪不适用于有较多坑槽、破损严重的路面。（　　）
8. 连续式平整度仪法用单向累计值反映平整度。（　　）
9. 虽然连续平整度仪法测试速度快，结果可靠，但是一般不用于路基平整度测定。（　　）
10. 国际平整度指标 IRI 是衡量路面行驶舒适性或路面行驶质量的指标。（　　）
11. 为确保颠簸累计值 VBI 和国际平整度指数 IRI 之间的换算，两种测试方法标准的测定速度是一致的。（　　）
12. 高速公路土方路基平整度常采用 3m 直尺法测定。（　　）

五、问答题

1. 常见测试路面平整度的方法有哪几种？各有何特点？
2. 颠簸累积仪、连续平整度仪检测结果分别是什么？它们能否互换？
3. 简述 3m 直尺测定路面平整度的主要步骤。

六、计算题

某高速公路，用连续式平整度仪对其沥青混凝土路面面层作了测定，测得该路段的平整度标准差分别为：0.49、0.47、0.50、0.52、0.64、1.82（桥头伸缩缝）、1.25（桥头伸缩缝）、0.68、0.53、0.55、0.58、0.98（mm），试判断路面面层平整度合格与否。（平整度规定值为 $[\sigma]=1.2$mm）

任务3.5 路面抗滑性能检测

3.5.1 路面抗滑性及检测方法认知

通常抗滑性能被看作是路面的表面特性,并用轮胎与路面间的摩阻系数来表示。表面特性包括路表面微观构造(通常用石料磨光值PSV表示)和宏观构造(用构造深度表示)。影响抗滑性能的因素有路面表面特性、路面潮湿程度和行车速度。抗滑性能测试方法有:构造深度测试法(手工铺砂法、电动铺砂法、激光构造深度仪法)、摆式仪法、横向力系数测试法等。各方法的特点和测试指标如表3-25所示。

表3-25 路面抗滑性能测试方法比较表

测试方法	测试指标	原理	特点及适用范围
制动距离法	摩阻系数f	以一定速度在潮湿路面上行驶的4轮小客车或轻货车,当4个车轮被制动时,测试出车辆减速滑移到停止的距离,运用动力学原理,算出摩阻系数	测试速度快,必须中断交通
摆式仪法	摩阻摆值BPN	摆式仪的摆锤底面装一橡胶滑块,当摆锤从一定高度自由下摆时,滑块面同试验表面接触。由于两者间的摩阻而损耗部分能量,使摆锤只能回摆到一定高度。表面摩阻力越大,回摆高度越小(即摆值越大)	定点测量,原理简单,不仅可以用于室内,而且可用于野外测试沥青路面及水泥混凝土路面的抗滑值
手工铺砂法电动铺砂法	构造深度TD/mm	将已知体积的砂摊铺在所要测试路表的测点上,量取摊平覆盖的面积。砂的体积与所覆盖平均面积的比值,即为构造深度	定点测量,原理简单,便于携带,结果直观。适用于测定沥青路面及水泥混凝土路面表面构造深度,用以评定路面表面的宏观粗糙度、排水性能及抗滑性能
激光构造深度测试法	构造深度TD/mm	中子源发射的许多束光线,照射到路表面的不同深度处,用200多个二极管接收返回的光束,利用二极管被点亮的时间差算出所测路面的构造深度	测试速度快,适用于测定沥青路面干燥表面的构造深度,用以评价路面抗滑及排水能力,但不适用于许多坑槽、显著不平整或裂缝过多的路段
摩阻系数测定车测定路面横向系数	横向力系数SFC	测试车安装有试验轮胎,它们对车辆行驶方向偏转一定的角度。汽车以一定速度在潮湿路面上行驶时,试验轮胎受到侧向摩阻作用。此摩阻力除以试验轮上的载重,即为横向力系数	测试速度快,用于标准的摩阻系数测试车测定沥青或水泥混凝土路面的横向力系数,结果作为竣工验收或使用期评定路面抗滑能力的依据

《公路沥青路面设计规范》(JTG D60—2006)中规定:在设计高速公路、一级公路的沥青路面面层时,应选用抗滑、耐磨石料,其石料磨光值应大于42。沥青路面面层抗滑性

能指标有：

（1）摩阻系数。高速公路、一级公路宜在竣工后第一个夏季，采用摩擦系数测定车，以（50±1）km/h 的车速测定横向力系数 SFC。

（2）路面宏观构造深度。在路面竣工后第一个夏季用铺砂法或激光构造深度仪测定。

（3）沥青面层横向力系数或摆值、路面宏观构造深度一般于第一个夏季测定。

沥青路面抗滑性能应符合表 3-26 的要求。其他公路的沥青表面未作具体要求。

表 3-26　沥青路面抗滑性能标准

公路等级	竣工验收值		
	横向力系数 SFC	摆值 BPN	构造深度 TD/mm
高速、一级公路	≥54	≥45	≥0.55

水泥混凝土路面抗滑性能检查方法为铺砂法，检查频率为每 200m 测 1 处，评定标准要求如下：

高速、一级公路：一般路段构造深度 TD 为不小于 0.7mm 且不大于 1.1mm；特殊路段 TD 不小于 0.8mm 且不大于 1.2mm。

其他公路：一般路段 TD 为不小于 0.5mm 且不大于 1.0mm；特殊路段 TD 不小于 0.6mm 且不大于 1.1mm。

3.5.2　手工铺砂法测定路面构造深度

路面的宏观构造深度是指一定面积的路表面凹凸不平的开口孔隙的平均深度，它是影响抗滑性能的重要因素之一。本方法适用于测定沥青路面及水泥混凝土路面表面构造深度，用以评定路面的宏观粗糙度，路面表面的排水性能及抗滑性能。构造深度的检测频率按每 200m 一处。

1. 检测器具与材料

（1）人工铺砂仪。由量砂筒、推平板组成。

1）量砂筒。一端是封闭的，内径 ϕ20mm，外径 ϕ26mm，总高 90mm，容积为（25±0.15）mL。可通过称量砂筒中水的质量以确定其容积 V，并调整其高度，使其容积符合高度要求，见图 3-22。

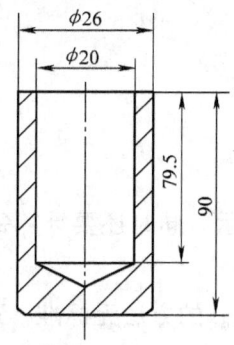

图 3-22　量砂筒（尺寸单位：mm）

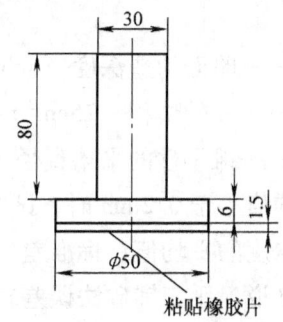

图 3-23　推平板（尺寸单位：mm）

2）推平板。推平板应为木制或铝制，直径50mm，底面黏一层厚1.5mm的橡胶片，上面有一圆把手，见图3-23。

3）刮平尺。可用30cm钢板尺代替。

（2）量砂。足够数量的干燥洁净的匀质砂，粒径0.15~0.3mm。

（3）量尺。钢板尺、钢卷尺，或采用专门的构造深度尺。

（4）其他。装砂容器、小铲、扫帚或毛刷、挡风板等。

2. 方法与步骤

（1）准备工作

1）量砂准备。将洁净的细砂晾干、过筛，取0.15~0.3mm的砂置于适当的容器中备用。量砂只能在路面上使用一次，不宜重复使用。回收砂必须经干燥、过筛处理后方可使用。

2）确定测点。对测试路段按随机取样选点的方法，决定测点所在横断面位置。测点应选在行车道的轮迹带上，距路面边缘不应小于1m。

（2）测试步骤

1）用扫帚或毛刷子将测点附近的路面清扫干净，面积不小于30cm×30cm。

2）用小铲装砂，沿筒向圆筒中注满砂，手提圆筒上方，在硬质路上轻轻叩打3次，使砂密实，补足砂面，用钢尺一次刮平。注意不可直接用量筒装砂，以免影响量砂密度的均匀性。

3）将砂倒在路面，用底面黏有橡胶片的推平板由里向外重复做摊铺运动。稍稍用力将砂细心地尽可能地向外摊开，使砂填入凹凸不平的路表面孔隙中。尽可能将砂摊成圆形，并不得在表面上留有浮动的余砂。注意摊铺时不可用力过大或向外推挤。

4）用钢板尺测量所构成圆的两个垂直方向的直径，取其平均值，准确至5mm。

5）按上述方法，同一处平行测定不少于3次，3个测点均位于轮迹带上，测点间距3~5m。该处的测定位置以中间测点的位置表示。

路面表面构造深度测定点结果按下式计算：

$$TD = \frac{1000V}{\pi D^2/4} = \frac{31831}{D^2} \tag{3-27}$$

式中 TD——路面构造深度（mm）；

V——砂的体积（25cm³）；

D——摊平砂的平均直径（mm）。

当平均值小于0.2mm时，试验结果以"<0.2mm"表示。同时还要计算每个评定路段路面构造深度的平均值、标准差、变异系数等。

一般来说，手工铺砂法误差较大，其原因很多，例如装砂的方法无标准，致使量筒中的砂紧密程度不一样，影响砂量；还有摊铺用摊平板无标准，更主要的是砂摊开到多大程度为止，无明确规定，故各人掌握不一样。为了克服手工铺砂法掌握不统一、测量不准的缺点，可采用电动铺砂法和激光法。以下为某公路中粒式沥青混凝土路面用铺砂法测定路面构造深度的原始记录，如表 3-27 所示。

表 3-27　手工铺砂路面构造深度试验记录

工程名称：××工程　　结构层次：<u>沥青混凝土路面</u>　　公路等级：<u>高速公路</u>　　路段桩号：<u>K0+200~K0+600</u>
检验者：_____　　计算者：_____　　校核者：_____　　检验日期：_____

桩号	编号	砂体积 V/cm^3	摊平砂平均直径 D/mm	构造深度 TD/mm	平均值 /mm	路况描述	备注
K0+200	1	25	200	0.8	0.8	干燥	
	2	25	205	0.8			
	3	25	195	0.8			
K0+400	1	25	210	0.7	0.6	干燥	匝道2
	2	25	230	0.6			
	3	25	236	0.6			
K0+600	1	25	200	0.8	0.8	干燥	
	2	25	195	0.8			
	3	25	210	0.7			
测点数	9	规定值/mm	≥0.55	平均值/mm	0.7	标准差/mm	0.11
变异系数（%）	15	合格率（%）	100				

3.5.3　电动铺砂仪测定路面构造深度

本方法适用于测定沥青路面及水泥混凝土路面表面构造深度，用以评定路面表面的宏观粗糙度及路面表面的排水性能和抗滑性能。

1. 检测器具与材料

（1）电动铺砂仪。利用可充电直流电源，将量砂通过沙漏铺设成宽度5cm、厚度均匀一致的器具，如图 3-24 所示。

（2）量砂。足够数量的干燥洁净的匀质砂，粒径为 0.15~0.3mm。

（3）标准量筒。容积 50mL。

（4）玻璃板。面积大于铺砂器，厚 5mm。

（5）其他。直尺、扫帚、毛刷等。

2. 准备工作

（1）量砂准备。取洁净的细砂晾干，过筛。取 0.15~0.3mm 的砂置于适当的容器中备用。已在路面上使用过的砂若回收重复使用时，应重新过筛并晾干。

（2）确定测点。对测试路段按随机取样选点的方法，决定测点所在的横断面的位置。测点应选在行车道的轮迹带上，距路边缘不小于 1m。

（3）电动铺砂器标定

1）将铺砂器平放在玻璃板上，将砂漏移至铺砂器端部。

2）使灌砂漏斗口和量筒大致齐平，通过漏斗向量筒中缓缓注入准备好的量砂至高出量筒成尖顶状，用直尺沿筒口一次刮平，其容积为 50mL。

3）使漏斗口与铺砂器砂漏斗上口大致齐平。将砂通过漏斗均匀倒入沙漏，漏斗前后移动，使砂的表面大致齐平，但不得用任何其他工具刮动砂。

4）开动电动机，使沙漏向另一端缓缓运动，量砂沿沙漏底部成宽度5cm的带状，待砂全部漏完后停止。

5）按图3-25，由L_1及L_2的平均值决定量砂的摊铺长度L_0，准确至1mm。

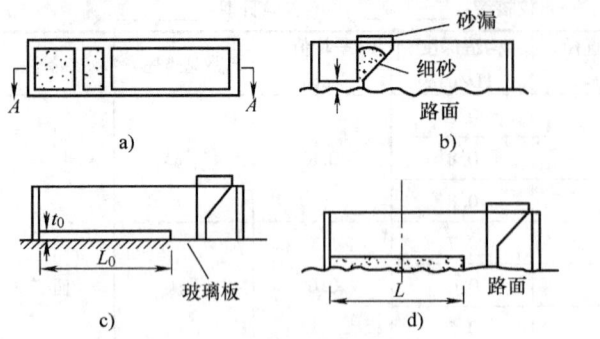
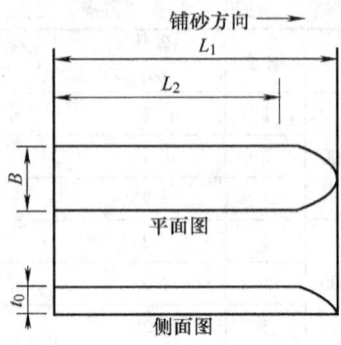

图3-24 电动铺砂仪示意图　　　　图3-25 确定L_0及L的方法

$$L_0 = \frac{L_1 + L_2}{2} \tag{3-28}$$

6）重复标定3次，取平均值决定L_0，准确至1mm。标定应在每次测试前进行，用同一种量砂，由承担测试的同一试验员进行。

铺砂仪在玻璃板上摊铺的量砂厚度t_0（mm）为：

$$t_0 = \frac{V}{BL_0} \times 1000 = \frac{1000}{L_0} \tag{3-29}$$

式中　V——量砂体积，50cm^3；

　　　B——铺砂仪铺砂宽度，50mm。

3. 测试步骤

（1）将测试地点用毛刷刷净，面积大于铺砂仪。

（2）将铺砂仪沿道路纵向平稳地放在路面上，将沙漏移至端部。

（3）按电动铺砂器标定步骤2）~5）相同步骤，在测试地点摊铺50cm^3量砂，按图3-25方法量取摊铺长度L_1及L_2，计算L，准确至1mm。

$$L = \frac{L_1 + L_2}{2} \tag{3-30}$$

（4）按以上方法，同一处平行测定不少于3次，3个测点均位于轮迹带上，测点间距为3~5m。该处的测定位置以中间测点的位置表示。路面构造深度按式（3-31）计算：

$$TD = \frac{L_0 - L}{L} \times t_0 = \frac{L_0 - L}{LL_0} \tag{3-31}$$

式中　TD——路面的构造深度（mm）；

　　　L——路面上50cm^3量砂摊铺的长度（mm）；

　　　t_0——铺砂仪在玻璃板上摊铺的量砂厚度（mm）；

　　　L_0——量砂的标定摊铺长度（mm），按式（3-28）计算。

每一处均取3次路面构造深度的测定结果平均值作为试验结果，准确至0.1mm，见表3-28。其他要求同手工铺砂法。

表 3-28 电动铺砂法路面构造深度试验记录

工程名称：××工程　　　　结构层次：沥青路面　　　　路段桩号：K5+010~K5+410
检验者：_____　　计算者：_____　　校核者：_____　　检验日期：_____

桩号	L_0/mm	t_0/mm	L_1/mm	L_2/mm	L/mm	TD/mm	平均值 TD/mm
K5+010	263	3.8	234	215	225	0.64	0.67
			237	214	226	0.63	
			232	212	222	0.70	
K5+210	265	3.8	239	215	227	0.63	0.69
			230	211	221	0.75	
			233	215	224	0.69	
K5+410	262	3.8	234	214	224	0.69	0.70
			231	213	222	0.73	
			238	212	225	0.67	
测点数	9	平均值/mm	0.69	标准差/mm	0.01	变异系数（%）	0.01	合格率（%）	100

应当注意，我国公路路面构造深度以铺砂法为标准测试方法。利用激光构造深度仪测出的构造深度与铺砂法测试结果不同，但两者具有良好的相关关系。因此激光构造深度仪所测出的构造深度不能直接用来评定路面的抗滑性能，必须换算成铺砂法的构造深度后，才能判断路面抗滑性能是否满足要求。

3.5.4 车载式激光构造深度仪测定路面构造深度

车载式激光构造深度仪是智能化仪器，可用于无严重破损病害及无积水、积雪、泥浆等正常行车条件下测定路面构造深度，但不适用于带有沟槽构造的水泥混凝土路面构造深度的测定。

1. 检测器具与材料的技术要求

（1）测试系统由承载车辆、距离传感器、激光传感器和主控制系统组成。主控制系统对测试装置的操作实施控制，完成数据采集、传输、存储与计算过程。

（2）测试系统基本技术要求和参数：

1）最大测试速度：≥50km/h。
2）采样间隔：≤10mm。
3）传感器测试精度：0.1mm。
4）距离标定误差：<0.1%。
5）系统工作环境温度：0~60℃。

2. 准备工作

（1）设备安装到承载车上后先进行相关性标定试验。
（2）根据设备操作手册的要求对测试系统各传感器进行校准。
（3）距离测量装置需要现场安装的，根据设备操作手册说明进行安装，确保机械紧固装置安装牢固。

(4) 测试系统各部分应符合测试要求，不应有明显的可视性破损。
(5) 打开系统电源，启动控制程序，检查各部分的工作状态。

3. 测试步骤

(1) 按照设备使用说明规定的预热时间对测试系统预热。
(2) 测试车停在测试起点前50~100m处，启动测试系统程序，按照设备操作手册的规定和测试路段的现场技术要求设置完毕所需的测试状态。
(3) 驾驶员应按照设备操作手册要求的测试速度范围驾驶测试车，避免急加速和急减速，急弯路段应放慢车速，沿正常行车轨迹驶入测试路段。
(4) 进入测试路段后，测试人员启动系统的采集和记录程序，在测试过程中必须及时准确地将测试路段的起终点和其他需要特殊标记的位置输入测试数据记录中。
(5) 当测试车辆驶出测试路段后，测试人员停止数据采集和记录，并恢复仪器各部分至初始状态。
(6) 检查：测试数据文件应完整，内容应正常，否则需要重新测试。
(7) 关闭测试系统电源，结束测试。

4. 激光构造深度仪测值与铺砂法构造深度值相关关系对比试验

(1) 选择构造深度分别在 0~0.3mm、0.3~0.55mm、0.55~0.8mm、0.8~1.2mm 范围的4个各长100m的试验路段。试验前将路面清扫干净，并在起终点做上标记。
(2) 在每个试验路段上沿一侧行车轮迹用铺砂法测试至少10点的构造深度值，并计算平均值。
(3) 驾驶测试车以30~50km/h速度驶过试验路段，并且保证激光构造深度仪的激光传感器探头沿铺砂法所测构造深度的行车轮迹运行，计算试验路段的构造深度平均值。
(4) 建立两种方法的相关关系式，要求相关关系 R 不小于0.97。

5. 检测报告

构造深度检测报告包括以下内容：
(1) 测试路段构造深度平均值、标准差。
(2) 提供激光构造深度仪测值与铺砂法构造深度值在选定测试条件下的相关关系式及相关系数。

3.5.5 摆式仪测定路面摩擦系数

摆式仪法的测试指标是摆值 F_B，以 BPN 为单位。路面的抗滑摆值是指标准的手提式摆式摩阻系数测定仪（摆式仪）测定路面在潮湿条件下对摆的摩擦阻力的一个指标。

摆式仪属于轻便型测量仪器，它具有结构简单、操作方便、数据稳定的优点。但它毕竟是一种比照试验法，其试验条件与路面实际行车条件没有直接关系，故有一定的局限性。本方法适用于测定沥青路面、标线或其他材料试件的抗滑值，用以评定路面或路面材料试件在潮湿状态下的抗滑能力。摆式仪构造如图3-26所示。

1. 检测器具与材料
(1) 摆式仪。
(2) 橡胶片：尺寸为 6.35mm×25.4mm×76.2mm，橡胶质量符合规定要求。
(3) 标准量尺：长126mm。

(4) 喷水壶。
(5) 硬毛刷。
(6) 路面温度计。分度不大于1℃。
(7) 其他。皮尺或钢卷尺、扫帚、粉笔等。

2. 准备工作

(1) 检查摆式仪的调零灵敏情况,并定期进行仪器的标定。当用于路面工程检查验收时,必须重新标定。

(2) 对测试路段按随机取样选点的方法选定测点。在横断面上测点应选在行车道的轮迹带上,距路面边缘不应小于1m,并用粉笔作出标记。

3. 测试步骤

(1) 清洁路面。用扫帚将测点处的路面打扫干净。

(2) 仪器调平

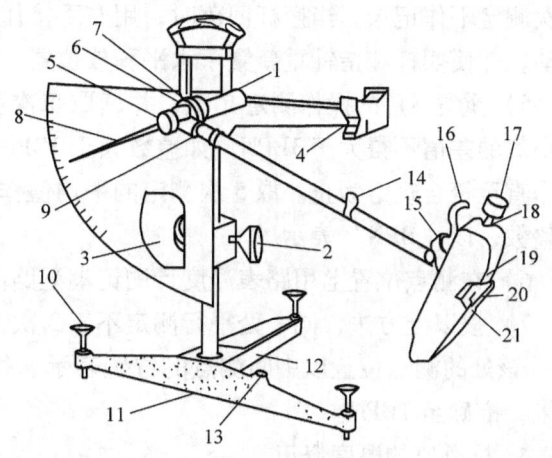

图 3-26 摆式仪的构造
1、2—紧固把手 3—升降把手 4—释放把手 5—转向节螺盖
6—调节螺母 7—针簧片或毡垫 8—指针 9—连接螺母
10—调平螺母 11—底座 12—垫块 13—水准泡 14—卡环
15—定位螺钉 16—举升柄 17—平衡锤 18—平衡螺母
19—滑溜块 20—橡胶片 21—止滑螺钉

1) 将仪器置于路面测点上,并使摆的摆动方向与行车方向一致。
2) 转动底板上的调平螺栓,使水准泡居中。

(3) 调零

1) 放松两个紧固把手,转动升降把手使摆升高,并能自由摆动,然后旋紧紧固把手。

2) 将摆向右运动,按下安装于悬臂上的释放开关,使摆上的卡环进入开关槽,放开释放开关,摆即处于水平释放位置,并把指针抬至与摆杆平行处。

3) 按下释放开关,使摆向左带动指针摆动,当摆达到最高位置下落时,用左手将摆杆接住,此时指针应指零。若不指零时,可稍旋紧或放松摆的调节螺母,重复本项操作,直至指针指零。调零允许误差为±1BPN。

(4) 校核滑动长度

1) 让摆自由悬挂,将标尺中部对准摆杆,使标尺平行于测试方向并靠近橡胶片。

2) 放松紧固把手,转动立柱上的升降把手,使摆缓缓下降并同时提起举升柄使摆向右运动,然后,手提举升柄使摆向左运动,直至橡胶片的边缘刚刚接触路面。在橡胶片的外边摆动向设置标准量尺,尺的一端正对该点。再用手提起举升柄,使滑溜块向上抬起,并使摆继续移动至左边,使橡胶片返回落下再一次接触路面。橡胶片两次同路面接触点的距离应在126mm(即滑动长度)左右。若滑动长度不符合标准,用升高或降低仪器底正面的调平螺钉来校正。但需调平水准泡,重复此项校核直至使滑动长度符合要求,而后将摆和指针置于水平位置。应注意在校核滑动长度时,以橡胶片长边刚刚接触路面为准,不要借摆的力量向前滑动,以免标定的滑动长度过长。

3) 用喷壶的水浇洒测试路面,并用橡胶刮板刮除表面泥浆杂质。

4) 再次洒水,并按下释放开关,使摆在路面滑过,指针即可指示出路面的摆值。但第一次测定不作记录。当摆杆回落时，用左手接住摆，右手提起举升柄使滑块升高，将摆向右运动，并使摆杆和指针重新置于水平释放位置。

5）重复4）的操作测定5次，并读取每次测定的摆值，即BPN。5次数值中最大值与最小值的差值不得大于3BPN。如差数大于3BPN，应检查产生的原因，并再次重复上述各项操作直至符合规定为止。取5次测定的平均值作为每个测点路面的抗滑值（即摆值BPN_t），取整数，以"BPN"表示。

6）在测点位置上用路表温度计测记潮湿路面的温度，准确至1℃。

7）按以上方法，同一处平行测定不于3次，3个测点均位于轮迹带上，测点间距为3~5m。该处的测点位置以中间测点的位置表示。每一处均取3次测定结果的平均值作为试验结果，准确至1BPN。

4. 抗滑值的温度修正

当路面温度为T（℃）时测得的摆值为BPN_T，必须按下式换算成标准温度20℃的摆值BPN_{20}。

$$BPN_{20} = BPN_T + \Delta BPN \tag{3-32}$$

式中 BPN_{20}——换算成标准温度20℃的摆值；

BPN_T——路面温度T时测得的摆值；

ΔBPN——温度修正值，按表3-29采用。

表3-29 温度修正值表

温度 T/℃	0	5	10	15	20	25	30	35	40
温度修正值 ΔF	-6	-4	-3	-1	0	+2	+3	+5	+7

5. 检测报告

（1）测试日期，测点位置，天气情况，洒水后潮湿路面的温度，并描述路面类型、外观、结构类型等。

（2）列表逐点报告路面抗滑值的测定值BPN_T，经温度修正后的BPN_{20}及3次测定的平均值。

（3）评定路段路面抗滑值的平均值、标准值、变异系数。

以下为某公路中粒式沥青混凝土路面用摆式仪测定抗滑值的原始记录（表3-30），仅供参考。

表3-30 路面摩擦系数检测记录

工程名称：××工程　　路面类型：中粒式沥青路面　　路段桩号：K0+200~K0+600　　路面温度：25℃
检验者：＿＿＿　　计算者：＿＿＿　　校核者：＿＿＿　　检验日期：＿＿＿

测点位置		测点序号	摆值（BPN）						测点摆值（BPN）	温度修正值	修正后摆值（BPN）
桩号	横距/m		1	2	3	4	5	平均值			
K1+020	距中线0.85	1	44	43	46	45	46	45	47	2	49
		2	47	48	45	46	48	47			
		3	46	48	49	47	48	48			

（续）

测点位置		测点序号	摆值（BPN）						测点摆值（BPN）	温度修正值	修正后摆值（BPN）
桩号	横距/m		1	2	3	4	5	平均值			
K1+040	距中线 0.9	1	45	46	45	47	46	46	46	2	48
		2	46	47	48	45	46	46			
		3	48	46	49	47	46	47			
K1+062	距中线 0.9	1	49	46	48	49	47	48	45	2	47
		2	45	42	43	44	45	44			
		3	46	43	45	43	44	44			
测点数	9	规定值（BPN）	≥45		平均值（BPN）	48		标准差（BPN）	1	变异系数（%）	21	合格率（%）	100

3.5.6 摆式仪测定路面摩擦系数

单轮式横向力系数测试系统测定路面摩擦系数当测定轮与行车方向成20°偏角且以一定速度行驶时，专用轮胎与潮湿路面之间的测试轮轴向摩擦阻力与垂直荷载的比值，称为路面横向力系数，代号 SFC，无量纲。

用标准的摩擦系数测定车测定沥青路面或水泥混凝土路面的横向力系数。测试结果可作为竣工验收或使用期评定路面抗滑能力的依据。

1. 检测设备

（1）测试系统构成。测试系统由承载车辆、距离测试装置、横向力测试装置、供水装置和主控制系统组成，如图3-27所示。主控制系统除实施对测试装置和供水装置的操作控制外，同时还控制数据的传输、记录与计算等环节。

（2）设备承载车基本技术要求和参数。横向力系数测试系统的承载车辆应为能够固定和安装测试、储供水、控制和记录等系统的载货车底盘，具有在水罐满载状态下最高车速大于100km/h的性能。

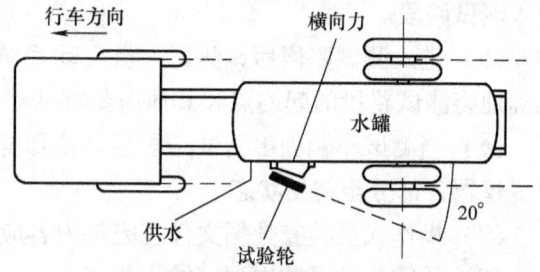

图3-27 单轮式横向力系数测定系统构造示意图

（3）测试系统技术要求和参数

1) 测试轮胎类型：光面天然橡胶充气轮胎。
2) 测试轮胎规格：3.00/20。
3) 测试轮胎标准气压：(350±20) kPa。
4) 测试轮偏置角：19.5°~21°。
5) 测试轮静态垂直标准荷载：(2000±20) N。
6) 拉力传感器非线性误差：<0.05%。
7) 拉力传感器有效量程：0~2000N。
8) 距离标定误差：<2%。

2. 准备工作

（1）每个测试项目开始前或连续测试超过1000km后必须按照使用手册规定的方法进行测试系统的标定，记录标定数据并存档。

（2）检查测试车轮胎气压，应达到车辆轮胎规定的标准气压。

（3）检查测试轮胎磨损情况，当其直径比新轮胎减少达6mm（也即胎面磨损3mm）以上或有明显磨损裂口时，必须立即更换新轮胎。更换的新轮胎在正式测试前应试测2km。

（4）检测测试轮气压，应达到（0.35±0.02）MPa的要求。

（5）检测测试轮固定螺栓应拧紧。将测试轮放到正常测试时的位置，检查其应能够沿两侧滑柱上下自由升降。

（6）根据测试里程的需要向水罐加注清洁测试用水。

（7）检查洒水口出水情况和洒水位置是否正常。洒水位置应在测试轮触地面中点沿行驶方向前方（400±50）mm处，洒水宽度应为中心线两侧各不小于75mm。

（8）将控制面板电源打开，检查各项控制功能键、指示灯和技术参数选择状态是否正常。

3. 测试步骤

（1）正式开始测试前，首先应按设备操作手册规定的时间要求对系统进行通电预热。

（2）进入测试路段前应将测试轮胎降至路面上预跑约500m。

（3）按照设备操作手册的规定和测试路段的现场技术要求设置完毕所需的测试状态。

（4）驾驶员在进入测试路段前应保持车速在规定的测试速度范围内，沿正常行车轨迹驶入测试路段。

（5）进入测试路段后，测试人员启动系统的采集和记录程序。在测试过程中必须及时准确地将测试路段的起终点和其他需要特殊标记点的位置输入测试数据记录中。

（6）当测试车辆驶出测试路段后，仪器操作人员停止数据采集和记录，提升测量轮并恢复仪器各部分至初始状态。

（7）操作人员检查数据文件应完整内容应正常，否则需要重新测试。

（8）关闭测试系统电源，结束测试。

4. SFC 的修正

（1）SFC 的速度修正测试系统的标准测试速度范围为（50±4）km/h，其他速度条件下测试的 SFC 值须通过式（3-33）转换至标准速度下的等效 SFC 值。

$$\text{SFC}_{标} = \text{SFC}_{测} - 0.22(v_{标} - v_{测}) \tag{3-33}$$

式中　$\text{SFC}_{标}$——标准测试速度下的等效 SFC 值；

$\text{SFC}_{测}$——现场实际测试速度条件下的 SFC 测试值；

$v_{标}$——标准测试速度，取值 50km/h；

$v_{测}$——现场实际测试速度。

（2）SFC 值的温度修正测试系统的标准现场测试地面温度范围为（20±5）℃，其他地面温度条件下由于测试轮胎的弹性和路面本身的抗滑性能会发生变化，因而测试的 SFC 值须通过表 3-31 转换至标准温度下的等效 SFC 值。系统测试要求地面温度控制在 8～60℃范围内。

表 3-31　SFC 值温度修正

温度/℃	10	15	20	25	30	35	40	45	50	55	60
修正	-3	-1	0	+1	+3	+4	+6	+7	+8	+9	+10

5. 不同类型摩擦系数测试设备间相关关系对比试验

(1) 基本要求。不同类型摩擦系数测试设备的测值应换算成 SFC 值后使用，所以制动式摩擦系数测试设备和其他类型横向力式测试设备在使用时必须和 SCRIM 系统进行对比试验，建立测试结果与 SCRIM 系统测值（SFC 值）的相关关系。

(2) 试验条件

1) 按 SFC 值 0~30、30~50、50~70、70~100 的范围选择 4 段不同摩擦系数的路段，路段长度可为 100~300mm。

2) 对比试验路段地面应清洁干燥，地面温度应在 10~30℃ 范围内，天气宜为晴天无风。

(3) 试验步骤

1) 测试系统和需要进行对比试验的其他类型设备按操作手册规定的程序准备就绪。

2) 两套设备分别以 40km/h、50km/h、60km/h、70km/h、80km/h 的速度在所选择的 4 种试验路段上各测试 3 次，3 次测试的平均值的绝对差值不得大于 5，否则重测。

3) 两种试验设备设置的采样频率差值不应超过一倍，每个试验路段的采样数据量不应少于 10 个。

(4) 试验数据处理

1) 分别计算出每种速度下各路段 3 次测试结果的总平均值和标准差，超过 3 倍标准差的值应予以舍弃。

2) 用数理统计的回归分析方法建立试验设备测值与速度的相关关系式，相关系数 R 不得小于 0.95。

3) 建立不同速度下试验设备测值 SFC 的相关关系式，相关系数 R 不得小于 0.95。

6. 路面横向力摩擦系数评定

横向力摩擦系数使用代表值进行工程质量评定，按路面 SFC 的设计或验收标准值评定路面抗滑性合格与否。

SFC 代表值为 SFC 算术平均值的下置信界限值，即：

$$SFC_\gamma = \overline{SFC} - \frac{t_a}{\sqrt{n}} S \tag{3-34}$$

式中　SFC_γ——SFC 代表值；

　　　$\overline{SFC}$——SFC 算术平均值；

　　　S——标准差；

　　　n——数据个数；

　　　t_a——t 分布表中随测点数和保证率（或置信度 α）而变的系数，可查附表 2。采用的保证率：高速公路、一级公路为 95%，其他公路为 90%。

当 SFC 代表值大于设计值或验收标准时，按单个 SFC 值计算合格率；当 SFC 代表值小于设计或标准值时，相应分项工程评为不合格。

【例 3-6】 用横向力摩擦力系数测定车对某高速公路沥青路面抗滑性进行检测验收，按 20m 一点采样间距连续检测，结果如下：测点数 $n=100$，SFC 算术平均值 $=63.05$，SFC 标准差 $=6.031$，问该路面抗滑性是否合格？

解： 已知保证率为 95%，$n=100$，查附表 2 知：$t_a/\sqrt{n}=0.166$

$$SFC_\gamma = SFC - \frac{t_a}{\sqrt{n}}S = 63.05 - 0.166 \times 6.031 = 62.05$$

由于 $SFC_\gamma > 54$，故该路面抗滑性满足要求。

思考题与习题

一、填空题

1. 通常，抗滑性能被看做是路面的（　　），并用轮胎与路面间的（　　）表示。表面特性包括（　　），影响抗滑性能的因素有（　　）、（　　）和（　　）。
2. 抗滑性能测试方法有（　　）、（　　）、（　　）和（　　）。
3. "评定标准"规定，摩擦系数可采用（　　）和（　　）进行检测。
4. 沥青混凝土面层抗滑指标为（　　）或（　　）。

二、单项选择题

1. 测定路面抗滑性能是为了保证车辆在路面上行驶的（　　）性能。
   A. 舒适　　　　B. 安全　　　　C. 经济　　　　D. 高速
2. 检验高速公路表面层的摩擦系数，宜在竣工后的（　　）采用摩擦系数测定车测定。
   A. 第 1 个夏季　　B. 第 1 个冬季　　C. 第 1 个雨季　　D. 第 1 个最不利季节
3. 测定高速公路沥青混凝土面层抗滑摩擦系数，应优先采用（　　）。
   A. 摆式仪法　　B. 制动距离法　　C. 摩擦系数测试车法　　D. 铺砂法
4. 高速公路沥青路面抗滑性能指标竣工验收，要求构造深度 TD 大于等于（　　）mm。
   A. 0.45　　　　B. 0.50　　　　C. 0.55　　　　D. 0.60
5. 在高速公路沥青表面层，应选用抗滑、耐磨石料，其石料磨光值应大于（　　）。
   A. 40　　　　　B. 42　　　　　C. 45　　　　　D. 48
6. 我国高速、一级公路水泥混凝土路面抗滑构造深度的规定值为（　　）mm。
   A. 0.6　　　　B. 0.7　　　　C. 0.8　　　　D. 0.9
7. 手动法测定路面表面构造深度，测得推平砂的平均直径为 21cm，由此测得路面表面构造深度为（　　）mm。
   A. 0.70　　　　B. 0.72　　　　C. 0.74　　　　D. 0.76
8. 使用摆式仪测某点抗滑值，5 次读数分别为 57、58、59、57、58，则该点抗滑值为（　　）摆值。
   A. 57　　　　　B. 57.8　　　　C. 58　　　　　D. 59

9. 摆式摩擦仪调零允许误差为（   ）BPN。
   A. ±1　　　　　　B. ±2　　　　　　C. ±3　　　　　　D. 0
10. 用摆式仪测定沥青路面抗滑性能时，如果标定的橡胶片滑动长度小于126mm，则测得的沥青路面的 BPN 值比实际值（   ）。
    A. 小　　　　　　B. 大　　　　　　C. 一样　　　　　　D. 不能确定
11. 高温条件下用摆式仪测定的沥青面层摩擦系数比低温条件下测得的摩擦摆值（   ）。
    A. 大　　　　　　B. 小　　　　　　C. 一样　　　　　　D. 不一定
12. 用摆式仪测定沥青路面的抗滑性能时，要进行温度修正的原因是（   ）。
    A. 高温时测得摆值偏小　　　　　　B. 低温时测得摆值偏小
    C. 高温时沥青混合料强度降低　　　　　　D. 低温时沥青混合料强度降低
13. 横向力系数 SFC 表征的含义为（   ）。
    A. 测试车刹车时轮胎与路面的摩阻系数
    B. 测试轮侧面测得的横向力与轮荷载大小之比
    C. 测试轮在刹车时横向力的大小
    D. 测试轮侧面测得的横向力与测试车重量的比值
14. 摆式仪测某点抗滑值，若5次读数为57、58、59、57、57，则该点抗滑值为（   ）摆值。
    A. 57　　　　　　B. 57.8　　　　　　C. 58　　　　　　D. 59

三、多项选择题

1. 影响路面抗滑性能的因素有（   ）。
   A. 路面表面特性　　B. 路面潮湿程度　　C. 行车速度　　D. 车辆载重量
2. 路面抗滑性能测试方法有（   ）等。
   A. 制动距离法　　B. 摆式仪法　　C. 构造深度法　　D. 偏转轮拖车法
3. 构造深度测试用以评定路面表面的（   ）。
   A. 路表的排水性能　　B. 抗滑性能　　C. 路表的宏观粗糙度　　D. 路面类型
4. 可以测定路面与轮胎之间摩阻系数的方法是（   ）。
   A. 铺砂法　　B. 制动距离法　　C. 摩擦系数测试车　　D. 摆式仪
5. 激光构造深度仪适用测定（   ）的沥青路面的构造深度。
   A. 湿润　　　　　B. 干燥　　　　　C. 温度不低于0℃　　D. 温度不低于5℃
6. 影响沥青路面构造深度的因素有（   ）。
   A. 石料磨光值　　B. 沥青用量　　C. 混合料级配　　D. 温度
7. 下列有关路面抗滑性能的说法中，正确的是（   ）。
   A. 摆值 FB 越大，抗滑性能越好　　B. 构造深度 TD 越大，抗滑性能越好
   C. 横向力系数 SFC 越大，抗滑性能越好　　D. 制动距离越长，抗滑性能越好
8. 使用摩擦系数测定车测定路面横向力系数时，有关技术参数要求为（   ）。
   A. 测速为50km/h　　　　　　B. 测速为60km/h

C. 测试轮重垂直荷载为 2kN　　　　D. 测试轮重垂直荷载为 6kN

9. 关于摆式仪测试的说法中，正确的有（　　）。

A. 评定路面在潮湿状态下的抗滑能力

B. 橡胶片的有效使用期为 1 年

C. 新橡胶片应先在干燥路面上测试 10 次后再用于测试

D. 校核滑动长度时，应以橡胶片长边刚刚接触路面为准

10. 当摆式仪使用的橡胶片出现（　　）时，应更换新橡胶片。

A. 端部在长度方向上磨损超过 1.6mm　　B. 边缘在宽度方向上磨耗超过 3.2mm

C. 橡胶片被油污染　　　　　　　　　　D. 使用时间超过 1 年

四、判断题

1. 沥青路面表面细构造可由构造深度来表征。（　　）
2. 手工铺砂法是测定路面构造深度目前常用的方法。（　　）
3. 激光构造深度仪适宜的检测速度为 3~5km/h。（　　）
4. 路面构造深度越大，表示路面的抗滑性能越好。（　　）
5. 路面构造深度可以用摆式仪来测定。（　　）
6. 采用摆式仪测定同一路面的抗滑值 BPN 时，如果路面温度越高，其测定的 BPN 值就越大。（　　）
7. 用摆式仪测定路面抗滑性能时，重复 5 次测定的差值应不大于 5BPN。（　　）
8. 摆式仪测定路面抗滑值，在使用前必须进行标定。（　　）
9. 摆式仪测定路面抗滑值，当路面试验温度不是 20℃时，应进行温度修正。（　　）
10. 摆式仪测定沥青路面和水泥混凝土路面的抗滑值，用以评定路面在各种状态下的抗滑能力。（　　）
11. 用摆式仪测定路面的抗滑性能时，滑动长度越大，摆值就越小。（　　）
12. 水泥混凝土路面抗滑性能既可用摩擦系数表示，也可用构造深度表示。（　　）
13. 摩擦系数反映了路面干燥状态下的抗滑能力。（　　）

五、问答题

1. 测试路面抗滑性能的常用方法有哪几种？各方法的测试指标、测试原理、特点及适用范围是什么？
2. 为什么要测路面横向力系数？需采用哪些检测器具？如何进行评定？
3. 如何采用摆式仪、电动铺砂仪检测路面抗滑性能？

六、计算题

用摆式摩擦仪测定某高速公路沥青路面的摩擦摆值（路面温度为 30℃），见表 3-32，其测定结果如下表，试计算该处路面的摩擦摆值，并评定该路面抗滑性是否合格。

表 3-32　公路沥青路面的摩擦摆值

测定桩号	测定平行值（BPN）				
	1	2	3	4	5
K3+315	52	51	53	52	51
K3+320	53	54	55	56	54
K3+325	52	54	53	55	54

任务3.6 路面外观与沥青路面渗水系数检测

3.6.1 路面破损检测

1. 路面破损的分类

在路面质量管理与验收、建立路面管理系统和决定路面维修方案时,都需要测定路面各类破损的数量与面积。

(1) 沥青路面的破损类型

1) 裂缝:包括龟裂、块裂及各类单根裂缝等。龟裂也称网裂,指裂缝与裂缝连接成龟甲纹状的不规则裂缝,且其短边长度不大于40cm。在路面纵向有平行密集的裂缝,虽未成网,但其距离不大于30cm者,亦属龟裂。块裂为沥青路面的不规则裂缝,裂缝与裂缝连接成网,其短边长度大于40cm,但长边长度小于3m。龟裂与块裂测定均以面积(m^2)计。单根裂缝是指裂缝之间互不连接,或虽有连接但距离在3m以上者,可以细分为横向裂缝、纵向裂缝、路面与桥涵构造物的接头裂缝、施工裂缝、水泥板接缝的反射裂缝等。裂缝测定以长度(m)计。边缘裂缝(啃边)是指靠路肩边缘由于冻胀、基层或路基的承载力不足引起的纵向局部性开裂,根据严重程度计算长度或面积。

2) 变形:包括车辙、沉陷、拥包、波浪。

3) 松散:包括掉粒、松散、剥落、脱皮等引起的集料散失现象、坑槽等。

4) 其他:包括泛油、磨光(抗滑性能差)及各类修补等。沥青路面破损严重程度可分为轻微、中度、严重三种(表3-33)。

表3-33 沥青路面损坏程度分类

破坏类型	程度	损坏特征
裂缝	轻微	裂缝并未连片成网,无碎裂或封缝,无明显唧泥,平均缝宽≤6mm,或已封缝,附近无损坏,边缘裂缝未断开,材料未散失
	中度	裂缝已连片成网,有个别碎裂或封缝,无明显唧泥,平均缝宽为6~19mm,附近有轻微块裂,裂缝少许断开,材料散失≤10%的长度
	严重	裂缝成片,严重碎裂或已封缝,车辆通过时碎块有活动,有明显唧泥,平均缝宽>19mm,附近有中等块裂,裂缝已断开,材料散失>0%的长度
补坑与坑槽	轻微	在轻微破损区域的修补,坑槽深度≤25mm
	中度	在中等破损区域的修补,坑槽深度为25~50mm
	严重	在严重破损区域的修补,坑槽深度>50mm
表面缺陷	轻微	过量沥青已使路表面变色,少量集料结合料脱离,少量细集料散失
	中度	过量沥青已使路表面失去表面纹理构造,集料结合料掉粒成粗糙表面,细集料散失,少量粗集料也散失
	严重	过量沥青使路表发光一片,集料已被覆盖,热季可出现轮迹,集料结合料飞散,粗集料明显散失

(2) 水泥混凝土路面的破损类型

1）断板：包括板角断裂、D形裂缝、纵向裂缝、横向裂缝、断板等。水泥混凝土路面的伸缩缝两侧在一定范围内产生多道裂缝，呈D字形，故称为D形裂缝。D形裂缝呈不断扩展趋势，严重时裂缝产生的小块可能脱落或错位移动。由纵向和横向裂缝发展而产生的已完全折断成两块及两块以上水泥混凝土路面板的现象称为断板。

2）接缝：包括接缝材料损坏、接缝脱开、无接缝料、缝被砂石尘土填塞、边角剥落、唧泥、错台（台阶）、拱起（翘曲）等。因裂缝或接缝损坏，导致水进入基层，使材料软化形成的泥浆，在荷载作用下从缝中或板边缘挤出的现象称为唧泥。

3）表面：包括表面网状细裂缝、层状剥落、起皮、露骨、集料磨光、坑洞等。

4）其他：如板块沉陷等。

水泥混凝土路面破损严重程度可分为轻微、中度、严重三种（表3-34）。

表3-34 水泥混凝土路面损坏程度分类

破坏类型	程度	损坏特征
板面断裂	轻微	板角断裂尚未碎裂，D形裂缝裂缝密闭，纵横向裂缝缝宽<3mm
	中度	角裂缝已有碎裂，D形裂缝有小块脱落及错台，纵横向裂缝宽>3mm，裂缝边缘已开始掉角
	严重	板角断裂已严重碎裂，D形裂缝面积较大且有较多脱落，纵横向裂缝缝宽>10mm，有错台，裂块已开始活动
接缝损坏	轻微	损坏部位<10%，缝边碎裂宽度<75mm，材料无散失
	中度	损坏部位10%~50%，缝边碎裂宽度75~150mm，材料已有散失，有少量唧泥或拱起
	严重	损坏部位>50%，缝边碎裂宽度>150mm，材料已较多散失，有明显唧泥或拱起

2. 沥青路面破损检测

对强度不足或疲劳引起的沥青路面荷载性裂缝（龟裂），宜在春季或雨季最不利季节之后观测；对由于温度收缩引起的非荷载性裂缝（块裂及横裂缝），宜在冬季以后观测；对车辙、拥包、波浪等热稳定性变形，宜在夏季观测，对松散类破损宜在雨季观测。也可在规定的同一时间观测。需要时还可定期观测，以了解破损情况。为便于裂缝观测，宜选择在雨后（或预先洒水）路表已干燥但尚有水迹的时机观测。

（1）检测器具与材料

1）量尺。钢卷尺、皮尺、钢尺等。

2）破损记录纸（毫米方格纸）。

3）高速摄影车或其他高效测试设备。

4）其他。粉笔、扫帚、小红旗及安全标志等。

（2）准备工作

1）选择测试路段，并量测其路面的长度及宽度，计算测试路段总面积（A）。

2）在毫米方格纸上按比例绘制破损记录方格，填好里程桩号。

3）若路面不洁妨碍观测时，应用扫帚清扫路面。

4）观测前应通报有关交通管理部门，观测时应有专人指挥交通（必要时可封闭交通），并设置交通安全标志等以确保观测车及观测者的安全。

（3）检测步骤

1) 当采用高速摄影车或其他高效测试设备测试时,按有关使用说明书操作。采用自动摄影车测试时,进行连续摄影或录像,然后在室内评定或用计算机检测裂缝等各类破损数量。

2) 当为人工检测时,由 2~4 人组成一组,沿路面仔细观察路面各类破损情况。若观测裂缝时,一般以逆光观测较为清楚,对不明显的裂缝,可在裂缝位置用粉笔作出标记。

3) 目测或用量尺测试路段的路面上各类破损的长度或范围,准确至 0.1m。

4) 对拥包、波浪、沉陷等变形类损坏除记录面积外,尚应测记拥起高度或下陷深度。

5) 记录破损位置(桩号),就地在方格纸上按比例描绘破损图,记录破损类别。

6) 必要时,可拍摄照片或录像备查。

检测路段的沥青路面各类破损长度或面积按破损类别分别统计。

路面的裂缝率是指路面裂缝的总面积与测定区之间路面总面积的比值,用 C_k 表示,单位 m^2/km^2。

沥青路面的裂缝率为:

$$C_k = \frac{C_A + 0.3L}{A} \tag{3-35}$$

式中 L——单根裂缝的总长度(m);

C_k——龟裂及块裂的总面积(m^2);

C_A——测试路段面积,以 $1000m^2$ 计;

0.3——将单根裂缝长度换算成面积的影响系数。

路面的裂缝度是指路面裂缝长度与测定区间路面总面积的比值,用 C_d 表示,单位 m/km^2。在没有龟裂和块裂的路面上,沥青路面横向裂缝或纵向裂缝等单根裂缝应按式(3-36)、式(3-37)计算裂缝度,总裂缝度按式(3-38)计算:

$$C_{1d} = \frac{\sum L_1}{A} \tag{3-36}$$

$$C_{2d} = \frac{\sum L_2}{A} \tag{3-37}$$

$$C_d = C_{d1} + C_{d2} + \cdots \tag{3-38}$$

式中 C_{1d}——沥青路面横向裂缝的裂缝度(m/km^2);

C_{2d}——沥青路面纵向裂缝的裂缝度(m/km^2);

$\sum L_1$——横向裂缝总长(m);

$\sum L_2$——纵向裂缝总长度(m)。

计算裂缝度,可将各种单根裂缝(横向裂缝、纵向裂缝、温缩裂缝、接头裂缝、施工裂缝、反射裂缝等)单独计算。如欲换算成以面积计算的裂缝率时,宜将其分别乘以 0.3m 得到。但当将单根裂缝纳入网裂病害用于计算一般公路的好路率时,应遵照《公路养护质量检查评定标准》(JTJ075—4)的规定,采用 0.2m 的系数。

沥青路面发生各种类型破损的换算面积与检测区域总面积的百分比称为沥青路面的破损率,按式(3-39)计算:

$$DR = \frac{\sum\sum A_{ij}K_{ij}}{A} \times 100 \qquad (3\text{-}39)$$

式中 DR——沥青路面的破损率（％）；

A_{ij}——路面各种损坏类型严重程度的累计面积（m^2）；

i——破损类别；

j——破损严重程度，可分为轻微、中度、严重三个等级；

K_{ij}——路面各种损坏类型及不同严重程度的权值，根据有关规范规定选用，如无规定时均取为1；

A——检测路段路面面积（m^2）。

新建沥青混凝土和沥青碎石面层，其表面应平整密实，无明显碾压轮迹，搭接处紧密、平顺，不应有泛油、松散、裂缝、粗细集料集中等现象。对于高速公路和一级公路，有上述缺陷的面积之和不得超过复检面积的0.03％，其他公路不得超过0.05％。

新建沥青贯入式（或沥青上拌下贯式）和沥青表面处治面层，表面应平整密实，无明显碾压轮迹，不应有松散、裂缝、油包、油丁、波浪、泛油等现象。有上述缺陷的面积之和不超过受检面积的0.2％。

沥青路面破损检测记录格式如表3-35所示。

表3-35 沥青路面破损检测统计

路段桩号：K0+000～K20+000　　路面面积A：470 000m^2　　路面结构：_____　　天气：晴

检测者：_____　　计算者：_____　　校核者：_____　　检测日期：_____

破损类型		数量		加权换算面积 /m^2	裂缝度 /(m/km^2)	裂缝率 /(m^2/km^2)	破损率 (％)	拥起最大高度 /m	下陷最大深度 /m	破损原因
		长度 /m	面积 /m^2							
裂缝	龟裂		1280			2.72				
	块裂									
	横裂									
	纵裂	30.5		9.15	0.06					
	水泥板接缝的反射缝									
	边缘裂缝（啃边）									1. 未对老路基进行加固；
变形	车辙						0.35			2. 垫层石灰渣掺级配砂砾混合料拌和不均；
	拥包									
	波浪									3. 路面沥青级配不达标等
	沉陷		340.9			0.73				
松散	掉粒、剥落、松散									
	脱皮									
	坑槽									
其他	泛油									
	磨光									
	各类修补									

3. 水泥混凝土路面破损检测

水泥混凝土路面破损检测仪器设备与沥青路面破损检测的基本相同。

（1）准备工作

1）选定路段，并量测其路面的长度及宽度。

2）如路面不洁妨碍观测时，可用扫帚清扫裂缝附近的路面。为便于观测，宜选择在雨后路面已干燥但裂缝尚有水迹的时机观测，观测时应有专人指挥交通（需要时可封闭交通），并设置交通安全标志等以确保观测者的安全。

（2）检测步骤

1）沿路线纵向1~2人负责一块混凝土板宽度，仔细观察裂缝及破损面积，准确至10cm。对伸缩缝接缝处的破坏及边角部已成块的破坏都应单独记录条数、面积，其中接缝拱起还应记录高度。

2）记录板块号，破损位置（桩号），在方格纸中按比例绘制裂缝及破损情况图。

3）根据需要，拍摄照片或录像备查。检测路段的各类型破损长度或面积，应分类统计。

水泥混凝土路面的裂缝度及裂缝率为：

$$C_d = \frac{\sum L}{A} \quad (3-40)$$

$$C_k = \frac{\sum C_A}{A} \quad (3-41)$$

式中 C_d——水泥混凝土路面的裂缝度（m/km²）；

C_k——水泥混凝土路面的裂缝率（m²/km²）；

C_A——板角裂缝、D形裂缝及完全碎裂的总面积，以1000m²计；

$\sum L$——水泥混凝土路面板的纵向、横向开裂总长度（m）；

A——测试路段的总面积，以1000m²计。

已折断成两块及两块以上的水泥混凝土路面板的块数与路面板总块数的百分比，称为断板率，按下式计算：

$$B_D = \frac{D}{S} \times 100 \quad (3-42)$$

式中 B_D——水泥混凝土路面的坏板率或断板率（%）；

D——已完全折断成两块以上的水泥混凝土路面板总数；

S——检测路段的路面板总块数。

水泥混凝土路面的横向伸缩缝、纵向接缝发生破坏的总长度与缝的总长度之比称为坏缝率，按下式计算：

$$J_K = \frac{\sum J_{1C} + \sum J_{2C}}{J_1 + J_2} \quad (3-43)$$

式中 J_K——水泥混凝土路面的坏缝率（m/km）；

$\sum J_{1C}$——水泥混凝土路面横向伸缩缝破坏的总长度（m）；

$\sum J_{2C}$——水泥混凝土路面纵向伸缩缝破坏的总长度（m）；

J_1——检测路段的横向伸缩缝的总长度，以1000m计；

J_2——检测路段的纵向伸缩缝的总长度,以1000m计。

已发生破损的水泥混凝土路面板的块数与路面板总块数的百分比,称为坏板率,用 B_K 表示。根据需要可按有关规定对各种坏板类型及严重程度取不同的权值按下式进行计算:

$$B_K = \frac{\sum \sum A_{ij} K_{ij}}{S} \times 100 \tag{3-44}$$

式中 A_{ij}——水泥混凝土板各种损坏严重程度的累计换算板数,i 表示破损类别,j 表示破损严重程度,可分为轻微、中度、严重三个等级;

K_{ij}——水泥混凝土板各种损坏类型及不同严重程度的权值,根据有关规范选用,如无规定时均取为1;

S——检测路段路面板总块数。

新建水泥混凝土路面,混凝土板的断裂块数,高速公路和一级公路不得超过评定路段混凝土板总数的2‰,其他公路不得超过4‰。对断裂板应采取适当措施予以处理。混凝土板表面的脱皮、印痕、裂纹、石子外露和缺边掉角等病害现象,高速、一级公路,上述缺陷的面积不得超过受检面积的2‰,其他公路不得超过3‰,并且要求接缝填筑饱满密实,路面侧石直顺,曲线圆滑。

水泥混凝土破损检测记录格式如表3-36所示。

表3-36 水泥混凝土路面破损检测统计

路段桩号:K0+000~K15+000　路面面积A:150 000m²　路面结构:＿＿＿　天气:晴
检测者:＿＿＿　计算者:＿＿＿　校核者:＿＿＿　检测日期:＿＿＿

破损类型		坏板数/块	坏缝数/条	数量			裂缝度/(m/km²)	裂缝率/(m²/km²)	断板率(%)	坏缝率(%)	坏板率(%)
				面积/m²	长度/m	高差/m					
板面裂缝	板块断裂	5		125							
	D形裂缝	7		112							
	纵向裂缝		12		34						
	横向裂缝		5		21						
	纵向断板										
	横向断板										
接缝损坏	接缝材料损坏						0.37	1.58	5		
	边角剥落										
	唧泥										
	错台										
	拱起										
表面缺陷	网状细裂缝										
	层状剥落、起皮										
	露骨(集料磨光)										
	坑洞										
其他	板块沉陷										

3.6.2 路面错台检测

路面在人工构造物端部接头、水泥混凝土路面或桥梁的伸缩缝以及沥青路面裂缝两侧由于沉降所造成的错台（台阶）病害，影响行车的舒适性。通过错台检测，为计算维修工作量提供依据。

1. 检测器具与材料

检测器具与材料有：皮尺、精密水准仪、3m直尺、钢板尺或钢卷尺、粉笔等。

2. 准备工作

在检测之前，应选择需要测定的断面，记录检测位置及桩号，并描述发生错台的原因。未经注明的错台的测定位置以车道错台最大处纵断面为准，根据需要也可以以其他代表性纵断面为测定位置。

3. 检测方法

（1）对于构造物端部接头处的错台

1）将精密水准仪架在距构造物端部不远的路面平顺处调平。

2）从构造物端部无沉降或鼓包的断面位置起，沿路线纵向用皮尺量取一定距离，作为测点，在该处立起塔尺，测量高程。再向前量取一定距离，作为测点，测量高程。如此重复，直至无明显沉降的断面为止，无特殊需要时，从构造物端部起的2m内，应每隔0.2m量测1次，2~5m宜每隔0.5m量测1次，5m以上可每隔1m量测1次，由此得出沉降纵断面及最大沉降值，即最大错台高度（D_m），准确至1mm。

（2）对于水泥混凝土接缝、桥梁伸缩缝及沥青路面裂缝处的错台按前述方法用水准仪测定接缝或裂缝两侧一定范围内的道路纵断面，确定最大错台位置及高度D_m，准确至1mm。当发生错台变形的范围不足3m时，可在错台最大位置沿路线纵向用3m直尺架在路面上，其一端位于错台高出的一侧，另一端位于无明显沉降变形处，作为基准线。用钢板尺或钢卷尺每隔0.2m量取路面与基准线之间高度D，同时测记最大错台高度D_m，准确至1mm。

以测定的错台读数D与各测点的距离绘成纵断面图作为测定结果，图中应标明相应断面的设计纵断面高程，最大错台的位置与高度D_m，准确至1mm。

新建水泥混凝土路面错台的测定：按每条胀缝两点，每200m抽纵、横接缝各两条，每条两点进行。允许偏差：高速公路、一级公路为2mm，其他等级公路为3mm。

3.6.3 沥青路面车辙检测

车辙是路面在车轮荷载重复作用下，沿行车轨迹上产生的纵向带状凹陷，也常伴有以纵向为主的裂缝。车辙深度以"mm"计，车辙面积以"m^2"计。车辙是高级沥青路面的主要破坏形式之一，它足以影响车辆的正常行驶。车辙的控制指标，国内还没有建立，国外是以车辙深度作为指标的。

1. 检测器具与材料

（1）路面横断面仪。如图3-28所示，长度不小于一个车道宽度，横梁上有一位移传感器，可自动记录横断面形状，测试间距小于20cm，测试精度1mm。

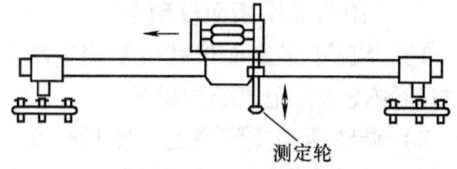

图3-28 路面横断面仪

（2）激光或超声波车辙仪。包括多点激光或超声波车辙仪、线激光车辙仪和线扫描激光车辙仪等型号，通过激光测距技术或激光成像和数字图像分析技术得到车道横断面相对高程数据,并按规定模式计算车辙深度。要求激光或超声波车辙仪有效测试宽度不少于3.2m,测点不少于13点,测试精度1mm。

(3) 横断面尺。如图3-29所示,硬木或金属制直尺,刻度间距5cm,长度不小于一个车道宽度,顶面平直,最大弯曲不超过1mm。两端有把手及高度为10~20cm的支脚,两支脚的高度相同。

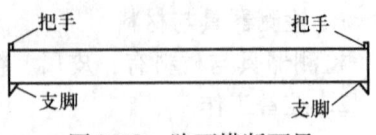

图3-29 路面横断面尺

(4) 量尺。钢板尺、卡尺、塞尺、量程大于车辙深度,刻度至1mm。

(5) 其他。皮尺、粉笔等。

2. 检测方法

车辙测定的基准测量宽度应符合下列规定:

(1) 对高速公路及一级公路,以发生车辙的一个车道两侧标线中点到中点的距离为基准测量宽度。

(2) 对二级及二级以下公路,有车道区划线时以发生车辙的一个车道两侧标线中点到中点的距离为基准测量宽度。无车道区划线时,以形成车辙部位的一个设计车道的宽度作为基准测量宽度。

以一个评定路段为单位,用激光车辙仪连续检测时,测定断面间隔不大于10m。用其他方法非连续测定时,在车道上每隔50m作一测定断面,用粉笔画上标志。根据需要,也可以在行车道上随机选取测定断面,在特殊需要的路段,如交叉口前后可予以加密。

(1) 采用激光或超声波车辙仪测试

1) 将检测车辆就位于测定区间起点前。

2) 启动并设定检测系统参数。

3) 启动车辙和距离测试装置,开动测试车沿车道轮迹位置且平行于车道线平稳行驶,测试系统自动记录出每个横断面和距离数据。

4) 到达测定区间终点后,结束测定。

5) 系统处理软件按图3-30规定的模式通过各横断面相对高程数据计算车辙深度。

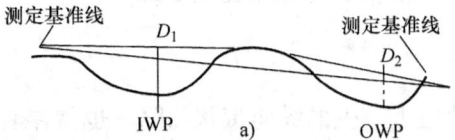 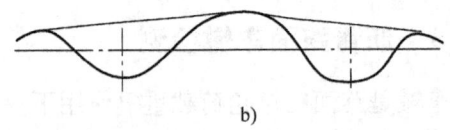

图3-30 不同形状、不同程度的路面车辙
IWP、OWP——分别表示内侧轮迹带及外侧轮迹

(2) 用路面横断面仪测定

1) 将路面横断面仪就位于测定断面上,方向与道路中心线垂直,两端支脚立于测定车道的两侧边缘,记录断面桩号。

2) 调整两端支脚高度,使其等高。

3) 移动横断面仪的测量器,从测定车道的一端移至另一端,记录出断面形状。

(3) 用路面横断面尺测定

1) 将横断面尺就位于测定断面上,两端支脚置于测定车道两侧。

2）沿横断面尺每隔20cm，用量尺垂直立于路面上，用目光平视测记横断面尺顶面与路面之间的距离，准确至1mm。如断面的最高处或最低处明显不在测定点上，应加测该点距离。

3）记录测定读数，绘出断面图，最后连接成圆滑的横断面曲线。

4）横断面尺也可用线绳代替。

5）当不需要测定横断面，仅需要测定最大车辙时，亦可用不带支脚的横断面尺架在路面上由目测确定最大车辙位置用尺量取。

3. 测定结果整理

按图3-30的方法画出横断面图及顶面基准线。

在图3-30上确定车辙深度 D_1 及 D_2，读至1mm，以其中最大值作为断面的最大车辙深度。各测定断面最大车辙深度的平均值为评定路段的平均车辙深度。

3.6.4 沥青路面渗水系数检测

大气降水（雨、雪）通过路面孔隙或裂缝渗入沥青路面结构中，会导致基层软化、沥青面层开裂、松散等病害。在多雨地区，应特别重视路面结构层的水稳定性和面层的透水性问题。路面渗水系数是指在规定的条件下，单位时间内渗入路面结构中水的体积，用 C_w 表示，单位为mL/min。

1. 检测器具与材料

（1）路面渗水仪。如图3-31所示，由盛水筒、支架、底座、细管和压重铁圈等组成。上部盛水量筒为透明有机玻璃制成，容积600mL，上有刻度，在100mL和500mL处有粗标线，下方通过直径10mm的细管与底座相连，中间有一开关（阀门）。量筒通过支架联结，底座下方开口内径150mm，外径220mm。仪器附压重铁圈2个，每个质量约5kg，内径160mm。

（2）水筒、大漏斗、秒表、水、红墨水、粉笔、扫帚等。

（3）密封材料。玻璃腻子、油灰或橡皮泥。

2. 准备工作

（1）在测试路面的行车道上，按随机取样方法选择测试位置，每一个检测路段应测定5个点。用扫帚清扫表面，并用刷子将路面表面的杂物刷去。在测点用粉笔划上测试标记。

（2）在洁净的水桶内滴几点红墨水，使水成淡红色。

（3）装好路面渗水仪。

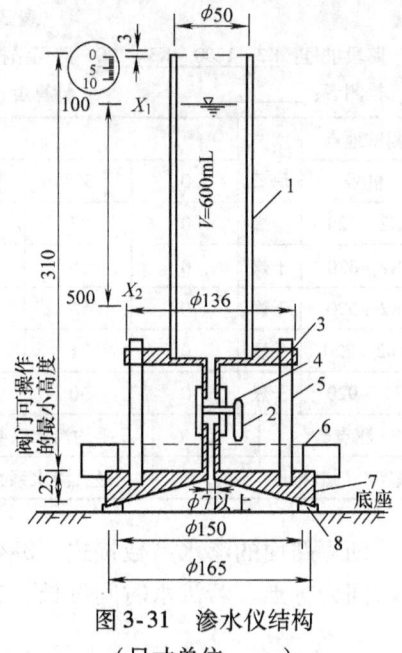

图3-31 渗水仪结构
（尺寸单位：mm）
1—透明有机玻璃筒 2—螺纹连接 3—顶板
4—阀 5—立柱支架 6—压重铁圈
7—把手 8—密封材料

3. 测试步骤

（1）将密封圈置于试件中央或者路面表面的测点上，用粉笔分别沿塑料圈的内侧和外侧画上圈，在外环和内环之间的部分就是需要用密封材料进行密封的区域。

（2）用密封材料对环状密封区域进行密封处理，注意不要使密封材料进入内圈。如果密封材料不小心进入内圈，必须用刮刀将其刮走。然后再将搓成拇指粗细的条状密封材料摆在环状密封区域的中央，并且摆成一圈。

（3）将渗水仪放在试件或者路面表面的测点上，注意使渗水仪的中心尽量和圆环中心重合，然后略微使劲将渗水仪压在条状密封材料表面，再将配重加上，以防压力水从底座与路面间流出。

（4）关闭细管下方的开关，向仪器的上方量筒中注入淡红色的水至满，然后打开开关，使量筒中的水下流排出渗水仪底部内的空气，当量筒中水面下降速度变慢使用双手轻压渗水仪使渗水仪底部的气泡全部排出。关闭开关，并再次向量筒中注满水。

（5）开关打开，水开始从细管下部流出，待水面下降至100mL刻度，立即开动秒表开始计时，每间隔60s，读记仪器管中的刻度一次，至水面下降500mL时为止。测试过程中，若水从底座与密封材料间渗出，说明底座与路面密封不好，应移至附近干燥路面处重新操作。当水面下降速度较慢，则测得3min的渗水量即可停止。如果水面下降速度较快，在不到3min的时间内到达了500mL刻度线，则记录到达了500mL刻度线时的时间；若水面下降至一定程度后基本保持不动，说明路面基本不透水或根本不透水，则在报告中注明。

（6）按以上步骤在同一个检测路段选择5个点测定渗水系数，取其平均值，作为检测结果（表3-37）。

表3-37 路面渗水系数试验记录

路段桩号：K2+1200~K3+120 路面结构：沥青混凝土路面 试验日期：_____
检测者：_____ 计算者：_____ 校核者：_____

测试地点		量筒读数/mL						渗水系数	备注
桩号	路况描述	0	30″	1′	1′30″	2′	2′30″	3′	/(mL/min)	
K2+120	干燥	0	77	102	149	215	325	500	199	
K2+320	干燥	0	65	121	178	227	331	487	183	
K2+520	干燥	0	55	109	167	216	319	406	149	
142+720	干燥	0	71	112	159	214	318	426	157	
K2+920	干燥	0	50	95	181	218	342	398	152	
测点数		5	平均渗水系数/(mL/min)			168	渗水系数规范要求		≤300	
频率/(点/km)		5	最大渗水系数/(mL/min)			199	合格率（%）		100%	

沥青路面的渗水系数按式（3-45）计算。计算时以水面从100mL下降至500mL所需要的时间为标准，若渗水时间过长，亦可采用3min通过的水量计算：

$$C_w = \frac{V_2 - V_1}{t_2 - t_1} \times 60 \tag{3-45}$$

式中 C_w——路面渗水系数（mL/min）；

V_1——第一次读数时的水量（mL），通常为100mL；

V_2——第二次读数时的水量（mL），通常为500mL；

t_1——第一次读数时的时间（s）；

t_2——第二次读数时的时间（s）。

思考题与习题

一、填空题

1. 沥青路面的破损类型有（　　）、（　　）、（　　）及其他。沥青路面破损严重程度可分为（　　）、（　　）、（　　）三种。
2. 沥青路面变形包括（　　）、（　　）、（　　）、（　　）。
3. 水泥混凝土路面的破损类型有（　　）、（　　）、（　　）及其他。水泥混凝土路面破损严重程度可分为（　　）、（　　）、（　　）三种。
4. 断板包括（　　）、（　　）、（　　）、（　　）、（　　）。

二、单项选择题

1. 路面龟裂也称网裂，裂缝与裂缝连接成龟甲纹状的不规则裂缝，且其短边长度不大于（　　）。
   A. 20cm　　　　B. 30cm　　　　C. 40cm　　　　D. 50cm
2. 对强度不足或疲劳引起的沥青路面荷载性裂缝（龟裂），宜在（　　）调查。
   A. 春季或雨季最不利季节之后　　B. 冬季以后
   C. 夏季　　　　　　　　　　　　D. 雨季
3. 沥青路面对由于温度收缩引起的非荷载性裂缝（块裂及横裂缝），宜在（　　）观测。
   A. 春季或雨季最不利季节之后　　B. 冬季以后
   C. 夏季　　　　　　　　　　　　D. 雨季
4. 沥青路面对车辙、拥包、波浪等热稳定性变形，宜在（　　）观测。
   A. 春季或雨季最不利季节之后　　B. 冬季以后
   C. 夏季　　　　　　　　　　　　D. 雨季
5. 对松散类破损宜在（　　）观测。
   A. 春季或雨季最不利季节之后　　B. 冬季以后
   C. 夏季　　　　　　　　　　　　D. 雨季
6. 新建水泥混凝土路面，混凝土板的断裂块数，高速公路和一级公路不得超过评定路段混凝土板总数的（　　）。
   A. 1‰　　　　B. 2‰　　　　C. 3‰　　　　D. 4‰

三、判断题

1. 为便于裂缝观测，宜选择在雨后（或预先洒水）路表已干燥但尚有水迹的时机观测。（　　）
2. 车辙深度以"mm"计，车辙面积以"m²"计。（　　）
3. 沥青路面的渗水系数越大，说明沥青路面的质量越差。（　　）

四、问答题

1. 进行车辙试验时应注意的主要问题是什么？
2. 水泥混凝土及沥青混凝土路面破损类型有哪些？在什么情况下进行破损检测？
3. 何谓路面错台？为什么要检测路面错台？其检测器具与材料主要有哪些？
4. 在什么情况下检测路面渗水系数？简述检测路面渗水系数检测步骤。
5. 沥青路面车辙检测通常采用哪些器具？如何用这些器具来检测沥青路面车辙深度？

项目4　桥涵工程检测

主要知识点	桥涵地基检测，钻（挖）孔灌注桩检测，桥涵混凝土构件强度试验检测，桥涵预应力混凝土结构试验检测，桥梁支座及伸缩装置检测，桥梁荷载试验
重点	常用桥涵结构性能试验检测方法、仪器设备、操作步骤及注意事项，检测数据的处理，桥涵工程质量的评定
难点	试验检测过程中的注意事项，检测数据的处理，桥涵工程质量的评定
学习指导	通过本项目的学习，掌握常用桥涵结构性能试验检测方法、仪器设备、操作步骤及注意事项，检测数据的处理及桥涵工程质量的评定

任务4.1　桥涵地基检测

4.1.1　桥涵地基检测认知

天然地基上的浅基础，由于埋入地层深度较浅，施工一般采用敞开挖基坑修筑基础的方法。基坑挖至基底设计高程，或已按设计要求加固、处理完毕后，须经过基底检验，才可以进行基础施工。

基底检验必须及时，以免使待检验基底暴露时间过久而改变原状土的结构或风化变质。

1. 检验内容

应检验基底平面位置、尺寸大小、基底高程是否符合设计要求，偏差值是否在现行有关规定允许范围以内；检查基底地质情况和承载力是否与设计资料相符；检查基底处理和排水情况是否符合《公路桥涵地基与基础设计规范》（JTG D63—2007）（以下简称《公桥基规》）要求；检查施工记录及有关试验资料；检验地基经加固、处理后的地基承载力是否达到设计要求。

2. 地基承载力检验方法

按桥涵大小、地基土质复杂情况（如溶洞、断层、软弱夹层、易熔岩等）及结构对地基有无特殊要求，可采用以下检查方法：

（1）桥涵地基检验：可采用直观或触探方法，必要时可进行土质试验。

（2）大、中桥和地基土质复杂、结构对地基有特殊要求的地基检验，一般采用触探和钻探（钻深至少4m）取样做土工试验，或按设计要求进行荷载试验。

（3）特大桥按设计要求处理。

3. 基底平面位置和高程允许偏差的规定

（1）平面周线位置不小于设计要求。

（2）基底高程允许偏差为：土质±50mm；石质+50mm，-200mm。

4. 地基检验注意事项

（1）如果地基经检验后，需要加固处理时，加固处理完毕，应再进行检验，合格后，才能进行基础施工。

（2）为了有较好的可比性，加固前后两次的测试项目应力求对应，最好由同一组试验人员，用同一组仪器进行。

（3）检验后应按规定格式填写相关记录表格，并由参加检验人员签名，作为竣工验收的原始资料。

4.1.2 地基承载力检测

1. 规范法确定地基的承载力

桥涵地基的容许承载力可根据地质勘测、原位测试、野外荷载试验以及邻近旧桥涵调查对比，由经验和理论公式计算综合分析确定。当缺乏上述资料时可按现行《公桥基规》推荐的方法确定地基容许承载力。

根据《公桥基规》，地基承载力的验算应以修正后的地基承载力容许值 $[f_a]$ 控制。该值系在地基原位测试或在规范给出的各类岩土承载力基本容许值 $[f_{a0}]$ 的基础上，经修正而得。地基承载力基本容许值 $[f_{a0}]$ 可根据岩土类别、状态及其物理力学特性指标参照《公桥基规》选用。

修正后的地基承载力容许值 $[f_a]$ 按式（4-1）确定。当基础位于水中不透水地层上时，$[f_a]$ 按平均常水位至一般冲刷线的水深每米再增大 10kPa。

$$[f_a] = [f_{a0}] + k_1\gamma_1(b-2) + k_2\gamma_2(h-2) \tag{4-1}$$

式中 $[f_a]$——修正后的地基承载力容许值（kPa）；

b——基础底面的最小边宽（m）；当 $b < 2$m 时，取 $b = 2$m；当 $b > 10$m 时，取 $b = 10$m；

h——基底埋置深度（m），自天然地面起算，有水流冲刷时自一般冲刷线起算；当 $h < 3$m 时，取 $h = 3$m；当 $h/b > 4$ 时，取 $h = 4b$；

k_1、k_2——基底宽度、深度修正系数，根据基底持力层土的类别按表 4-1 确定；

γ_1——基底持力层土的天然重度（kN/m³）；若持力层在水面以下且为透水者，应取浮重度；

γ_2——基底以上土层的加权平均重度（kN/m³）；换算时若持力层在水面以下，且不透水时，不论基底以上土的透水性质如何，一律取饱和重度；当透水时，水中部分土层则应取浮重度。

表 4-1 地基土承载力、深度修正系数 k_1、k_2

土类	黏性土				粉土	砂土								碎石土		
系数	老黏性土	一般黏性土		新近沉积黏性土		卵石		粉砂		细砂		中砂		砾砂、粗砂	碎石、圆砾、角砾	
		$I_L < 0.5$	$I_L > 0.5$			中密	密实	中密	密实	中密	密实	中密	密实	中密	密实	中密	密实
k_1	0	0	0	0	0	1.0	1.2	1.5	2.0	2.0	3.0	3.0	4.0	3.0	4.0	3.0	4.0
k_2	2.5	1.5	2.5	1.0	1.5	2.0	2.5	3.0	4.0	4.0	5.5	5.0	6.0	5.0	6.0	6.0	10.0

注：1. 对于稍密和松散状态的砂、碎石土，k 值可采用表列中密值的 50%。
2. 强风化和全风化的岩石，可参照所风化成的相应土类取值；其他状态下的岩石不修正。

软土地基承载力基本容许值 $[f_{a0}]$ 应由载荷试验或其他原位测试取得。载荷试验和原位测试确有困难时，对于中小桥、涵洞基底未经处理的软土地基，承载力容许值 $[f_a]$ 可采用以下两种方法确定：

(1) 根据原状土天然含水率 w，按表4-2确定软土地基基本承载力 $[f_{a0}]$，然后按式(4-2)计算修正后的地基承载力容许值 $[f_a]$：

$$[f_a] = [f_{a0}] + \gamma_2 h \tag{4-2}$$

式中 γ_2、h 的意义同式 (4-1)。

表4-2 软土地基承载力基本容许值 $[f_{a0}]$

天然含水率 w（%）	36	40	45	50	55	65	75
$[f_{a0}]$/kPa	100	90	80	70	60	50	40

(2) 根据原状土强度指标确定软土地基承载力容许值 $[f_a]$：

$$[f_a] = \frac{5.14}{m} k_p C_u + \gamma_2 h \tag{4-3}$$

式中 m——抗力修正系数，可视软土灵敏度及基础长宽比等因素选用 1.5~2.5；

C_u——地基土不排水抗剪强度标准值（kPa）；

k_p——系数；

γ_2、h——意义同式 (4-1)。

注意：经排水固结方法处理的软土地基，其承载力基本容许值 $[f_{a0}]$ 应通过荷载试验或其他原位测试方法确定；经复合地基方法处理的软土地基，其承载力基本容许值应通过荷载试验确定，然后按式 (4-2) 计算修正后的软土地基承载力容许值 $[f_a]$。

地基承载力容许值 $[f_a]$ 应根据地基受荷阶段及受荷情况，乘以下列规定的抗力系数 γ_R。

(1) 使用阶段

1) 当地基承受作用短期效应组合或作用效应偶然组合时，可取 $\gamma_R = 1.25$；但对承载力容许值 $[f_a]$ 小于150kPa的地基，应取 $\gamma_R = 1.0$。

2) 当地基承受的作用短期效应组合仅包括结构自重、预加力、土重、土侧压力、汽车和人群效应时，应取 $\gamma_R = 1.0$。

3) 当基础建于经多年压实未遭破坏的旧桥基（岩石旧桥基除外）上时，不论地基承受的作用情况如何，抗力系数均可取 $\gamma_R = 1.5$；对 $[f_a]$ 小于150kPa的地基，可取 $\gamma_R = 1.25$。

4) 基础建于岩石旧桥基上，应取 $\gamma_R = 1.0$。

(2) 施工阶段

1) 地基在施工荷载作用下，可取 $\gamma_R = 1.25$。

2) 当墩台施工期间承受单向推力时，可取 $\gamma_R = 1.5$。

2. 荷载板试验

(1) 试验原理。荷载板试验是确定天然地基承载能力的一种方法。它是通过向置于天然地基上的模型基础施加荷载，测量模型在不同荷载等级作用下的沉降量，根据荷载和沉降量的关系计算地基土的变形模量和评定地基承载能力。荷载板试验属于古老的原位试验方法，该方法能克服室内压缩试验土样处于无侧胀条件下单向受力状态的局限性，可以模拟桥梁基础与地基之间的实际受力状态。

（2）试验装置

1）承压板。应具有足够的刚度，尺寸以 0.25~0.50m² 为宜，对均质密实的土，可采用 0.10m² 的承压板；对软土和人工填土，承压板尺寸不应小于 0.50m²。实际工程中可根据地基土具体情况综合考虑决定。

2）加荷系统。常用的有重物加荷装置，油压千斤顶加荷装置，重物、机械、液压放大加荷装置和电控稳压式加荷装置，试验时根据检测要求选择加荷装置。荷载的测量精度应达到最大荷载的 1%。

3）反力系统。荷载试验常用的反力系统为地锚式。当载荷试验深度较大时，反力系统可采用撑壁式。

4）观测系统。测定地基土沉陷和承压板周围地面变形的观测系统由观测支架和测量仪表两部分组成。前者用来固定量测仪表，由小钢钎、角铁、联系支架等组成；后者用以量测沉降的百分表或其他仪表。沉降值的量测精度应达 0.01mm。

（3）试验步骤

1）在要建造墩台基础的土层挖试坑，坑底高程与基础底的设计高程相同。当在压缩层范围内有多层不同性质的土时，则应对每一土层各挖一试坑，其坑底要达到该土层的顶面（图 4-1）。坑的大小应使试验人员下坑工作不发生困难为原则，且其宽度必须为荷载板宽度的三倍以上。

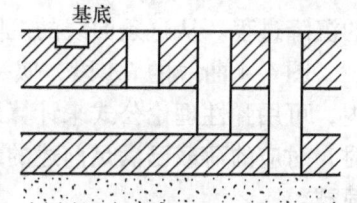

图 4-1 荷载板试验的试坑

2）试验的加载方法见图 4-2。加载方式分两大类：一类为平台加载装置，见图 4-2a，荷载（钢、铁等物）分级加在平台上；另一类是千斤顶加载装置，见图 4-2b，千斤顶直接压在荷载板上，而千斤顶的反力由上面的重物承受。

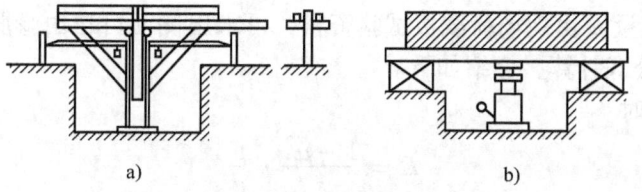

图 4-2 荷载板试验的加载方法
a）平台加载装置 b）千斤顶加载装置

3）加载是分级进行的，视土质的坚实程度，每级荷载相当于估计的地基破坏荷载的 1/15~1/10（或相应于基底压应力 25~100kPa 的荷载），松软的土采用较小值，坚硬的土采用较大值。刚开始加载时，荷载板沉降快，每 5~15min 观测沉降量一次。1h 后，沉降迅速减缓，对砂土可每 30min 观测沉降量一次；对黏性土则可每 60min 测一次沉降量。当每一次测出的沉降量不超过 0.1mm 时，即可认为该级荷载的沉降已经稳定，便可加下一级荷载。如此逐级加荷载，直至地基达到破坏为止。

4）逐级施加荷载到破坏荷载时，试验就可结束。破坏荷载有时较难确定，一般认为凡满足下列条件之一的荷载即可取为地基破坏荷载：

① 荷载板的沉降量超过 40mm，且最后一级荷载施加后的沉降量比前一级的大 5 倍

以上。

② 最后一级荷载施加后的沉降量虽比前一级的大两倍以上，但沉降在24h内仍不停止。

③ 荷载板的沉降量虽小于40mm，但荷载板周围的土层面上已有裂纹者。

（4）试验数据处理。根据试验数据绘制荷载板试验的 t—s 曲线（时间-沉降曲线，图4-3）和 p—s 曲线（荷载-沉降曲线，图4-4）。

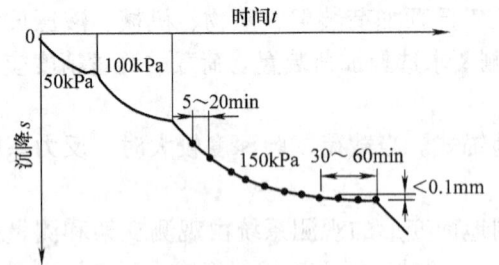

图4-3　荷载板试验的时间-沉降曲线图　　图4-4　荷载板试验的荷载-沉降曲线图

图4-3是压力 p =50kPa、100kPa、150kPa……的时间-沉降曲线，它反映了每级荷载时的沉降过程。从这条曲线的沉降休止点得出该压力下荷载板的沉降量 s。

图4-4曲线的 OA 段，似一直线段，说明地基的压力与变形成直线关系。在此压力范围内，可用弹性理论公式来计算地基的变形。超过了 A 点，地基进入塑性变形阶段。到终点 D 时，对应的荷载已满足前述的地基破坏标准，因而叫破坏荷载。前一级的荷载 p_k 称为极限荷载。

1）地基承载力容许值 $[f_a]$　若给出了基础的沉降容许值 $[s]$，则可从荷载-沉降曲线求出相应于该极限沉降量（极限沉降量=$k[S]$，k 为安全系数）的极限荷载来，将此极限荷载（单位压力）除以 k，即可求出地基承载力容许值 $[f_a]$，k 一般为2～3。也可直接从荷载-沉降曲线上确定极限荷载，再除以相应的安全系数，即可得到承载力容许值 $[f_a]$。

2）地基变形模量 E　由现场荷载板试验资料，可求出侧面可自由膨胀的地基土的变形模量 E。用弹性理论公式计算，介绍如下。

① 圆形荷载板时

$$E = \frac{1-\mu^2}{s} \cdot \frac{p}{d} \tag{4-4}$$

② 方形荷载板时

$$E = 0.95 \frac{1-\mu^2}{s} \cdot \frac{p}{a} \tag{4-5}$$

式中　p——作用在荷载板上的单位压力，其值应小于 p_k；
　　　s——在直线范围内对应于 p 的沉降；
　　　d——圆形荷载板的直径；
　　　a——方形荷载板的边长；
　　　μ——地基土的侧膨胀系数，即泊松比。

3）地基的沉降 s　由荷载板试验求得的各层土的 E 值，可直接用常用的分层总和法计算地基的沉降。这里必须注意，切不可忽略模型试验的本质，不要误认为实际基础的沉降量即是荷载板试验所得荷载-沉降曲线上相当于基底压力 p 时的沉降量。因为基底形状与荷载板的形状不同，基底面积也比荷载板大得多，所以实际基础的沉降量要比荷载板的沉降量大得多。

3. 标准贯入试验

（1）试验原理和适用范围。标准贯入试验（SPT）是一种重型动力触探法，采用质量为 63.5kg 的穿心锤，以 76cm 的落距，将一定规格的标准贯入器先打入土中 15cm，然后开始记录锤击数目，将标准贯入器再打入土中 30cm，用此 30cm 的锤击数作为标准贯入试验的指标 N_0。标准贯入试验是国内外广泛应用的一种现场原位测试手段，该试验方法方便经济，不仅可用于砂土，也可用于特性土的测试。标准贯入锤击数 N 可用于判定砂土的密实度、黏性土的稠度、地基土的容许承载力、砂土的振动液化、桩基承载力等，也是检验地基处理效果的重要手段。

（2）试验装置。标准贯入试验装置（图 4-5）的重要部件介绍如下。

1）贯入器。标准规格的贯入器是由两个半圆管组成的圆筒型探头。

2）穿心锤。质量为 63.5kg 的铸钢件，中间有一直径为 45mm 的穿心孔，此筒为放导向杆用。

3）探杆。国际上多用直径为 45～50mm 的无缝钢管，我国则常用直径为 42mm 的地质钻杆。

（3）试验步骤

1）钻探成孔，为了保证标准贯入试验的钻孔质量，要求采用回转钻进，当钻进至试验高程以上 15cm 处时，应停止钻进，仔细清除孔内残土到试验高程。为保持孔壁稳定，必要时可用泥浆或套管护壁。在地下水位以下钻进时或遇承压含水砂层时，孔内水位或泥浆面应始终高于地下水位足够高度，否则钻孔底涌上土则会降低标准贯入试验的 $N_{63.5}$ 值。当下套管时，要防止套管下过头。套管内的土未清除，会使 $N_{63.5}$ 值增大。

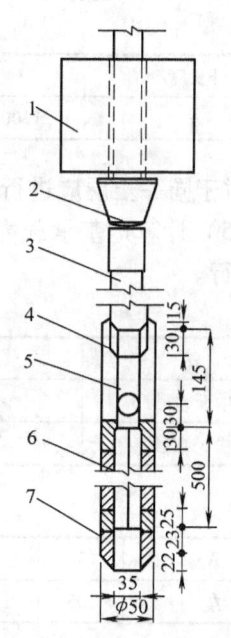

图 4-5　标准贯入试验设备
（尺寸单位：mm）
1—穿心锤　2—锤垫　3—探杆
4—贯入器头　5—出水孔
6—贯入器身　7—贯入器靴

2）贯入前，先要检查探杆与贯入器接头，以保证它们之间的连接不松脱，然后将标准贯入器放入钻孔内，保持导向杆、探杆和贯入器的垂直度，以保证穿心锤中心施力，贯入器垂直打入。

3）将贯入器打入土中 15cm，然后再将贯入器继续贯入，记录每打入 10cm 的锤击数，累计打入 30cm 的锤击数即为标准击数 $N_{63.5}$，在不致引起混淆的情况下，可简记为 N（本节以下均如此）。当土层较硬时，若累计击数已达 50 击，而贯入度未达 30cm 时应终止试验，记录实际贯入度以及累计锤击数 n。

4）拔出贯入器，取出贯入器中的土样，进行鉴别描述或进行土工试验。重复上述步骤，进行下一深度试验。标准贯入试验可在钻孔全深度范围内等间距进行，间距为 10m 或 20m，也可根据需要仅在砂土、粉土等欲试验的土层范围内等间距进行。

（4）试验资料整理。如锤击数超过 50，则按下式换算锤击数

$$N = \frac{30n}{\Delta S} \tag{4-6}$$

式中 n——所选取的锤击数;

ΔS——相应于 n 的锤击量(cm)。

由于钻杆的弹性压缩会引起功能损耗,钻杆过长时传入贯入器的功能降低,因而减少每击的贯入深度,即提高了锤击数,所以需要根据杆长对锤击数进行修正:

$$N = \alpha N_0 \tag{4-7}$$

式中 N_0——实际记录的锤击数;

α——钻杆长度修正系数,按钻杆长度由表 4-3 选用;

N——修正后的锤击数。

表 4-3 标准贯入试验钻杆长度修正系数值

钻杆长度/m	3	6	9	12	15	18	21
α	1.00	0.92	0.86	0.81	0.77	0.73	0.70

对于同一土层应进行多次试验,然后取锤击数的平均值。

(5) 计算地基承载力。用 N 值确定砂土与黏性土承载力标准值时,可按照表 4-4、表 4-5 进行。

表 4-4 砂土承载力标准值 f_k 与 N 值的关系 (单位:kPa)

N	10	15	30	50
中、粗砂	180	250	340	500
粉、细砂	140	180	250	340

表 4-5 黏性土承载力标准值 f_k 与 N 值的关系 (单位:kPa)

N	3	5	7	9	11	13	15	17	19	21	23
f_k	105	145	190	235	180	325	370	430	515	600	680

思考题与习题

一、单项选择题

1. 桥涵地基承载力检测用于( )基础。
   A. 扩大　　　　　　B. 桩　　　　　　C. 沉井　　　　　　D. 沉管
2. 按规范法确定地基容许承载力值,一般将地基土分为( )类。
   A. 三　　　　　　　B. 四　　　　　　C. 五　　　　　　　D. 六
3. 地基在荷载作用下达到破坏状态的过程分为( )阶段。
   A. 一　　　　　　　B. 二　　　　　　C. 三　　　　　　　D. 四
4. 地基荷载板试验,每级荷载增量一般取土层预估极限承载力的( )。
   A. 1/10 ~ 1/15　　　B. 1/8 ~ 1/6　　　C. 1/12 ~ 1/10　　　D. 1/20 ~ 1/10
5. 地基承载板试验,荷载的量测精度应达到最大荷载的( )。
   A. 0.5%　　　　　　B. 1%　　　　　　C. 2%　　　　　　　D. 4%
6. 地基承载板试验,沉降值的量测精度应达( )mm。

A. 1　　　　　　B. 0.1　　　　　　C. 0.01　　　　　　D. 0.001

7. 标准贯入试验，将贯入器打入土中（　　）cm作为贯入试验的指标。

A. 15　　　　　　B. 30　　　　　　C. 45　　　　　　D. 15~45

8. 标准贯入试验，当钻杆长度超过（　　）m时，应进行锤击数修正。

A. 2　　　　　　B. 3　　　　　　C. 6　　　　　　D. 9

9. 标准贯入试验，当土层较密实，贯入不足30cm的锤击数已超过（　　）击时，应换算成贯入30cm的锤击数。

A. 20　　　　　　B. 30　　　　　　C. 40　　　　　　D. 50

二、多项选择题

1. 确定地基承载力容许值的方法有（　　）。

A. 触探法　　　　　B. 理论计算法　　　　　C. 现场荷载试验法
D. 经验公式法　　　E. 假设法

2. 地基承载力荷载板试验终止加载的情况包括（　　）。

A. 承载板周围土体明显挤出　　B. 24小时内沉降等速增加　　C. p—s 曲线出现陡降段
D. 加载至设计荷载　　　　　　E. 试验时间超过5天

3. 标准贯入试验可以用来判定砂土的（　　）。

A. 密实度　　　　　B. 承载力容许值　　　　C. 稠度
D. 砂土振动液化　　E. 砂桩承载力

三、判断题

1. 当基础最小边长超过2m或埋深超过3m时，应对地基容许承载力修正。（　　）

2. 修正地基容许承载力容许值，基底埋置深度对于受水流冲刷时，自一般冲刷线起算。（　　）

3. 地基承载力原位测试要求在土体原有位置上，在保持土的天然结构、天然含水率及天然应力状态下的测定。（　　）

4. 地基荷载板试验过程中，压密阶段土体处于弹性平衡状态，该阶段对应拐点称为极限荷载。（　　）

5. 地基荷载板试验荷载板一般用刚性的方形板或圆形板，承压面积为2500cm^2或5000cm^2。（　　）

6. 地基荷载板试验，一般用p—s曲线第一个拐点作为地基土的承载力。（　　）

7. 如果地基压缩层范围内土层是成层变化的，应进行不同尺寸承压板或不同深度的荷载板试验。（　　）

8. 标准贯入试验用贯入器打入土中30cm的锤击数作为标准贯入试验的锤击数。（　　）

四、问答题

1. 简述标准贯入试验确定地基承载力的试验步骤。
2. 典型荷载板试验p—s曲线有何特点及确定地基承载力的方法有哪几种？

任务4.2　钻（挖）孔灌注桩检测

钻（挖）孔灌注桩的检测，主要包括三个方面：一是施工前的检测（原材料检测、配合比检测、施工机具检测）；二是施工过程检测；三是基桩完整性检测。本项目重点介绍施工过程的一些检测项目与方法及基桩完整性检测。

4.2.1 钻（挖）孔灌注桩施工过程检测

钻（挖）孔灌注桩是采用不同的钻孔（或挖孔）方法，在土中形成一定直径的井孔，达到设计高程后，将钢筋骨架吊入井孔中，灌注混凝土（或水下混凝土）成为桩基础的一种施工工艺。目前虽然有比较成熟的施工方法，但是，由于地质复杂或其他原因，容易出现质量事故。因此，《公路工程质量检验评定标准》（JTG F80/1—2004）对钻（挖）孔灌注桩施工要求如下：

1. 钻（挖）孔灌注桩施工要求

（1）基本要求。桩身混凝土所用的水泥、砂、石、水、外加剂及混合料的质量和规格必须符合有关规范的要求，按规定的配合比施工。

成孔后必须清孔，测量孔径、孔深、孔位和沉淀层厚度，确认满足设计和施工技术规范要求后，方可灌注水下混凝土。挖孔达到设计深度后，应及时进行孔底处理，必须做到无松渣、淤泥等扰动软土层，使孔底情况满足设计要求。

水下混凝土应连续灌注，严禁有夹层和断桩。

嵌入承台的锚固钢筋长度不得低于设计规范规定的最小锚固长度要求。

应选择有代表性的桩用无破损法进行检验，重要工程或重要部位的桩宜逐根进行检测。设计有规定或对桩的质量有怀疑时，应采取钻取芯样法对桩进行检测。

凿除桩头预留混凝土后，桩顶应无残余的松散混凝土。

（2）实测项目。钻孔桩实测项目有混凝土强度、桩位、孔深、孔径、钻孔倾斜度、沉淀厚度。挖孔桩实测项目有混凝土强度、桩位、孔深、孔径、孔的倾斜度、钢筋骨架底面高程。

此外，《公路桥涵施工技术规范》（JTG TF50—2011）还要求施工过程检验筑岛、护筒、泥浆性能、灌注混凝土质量、钢筋笼与导管等项目。

（3）外观鉴定。桩的外观不符合要求应按规定扣分。扣分方法见《公路工程质量检验评定标准》（JTG F80/1—2004）。本项目重点讲成孔质量检验与质量标准、清孔质量要求和检查方法、泥浆性能指标检测以及钻、挖孔灌注桩质量评定。

2. 成孔质量检验及质量标准

钻、挖孔在终孔和清孔后，应进行孔位、孔深、孔径、孔形和倾斜度等检查。混凝土灌注桩的成孔施工分为干作业（如人工挖孔）和湿作业（钻孔、冲孔等）。由于干作业施工的成孔桩成孔后，人可以接近孔壁、孔底，桩孔的孔深、孔径、垂直度、沉渣厚度等可通过钢尺等简单方法测量。因此，本项目主要介绍的是湿作业施工的灌注桩的成孔质量检测。

（1）桩位偏差。检查桩位偏差，即实际成桩位置偏离设计位置的差值。桩偏位后造成的后果导致桩的可靠性降低、工程造价增加与工期延长等。

施工中，由于各种因素的影响（如测量放线误差、护筒埋设时的偏差、钻机对位不正、钢筋笼下设时的偏差等），都会造成桩位偏离设计位置。因此，要保证桩位的正确性，首先在施工中就应将每一个环节的偏差控制在最小范围内。

在桩基施工前按设计桩位平面图放出桩的中心位置，施工后对全部桩位进行复测，检查桩中心位置并在复测平面图上标明实际桩位坐标。复测桩位时，桩位测点选在新鲜桩头面的中心点（基坑开挖前测量护筒中心），然后测量该点偏移设计桩位的距离，并按坐标位置，分别标明在桩位复测平面图上。测量仪器主要有：精密经纬仪、红外测距仪和全站仪等。

桩位中心位置的偏差要求，应满足桩的设计规定或相关的规范标准。

（2）桩孔径、垂直度检测。桩孔径、垂直度检测是成孔质量检测中的两项重要内容。目前，用于孔径检测的仪器大多可同时测量桩的垂直度。桩孔径、垂直度检测的方法大致分为：简易法检测、伞形孔径仪检测和声波法检测。

1）简易法检测。简易法检测适合于在没有专用孔径、垂直度仪条件下的成孔质量检测。检测设备为制作简单的器具，如钢筋笼式、圆球式、六边木条铰链式、卡尺式等类型的检孔器。其中钢筋笼式是简易法检测中使用较广泛的一种检孔器具。

① 检孔器。钢筋笼孔径器形似小形钢筋笼（图4-6），其尺寸根据检测桩的设计桩径大小设计，外径 D 可参照表4-6设计（外径不大于钻头直径），长度 L 为 3.0~5.0m（桩径较大时 L 取大值，还可适当加长）。孔径器采用钢筋制作，有一定的刚度，防止在使用过程中发生变形；同时，孔径器必须规则，减少周壁突出，防止在检孔过程中对孔壁造成破坏。

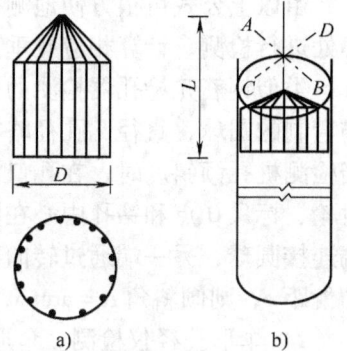

图 4-6 钢筋笼检孔器测量孔径
a）检孔器　b）孔径测量

表 4-6　检孔器外径尺寸表

设计桩径/cm	100	120	150	200	250	280	300
检孔器外径 D/cm	98	118	148	197	246	276	296

② 孔径、垂直度检测。孔径检测：在钻孔成孔后，当孔深、清孔泥浆指标合格后，钻机移位，利用钻孔三脚架或吊车、龙门架等设备将孔径器放入孔内，孔径器进入孔内后，利用在护筒顶放样十字线，通过吊绳进行孔径器对中，如图4-6所示。孔径器对中后，上吊点（吊车、三脚架、龙门架下落钢丝绳点）必须位置固定且在整个检孔过程中不能变位，否则重新对中。孔径器在孔内下落时，靠自重下沉，不得借助其他外力。如果孔径器能在自重作用下顺利下至孔底（孔径器系有测绳），则表明孔径能满足设计桩径要求。如果在自重作用下不能下至孔底，则表明孔径小于设计桩径，应重新扫孔或重钻至设计孔径。

垂直度检测：当孔径器在孔顶对中下落后，通过在护筒顶观测吊绳相对于放样中心点偏移情况，可计算成孔后孔的倾斜度，如图4-7所示。

桩孔垂直度：

$$K = E/H \times 100 \quad (4-8)$$

式中　K——桩孔垂直度（%）；
　　　E——桩孔偏心距（m）；

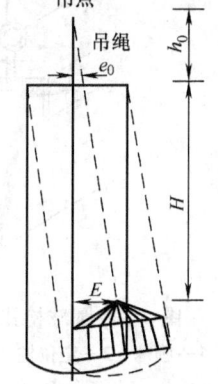

图 4-7　钢筋笼检孔器测量

H——孔径器下落深度（m）。

由图 4-7 及几何关系式得到

$$K = \frac{e_0(h_0 + H)}{h_0 H} \tag{4-9}$$

式中　e_0——护筒放样中心点与吊绳偏差值（m）；

h_0——吊点到护筒顶高度（m）。

其余符号意义同前。

由以上公式可很方便地测得桩孔垂直度。为保证检测的精确性，可视情况对 $H/2$、$H/4$ 等处进行检测，计算相应孔垂直深度。

类似钢筋笼检孔器检测的另一种方法是圆球检孔器检测，如图 4-8 所示。孔径器为一钢筋弯制的圆球，直径比孔径略小。检测孔径时，若圆球可以顺利放入孔底，表明孔径正常。当检测桩孔倾斜度时，在孔口沿钻孔直径方向设一标尺，标尺上 0 点与钻孔中心重合，并使滑轮、标尺 0 点和钻孔中心在同一铅垂线上，滑轮到标尺中点距离为 H。穿过滑轮的测绳一端连接圆球，另一端通过转向滑轮用手拉住。将圆球慢慢放入钻孔中，并测读测绳在标尺上的偏距 e，则倾斜角 $\alpha = \arctan(e/H)$。该方法工具简单，操作方便。

2）伞形孔径仪检测。伞形孔径仪是由孔径仪、孔斜仪、沉渣厚度测定仪三部分组成的一个测试系统。由于系统中孔径仪的孔中探测头部分形似伞形，是系统中的主要部分，因此称为伞形孔径仪。伞形孔径仪中测量孔径、孔斜、沉渣的孔中仪器部分是独立的，地面仪器为共用。

① 孔径测量。伞形孔径仪也称井径仪，如图 4-9 所示是国内目前采用较多的一种孔径测量仪器。仪器由孔径测头、自动记录仪、电缆绞车等组成。仪器通过放入到桩孔中的一专用测头测得孔径的大小，通过在测头上安装的电路将孔径值转化为电信号，由电缆将电信号送到地面被仪器接收、记录，根据接收、记录的电信号值可计算或直接绘出孔径。

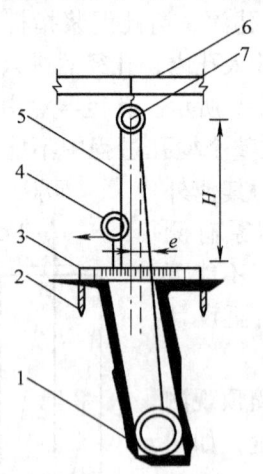

图 4-8　圆球检孔器测量孔径、孔斜
1—圆球　2—定位桩　3—标尺　4—转向滑轮
5—钢丝绳　6—横梁　7—滑轮

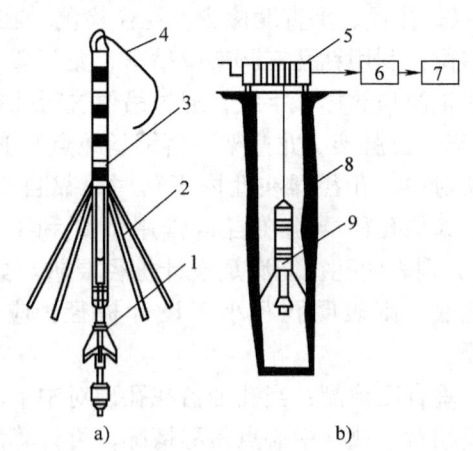

图 4-9　伞形孔径仪
a）测头　b）测量原理
1—锁腿架　2—测腿　3—密封筒　4—电缆　5—电缆绞车
6—放大器　7—记录仪　8—桩孔　9—测头

伞形孔径仪的工作原理如下：

孔径丈量：图4-9所示，孔径仪测头前端有四条测腿，测腿可在弹簧和外力的作用下自动张开、合拢，如同一把自动伞。测头放入孔中后，弹簧力使测腿自然张开并以一定的压力与孔壁接触，孔径变大则测腿张开角也变大，孔径缩小则孔壁压迫测腿收拢，测腿的张开角变小，四条测腿成两组正交分别测量两个方向的孔径值，取平均值作为某测点的孔径。当将测腿从孔底提升至孔口，随着孔径的变化，测腿犹如一把尺子可量出孔中各高程的孔径。

电信号转换：在孔径仪测头密封筒内安装有串联滑动电阻（测量电位器），测腿随孔径的变化张开、合拢，电位器上的触点位置也发生相应滑动导致电阻值的改变，当供给滑动电阻以恒定的电流时，孔径的改变则转化为电压值的变化。用数字电压表读出测量系统的电压，就可求出供电电流。测量孔径时，只要测得电压，利用式（4-10）就可计算出实际的孔径值。

$$\phi = \phi_0 + k\frac{\Delta V}{I} \tag{4-10}$$

式中　ϕ——被测孔径（m）；

　　　ϕ_0——起始孔径（m）；

　　　ΔV——电压变化（V）；

　　　I——电流（A）；

　　　k——率定系数（m/Ω）。

采用自动记录仪记录孔径信号。记录仪在绘出孔径大小的同时，通过控制记录仪的走纸系统来实现深度的同步测量。

② 检测仪器。常用的伞形孔径仪的主要型号有JJC-1A型灌注桩孔径检测系统和JJY-5型大口径孔径仪。仪器的主要技术指标见表4-7。

表4-7　伞形孔径仪型号、技术指标

项目	仪器型号	
	JJC-1A	JJY-5
孔径测量范围/mm	φ800~φ1200	φ800~φ1500 φ1300~φ2200
孔径测量误差/mm	±15	小于或等于±20
电缆长度/m	100	100
仪器耐压/MPa	20	300
最大工作电流/mA	5	10
工作电源/V	220	220
总质量（孔径仪、记录仪、绞车、电缆、孔口滑轮）/kg	77	80

上述两种仪器的工作原理基本相同。为了适应测量的要求，JJY-5型大口径孔径仪在测头、测腿构造上进行了特殊处理。测头仪器内注满变压器油，其下端装有压力平衡装置且与密封筒贯通，从而使仪器在深桩孔中不致因外压力不平衡而损坏。为了测量1500mm以上桩孔，四条测腿的前端装有扩展腿，扩展腿还可以延长。仪器的电缆长度也可根据测量桩孔深度要求由厂家进行特殊定制。JJC-1A、JJY-5型孔径仪的一个共同特点是在检测的同

时，可打印绘出检测的结果图。

③ 测量及操作方法。测量之前，需对仪器进行全面的刻度校正。校正方法可采用与仪器配套的校正架。因校正架携带不方便，在工地现场一般使用仪器所附的"现场刻度器"进行校正。将"现场刻度器"套在孔径仪张开的四条测腿上，用尺量出刻度值，调整记录仪的记录笔到相应的刻度位置。如记录仪"测程"为10mV/cm，测腿量出的刻度值为φ800mm，则可把记录幅度调节为80mm，此时记录的横向比例为1∶10。由于桩的孔口尺寸是可以丈量的，有时检测人员也将孔口作为校正刻度值。

仪器校正后将测头四条测腿合拢套上开腿盒锁定，开动绞车将测头放入孔内，当电缆上特殊标志下到钻进深度的起算面时停住，将深度显示值预置为5.00m，并在对应电缆上的某一深度记号处，在地面上钉下标志杆作为标准点，此后深度显示将直接指示仪器在孔中的测点位置。

测头到达孔底后电缆就会松弛，在孔口快速上提电缆，泥浆的反力将使开腿盒与测腿脱开，测腿随即自动弹开并贴住孔壁，记录笔也随之右移。开动绞车，上提电缆开始孔径测量。测量过程中，记录纸随电缆走动，记录笔随孔径大小变化左右移动。当电缆上的每一个深度记号经过标准点时，都要按动仪器的深度记号器，直到测头被提到孔口为止，这样带有深度标志的孔径曲线就会被自动描绘下来。

如果做孔径的点测，可将测头提到每一预定的测点深度，在仪器上读出对应的孔径电压值，按照仪器厂家提供的电流设值 I 和仪器常数 k，根据式（4-10）计算出实际的孔径值。测量时如孔底泥浆密度过大，阻碍测腿顺利弹到位，孔底测量值会偏小；如孔底冲刷时间过长，孔径将偏大。测量时要结合桩孔施工情况对测量结果加以判断。

④ 垂直度测量。测量原理与方法：采用伞形孔径仪测试系统中配套的专用测斜仪，如图4-10a所示，在孔内不同深度连续多点测量其顶角和方位角，根据所测得的顶角、方位角可计算孔的倾斜度。

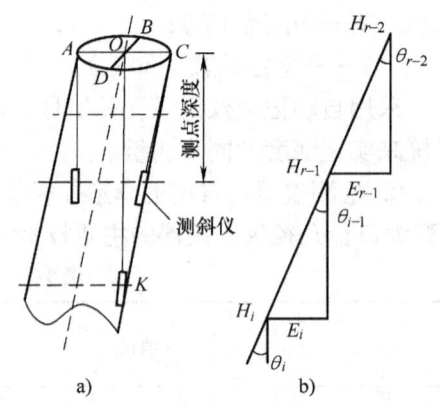

图4-10　测斜仪测量垂直度
a）测斜方法　b）测斜计算

测斜仪的顶角测量利用铅垂原理，测量系统由顶角电阻（电阻值已知）、顶角测量杆组成。顶角测量杆上装有一重块可自由摆动，并使重块始终垂直于水平面。当钻孔倾斜时，顶角电阻和测量杆间就有一角度，仪器内部机构使得测量杆和顶角电阻接触，短路了一部分电阻，剩下的电阻值就是被测点的顶角。方位角测量依靠磁定向机构系统完成，系统中有定位电阻、接触片等，接触片始终保持指北状态，方位角变化时，接触片短路了一部分电阻，剩下的电阻值就是被测点的方位角。桩孔垂直度主要取决于桩孔在垂直方向上的偏移量。在实际工程检测中，一般以测量桩孔的顶角参数值为主，通过顶角值计算得到桩孔的垂直度。桩孔的垂直度计算方法如图4-10b所示，其计算公式如下：

$$E = \sum_{i=1}^{n} E_i = \sum_{i=1}^{n} (H_i - H_{i-1}) \sin\left(\frac{\theta_i - \theta_{i-1}}{2}\right) \tag{4-11}$$

$$K = E/H \times 100 \tag{4-12}$$

式中　K——桩孔垂直度（%）；

E——桩孔总偏移量（m）；

H——桩孔深度（m）；

下标 i——第 i 个测点；

n——测点总数；

H_i——测头在第 i 点的读尺深度；

E_i——桩孔在读尺深度 H_{i-1} 至 H_i 的偏移量（m）；

θ_i——第 i 测点的顶角值（°）。

工程中桩孔的倾斜并非图 4-10b 所示的一条平直的倾斜线，而常常是弯曲线，要求出 H_i 的真实值较为复杂，因此式（4-11）采用以相邻测点 i 和 $i-1$ 的顶角值 θ 和 θ_{i-1} 的平均值推算偏移量 E_i，这是一种较为简便、实用的方法。当然，假如将测点间距缩小，则两测点之间可近似为一条直线，计算的偏移量也会越准确，但测量的工作量增大。

测量中，如图 4-10a 所示，测斜仪测头可沿孔壁或孔的中心向下逐点测量，测点深度可等间距也可任意间距。假设测头是沿孔壁（或孔中心）向下测量，若测量至孔底顶角值均为 0°，则表示桩孔的偏移量小于孔的直径（或半径）。反之，则桩孔的偏移量大于桩孔的直径（或半径）。

若测头沿孔壁向下测量，测斜仪一开始就发生非零的顶角读数，则表示孔已经偏移了某个距离。测斜仪一般外加扶正器放入孔中测量，如果要求更准确的测量，可在成孔刚结束而钻杆尚未提起时，将专用高精度测斜仪放入钻杆内分点测斜，并将各点数值在坐标纸上描点作图，得到桩孔偏斜情况。

检测仪器：根据用途、测量精度要求的不同，测斜仪有多种型号。如 JJM-1 型高精度测斜仪采用高分辨率传感器，并配以计算机进行数据处理的精密测斜系统。使用时将仪器放入钻杆中逐点测量，并要求钻杆与孔壁的斜度保持一致。该仪器顶角测量精度优于一般测斜仪，但不做方位测量。

（3）桩位检测。复测桩位时，桩位测点选在新鲜桩头面的中心点，然后测量该点偏移设计桩位的距离，并按坐标位置，分别标明在桩位复测平面图上。测量仪器选用精密经纬仪、红外测距仪或全站仪等。

钻、挖孔成孔的质量标准见表 4-8。

表 4-8　钻、挖孔成孔质量标准

项目	允许偏差
孔的中心位置/mm	群桩：不大于 100；单排桩：不大于 50
孔径/mm	不小于设计桩径
倾斜度	钻孔：小于 1%；挖孔：小于 0.5%
孔深	摩擦桩：不小于设计规定 支承桩：比设计深度超深不小于 50mm
沉淀厚度/mm	摩擦桩：符合设计要求；当设计无要求时，对于直径≤1.5m 的桩，≤300mm；对于桩径>1.5m 或桩长>40m 或土质较差的桩，≤500mm 支承桩：不大于设计要求
清孔后泥浆指标	相对密度：1.03~1.10；黏度：17~20Pa·s；含砂率：<2%；胶体率：>98%

注：清孔后的泥浆指标，是从桩孔的顶、中、底部分分别取样检验的平均值。本项指标的测定，限指大直径桩或有特定要求的钻孔桩。

3. 清孔质量要求和检查方法

(1) 清孔的质量要求。摩擦桩：孔底沉淀土的厚度不大于设计规定；清孔后的泥浆性能指标满足表 4-9 的规定。

支承桩：灌注混凝土前，孔底沉淀土的厚度不大于设计规定。

(2) 孔底沉渣厚度检测原理与方法。在钻孔灌注桩成孔过程中，采用循环泥浆液清洗孔底、护壁，将钻渣携带回到地面。泥浆液携带钻渣的能力与其黏度、胶体率、含砂量等指标有关。桩成孔后总有一部分钻渣未带上地面而沉淀于孔底，成孔后至灌注混凝土的间隙过长以及可能产生的孔壁坍塌等也会造成孔底沉淀。孔底沉渣的厚薄直接影响桩端承载能力，沉渣太厚将使桩的承载能力大大降低。因此，在灌注桩孔混凝土之前必须对沉渣厚度进行检测，必要时须进行再次清孔，直到沉渣厚度满足要求。目前，测量沉渣厚度的方法大致有测锤法、电阻率法、电容法、声波法等。

1) 测锤法

① 测量方法。测锤法原理如图 4-11 所示，测量工具为一锥形锤，锤底直径约 15cm，高度约 22cm，质量约 5kg。测锤顶端系上测绳，把测锤慢慢沉入孔内，凭人的手感判断沉渣的顶面位置，此时，读出测绳上的深度值 h，则桩孔的深度 H 与测锤测量深度之差即为沉渣厚度值。

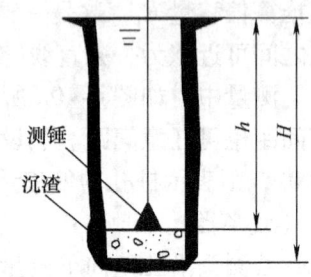

图 4-11 测锤法测量沉渣厚度

测锤法因其设备简单、操作容易、成本低，在沉渣厚度检测中一直被广泛采用。

由于测锤法测量需要靠人的手感来判断沉渣的顶面位置，易产生人为误差。另一方面沉渣位置深度值是通过测绳量取，而测绳的长短、松紧以及读数等也都会产生误差。总之，使用测锤法检测的精确度较低、误差较大。

② 检测仪器。有一种通过报警装置来判断沉渣顶面的仪器，这种仪器的名称为 X-1 型孔底沉渣厚度测定仪。该测定仪通过测定沉渣表面位置和孔底深度，测得孔底沉渣厚度。探头接触沉渣时具有报警功能，可以消除人为误差。探头内装有振动装置，可穿透 1m 厚较坚硬的沉渣层到达孔底。仪器操作简便，测试误差小于 1cm，能在施工现场恶劣环境下作业。

使用时，将探头沉入孔中，接近孔底缓缓下落。当探头接触到沉渣时，蜂鸣器响起、红灯发亮以确定沉渣表面位置，再启动振动装置，使探头边振动边沉入沉渣底部，从而测出沉渣厚度。

2) 电阻率法。电阻率法测量沉渣厚度的原理是根据不同介质（如水、泥浆和沉渣颗粒）的导电性差异，通过测量介质的电阻值变化判断沉渣厚度。电阻率法测量沉渣厚度有两种方式：第一种方式是利用介质电阻率不同所产生的电压值的改变，通过测量电压值的变化来判断沉渣厚度（图 4-12）。由欧姆定律：

$$V_2 = V_1 R/(R_x + R) \tag{4-13}$$

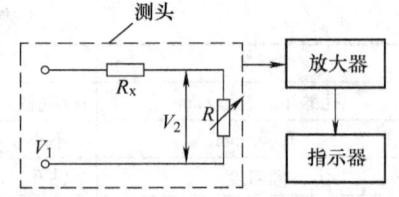

图 4-12 电阻率法测量沉渣厚度

式中　V_1——恒定交流电压（V）；

V_2——量测电压（V）；

R——可调电阻（Ω）；

R_x——反映延性电阻值（Ω）。

电阻 R_x 随不同介质而变化，不同 R_x 相应不同电压值 V_2，V_2 经放大后由记录仪或表头显示。测量时将测头放入孔中，在接近孔底位置处将测头慢慢下沉，观察记录仪（或表头）读数的变化。当出现突变时记录深度 h_1，继续下沉测头；当再次突变时记录深度 h_2；直到测头不能下沉为止记录深度 h_3。设施工深度为 H，则各沉淀层厚度为 (h_2-h_1)、(h_3-h_2) 和 $(H-h_3)$，沉渣厚度的确定需根据测量结果、钻孔地质及施工等情况分析后判断。

另一种是直接测量介质的电阻率，根据所测介质的电阻率变化曲线确定沉渣厚度。

由介质电阻：
$$R = \rho l / S \tag{4-14}$$

得到介质电阻率：
$$\rho = RS / l \tag{4-15}$$

式中 ρ——介质电阻率（Ω·m）；

R——介质电阻值（Ω）；

S——介质横截面（m^2）；

l——介质长度（m）。

测量时将测头放至孔底，通过绞盘将测头匀速慢慢地往上提，记录仪记录下孔底不同深度的介质电阻率值，并在记录纸上绘出电阻率变化曲线。图 4-13 为沉渣厚度测量的电阻率变化曲线，图中 P 点为曲线的拐点，它为两种介质的分界点，拐点以下部分为沉渣，其厚度可由记录纸上的深度坐标量得。

3）电容法。电容法测定沉渣厚度是利用水、泥浆和沉渣等介质介电常数的差异，导致测头电容的改变，根据测头电容值的变化量测定沉渣厚度。电容法测定如图 4-14 所示，由测头、放大器、蜂鸣器和电动机驱动源等组成。测头装有电容极板和小型电动机，电动机带动偏心轮可产生水平振动。一旦测头极板接触到沉渣表面，蜂鸣器发出声响，同时面板上的红灯亮；当依靠测头重力不能继续沉入沉渣深部时，可开启电动机使水平激振器产生振动，把测头沉入更深部位。

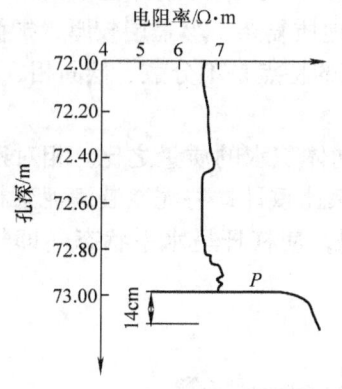

图 4-13 介质电阻率曲线

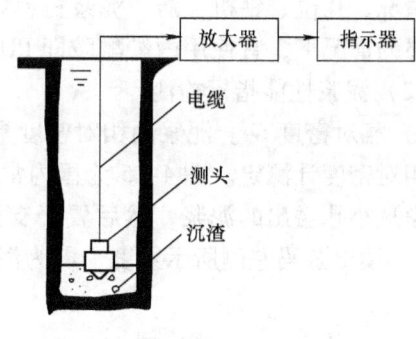

图 4-14 电容法测量沉渣厚度

例如，一泥浆护壁钻孔，孔深 13m，测头在泥浆中其电容值为 19μF，测头进入沉渣时，电容降为 5μF，开启电动机使测头继续下沉，电容显示为 4~6μF 变化，则沉渣厚度为施工孔深和电容突然减小时的孔深之差。

4）声波法。声波法测定沉渣厚度的原理是利用声波在传播中遇到不同界面产生反射而制成的测定仪。测头向桩底发射声波，当声波遇到沉渣表面时，一部分声波反射回来被测头接收,另一部分声波穿过沉渣继续向孔底传播,当遇到孔底持力层原状土后,声波再次被反射回来。测头从发射至接收到第一次反射波的相隔时间为 t_1,测头从发射至接收到第二次反射波的相隔时间为 t_2,那么沉渣厚度为:

$$H = (t_1 - t_2) \cdot c/2 \tag{4-16}$$

式中 H——沉渣厚度(m);
c——沉渣声波波速(m/s)。

4. 泥浆性能指标检测

(1) 灌注桩泥浆性能指标。钻孔灌注桩调制的护壁与浮渣泥浆及经过循环净化的泥浆,应根据钻孔方法和地层情况采用不同性能的指标。泥浆性能指标要求见表4-9。

表4-9 灌注桩泥浆性能指标

钻孔方法	地层情况	泥浆性能指标							
		相对密度	黏度/(Pa·s)	含砂率/(%)	胶体率/(%)	失水率/(mL/30min)	泥皮厚/(mm/30min)	静切力/Pa	酸碱度/pH
正循环	一般地层	1.05~1.20	16~12	8~4	≥96	≤25	≤2	1.0~2.5	8~10
	易坍地层	1.20~1.45	19~28	8~4	≥96	≤15	≤2	3~5	8~10
反循环	一般地层	1.02~1.06	16~20	≤4	≥95	≤20	≤3	1.0~2.5	8~10
	易坍地层	1.06~1.10	18~28	≤4	≥95	≤20	≤3	1.0~2.5	8~10
	卵石土	1.10~1.15	20~35	≤4	≥95	≤20	≤3	1.0~2.5	8~10
推钻冲抓	一般地层	1.10~1.20	18~24	≤4	≥95	≤20	≤3	1.0~2.5	8~11
冲击	易坍地层	1.20~1.40	22~30	≤4	≥95	≤20	≤3	3~5	8~11

注:1. 地下水位高或其流速大时,指标取高限,反之取低限。
  2. 地质状态较好,孔径或孔深较大的取低限,反之取高限。

直径大于2.5m的大直径钻孔灌注桩对泥浆的要求较高,泥浆的选择应根据钻孔的工程地质情况、孔位、钻机性能、泥浆材料条件等确定。在地质复杂,覆盖层较厚,护筒下沉不到岩层的情况下,宜使用丙烯酰胺即PHP泥浆。此泥浆的特点是不分散、低固相、高黏度。

(2) 泥浆性能指标检测

1) 相对密度 G_s。泥浆的相对密度是泥浆与4℃时同体积水的质量之比。相对密度可用泥浆相对密度计测定。图4-15为国内常用NB-1型泥浆比重计,将泥浆装满泥浆杯,加盖并洗净从小孔溢出的泥浆,然后置于支架上,移动游码,使杠杆呈水平状态(即气泡处于中央),读出游码左侧所示刻度,即为泥浆的相对密度。

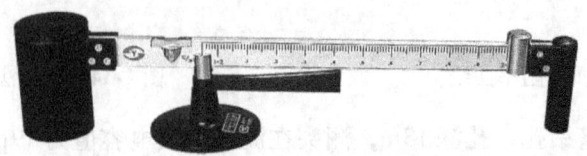

图4-15 NB-1型泥浆比重计

如工地无以上仪器,可用一个口杯先称其质量,设为 m_1,再装满清水称其质量为 m_2,再倒去清水,装满泥浆并擦去杯周溢出的泥浆,称其质量为 m_3,则 $G_s = (m_3 - m_1)/(m_2 - $

m_1)。

2）黏度 η。黏度是液体或混合液体运动时各分子或颗粒之间产生的内摩阻力。工地用标准漏斗黏度计测定，黏度计如图 4-16 所示。用两端开口量杯分别量取 200mL 和 500mL 泥浆，通过滤网滤去大砂砾后，将泥浆 700mL 均注入漏斗，然后使泥浆从漏斗流出，流满 500mL 量杯所需时间 s，即为所测泥浆的黏度。

校正方法：漏斗中注入 700mL 清水，流出 500mL，所需时间应是 15s，其偏差如超过 ±1s，测量泥浆时应校正。

3）含砂率（%）。含砂率是泥浆内所含的砂和黏土颗粒的体积百分比。工地用含砂率计（图 4-17）测定。量测时，把调制好的泥浆 50mL 倒进含砂率计，然后再倒 450mL 清水，使总体积为 500mL，将仪器口塞紧，摇动 1min，使泥浆与水混合均匀，再将仪器竖直静放 3min，仪器下端沉淀物的体积（由仪器上刻度读出）乘 2 即为含砂率（%）（有一种大型的含砂率计，容积 1000mL，从刻度读出的数不乘 2 即为含砂率）。

图 4-16　1006 型泥浆黏度计

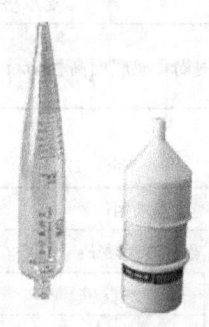

图 4-17　NA-1 型泥浆含砂率计

4）胶体率（%）。胶体率是泥浆静止后，其中呈悬浮状态的黏土颗粒与水分离的程度，以百分比表示，反映泥浆中土粒保持悬浮状态的性能。测定方法为将 100mL 的泥浆放入干净的量杯中，用玻璃板盖上，静置 24h 后，量杯上部的泥浆可能澄清为透明的水，量杯底部可能有沉淀物。假如测量出透明水的体积为 5mL，则胶体率为 100 - 5 = 95，即 95%。

5）失水量（mL/30min）和泥皮厚（mm）。失水量是泥浆在钻孔内受内外水压力差的作用在一定时间内渗入地层的水量，以 mL/30min 为单位。工地可用滤纸法测定，用一张 120mm×120mm 的滤纸，置于水平玻璃板上，中央画一个直径 30mm 的圆圈，将 2mL 的泥浆滴于圆圈中心，30min 后，量算湿润圆圈的平均半径，减去泥浆坍平成为泥饼的平均半径（mm）即失水量。在滤纸上量出泥饼厚度（mm）即为泥皮厚。泥皮越平坦、越薄，则泥浆质量越高，一般不宜厚于 2~3mm。

5. 钻、挖孔灌注桩的混凝土质量检测

（1）桩身混凝土抗压强度应符合设计规定；每根桩取混凝土抗压强度试件组数为 2~4 组，检验结果应满足混凝土质量检验要求。

（2）检验方法和数量应符合设计要求。

6. 钻、挖孔灌注桩质量评定实测项目

钻、挖孔灌注桩质量评定实测项目与评分见表 4-10 与表 4-11。

表4-10 钻孔灌注桩实测项目

项次	检查项目			规定值或允许偏差	检查方法和频率	权值
1△	混凝土强度/MPa			在合格标准内	按《评定标准》附录D检查	3
2△	桩位/mm	群桩		100	全站仪或经纬仪：每桩检查	2
		排架桩	允许	50		
			极值	100		
3△	孔深/m			不小于设计	测绳量：每桩测量	3
4△	孔径/mm			不小于设计	探孔器：每桩测量	3
5	钻孔倾斜度/mm			1%桩长，且不大于500	用测壁（斜）仪或钻杆垂线法：每桩检查	1
6△	沉淀厚度/mm	摩擦桩		设计规定，设计未规定时按施工规范要求	沉淀盒或标准测锤：每桩检查	2
		支承桩		不大于设计规定		
7	钢筋骨架底面高程/mm			±50	水准仪测每桩骨架顶面高程后反算：每桩检查	1

表4-11 挖孔灌注桩实测项目

项次	检查项目			规定值或允许偏差	检查方法和频率	权值
1△	混凝土强度/MPa			在合格标准内	按《评定标准》附录D检查	3
2△	桩位/mm	群桩		100	全站仪或经纬仪：每桩检查	2
		排架桩	允许	50		
			极值	100		
3△	孔深/m			不小于设计	测绳量：每桩测量	3
4△	孔径/mm			不小于设计	探孔器：每桩测量	3
5	钻孔倾斜度/mm			0.5%桩长，且不大于200	用测壁（斜）仪或钻杆垂线法：每桩检查	1
6	钢筋骨架底面高程/mm			±50	水准仪测每桩骨架顶面高程后反算：每桩检查	1

注：△表示关键项目。

4.2.2 钻（挖）孔灌注桩完整性检测

随着钻孔灌注桩设计和施工技术的发展，它的使用也越来越广泛，但由于灌注桩的成桩过程是在桩位处的地面下或水下完成，施工工序多，质量控制难度大，极易出现施工质量问题。因此，我国《公路桥涵施工技术规范》（JTJ 041—2000）中规定：钻孔灌注桩一般选有代表性的桩用无破损法进行检测，重要工程或重要部位的桩宜逐根进行检测。

《公路工程基桩动测技术规程》（JTG/T F81-01—2004）中所涉及的检测方法包括低应变反射波法、高应变动测法、超声波法（包括透射法和折射法）。检测方法应根据工程的需要和检测目的按表4-12规定的检测内容确定。

表 4-12 基桩完整性检测方法及内容

检测方法		检测内容
低应变反射波法		检测桩身缺陷位置及影响程度，判定桩身完整性类别
高应变动测法		分析桩侧和桩端土阻力，推算单桩轴向抗压极限承载力；检测桩身缺陷位置、类型及影响程度，判定桩身完整性类别；试打桩及打桩应力监测
超声波法	透射法	检测灌注桩中声测管之间混凝土缺陷位置及影响程度，判定桩身完整性类别
	折射法	检测灌注桩钻芯孔周围混凝土缺陷位置及影响程度

为保证检测结论的可靠性，可根据不同被检测对象和检测要求，选用多种测试方法进行综合分析判断。结合桩身完整性检测方法在工程中的应用情况，只介绍低应变反射波法和超声波法。

1. 完整性检测基本要求

（1）桩的检测数量应符合的规定。公路工程基桩应进行100%的完整性检测，各种方法的选定应具有代表性和满足工程检测的特定要求；重要工程的钻孔灌注应埋设声测管，检测的桩数不少于50%。高应变动测法的抽检率应由工程设计或监理单位酌情决定，但不宜少于相近条件下总桩数的5%且不少于5根。

（2）检测仪器与设备。基桩检测所用仪器设备的主要技术性能和工作环境条件，应符合《基桩动测仪》（JG/T 3055—1999）中的规定，并具有良好的波形现场显示、记录和储存功能。检测仪器设备必须有法定计量单位定期进行标定和年检，合格后方能使用。所有仪器设备在检测前后必须进行自检，确认仪器正常工作。

（3）检测前的准备。被检工程应进行现场调查，检索其工程地质资料、基桩设计图样和施工记录、监理日志等，了解施工工艺及施工过程中出现的异常情况。检测方法和制定的检测方案应根据调查结果和检测目的合理选用。检测时间应满足拟用检测方法对混凝土强度（或龄期）和地基土休止期的规定。

（4）检测报告及桩身完整性类别评定。检测报告应用词规范，结论明确。其内容应包括工程概况、岩土工程勘察、检测技术及方法、桩位平面布置图、测试曲线、检测结果汇总表、结论及评价等。

检测报告格式应符合《公路工程基桩动测技术规程》（JTG/T F81-01—2004）附录A的规定。

桩身完整性类别应按表4-13划分。

表 4-13 桩身完整性类别划分

桩身完整性类别	特 征
Ⅰ类桩	桩身完整，可正常使用
Ⅱ类桩	桩身基本完整，有轻度缺陷，不影响正常使用
Ⅲ类桩	桩身有明显缺陷，对桩身结构承载力有影响
Ⅳ类桩	桩身有严重缺陷，对桩身结构承载力有严重影响

2. 动力检测法测量系统简介

测量系统往往由许多功能不同的器件组成，典型的系统可用图4-18所示的三框图来表示。三个方框代表如下三个功能器件。

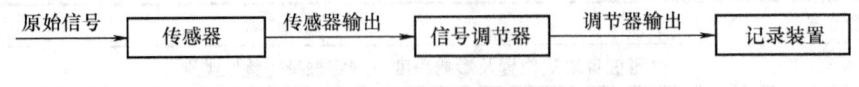

图 4-18 基本测量系统方框图

传感器是一个能量变换器，它接收被测量（常称其为被测物理量），并将其变换成便于测量的其他量。例如，将速度变成电压，将应变变换成了电阻等。

信号调节器又称中间转换器，它将传感器输出信号进行再转换、放大（或衰减）、阻抗匹配等处理，使其转换成合乎需要、容易记录和显示的信号。

有些记录器或显示装置本身附有一些信号变换器件，对其输入量有变换作用。例如，电磁或电压表把输入电压变换成指针相对刻度表盘的位移。如果用方框图来分析体温表可叙述为：温度"变换"成水银球的体膨胀，毛细管"调节"膨胀的水银，刻度使温度测量能折合为长度的测量。

（1）传感器。传感器的组成环节为敏感元件和变换器或控制元件。

敏感元件的作用是将被测非电量预先变换为另一种易于被变换器感受并转换成电量的非电量。由于敏感元件直接感受到被测量并加以变换，所以也常称为传感器。有些敏感元件（如应变片、热电偶）输出的是电量，即兼有变换元件的作用，这样的敏感元件本质上同传感器就毫无差别。

变换器是将感受到的非电量直接变换成电量的器件。有些变换器可直接感受被测的量，所以变换器有时也称为传感器。传感器的灵敏度是选择传感器的主要指标，传感器灵敏度是指在稳态情况下，传感器输出量的变化对于相应的输入量的变化的比值，用 k_t 表示。

$$k_t = 输出量的变化量/输入量的变化量$$

通常传感器灵敏度由制造单位供给，是已知的，在实际测量中就可用测量输出量的办法来获得被测的输入量。对于输出与输入之间具有线性关系的线性传感器，输入量 = 输出量$/k_t$。

传感器有许多种类，常见的分类方法是按传感原理和被测量形式进行分类。以传感原理分类时，对传感器的工作原理比较清楚，按被测量形式分类，对被测对象较为明确，习惯上将两者结合起来称呼，动力检测常用的传感器有电容式传感器、电感式传感器、电磁感应式传应器、电压式传感器等。

（2）信号调节器。传感器输出的信号，往往难以直接用来显示或记录，需要进行再转换、放大（或衰减）、阻抗匹配等处理，才能输入记录与显示装置。信号在显示或记录前所进行的这种预处理称为信号调节，也称为中间转换，所用的器件则称为信号调节器（中间转换器）。信号调节器的功能主要有放大、信号转换及阻抗匹配（可能具备一种或几种）。

放大器是一种对输入信号值进行放大的装置。有机械式放大机构（如杠杆机构）与电子放大器等。

许多电传感器输出的电信号太小，不能直接输入显示记录装置，因此常利用电子放大器来增大传感器输出信号的幅值。测试用的电子放大器可分为交流放大器与直流放大器。交流放大器不能放大稳态（频率为零）信号或频率很低的信号，而直流放大器既能放大较高频率的信号，还能放大稳态信号或频率很低的信号。

信号转换器用于对传感器输出的信号或已经过放大的信号在输入到记录与显示装置前在形式上再作转换。常见的信号转换器有齿轮齿条、传动装置、电荷放大器、调制系统与桥接电路等。

（3）记录与显示装置。记录与显示装置是测量系统中的最后一个环节。记录装置与显示装置的差别在于前者的输出信号可永久记录下来，而后者却不能。

目前最常用的是光线示波器和模拟磁带记录器，及打印机。各种记录器的工作原理，请参阅有关书籍。

3. 桩基检测方法——低应变反射波法

本方法适用于检测混凝土桩的桩身完整性，判定桩身缺陷的程度及位置。

（1）基本原理。低应变法源于应力波理论，基本原理是在桩顶进行竖向激振，弹性波沿着桩身向下传播，在桩身存在明显波阻抗界面（如桩底、断桩或严重离析等部位）或桩身截面积变化（如缩径或扩径）部位，将产生反射波。经接收、放大滤波和数据处理，可识别来自桩身不同部位的反射信号，据此计算桩身波速、判断桩身完整性（图 4-19）。

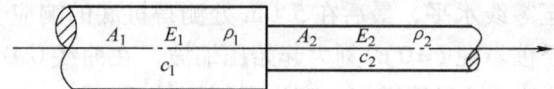

图 4-19　弹性波在两个共轴半无限长直杆中传播的交界

（图中 A、E、ρ、c 分别为构件截面积、回弹模量、密度和应力波传播速度）

当纵波在无限长直杆内传播时，它将沿某一方向前进，把能量输送到无限远处；若杆长有限，当波和杆端面相遇时，根据边界条件，能量将在端部边界产生反射或透射。

单桩动测的应力波法中典型的端面边界是固定端边界和自由端边界。在固定端边界，入射波和反射波的位移大小相等、方向相反、叠加的结果互相抵消，总波场在固定端处的位移恒为零。由此可知，固定端使入射波的正向位移改转为负向位移。而对于应力波，情况恰恰相反，入射应力波和反射应力波传播方向相反，在固定端处反射应力与入射应力的大小和方向均相同，总应力为入射应力的 2 倍。

自由端边界和固定端边界相反。位移波在边界处大小和方向相同，总位移为入射位移的 2 倍；应力波在边界处大小和方向相反，即在自由端的反射形成拉压互变。

基桩检测中常会遇到桩几何尺寸的扩径或缩径现象。我们可以假设为两个物理性质不同的半无限直杆在交界处共轴密接。

桩身各种性状以及桩底不同的支承条件均可归纳成以下三种波阻抗变化类型：

1）波阻抗近似不变。桩底支承介质与桩身阻抗近似，桩身完整、均匀、无缺陷都属于这种类型。应力波为全透射，有反射信号产生。因此，若桩底岩石与桩身混凝土阻抗接近时，将无法得到桩底反射信号。

2）波阻抗减小。桩底支承介质较桩身材料软以及桩身断裂、缩径、离析、疏松、裂缝、裂纹等缺陷都属于这种类型。

用传感器在桩顶检测出的反射波速度和初始入射波速度符号相同，即反射波速度、应力均与入射波信号极性一致。

当桩底支承介质的阻抗远小于桩身阻抗或桩身完全断裂时，由于透射波为 0，桩身完全断裂处发生全反射，应力波仅在断裂位置以上多次反射，无法检测断裂部位以下的桩身质量。

3）波阻抗增大。桩底支承介质较桩身材料硬，桩身扩径、鼓肚都属于这种类型。在桩顶检测出的反射波速度、应力均与入射波信号极性相反。当桩底支承介质的阻抗远大于桩阻抗，桩底近似为固定时，桩底处的速度为零，而应力加倍。

图4-20给出了三组塑料模型桩的速度波形曲线，分别代表完整桩、局部缩颈桩和局部扩颈桩，与上述三种波阻抗变化类型相对应。由于材料特性均匀，且无土阻抗，因此，这些曲线非常容易从理论上加以解释。

图4-20a为完整桩。在$t=0$时刻，锤击桩头产生压缩波，在曲线0.0m处出现下凹。该波不间断地沿桩长向下传播直到桩底，桩底反射一个上行拉力波，与入射波同相，在5.0m处出现下凹。

图4-20b为局部缩径桩。在$t=0$时刻为起始压缩波，在曲线0.0m处出现下凹。应力波通过3.0m处的缩径位置时，桩阻抗减小，产生上行拉力反射波，与入射波极性一致，曲线出现下凹，下凹程度取决于阻抗下降幅度。接着由于应力波通过缩径后回到原截面，阻抗又相对增加，曲线又上凸至零线水平，最后在5.0m处测得桩底的响应。

图4-20c为局部扩径桩。在$t=0$时刻为起始压缩波，在曲线0.0m处出现下凹。应力波通过3.0m处的扩径位置时，桩阻抗增加，产生上行压缩反射波，与入射波极性相反，曲线出现上凸，上凸程度取决于阻抗增加的幅度。接着由于应力波通过扩径后回到原截面，阻抗又相对减小，曲线下凹至零线水平，最后在5.0m处测得桩底的响应。

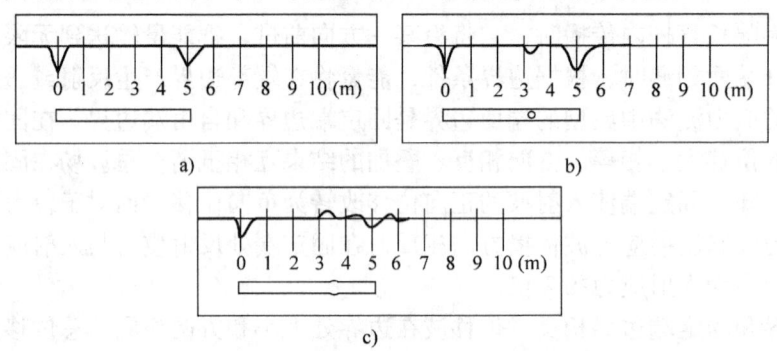

图4-20 塑料模型桩的速度波形曲线
a) 完整桩 b) 局部缩径桩 c) 局部扩径桩

（2）适用范围。本方法是通过分析实测桩顶速度响应信号的特征来检测桩身的完整性，判定桩身缺陷位置及影响程度，判断桩端嵌固情况。本方法适用于混凝土灌注桩和预制桩等刚性材料桩的桩身完整性检测。

使用本方法时，被检桩的桩端反射信号应能有效识别。

（3）检测仪器与设备。检测系统包括信号采集及处理仪、传感器、激振设备和专用附件。反射波法检测系统基本组成见图4-21。

1）信号采集及处理仪信号采集及处理仪应符合下列规定：

① 数据采集装置的模数转换器不得低于12bit。

② 采样间隔宜为10~500μs，可调。

③ 单通道采样点不少于1024点。

④ 放大器增益宜大于60dB，可调，线性度良好，其频响范围应满足5Hz~5kHz。

2）传感器的性能传感器的性能应符合下列规定：

① 传感器宜选用压电式加速度传感器或磁电式速度传感器，频响曲线的有效范围应覆盖整个测试信号的频带范围。

② 加速度传感器的电压灵敏度应大于100mV/g，电荷灵敏度应大于20PC/g，上限频率不应小于5kHz，安装谐振频率不应小于6kHz，量程应大于100g。

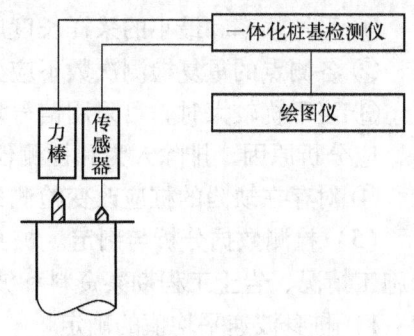

图4-21 反射波法检测系统

③ 速度传感器的固有谐振频率不应大于30Hz，灵敏度应大于200mV/（cm·s^{-1}），上限频率不应小于1.5kHz，安装谐振频率不应小于1.5kHz。

3）力锤或力棒。根据桩型和检测目的，宜选择不同材料和质量的力锤或力棒，以获得所需的激振频率和能量。

(4) 现场检测技术

1）检测前准备工作的有关规定

① 检测前应按规定搜集有关技术资料。

② 根据现场实际情况选择合适的激振设备、传感器及检测仪，检查测试系统各部分之间是否连接良好，确认整个测试系统处于正常工作状态。

③ 桩顶应凿至新鲜混凝土面，并用打磨机将测点和激振点磨平。

④ 应测量并记录桩顶截面尺寸。

⑤ 混凝土灌注桩的检测宜在成桩14d以后进行。

⑥ 打入或静压式预制桩的检测应在相邻桩打完后进行。

2）传感器安装要求

① 传感器的安装可采用石膏、黄油、橡皮泥等来粘连，粘结应牢固，并与桩顶面垂直。

② 对混凝土灌注桩，传感器宜安装在距桩中心1/2~2/3半径处，且距离桩的主筋不宜小于50mm。当桩径不大于1000mm时不宜小于2个测点；当桩径大于1000mm时不宜少于4个测点。

③ 对混凝土预制桩，当边长不大于600mm时不宜少于2个测点；当边长大于600mm时不宜少于3个测点。

④ 对预应力混凝土管桩不应少于2个测点。

3）激振规定。激振时应符合下列规定：

① 混凝土灌注桩、混凝土预制桩的激振点宜在桩顶中心部位；预应力混凝土管桩的激振点和传感器安装点与桩中心连线的夹角不应小于45°。

② 激振锤和激振参数宜通过现场对比试验选定。短桩或浅部缺陷桩的检测宜采用轻锤短脉冲激振；长桩、大直径桩或深部缺陷桩的检测宜采用重锤宽脉冲激振，也可采用不同的锤垫来调整激振脉冲宽度。

③ 采用力棒激振时，应自由下落；采用力锤敲击时，应使其作用力方向与桩顶面垂直。

4）检测工作应遵守下列规定：

① 采样频率和最小的采样长度应根据桩长和波形分析确定。

② 各测点的重复检测次数不应少于3次,且检测波形具有良好的一致性。

③ 当干扰较大时,可采用信号增大技术进行重复激振,提高信噪比;当信号一致性差时,应分析原因,排除人为和检测仪器等干扰因素,重新检测。

④ 对存在缺陷的桩应改变检测条件重复检测,相互验证。

(5) 检测数据分析与判定。桩身完整性分析宜以时域曲线为主,辅以频域分析,并结合施工情况、岩土工程勘察资料和波形特征等因素进行综合分析判定。

1) 桩身波速平均值的确定

① 当桩长已知、桩端反射信号明显时,选取相同条件下不少于5根Ⅰ类桩的桩身波速按下式计算其平均值:

$$c_m = \frac{1}{n}\sum_{i=1}^{n} c_i \tag{4-17}$$

$$c_i = \frac{2L \times 1000}{\Delta t} = 2L\Delta f \tag{4-18}$$

式中 c_m——桩身波速平均值(m/s);

c_i——第 i 根桩的桩身波速计算值(m/s);

L——完整桩桩长(m);

Δt——时域信号第一峰与桩端反射波峰间的时间差(ms);

Δf——幅频曲线桩端相邻谐振峰间的频差(Hz),计算时不宜取第一与第二峰;

n——基桩数量($n \geq 5$)。

② 当桩身波速平均值无法按上述要求确定时,可根据本地区相同桩型及施工工艺的其他桩基工程的测试结果,并结合桩身混凝土强度等级与实践经验综合确定。

2) 桩身缺陷位置应按下列公式计算:

$$x = \frac{1}{2000}\Delta t c = \frac{1}{2}\frac{c}{\Delta f_x} \tag{4-19}$$

式中 x——测点至桩身缺陷之间的距离(m);

Δt——时域信号第一峰与缺陷反射波峰间的时间差(ms);

Δf_x——幅频曲线所对应缺陷的相邻谐振峰间的频差(Hz);

c——桩身波速(m/s),无法确定时用 c_m 值替代。

3) 混凝土灌注桩采用时域信号分析时,应结合有关施工和岩土工程勘察资料,正确区分由扩径处产生的二次同相反射与因桩身截面渐扩后急速恢复至原桩径处的一次同相反射,以避免对桩身完整性的误判。

4) 对于嵌岩桩,当桩端反射信号为单一反射且与锤击脉冲信号同相时,应结合岩土工程勘察和设计等有关资料以及桩端同相反射波幅的相对高低来推断嵌岩质量,必要时采取其他合适方法进行核验。

5) 桩身完整性的分析当出现下列情况之一时,宜结合其他检测方法:

超过有效检测长度范围的超长桩,其测试信号不能明确反映桩身下部和桩身端部情况。

桩身截面渐变或多变,且变化幅度较大的混凝土灌注桩。

当桩长的推算值与实际桩长明显不符,且又缺乏相关资料加以解释或验证。

实测信号复杂、无规律，无法对其进行准确的桩身完整性分析和评价。

对于预制桩，时域曲线在接头处有明显反射，但又难以判定是断裂错位还是接桩不良。

6）桩身完整性类别应按下列原则判定：

Ⅰ类桩：桩端反射较明显，无缺陷反射波，振幅谱线分布正常，混凝土波速处于正常范围。

Ⅱ类桩：桩端反射较明显，但有局部缺陷所产生的反射信号，混凝土波速处于正常范围。

Ⅲ类桩：桩端反射不明显，可见缺陷二次反射波信号，或有桩端反射但波速明显偏低。

Ⅳ类桩：无桩端反射信号，可见因缺陷引起的多次强反射信号，或按平均波速计算的桩长明显短于设计桩长。

7）检测报告格式应符合《公路工程基桩动测技术规程》（JTG/T F81-01—2004）附录A的规定，并应包括下列内容：

桩身混凝土波速值。

桩身完整性描述，包括缺陷位置、性质及类别。

时域曲线图，并注明桩底反射位置。

桩位编号及平面布置示意图，地质柱状图。

4. 桩基检测方法——超声波法

钻孔灌注桩超声波检测法要在桩内预埋几根声测管作为检测通道，将超声脉冲发射换能器（又称发射探头）和超声脉冲接收换能器（又称接收探头）置于声测管中，管中需充满清水，作为耦合剂。由仪器中的脉冲信号发生器发生一系列周期性电脉冲，加在发射换能器的压电体上，转换成超声脉冲。该脉冲穿过待测的桩体混凝土，被接收换能器所接收，再转换成电信号。由仪器中的测量系统测出超声脉冲穿过混凝土所需的时间、接收波幅值（或衰减值）、接收脉冲主频率、接收波波形和频谱等参数。然后由数据处理系统，按判断软件对接收信号的各种参数进行综合判断和分析，即可对混凝土各种内部缺陷的性质、大小、位置作出判断，并给出混凝土总体均匀性和强度等级的评价指标。

（1）适用范围。本方法适用于直径不小于800mm的混凝土灌注桩的完整性检测，它包括跨孔透射法和单孔折射法。

（2）检测仪器和设备

1）检测仪系统包括信号放大器、数据采集及处理存储器、径向振动换能器等。

2）检测仪应具有一发双收功能。

3）声波发射应采用高压阶跃脉冲或矩形脉冲，其电压最大值不应小于1000V，且分挡可调。

4）接收放大和数据采集器应符合下列规定：接收放大器的频带宽度为5~200kHz，增益不应小于100dB，放大器的噪声有效值不大于2μV，波幅测量范围不小于80dB，测量误差小于1dB。

计时显示范围应大于2 000μs，精度优于0.5μs，计时误差不应大于2%。

采集器模数据转换精度不应低于8bit，采样频率不应小于10MHz，最大采样长度不应小于32kB。

5）径向振动换能器。径向振动换能器应符合下列规定：

径向水平面无指向性；谐振频率宜大于25kHz；在1MPa水压下能正常工作；收、发换能器的导线均应有长度标注，其标注允许偏差不应小于10mm；接收换能器宜带有前置放大器，频带宽度宜为5~60kHz；单孔检测采用一发双收一体型换能器，其发射换能器至接收换能器的最近距离不应小于30cm，两接收换能器的间距宜为20cm。

(3) 现场检测技术

1) 声测管的埋设应符合下列规定：

① 当桩径小于或等于1500mm时，应埋设三根管；当桩径大于1500mm时，应埋设四根管。桩内声测管的预埋见图4-22。

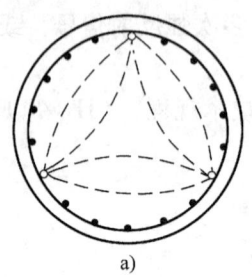 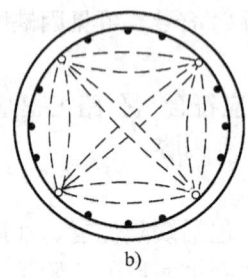

图4-22 声波透射管的埋置
a) 三管 b) 四管

② 声测管宜采用金属管，其内径应比换能器外径大15mm，管的连接宜采用螺纹连接，且不漏水。

③ 声测管应牢固焊接或绑扎在钢筋笼的内侧，且互相平行、定位准确，并埋设至桩底；管口宜高出桩顶面300mm以上。

④ 声测管管底应封闭，管口应加盖。

⑤ 声测管的布置以路线前进方向的顶点为起始点，按顺时针旋转方向进行编号和分组，每两根编为一组。

2) 检测前的准备

① 被检桩的混凝土龄期应大于14d。

② 声测管内应灌满清水，且保证畅通。

③ 标定超声检测仪发射至接收的系统延迟时间t。

④ 准确量测声测管的内、外径和两相邻声测管外壁间的距离，量测精度为±1mm。

⑤ 取芯孔的垂直度误差不应大于0.5%，检测前应进行孔内清洗。

3) 检测方法根据声测管埋置的不同情况，可以有如下三种检测方法：

① 双孔检测。在桩内预埋两根以上的管道，把发射探头和接收探头分别置于两根管道中（图4-23），检测时超声脉冲穿过两管道之间的混凝土。这种检测方法的实际有效范围为超声脉冲从发射换能器到接收换能器所穿过的范围。

随着两换能器沿桩的纵轴方向同步升降，使超声脉冲扫过桩的整个纵剖面，从而得到各项声参数沿桩的纵剖面的变化数据。为了扩大在桩横截面上的有效检测控制面积，必须使声测管的布置合理。双孔测量时，根据两探头相对高程的变化，可分为平测、斜测、扇形扫测等方式，如图4-23所示，在检测时视实际需要灵活掌握。

② 单孔检测。在某种特殊情况下，只有一个孔道可供检测使用，这时可利用单孔检测

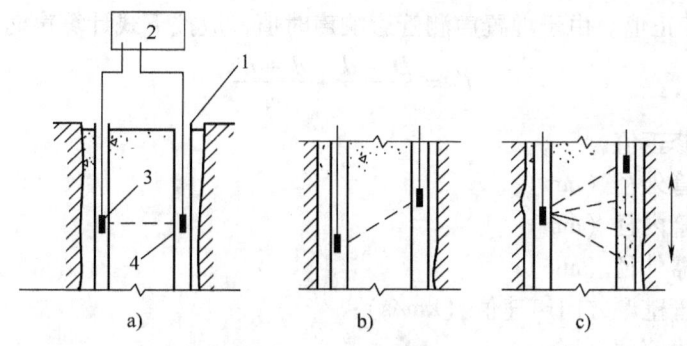

图 4-23 双孔检测方法
a) 双孔平测 b) 双孔斜测 c) 扇形扫测
1—声测管 2—超声仪 3、4—发射和接收换能器

法（图 4-24）。换能器放置在一个孔中，中间以隔声材料隔离。这时声波从水中及混凝土等不同声通路传播而来的信号的叠加，分析这一叠加信号，测出不同声通路的声参数，即可分析孔道周围混凝土的质量。

运用这一检测方法时，必须运用信号分析技术，排除管中的混响干扰。孔道中有钢质套管时，不能用此法检测。

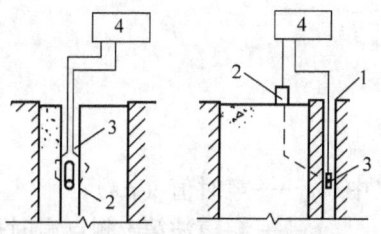

图 4-24 单孔检测和桩外孔检测
1—声测管 2—发射探头
3—接收探头 4—超声仪

③ 桩外孔检。当桩的上部结构已施工，或桩内未预埋管道时，可在桩外的土基中钻孔作为检测通道。检测时在桩顶上放置一较强功率的低频平探头，向下沿桩身发射超声脉冲，接收探头从桩外孔中慢慢放下，超声脉冲沿桩身混凝土向下传播，并穿过桩与测孔之间的土层，进入接收探头，逐点测出声时、波高等系数作为判断依据（图 4-24）。这种方式的可测深度受仪器发射功率的限制，一般只能测到 10m 左右。

以上三种方式中，双孔检测是桩基超声脉冲检测的基本形式，其他两种方法在检测和结果分析上都比较困难，只能作为特殊情况下的补救措施。

4）检测要求。检测方法应符合下列要求：

① 测点间距不宜大于 250mm。发射与接收换能器应以相同高程同步升降，其累计相对高差不应大于 20mm，并随时校正。

② 在对同一根桩的检测过程中，声波发射电压应保持不变。

③ 对于声时值和波幅值出现异常的部位，应采用水平加密、等差同步或扇形扫测等方法进行细测，结合波形分析确定桩身混凝土缺陷的位置及其严重程度。

5）检测参数计算。声时即为超声脉冲穿过混凝土所需的时间。如果两声测管基本平行，则当混凝土质量均匀，没有内部缺陷时，各横截面所测得的声时值基本相同。当存在缺陷时，由于缺陷区的泥、水、空气等内含物的声速远小于完好混凝土的声速，所以使穿越时间明显增大，而且当缺陷中的物质与混凝土的声阻抗不同时，界面透过率很小，声波将绕过缺陷继续传播，波线呈折线状。由于绕行声程比直达声程长，因此，声时值也相应增大，所以声时值是缺陷的重要判断参数。

① 计算声时修正值。由于埋置声测管影响声时值，应按下式计算声时修正：

$$t' = \frac{D-d}{v_t} + \frac{d-d'}{v_w} \tag{4-20}$$

式中　t'——声时修正值；
　　　D——声测管外径（mm）；
　　　d——声测管内径（mm）；
　　　d'——换能器外径（mm）；
　　　v_t——声测管壁厚方向声速值（km/s）；
　　　v_w——水的声速值（km/s）。

② 计算声时、声速和声速平均值。声时、声速和声速平均值应按下列公式计算，并绘制声速—深度曲线、波幅—深度曲线。

$$t = t_i - t_0 - t' \tag{4-21}$$

$$v_i = \frac{l}{t} \tag{4-22}$$

$$v_m = \sum_{i=1}^{n} \frac{v_i}{n} \tag{4-23}$$

式中　t——声时值（μs）；
　　　t_i——超声波第 i 测点声时值（μs）；
　　　t_0——声波检测系统延迟时间（μs）；
　　　t'——声时修正值（μs）；
　　　v_i——第 i 个测点声速值（km/s）；
　　　l——两根检测管外壁间的距离（mm）；
　　　v_m——混凝土声速平均值（km/s）；
　　　n——测点数。

③ 单孔折射法的声时、声速计算。单孔折射法的声时、声速应按下列公式计算：

$$\Delta t = t_2 - t_1 \tag{4-24}$$

$$v_i = \frac{h}{\Delta t} \tag{4-25}$$

式中　Δt——两个接收换能器的声时差（μs）；
　　　t_1——近道接受换能器声时（μs）；
　　　t_2——远道接受换能器声时（μs）；
　　　v_i——第 i 测点的声速值（km/s）；
　　　h——两个接收换能器间的距离（mm）。

6）检测结果分析和判定。桩身混凝土缺陷应根据下列方法综合判定：

① 声速判据。当实测混凝土声速值低于声速临界值时，应将其作为可疑缺陷区。

$$v_i < v_D \tag{4-26}$$

式中　v_i——第 i 个测点声速值（km/s）；
　　　v_D——声速临界值（km/s）。

声速临界值采用正常混凝土声速平均值与 2 倍声速标准差之差，即：

$$v_D = v_m - 2\sigma_v \tag{4-27}$$

$$v_m = \sum_{i=1}^{n} \frac{v_i}{n} \tag{4-28}$$

$$\sigma_v = \sqrt{\sum_{i=1}^{n} \frac{(v_i - v_m)^2}{n-1}} \tag{4-29}$$

式中 v_m——正常混凝土声速平均值（km/s）；

σ_v——正常混凝土声速标准差；

v_i——第 i 个测点声速值（km/s）；

n——测点数。

当检测剖面 n 个测点的声速值普遍偏低且离散性很小时，宜采用声速低限值判据。即实测混凝土声速值低于声速低限制时，可直接判定为异常。

$$v_i < v_L \tag{4-30}$$

式中 v_i——第 i 个测点声速值（km/s）；

v_L——声速低限值（km/s）。

声速低限值应由预留同条件混凝土试件的抗压强度与声速对比试验结果，结合本地区实际经验确定。

② 波幅判据。用波幅平均值减 6dB 作为波幅临界值。当实测波幅低于波幅临界值时，应将其作为可疑缺陷区。

$$A_D = A_m - 6 \tag{4-31}$$

$$A_m = \sum_{i=1}^{n} \frac{A_i}{n} \tag{4-32}$$

式中 A_D——波幅临界值（dB）；

A_m——波幅平均值（dB）；

A_i——第 i 个测点相对波幅值（dB）；

n——测点数。

③ PSD 判据。PSD 判据是声参数—深度曲线相邻两点之间的斜率与声时差值之积作为判据。显然，当 i 点处相邻两点的声时值没有变化或变化很小时，PSD 等于或接近于零。当声时值有明显变化时，由于 PSD 和 $(t_i - t_{i-1})^2$ 成正比，因而 PSD 将大幅度变化。

实践证明，PSD 判据对缺陷十分敏感，而对因声测管不平行，或因混凝土不均匀等非缺陷原因所引起的声时变化基本上反映不出来。这是因为非缺陷因素所引起的声时变化都是渐变过程，虽然总的声时变化量可能很大，但相邻两测点间的声时差值却很小，因而 PSD 很小。所以，运用 PSD 判据基本上消除了声测管不平行或混凝土不均匀等因素所造成的声时变化对缺陷判断的影响。

采用斜率法作为辅助异常判据，当 PSD 值在某测点附近变化明显时，应将其作为可疑缺陷区。

$$\text{PSD} = \frac{(t_i - t_{i-1})^2}{z_i - z_{i-1}} \tag{4-33}$$

式中 t_i——第 i 个测点声时值（μs）；

t_{i-1}——第 $i-1$ 个测点声时值（μs）；

z_i——第 i 个测点深度（m）；
z_{i-1}——第 $i-1$ 个测点深度（m）。

对于混凝土声速和波幅值出现异常并判为可疑缺陷区的部位，应采用水平加密、等差同步或扇形扫测等方法进行细测，结合波形分析确定桩身混凝土缺陷的位置及其严重程度。对支承桩或嵌岩桩，宜同时采用低应变反射波法检测桩段的支承情况。

④ 桩身完整性类别判定

Ⅰ类桩：各声测剖面每个测点的声速、波幅均大于临界值，波形正常。

Ⅱ类桩：某一声测剖面个别测点的声速、波幅均小于临界值，但波形基本正常。

Ⅲ类桩：某一声测剖面连续多个测点或某一深度桩截面处的声速、波幅值小于临界值，PSD值变大，波形畸变。

Ⅳ类桩：某一声测剖面连续多个测点或某一深度桩截面处的声速、波幅值明显小于临界值，PSD值突变，波形严重畸变。

检测报告应符合《公路工程基桩动测技术规程》（JTG/T F81-01—2004）附录A的规定，并应包括每根被检桩各剖面的声速—深度、波幅—深度曲线及各自的临界值，声速、波幅的平均值，桩身缺陷位置及程度的分析说明。

【例4-1】 某工程钻孔灌注桩设计孔径600mm，孔深43m。检测桩号11号，检测仪器JJC—1A型孔径检测系统、JJX—3型测斜仪和JNC—1型沉渣测定仪。

孔径、沉渣厚度检测结果见图4-25，垂直度检测数据列于表4-14，检测结果计算汇总列于表4-15。本次检测采用的孔径检测系统具有数据采集、存储的功能。

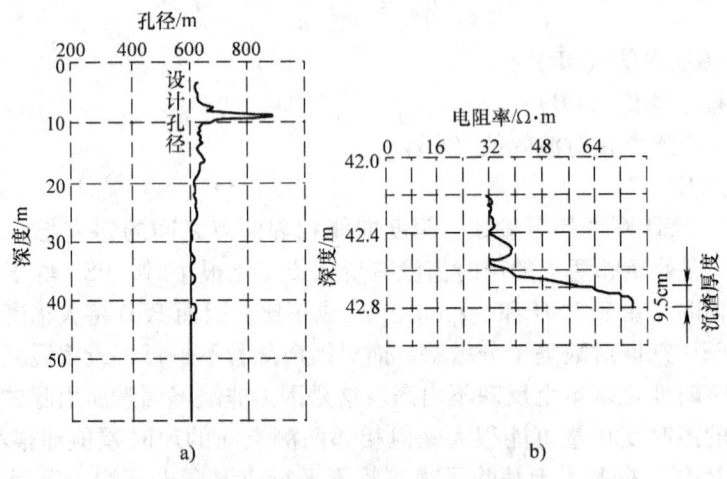

图4-25 灌注桩孔径、沉渣厚度检测
a）孔径测量曲线 b）沉渣厚度测量曲线

表4-14 11号桩孔垂直度测量数据表

测点深度/m	5	10	15	20	25	30	35	40	43.6
顶角度/°	0	0	0	0.1	0.2	0.3	0.5	0.6	0.6

表 4-15　成孔质量检测结果表

检测桩号	11		检测日期		2002/05/14
孔深/m	设计值			实测值	
	43			43.6	
孔径/mm	设计值	实测值			
		最大值	最小值		平均值
	600	908	600.2		613.2
沉渣厚度/cm	9.5				
垂直度（%）	1/98				
桩孔偏心距/cm	44.3				

【例 4-2】 工程概况：某大厦高 17 层，桩基采用钻孔灌注桩。设计要求对锚桩 M9 号桩在灌注混凝土之前进行成孔质量检测，以便核对地质资料、检验设备、施工工艺及技术是否适宜。检测内容包括孔径、孔深、孔垂直度和孔底沉渣厚度等。桩成孔质量设计要求为：桩径 ϕ800mm；桩孔深度 44m；保证有效桩长为 38m；孔垂直度 ≤1/100；孔底沉渣厚度 ≤100mm。

检测仪器：JJC—1A 型孔径检测系统、JJX—3 型井斜仪和 JNC—1 型沉渣测定仪。

孔径检测：桩孔呈喇叭形。孔口孔径为 ϕ930mm，孔底部为 ϕ780mm，上大下小。明显扩径两处：12.2m 处的最大孔径为 ϕ990mm；26m 处最大孔径为 ϕ920mm。除 43.9m 处至孔底有局部缩径（ϕ780mm）外，其余孔段孔径均大于设计孔径 ϕ800mm。孔径检测结果见图 4-26。

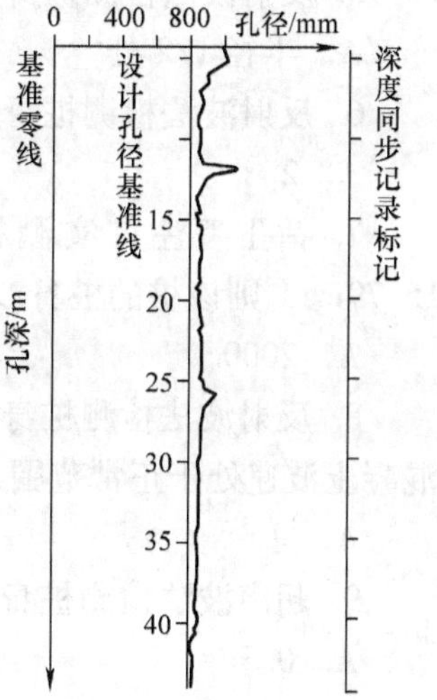

垂直度检测：桩孔偏斜为 38cm，垂直度小于 1/100，满足设计要求。

孔底沉渣检测：孔底沉渣厚度为 6cm。

孔深度检测：根据沉渣测定仪触及孔底时测得的孔深为 44.67m。

图 4-26　号桩孔径检测结果图

【例 4-3】 某灌注桩长 20.0m，桩身混凝土强度设计等级 C25。图 4-27 为速度波形图，14.5ms 处为桩底反射，ΔT = 14.1ms，由此计算的波速 C = 2840m/s，对于 C25 混凝土来说，波速偏低。从曲线上还可见三处与入射波同相的反射波，波幅较宽，Δt_1 = 5.7ms、Δt_2 = 8.2ms、Δt_3 = 10.6ms，计算得 L_1' = 8.1m、L_2' = 11.6m、

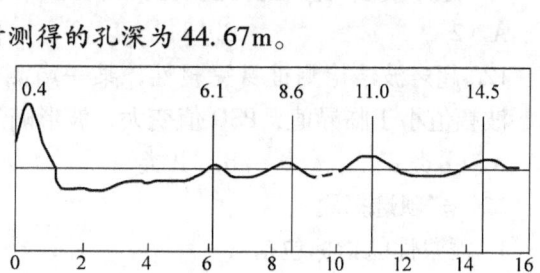

图 4-27　离析桩的速度波形曲线

L_3' = 15.1m，考虑到波速较低，判断这三处混凝土离析，且 15.0m 处较其他两处严重。该桩经钻芯发现，在 8.0m、11.6m 处芯样破碎，在 15.0m 处进尺较快，且无法取得芯样。

思考题与习题

一、单项选择题

1. 控制泥浆沉淀层厚度的主要指标是（　　）。
   A. 相对密度　　B. 黏度　　C. 含砂率　　D. 胶体率

2. 钻孔灌注桩竖直桩倾斜度偏差不超过（　　）。
   A. ±0.1%　　B. ±0.5%　　C. ±1%　　D. ±2.5%

3. 摩擦桩孔底沉淀层厚度，当桩径≤1.5m时不超过（　　）mm。
   A. 100　　B. 300　　C. 500　　D. 600

4. 反射波法检测桩身完整性，宜在混凝土灌注成桩（　　）d以后进行。
   A. 3　　B. 7　　C. 14　　D. 28

5. 反射波法检测桩身完整性，传感器宜安装在距桩中心（　　）部位。
   A. 半径1/2处　　B. 半径1/3处　　C. 半径1/3～1/2处　　D. 半径2/3～1/2处

6. 反射波法检测桩身完整性，当桩径不大于1000mm时不宜少于（　　）个测点。
   A. 2　　B. 3　　C. 4　　D. 5

7. 钻孔灌注桩实测桩长为30m，时域信号第一峰与桩端反射波峰间的时间差为15.79ms，则该桩的桩身波速为（　　）m/s。
   A. 2000　　B. 3800　　C. 4000　　D. 6000

8. 反射波法检测桩身完整性，测得桩端反射较明显，但有局部缺陷所产生的反射信息，混凝土波速处于正常范围，则该桩属于（　　）类桩。
   A. Ⅰ　　B. Ⅱ　　C. Ⅲ　　D. Ⅳ

9. 超声波法检测桩身完整性适用于桩径大于（　　）m的桩。
   A. 0.5　　B. 0.8　　C. 1.0　　D. 1.2

10. 超声波法检测桩身完整性判断缺陷有无和计算缺陷大小的基本物理量是（　　）。
    A. 声时值　　B. 波幅　　C. 频率　　D. 波形

11. 超声波法检测桩身完整性，当桩径大于1.5m时，应埋设（　　）根声测管。
    A. 2　　B. 3　　C. 4　　D. 5

12. 超声波法检测桩身完整性，某一声测剖面连续各个测点或某一深度桩截面处的声速、波幅值小于临界值，PSD值变大，波形畸形，则该类桩属于（　　）。
    A. Ⅰ类　　B. Ⅱ类　　C. Ⅲ类　　D. Ⅳ类

二、多项选择题

1. 泥浆性能指标包括（　　）。
   A. 相对密度　　B. 黏度　　C. 静切力
   D. 含砂率　　E. 胶体率

2. 钻孔灌注桩成孔质量检测的项目包括（　　）。
   A. 桩径　　B. 孔形　　C. 倾斜度
   D. 孔深　　E. 孔底沉淀层厚度

3. 钻孔灌注桩桩身完整性常见质量缺陷包括（　　）。

A. 桩底承载力不足   B. 断桩   C. 缩径
D. 夹泥   E. 混凝土严重离析

4. 超声波检测桩基完整性依据的物理量包括（　　）。
A. 声时值   B. 波幅   C. 频率
D. 波形   E. PSD 判据

5. 超声波检测桩基完整性，声时修正值包括（　　）。
A. 系统延迟时间   B. 检测管壁传播修正   C. 水中传播声时修正
D. 倾斜修正   E. 高差修正

6. 超声波检测桩基完整性，适用 PSD 判据确定有缺陷区段，应综合运用（　　）指标。
A. 声时   B. 波幅   C. 频率
D. 波形   E. 波速

三、判断题

1. 钻孔灌注桩，当地下水位高或流速大时，泥浆指标应取高限。（　　）
2. 支承桩孔底沉淀层厚度不大于 300mm。（　　）
3. 反射波法可以用来检测桩身的完整性，判断缺陷位置及桩端嵌固情况。（　　）
4. 反射波法检测桩基完整性，短桩或浅部缺陷桩的检测宜采用轻锤宽脉冲激振。（　　）
5. 反射波法检测桩基完整性，桩身完整性检测以波速为主，辅以时域曲线分析。（　　）
6. 超声波检测桩基完整性，当超声脉冲穿过缺陷时，其波幅将增大。（　　）
7. 超声波检测桩基完整性，PSD 判据对缺陷十分敏感，而对因声测管不平行或混凝土强度不均匀等原因所引起的声时变化，基本上没有反应。（　　）
8. 超声波检测桩基完整性，临界 PSD 判据反映了测点间距、声波穿透距离、介质性质、测量的声时值等参数之间的综合关系，这一关系与缺陷性质有关。（　　）

四、问答题

1. 简述反射波法检测桩基完整性的基本原理，及现场检测前应做的准备工作。
2. 简述超声波法检测桩基完整性时，对预埋声测管的要求。
3. 简述超声波法检测桩基完整性时，现场检测主要步骤。
4. 叙述伞形孔径仪检测钻孔灌注桩成孔孔径的方法。
5. 叙述伞形孔径仪测量桩成孔垂直度的方法。
6. 叙述测锤法检测沉渣厚度的方法。

任务 4.3　桥涵混凝土与钢筋混凝土质量检测

桥涵混凝土、钢筋混凝土结构的检测，主要包括以下内容：一是原材料与配合比的检测，二是施工阶段质量检测，三是外观质量检测，四是构件混凝土强度检测。本任务主要介绍施工阶段质量检测和构件混凝土强度的检测。

4.3.1 施工阶段质量检测

1. 检测项目与频率

(1) 拌制和浇筑混凝土时的检验

1) 混凝土及组成材料的外观,拌制每一工作班至少两次,必要时随时抽样试验。
2) 混凝土的和易性(坍落度)每工作班至少两次。
3) 砂石材料的含水率,每日开工前1次,气候或含水率变化较大时随时检测调整。
4) 钢筋、模板、支架等的稳固性和安装位置。
5) 混凝土的运输、浇筑方法和质量。
6) 外加剂的使用效果。
7) 制取混凝土试件。

(2) 浇筑混凝土后的检验

1) 养护情况。
2) 混凝土强度、拆模时间。
3) 混凝土外露面及装饰质量。
4) 变形和沉降。

(3) 混凝土强度检测频率

1) 不同强度及不同配合比的混凝土应分别制取试件,试件应在浇筑地点或拌和地点随机制取。
2) 浇筑一般体积的结构物(如基础、墩台)时,每一单元结构物应制取两组。
3) 连续浇筑大体积结构物混凝土时,每80~200m³或每一工作班应制取两组。
4) 每片梁长在16m以下的应制取1组,16~30m之间的制取2组,31~50m之间的制取3组,50m以上者不少于5组。
5) 就地浇筑混凝土小桥涵,每一座或每一工作班制取不少于两组;原材料和配合比相同,并由同一个拌和站拌制时,可几座合并制取两组。

如施工需要,可制取与结构物同条件养护的试件作为考核结构混凝土在拆模、出池、吊装、预施应力、承受荷载等阶段强度的依据。

2. 结构外形尺寸与位置的检测项目及评定

混凝土、钢筋混凝土部分结构构件的外形尺寸、位置的检测项目与评定见表4-16~表4-21。

表4-16 预制梁(板)实测项目

项次	检查项目		规定值或允许偏差	检查方法和频率	权值
1△	混凝土强度/MPa		在合格标准内	按《评定标准》附录D检查	3
2	梁(板)长度/mm		+5, -10	尺量:每梁(板)	1
3	宽度/mm	干接缝(梁翼缘、板)	±10	尺量:检查3处	1
		湿接缝(梁翼缘、板)	±20		
		箱板 顶宽	±30		
		箱板 底宽	±20		

(续)

项次	检查项目		规定值或允许偏差	检查方法和频率	权值
4△	高度/mm	梁、板	±5	尺量：检查2处	1
		箱梁	0，-5		
5	断面尺寸/mm	顶板厚	±5，0	尺量：检查2个断面	2
		底板厚			
		腹板或梁肋			
6	平整度/mm		5	2m直尺：每侧面每10m梁长测1处	1
7	横系梁及预埋件位置/mm		5	尺量：每件	1

表4-17 钢筋加工及安装实测项目

项次	检查项目		规定值或允许偏差	检查方法和频率	权值
1△	受力钢筋间距/mm	两排以上排距	±5	每构件检查2个断面，用尺量	3
		同排 梁板、拱肋	±10		
		同排 基础、锚碇、墩台、柱	±20		
		同排 灌注桩	±20		
2	箍筋、横向水平钢筋、螺旋筋间距/mm		+10	尺量每构件检查5~10个间距	2
3	钢筋骨架尺寸/mm	长	±10	尺量：按骨架总数30%抽取	1
		宽、高和直径	±5		
4	弯起钢筋位置/mm		±20	尺量：每骨架抽查30%	2
5△	保护层厚度/mm	梁、柱、拱肋	±5	尺量：每构件沿模板周边检查8处	3
		基础、锚碇、墩台	±10		
		板	±3		

表4-18 混凝土基础实测项目

项次	检查项目		规定值或允许偏差	检查方法和频率	权值
1△	混凝土强度/MPa		在合格标准内	按《评定标准》附录D检查	3
2	平面尺寸/mm		±50	用钢尺量长、宽各3处	2
3△	基础底面高程/mm	土质	±50	用水准仪测量5~8点	2
		石质	+50，-200		
4	基础顶面高程/mm		±30	用水准仪测量5~8点	1
5	轴线偏位/mm		25	用经纬仪测量纵、横各2点	2

表4-19 承台实测项目

项次	检查项目	规定值或允许偏差	检查方法和频率	权值
1△	混凝土强度/MPa	在合格标准内	按《评定标准》附录D检查	3
2	尺寸/mm	±30	用钢尺量长、宽各2处	1
3	顶面高程/mm	±20	用水准仪测量5点	2

表4-20 墩台身实测项目

项次	检查项目	规定值或允许偏差	检查方法和频率	权值
1△	混凝土强度/MPa	在合格标准内	按《评定标准》附录D检查	3
2	断面尺寸/mm	±20	检查3个断面	2
3	竖直度或斜度/mm	0.3%H且不大于20	用垂线或经纬仪测量2点	2
4	顶面高程/mm	±10	用水准仪测量3处	2
5△	轴线偏位/mm	10	用经纬仪测量纵、横各2点	2
6	节段间错台/mm	5	尺量：每节检查4处	1
7	大面积平整度/mm	5	用2m直尺检查	1
8	预埋件位置/mm	10	用尺量	1

表4-21 柱或双壁墩实测项目

项次	检查项目	规定值或允许偏差	检查方法和频率	权值
1△	混凝土强度/MPa	在合格标准内	按《评定标准》附录D检查	3
2	相邻间距/mm	±15	用尺量或测距仪测量（顶、中、底）3处	1
3	竖直度/mm	0.3%H且不大于20	用垂线或经纬仪，每柱纵、横向各检查2处	2
4	柱（墩）顶高程/mm	±10	用水准仪检测3处	2
5△	轴线偏位/mm	10	用全站仪或经纬仪测量纵、横各3点	2
6	断面尺寸/mm	±15	检查3个断面	1
7	节段间错台/mm	3	尺量：每节检查2~4处	1

注：H为墩、柱高度。

3. 焊接钢筋的质量检测

钢筋的连接方式有焊接与绑扎接头，轴心受拉和小偏心受拉构件中的钢筋接头不宜绑扎，普通混凝土中直径大于25mm的钢筋宜采用焊接。

钢筋的焊接方式有闪光对焊、电弧焊、电渣压力焊、气压焊。钢筋焊接前，必须根据施工条件进行试焊，合格后方可正式施焊。钢筋接头采用搭接电弧焊时，两钢筋搭接端部应预先折向一侧，使两结合钢筋轴线一致。接头双面焊缝的长度不应小于$10d$，单面焊缝的长度不应小于$5d$（d为钢筋直径）。焊接质量应符合下列要求。

（1）钢筋闪光对焊接头

1）批量规定。在同一台班内，由同一焊工按同一焊接参数完成的300个同类型（指钢筋级别和直径均相同）接头作为1批。一周内连续焊接时可以连续计算，一周内不足300个接头时按一批计算。

2）外观检查、抽检频率与判定。每批抽检10%的接头，并不得少于10个。焊接等长的预应力钢筋（包括螺钉端杆与钢筋）时，可按生产同条件制作模拟试件。螺钉端杆接头可只做拉伸试验。

外观检查要求如下：

① 接头处不得有横向裂缝。

② 与电极接触处的钢筋表面，对HPB235、HRB335、HRB400钢筋，不得有明显烧伤；

HRB500钢筋不得有烧伤；低温对焊时，对HRB335、HRB400、HRB500钢筋，不得有烧伤。

③ 接头处的弯折不得大于4°。

④ 接头处的钢筋轴线偏移不得大于0.1倍的钢筋直径，同时不得大于2mm。当有一个接头不符合要求时，应对全部接头进行检查，剔出不合格品。不合格接头切除重焊后，可再次提交验收。

3）力学性能试验与判定。包括拉伸与弯曲试验。应从每批成品中切取6个试件，3个进行拉伸试验，3个进行弯曲试验。

拉伸试验结果应符合下列要求：

① 3个热轧钢筋接头试件的抗拉强度均不得低于该级别钢筋规定的抗拉强度，余热处理Ⅲ级钢筋接头试件的抗拉强度均不得低于HRB400钢筋的抗拉强度。

② 应至少有2个试件断于焊缝之外，并呈延性断裂。当试验结果有1个试件的抗拉强度小于上述规定，或有2个试件在焊缝或热影响区发生脆性断裂时，应再取6个试件进行复验。复验结果如仍有1个试件的抗拉强度小于规定值，或有3个试件断于焊缝或热影响区，呈脆性断裂，应确认该批接头为不合格品。

③ 预应力钢筋与螺钉端杆闪光对焊接头拉伸试验结果，3个试件应全部断于焊缝之外，呈延性断裂。当试验结果有1个试件在焊缝或热影响区发生脆性断裂，应从成品中再切取3个试件进行复验。复验结果如仍有1个试件在焊缝或热影响区发生脆性断裂，应确认该批接头为不合格品。

④ 模拟试件的试验结果不符合要求时，应从成品中再切取试件进行复验，其数量和要求应与初始试验时相同。弯曲试验结果应符合下列要求：焊缝要处于弯曲中心点，弯曲角度为90°，弯心直径为2d（HPB235）、4d（HRB335）、5d（HRB400）、7d（HRB500）。试验结果至少有2个试件不得发生破断。否则，应再取6个试件进行复验。复验结果如仍有3个试件发生破断，应确认该批接头为不合格品。

(2) 钢筋电弧焊接头

1）批量规定。以300个同类型接头为1批，不足300个时仍作为1批。

2）外观检查。应在接头清渣后逐个进行目测或量测，检查结果应符合下列要求：

① 焊缝表面平整，不得有较大的凹陷、焊瘤。

② 接头处不得有裂纹。

③ 咬边深度、气孔、夹渣的数量和大小以及接头偏差，不得超过表4-22的要求。

④ 坡口焊及熔槽帮条焊接头，其焊缝加强高度不大于3mm。

3）强度检验与判定。从成品中每批切取3个接头做拉伸试验，试验结果应符合下列要求：

① 3个热轧钢筋接头试件的抗拉强度均不得低于该级别钢筋的规定抗拉强度值，余热处理Ⅲ级钢筋接头试件抗拉强度均不得小于HRB400钢筋规定的抗拉强度。

② 至少有2个试件呈塑性断裂，3个试件均断于焊缝之外。

当检验结果有1个试件的抗拉强度低于规定指标或有2个试件发生脆性断裂时，应取双倍数量的试件进行复验。

复验结果如仍有1个试件的抗拉强度低于规定指标，或有1个试件断于焊缝或有3个试件呈脆性断裂时，则该批接头即为不合格品。

表 4-22　钢筋电弧焊接头尺寸偏差及缺陷允许值

名称		单位	接头形式		
			帮条焊	搭接焊	坡口焊及熔槽帮条焊
帮条沿接头中心线的纵向偏移		mm	$0.5d$	$0.5d$	$0.5d$
接头处弯折		°	4	4	4
接头处钢筋轴线的偏移		mm	$0.1d$	$0.1d$	$0.1d$
			3	3	3
焊缝厚度		mm	$+0.05d$	$+0.05d$	
			0	0	
焊缝宽度		mm	$0.1d$	$0.1d$	
			0	0	
焊缝长度		mm	$-0.5d$	$-0.5d$	
横向咬边深度		mm	0.5	0.5	0.5
在 $2d$ 的焊缝表面上	数量	个	2	2	
	面积	mm²	6	6	
在全部焊缝上	数量	个			2
	面积	mm²			6

注：1. d 为钢筋直径 (mm)。
　　2. 低温焊接接头的咬边深度不得大于 0.2mm。

模拟试件数量和要求应与从成品中切取时相同，当模拟试件试验结果不符合要求时，复验应在从成品中切取，其数量和要求应与开始时相同。

4.3.2　结构混凝土强度检测

为了加强对混凝土质量的监测和控制，作为结构工程质量检测，其主要的内容之一就是检测混凝土的强度。混凝土强度等级的确定通常以立方体试件的抗压强度来反映，当对某一方面的检验内容产生怀疑时，如构件的强度离散大、强度不足、振捣不密实或存在其他缺陷时，还需采用测定强度的技术方法。混凝土测定强度的技术按其对混凝土结构的影响程度分为部分破损法和非破损法。部分破损法以不影响结构或构件的承载能力为前提，在结构或构件上直接进行局部破坏性试验，或直接钻取芯样进行破坏性试验。主要方法有：钻芯法、拔出法、射击法等。此类方法较直观可靠，测试结果易为人们接受，但对混凝土结构造成局部破坏，不宜大范围检测且费用较高，因而受到种种限制。非破损（无损）法以混凝土强度与某些物理量之间的相关性为基础，检测时在不影响结构或构件混凝土任何性能的前提下测试这些物理量，然后根据相关关系推算被测混凝土的强度推定值。其主要方法有：回弹法、超声法、超声回弹综合法、射线法、成熟度法等。此类方法所用仪器简单、操作方便、费用低廉，同时便于大范围检测，在有严格的测强曲线的条件下，其测试精度较高。钻芯法、回弹法、超声法、超声回弹综合法和拔出法是结构混凝土质量的常见检测方法，在我国应用较普遍，各种测试方法的测定内容、适用范围及优缺点见表 4-23。

表 4-23 无损检测方法的比较

种类	测定内容	使用范围	特点	缺点
钻芯法	从混凝土中钻取一定尺寸的芯样	混凝土抗压强度、抗劈强度、内部缺陷	对混凝土有一定损伤，检测后续进行修补	设备笨重，成本较高，对混凝土有损伤，需修补
回弹法	测定混凝土表面硬度	混凝土抗压强、均质性	测试简单、快速，被测物的形状尺寸一般不受限制	测定部位仅限于混凝土表面，同一处不能再次使用
超声法	超声波传播速度、波幅和频率	混凝土抗压强度及内部缺陷	被测构件形状与尺寸不限，同一处可反复测试	探头频率较高时，声波衰减大，测定精度较差
超声回弹法	混凝土表面硬度值和超声波传播速度	混凝土抗压强度	测试比较简单，精度比单一法高	比单一法费事
拔出法	预埋或后装于混凝土中锚固件，测定拔出力	混凝土抗压强度	测强精度较高	对混凝土由一定损伤，检测后需进行修补

4.3.2.1 回弹法测定混凝土抗压强度

回弹法是用一弹簧驱动的重锤，通过弹击杆，弹击混凝土表面，并测出重锤被反弹回来的距离，以回弹值作为与强度相关的指标来推定混凝土强度的一种方法。所检测的水泥混凝土厚度不得小于100mm，温度不应低于10℃。检测结果可作为试块强度的参考，不宜作为仲裁试验或工程验收的最终依据。

水泥混凝土的回弹值是用回弹仪在混凝土表面测得，并经碳化深度修正后的回弹值，无量纲。

1. 技术规定和一般要求

（1）只有存在下列情况之一时，方可用回弹法评定混凝土强度：

1）缺乏同条件试块或标准试块数量不足。

2）试块的质量缺乏代表性。

3）试块的试压结果不符合现行标准、规范、规程所规定的要求，并对该结果持有怀疑。

（2）混凝土有下列情况之一时，方可按本法评定其强度：

1）测试前表层遭受短期湿润的混凝土，应经风干后测试。

2）遭受冻结的混凝土，应待解冻后测试。

3）蒸汽养护的混凝土，应在构件出池经自然养护14d后测试。

4）体积小、刚度差或测试部位厚度小于100mm的构件，当测试中不能确保其无颤动时，均应设置支撑加以可靠的固定后测试。

2. 主要检测器具

（1）混凝土回弹仪。指针直读式的混凝土回弹仪，构造和主要零件见图4-28，也可采用数字显示仪或自动记录式的回弹仪。常见回弹仪有：重型（HT3000型），用于检测大体积混凝土构件；中型（HT225型），用于检测一般建筑物；轻型（HT100型），用于检测薄壁构件；特轻型（HT28型），用于检测砂浆强度；以中型应用最广泛。

（2）酚酞酒精溶液。含量为1%。

(3) 钢砧。
(4) 手提式砂轮。
(5) 其他。卷尺、钢尺、凿子、锤、毛刷等。

3. 回弹仪的检定与保养

(1) 回弹仪有下列情况之一时,应进行常规保养:

1) 弹击超过2000次。
2) 对检测值有怀疑时。
3) 在钢砧上的率定值不合格。

(2) 回弹仪有下列情况之一时,应送检定单位检定:

1) 新回弹仪启用前。
2) 超过检定有效期限（有效期为半年）。
3) 累计弹击次数超过6000次。
4) 经常规保养后钢砧率定值不合格。
5) 遭受严重撞击或其他损害。

(3) 回弹仪有下列情况之一时,应在钢砧上进行率定试验:

1) 进行构件测试前后,如连续数天测试,可在每天测试完毕后率定一次。
2) 测定过程中对回弹值有怀疑时。

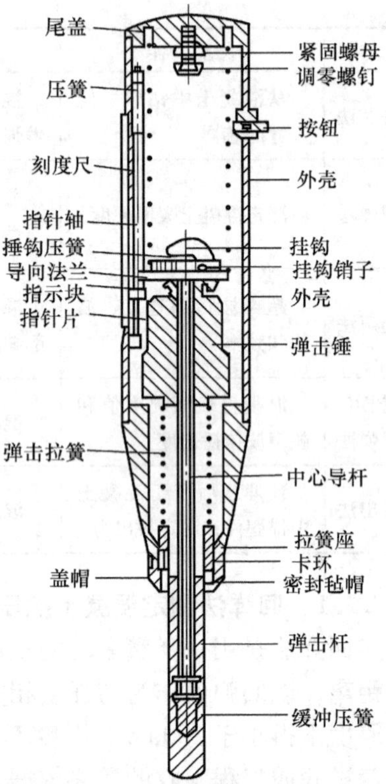

率定试验宜在室温（20±5）℃条件下进行。率定时,钢砧应稳定地平放在刚度大的混凝土地坪上。回弹仪向下弹击时,弹击杆应分四次旋转90°,取连续弹击三次的稳定回弹值进行平均,弹击杆每旋转一次的率定平均值应符合80±2的要求。

图4-28 回弹仪结构图

(4) 常规养护应符合下列要求:

使弹击锤脱钩后,取出机芯,然后卸下弹击杆、缓冲压簧、弹击锤（连同弹击拉簧和拉簧座）、刻度尺、指针轴和指针。

用清洗剂清洗机芯的中心导杆、弹击拉簧、拉簧座弹击杆及其内孔、缓冲压簧、弹击锤及其内孔和冲击面、指针块及其内孔、指针片、指针轴、刻度尺、卡环以及机壳的内壁和指针导槽等。经过清洗后的零部件,除中心导杆薄薄地抹上一层钟表油或其他无腐蚀性的轻油外,其他零部件均不得抹油。应保持弹击拉簧前端钩入拉簧座的孔位。不得旋转尾盖上已定位紧固的调零螺钉。不得自制或更换机芯部位的零件和指针轴、指针片、指针块挂钩及调零螺丝等。

4. 测试技术

(1) 资料准备。需进行非破损法测试的结构或构件,在检测前,应具备下列有关资料:

1) 工程名称及设计、施工、监理和建设单位名称。
2) 结构或构件名称、编号、施工图（或平面图）及混凝土强度等级。
3) 水泥品种、强度等级、用量、出厂厂名,砂石品种、粒径,外加剂或掺和料品种、掺量,以及混凝土配合比等。
4) 模板类型,混凝土灌注和养护情况,以及成型日期。

5）结构或构件存在的质量问题，混凝土试块抗压强度试验报告等。

（2）被测结构或构件准备

1）检测结构或构件时，需要布置测区，因为测区是进行测试的单元。测区布置应符合下列规定：

① 按单个构件测试时，应在构件上均匀布置测区，且不少于 6～10 个。

② 当对同批构件抽样检测时，构件抽样数不小于同批构件的 30%，且不少于 10 件。

③ 每个构件测区数不少于 10 个。

④ 对长度小于 3m 且高度低于 0.6m 的构件，其测区数量可适当减少，但不应少于 5 个。

2）当按批抽样检测时，凡符合下列条件的构件，才可作为同批构件：

① 混凝土强度等级相同。

② 混凝土原材料、配合比、成型工艺、养护条件及龄期基本相同。

③ 构件种类相同。

④ 在施工阶段所处状态相同。

3）每个构件的测区，应满足以下要求：

① 测区的布置应在构件混凝土浇灌方向的侧面。

② 测区应均匀分布，相邻两测区的间距不宜大于 2m；测区离构件边缘的距离宜大于 0.5m。

③ 测区宜避开钢筋密集区和预埋铁件。

④ 测区尺寸宜为 20cm×20cm，每一测区宜测 16 个测点，相邻两测点间距离宜不小于 3cm。

⑤ 测试面应清洁、平整、干燥，不应有接缝、饰面层、粉刷层、浮浆、油垢、蜂窝和麻面等。必要时，可用砂轮片清除杂物和磨平不平整处，并擦净残留粉尘。

⑥ 结构或构件上的测区应注明编号，并记录测区所处的位置和外观质量情况。

（3）回弹值的测试。用回弹仪测试时，宜使仪器处于水平方向测试混凝土浇筑的侧面，该情况下测试修正值为 0。如不能满足这一要求，也可以非水平状态测试或测试混凝土的浇筑顶面或底面，但其回弹值应进行修正。

仪器工作时，随着对回弹仪施压，弹击杆徐徐向机壳内推进，弹击拉簧被拉伸，使联结弹击拉簧的弹击锤获得恒定的冲击能量（图 4-29）。当挂钩与调零螺钉互相挤压时，使弹击锤脱钩（图 4-30），弹击的冲击面与弹击杆的后端平面相碰撞。此时，弹击锤释放出来的能量借助弹击杆传递给混凝土构件，混凝土弹性反应的能量再通过弹击杆传递给弹击锤，使弹击锤获得回弹的能量向后弹回，计算弹击锤回弹的距离之比，即得回弹值。它由仪器外壳上的刻度尺示出。

使用时，将弹击杆顶住混凝土的表面，轻压仪器，松开按钮，弹击杆徐徐伸出，使仪器对混凝土表面缓慢均匀施压，待弹击锤脱钩冲击弹杆后即回弹，带动指针向后移动并停留在某一位置上，即为回弹值（图 4-31）。继续顶住混凝土表面并在读取和记录回弹值后，逐渐对仪器减压，使弹击杆自仪器内伸出，改变测点重复上述操作，即可测得被测构件或结构的若干回弹值。操作中注意仪器的轴线应始终垂直于构件混凝土表面，如图 4-32 所示。

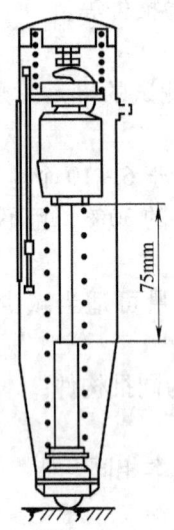

图 4-29 弹击锤脱钩前的状态

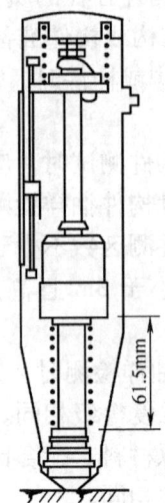

图 4-30 弹击锤脱钩后的状态

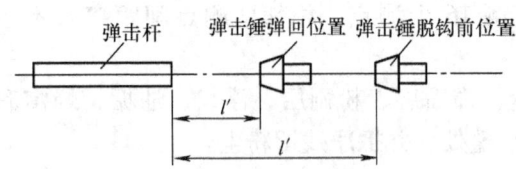

图 4-31 回弹仪位置示意图

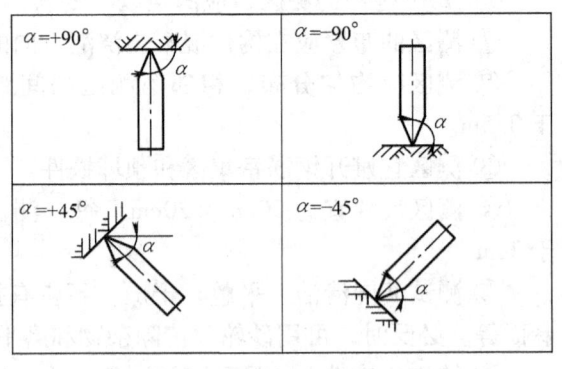

图 4-32 回弹仪测试角度示意图

同一测区的两个测面用回弹仪弹击 8 点；若一个测区只有一个测面，则需要测 16 点，每一测点的回弹值读数准确至 1 个单位，如图 4-33 所示。回弹测点宜在测区均匀分布，但不得打在气孔或外露石子上。同一测点只允许弹击一次。回弹仪的轴线方向应与测试面相垂直。

（4）混凝土碳化深度的测试。回弹后即测量构件的碳化深度，用合适的工具在测区的表面形成直径约为 15mm 的孔洞（其深度略大于混凝土的碳化深度），清除洞中粉末和碎屑后（注意不

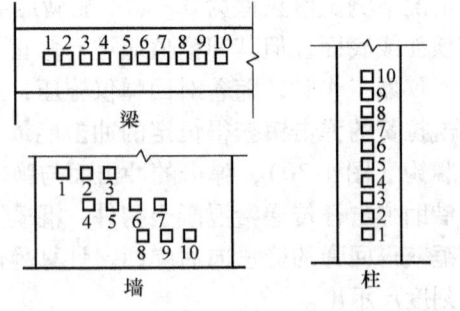

图 4-33 梁、柱、墙测区布置示意图

能用液体冲洗孔洞）立即用酚酞酒精溶液滴在混凝土孔洞内壁的边缘处垂直测量未变色部分的深度（未碳化部分变成玫瑰红色），该距离即为混凝土的碳化深度值，准确至 0.5mm。

一个测区选择 1～3 处测量混凝土的碳化深度值。当相邻测区的混凝土质量或回弹值与本测区基本相同时，本测区的碳化深度值也可以代表相邻测区的碳化深度值。

(5) 检测数据的处理

1) 测区回弹值的计算。当回弹仪水平方向测试混凝土浇筑侧面时,应从每一测区的16个回弹值中剔除其中3个最大值和3个最小值,取余下10个回弹值的平均值作为该测区的平均回弹值,取一位小数。其计算公式为:

$$\overline{N}_s = \frac{\sum N_i}{10} \tag{4-34}$$

式中 $\overline{N}_s$——测区平均回弹值,计算至0.1;
N_i——第 i 个测点的回弹值。

2) 测试角度修正。当回弹仪非水平方向测试混凝土浇筑侧面时,应将测得数据按式(4-35)进行修正,计算非水平方向测定的修正回弹值如表4-24所示。

$$\overline{N} = \overline{N}_s + \Delta N \tag{4-35}$$

式中 $\overline{N}$——经非水平测定修正的测区平均回弹值;
$\overline{N}_s$——回弹仪实测的测区平均回弹值;
ΔN——由表4-24查出的不同测试角度的回弹值修正值,准确至0.1。

表4-24 非水平方向测定的修正回弹值

$\overline{N}_s$	与水平方向所成的角度							
	+90°	+60°	+45°	+30°	-30°	-45°	-60°	-90°
20	-6.0	-5.0	-4.0	-3.0	+2.5	+3.0	+3.5	+4.0
30	-5.0	-4.0	-3.5	-2.5	+2.0	+2.5	+3.0	+3.5
40	-4.0	-3.5	-3.0	-2.0	+1.5	+2.0	+2.5	+3.0
50	-3.5	-3.0	-2.5	-1.5	+1.0	+1.5	+2.0	+2.5

注:表中未列入的 N_s 可用内插法求得。

3) 测试面修正。当回弹仪水平方向测试混凝土浇筑表面或底面时,应将测得数据参照公式(4-34)求出测区平均回弹值后,按下式进行修正:

$$\overline{N} = \overline{N}_s + \Delta N \tag{4-36}$$

式中 $\overline{N}_s$——回弹仪测混凝土浇筑表面或底面时测区的平均回弹值;
ΔN——按表4-25查出的不同浇筑面的回弹修正值。

表4-25 不同浇筑面的回弹修正值

$\overline{N}_s$	ΔN		$\overline{N}_s$	ΔN	
	表面	底面		表面	底面
20	+2.5	-3.0	40	+0.5	-1.0
25	+2.0	-2.5	45	0	-0.5
30	+1.5	-2.0	50	0	0
35	+1.0	-1.5			

如果测试仪器即非水平方向又非混凝土浇筑侧面,则应对回弹值先进行角度修正,然后进行浇筑面修正。

4) 碳化深度的计算。每一测区的平均碳化深度值,按下式计算:

$$\overline{L} = \frac{1}{n}\sum_{i=1}^{n} L_i \tag{4-37}$$

式中 $\overline{L}$——测区的平均碳化深度值（mm），计算至0.5mm；

L_i——第i次测量的碳化深度值（mm）；

n——测区的碳化深度值测点数。

当平均碳化深度值小于或等于0.4mm时，按无碳化深度处理（即平均碳化深度为0）；当大于或等于6mm时，取6mm；对于新浇混凝土龄期不超过3个月者，可视为无碳化。

5）测区混凝土强度值的确定。根据每一测区的回弹平均值及碳化深度值，查阅专用曲线，或地区曲线，或统一曲线编制的测区混凝土强度值换算表（表4-26），所查出的强度值即为该测区混凝土的强度。当强度低于50MPa或高于10MPa时，表中未列入的测区强度值，可用内插法求得。

6）混凝土强度推算。当需要将回弹值换算为混凝土强度时，宜采用下列方法：

① 有试验条件时，宜通过试验建立实际的测强曲线，但测强曲线仅适用于材料质量、成型、养护和龄期等条件基本相同的混凝土。混凝土标准试块为150mm×150mm×150mm，采用1.5、1.75、2.0、2.25、2.50五个灰水比，以便得到不少于30对数据。试件与被测对象有相同的养护条件，到达龄期后，将试块用压力机加压至30~50kN稳住，用回弹仪在两侧面分别测定8个测点，按式（4-34）计算平均回弹值，然后进行抗压强度试验，建立二者关系的推定式，推定式可为直线式或其他适当的形式，但相关系数不得小于0.90。然后根据测区平均回弹值，利用测强曲线推定混凝土抗压强度。

② 当无足够的试验数据或相关关系的推定式不够满意时，可按式（4-38）推算混凝土抗压强度：

$$R_n = 0.025\overline{N}^2 \tag{4-38}$$

式中 R_n——构件混凝土强度推定值（MPa），精确至0.1MPa；

$\overline{N}$——测区混凝土平均回弹值。

③ 在没有条件通过试验建立实际的测强曲线时，每个测区混凝土的抗压强度R_{ni}可按平均回弹值$\overline{N}$及平均碳化深度$\overline{L}$由表4-26查出。

7）结构（或构件）混凝土抗压强度的推定

① 结构（或构件）混凝土的平均强度按式（4-39）计算：

$$\overline{R}_n = \frac{\sum R_{ni}}{n} \tag{4-39}$$

式中 $\overline{R}_n$——结构（或构件）混凝土强度的平均值（MPa），精确至0.1MPa；

R_{ni}——第i个测区结构混凝土的抗压强度（MPa）；

n——测区数，对于单个评定的结构或构件，取一个试件的测区数；对于抽样评定的结构或构件，取抽检试样测区数之和。

② 当测区数$n \geqslant 10$时，按式（4-40）计算标准差：

$$S_n = \sqrt{\frac{\sum_{i=1}^{n}(R_{ni} - \overline{R}_n)^2}{n-1}} \tag{4-40}$$

式中 S_n——构件混凝土强度标准差（MPa），精确至0.01MPa；

$\overline{R}_n$——结构（或构件）混凝土强度的平均值（MPa），精确至0.1MPa；

R_{ni}——第 i 个测区结构混凝土的抗压强度（MPa）。

③ 结构（或构件）混凝土强度的评定。用回弹法检测的混凝土结构（或构件），多属于重要结构，应用数理统计方法进行评定。结构或构件的混凝土强度推定值（R_n）应按下列公式确定：

当该结构或构件的测区数 $n < 10$ 时：

$$R_n = (R_{ni})_{min} \quad (4-41)$$

式中 $(R_{ni})_{min}$——构件中最小的测区混凝土强度值。

当该结构或构件的测区强度值小于 10.0MPa 时：

$$R_n < 10.0 \text{MPa} \quad (4-42)$$

当该结构或构件测区数 $n \geq 10$ 或按批量检测时，应按下列公式计算：

$$R_n = \overline{R}_n - 1.645 \overline{S}_n \quad (4-43)$$

④ 对按批量检测的构件，当该批构件混凝土强度标准差出现下列情况之一时，则该批构件应全部按单个构件检测：

当该批构件混凝土强度平均值小于 25MPa：$S_n > 4.5$MPa

当该批构件混凝土强度平均值大于或等于 25MPa：$S_n > 5.5$MPa

8）检测报告。检测报告应包括：测区混凝土平均回弹值，测强曲线、回弹值与抗压强度的相关关系式、相关系数，各测区的抗压强度推定结果，推定的混凝土抗压强度平均值、标准差、变异系数。测区混凝土抗压强度值见表 4-26。

表 4-26　测区混凝土抗压强度值换算表

| 平均回弹值 $\overline{N}$ | 测区混凝土抗压强度值 R_{ni}/MPa ||||||||||||
| | 平均碳化深度值 $\overline{L}$/mm ||||||||||||
	0	0.5	1.0	1.5	2.0	2.5	3.0	3.5	4.0	4.5	5.0	5.5	6.0
20	10.3	10.1											
21	11.4	11.2	10.8	10.5	10.0								
22	12.5	12.2	11.9	11.5	11.0	10.6	10.2						
23	13.7	13.4	13.0	12.6	12.1	11.6	11.2	10.8	10.5	10.1			
24	14.9	14.6	14.2	13.7	13.1	12.7	12.2	11.8	11.5	11.0	10.7	10.4	10.1
25	16.2	15.9	15.4	14.9	14.3	13.8	13.3	12.8	12.5	12.0	11.7	11.3	10.9
26	17.5	17.2	16.6	16.1	15.4	14.9	14.4	13.8	13.5	13.0	12.6	12.2	11.6
27	18.9	18.5	18.0	17.4	16.6	16.1	15.5	14.8	14.5	14.0	13.6	13.1	12.4
28	20.3	19.7	19.2	18.4	17.6	17.0	16.5	15.8	15.4	14.8	14.4	13.9	13.2
29	21.8	21.1	20.5	19.6	18.7	18.1	17.5	16.8	16.4	15.8	15.4	14.6	13.9
30	23.3	22.6	21.9	21.0	20.0	19.3	18.6	17.9	17.4	16.8	16.4	15.4	14.7
31	24.9	24.2	23.4	22.4	21.4	20.7	19.9	19.2	18.4	17.9	17.4	16.4	15.5
32	26.5	25.7	24.9	23.9	22.8	22.0	21.2	20.4	19.6	19.1	18.4	17.5	16.4
33	28.2	27.4	26.5	25.4	24.3	23.4	22.6	21.7	20.9	20.3	19.4	18.5	17.4
34	30.0	29.1	28.0	26.9	25.6	24.6	23.7	23.0	22.1	21.3	20.4	19.5	18.3
35	31.8	30.8	29.6	28.0	26.7	25.8	24.8	24.0	23.2	22.3	21.4	20.4	19.2
36	33.6	32.6	31.2	29.6	28.2	27.2	26.2	25.2	24.5	23.5	22.4	21.4	20.2
37	35.5	34.4	33.0	31.2	29.8	28.8	27.7	26.6	25.9	24.8	23.4	22.4	21.3

(续)

平均回弹值$\bar{N}$	测区混凝土抗压强度值R_{ni}/MPa 平均碳化深度值$\bar{L}$/mm												
	0	0.5	1.0	1.5	2.0	2.5	3.0	3.5	4.0	4.5	5.0	5.5	6.0
38	37.5	36.4	34.9	33.0	31.5	30.3	29.2	28.1	27.4	26.2	24.8	23.6	22.5
39	39.5	38.2	36.7	34.7	33.0	31.8	30.6	29.6	28.8	27.4	26.0	24.8	23.7
40	41.6	39.9	38.3	36.2	34.5	33.3	31.7	30.8	30.0	28.4	27.0	25.8	25.0
41	43.7	42.0	40.2	38.0	36.0	34.8	33.2	32.3	31.5	29.7	28.4	27.1	26.2
42	45.9	44.1	42.2	39.9	37.6	36.3	34.9	34.0	33.0	31.2	29.8	28.5	27.5
43	48.1	46.2	44.2	41.8	39.4	38.0	36.6	35.6	34.6	32.7	31.3	29.8	28.9
44	50.4	48.4	46.4	43.8	41.3	39.8	38.3	37.3	36.3	34.3	32.8	31.2	30.2
45	52.7	50.6	48.5	45.8	43.2	41.6	40.1	39.0	37.9	35.8	34.3	32.7	31.6
46	55.0	52.8	50.6	47.9	45.2	43.5	41.9	40.8	39.7	37.5	35.8	34.2	33.1
47	57.5	55.2	52.9	50.0	47.2	45.2	43.7	42.2	41.4	39.1	37.4	35.6	34.5
48	60.0	57.6	55.2	52.2	49.2	47.4	45.6	44.1	43.2	40.8	39.0	37.2	36.0
49		60.0	57.5	54.4	51.3	49.4	47.5	46.2	45.0	42.5	40.6	38.8	37.5
50			59.9	56.7	53.4	51.4	49.5	48.2	46.9	44.3	42.3	40.4	39.1
51				59.0	55.6	53.5	51.5	50.1	48.8	46.1	44.1	42.0	40.7
52					57.8	55.7	53.6	52.1	50.7	47.9	45.8	43.7	42.3
53					60.0	57.8	55.6	54.2	52.7	49.8	47.6	45.4	43.9
54							57.8	56.3	54.7	51.7	49.4	47.1	45.6
55							59.9	58.4	56.8	53.6	51.3	48.9	47.3
56									58.9	55.6	53.2	50.7	49.1
57										57.6	55.1	52.5	50.8
58										59.7	57.0	54.4	52.7
59											59.0	56.3	54.5
60												58.3	56.4

回弹仪检测混凝土抗压强度记录格式见表4-27。

表4-27 回弹仪检测混凝土抗压强度记录

工程名称：××工程　　结构名称：某跨线桥肋板　　设计强度：C30　　成型日期：＿＿＿＿＿
检验者：＿＿＿＿＿　　计算者：＿＿＿＿＿　　校核者：＿＿＿＿＿　　检验日期：＿＿＿＿＿

测点编号	测区位置									
	1	2	3	4	5	6	7	8	9	10
	回弹值									
1	35	32	30	40	35	36	34	30	40	34
2	34	32	29	34	36	30	30	30	36	42
3	38	37	35	35	42	34	35	32	34	32
4	38	30	35	34	34	34	34	32	34	33
5	34	30	35	38	32	34	38	32	30	33
6	35	36	36	35	36	36	36	38	32	33
7	38	34	40	38	35	36	32	32	34	36
8	35	34	34	34	34	40	42	34	30	34	42
9	34	38	38	34	34	34	38	30	42	30

(续)

测点编号	测区位置									
	1	2	3	4	5	6	7	8	9	10
	回弹值									
10	32	36	43	40	32	38	34	30	36	40
11	35	32	38	38	35	38	34	31	38	31
12	35	36	32	44	35	40	36	35	30	42
13	35	39	40	34	35	36	34	34	35	30
14	36	40	42	36	38	34	35	36	30	34
15	38	32	42	32	39	35	36	36	35	32
16	32	38	34	32	40	36	32	34	32	40
$\overline{N_s}$	35.1	34.7	36.5	35.6	36.3	35.5	34.6	32.2	34.2	34.7
ΔN	0	0	0	0	0	0	0	0	0	0
$\overline{N}$	35.1	34.7	36.5	35.6	36.3	35.5	34.6	32.2	34.2	34.7
$\overline{L}$/mm	0	0	0	0	0	0	0	0	0	0
R_{ni}/MPa	32	31.2	34.6	32.9	34.2	32.7	31.1	26.9	30.3	31.2
R_n/MPa	37.1			S/MPa		2.187		C_v(%)		5.9
备注	测试面为混凝土浇筑侧面,测试方向为水平									

4.3.2.2 超声——回弹综合法测定水泥混凝土抗折强度

超声回弹综合法是指采用超声仪(图4-34)和回弹仪在结构混凝土同一测区分别测量声时值及回弹值 N,推算该测区混凝土强度 R_n 的一种方法。

与单一测试方法(如回弹法)相比综合法具有如下优点:

(1) 减少了龄期和含水率的影响。

(2) 弥补了互相(指单一回弹法或超声法)不足。

(3) 提高了测试精度。

采用综合法测定混凝土强度时应符合以下几个原则:

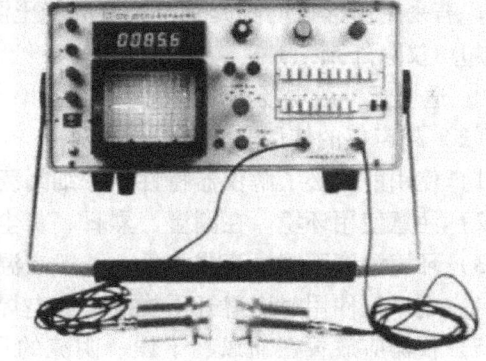

图 4-34 超声波仪

(1) 单一法的仪器性能、测试技术和测试误差都应满足规定的要求。

(2) 在已查明单一法测强影响因素的基础上,应当采取对测强影响较大且相反的单一法进行综合,以便抵消或减少一些影响因素。

(3) 综合法应比单一法具有较小的测试误差和较宽的适用范围。

(4) 综合法适用于确定内部无缺陷部位的混凝土强度。

1. 仪器设备

(1) 主要仪器设备简介

1）回弹仪、钢砧、钢尺。

2）混凝土超声仪。主要由电脉冲发生器、一对换能器、一具放大器和测量由发射换能器发出电脉冲的始点起到接收换能器接收到脉冲始点止的时间间隔的电子计时装置等组成。超声波测强主要结构如图4-35所示。发射换能器发射的超声波经耦合进入混凝土，在混凝土中传播后为接收换能器所接收并转换成电信号，电信号被送至超声仪，经放大后显示在示波屏上，同时测量超声波有关参数，如声传播时间（声时）、接收波振幅（波幅）、频率等功能。

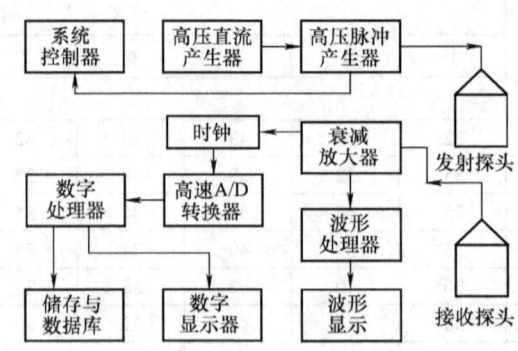

图4-35 超声波测强主要结构示意图

不论哪一种型号的超声仪，都应满足以下要求：

① 具有波形清晰、显示稳定的示波装置。声时可测量范围应为 0.5~9 999μs，测试精度为 0.1μs。

② 数字显示稳定，声时显示调节在 20~30μs 范围内时，2h 内声时显示漂移不得大于 ±0.2μs。

③ 仪器接收放大频率响应范围（频率）应有足够的宽度，一般应不小于 10~200kHz。

④ 仪器具有示波屏显示波形和游标测读功能，以便较准确地测读声时、振幅及频率等参数。若采用整形自动测读时，检测混凝土测距不宜超过 1m（以软件判别方法自动测读的智能超声仪除外）。

⑤ 适用于一般现场测试情况下的温度、电源变化条件。

(2) 超声仪的使用与保养

1）使用前务必了解仪器特性，仔细阅读使用说明书后再开机。

2）注意使用环境。在潮湿、烈日、灰尘环境中使用时，应采取保护措施。

3）环境温度不能太高或太低，一般在温度为 10~40℃ 范围内使用。

4）超声仪使用时应避开干扰源，如电焊机、电锯、电台及其他强磁场。

5）仪器应放置在通风、干燥、阴凉的环境下保存。若长期不用时，应定期开机驱潮，尤其是在南方梅雨季节。

6）仪器发射插座有脉冲高压，接换发射换能器应将发射极电压旋至在零伏档或关机后进行。

7）换能器内压电陶瓷易碎，黏结脱落，切忌敲打。

8）普通换能器不防水，不能在水中使用。孔中用换能器虽有防水层，但连接处常因扰动而损坏，使用中应注意。

2. 超声——回弹综合法测定水泥混凝土抗压强度

(1) 资料准备和检测数量要求。资料准备和检测数量要求与回弹法要求相同。

(2) 测区测点的布置。测区测点的构件布置，应满足下列要求：

1）在条件允许时，测区宜优先布置在构件混凝土上浇筑方向的侧面。

2）测区可在构件的两个对应面、相应面或同一面上布置。

3）测区均匀分布，相邻两测区的间距不宜大于2m。

4）测区避开钢筋密集区和预埋件。

5）测区尺寸为200mm×200mm，采用平测时宜为400mm×400mm。

6）测试面应清洁、平整、干燥，不应有接缝、饰面层、浮浆和油垢，并避开蜂窝、麻面部位，必要时可用砂轮片清除杂物和磨平不平整处，并擦净残留粉尘。

（3）测试技术。测试技术包括回弹值及碳化深度值的测量与计算（回弹法测定混凝土抗压强度中已介绍）、声学参数的测试（一般情况下对结构或构件的每一测区，应先进行回弹测试，后进行超声测试）。

1）超声测点应布置在回弹测试的同一测区内，每一测区布置3个测点。超声测试宜优先采用对测或角测，当被测构件不具备对测或角测时，可采用单面平测。

2）超声测试时，应保证换能器辐射面通过耦合剂与混凝土测试面耦合良好。

3）测试的声时值应精确至0.1μs，声速值应精确至0.01km/s。超声测距的测量误差应不大于±1%。

4）当在混凝土浇筑防锈的侧面对测时，测区混凝土声速代表值应按下列公式计算：

$$v = \frac{1}{3}\sum_{i=1}^{3}\frac{l_i}{t_i - t_0} \tag{4-44}$$

式中　v——测区混凝土声速代表值（km/s）；

　　　l_i——第i个测点的超声测距（mm）；

　　　t_i——第i个测点的声时读数（μs）；

　　　t_0——声时初读数（μs）。

5）当在混凝土浇筑的顶面与底面测试时，测区声速值应按下列公式修正：

$$v_a = \beta v \tag{4-45}$$

式中　v_a——修正后的测区声速值（km/s）；

　　　β——超声测试面修正系数。在混凝土浇筑顶面及底面测试时，$\beta = 1.034$；在混凝土侧面测试时，$\beta = 1.4$。

（4）混凝土强度的推定

1）结构或构件中第i个测区的混凝土抗压强度换算值$f^c_{cu,i}$，应按修正后的测区回弹值R_{ai}及修正后的测区声速值v_{ai}，优先采用专用或地区测强曲线推定。当无该类测强曲线时，经验证后也可按全国统一测区混凝土抗压强度换算表换算。

① 粗集料为卵石时：
$$f^c_{cu,i} = 0.0056 v_{ai}^{1.439} R_{ai}^{1.769} \tag{4-46}$$

② 粗集料为碎石时：
$$f^c_{cu,i} = 0.0016 v_{ai}^{1.656} R_{ai}^{1.410} \tag{4-47}$$

式中　$f^c_{cu,i}$——第i个测区混凝土强度换算值（MPa），精确至0.1MPa；

　　　v_{ai}——第i个测区修正后的超声声速值（km/s），精确至0.01km/s；

　　　R_{ai}——第i个测区修正后的回弹值，精确至0.1。

2）当结构所用材料及其龄期与制定测强曲线所用材料及其龄期有较大差异时，须用同条件试块或从结构或构件测区钻取混凝土芯样试件进行修正，试件数量应不少于4个。此时，得到的测区混凝土强度换算值应乘以修正系数。修正系数可按下列公式计算：

① 有同条件立方试块时：
$$\eta = \frac{1}{n}\sum_{i=1}^{n} f_{cu,i}/f_{cu,i}^{c} \qquad (4\text{-}48)$$

② 有混凝土芯样试件时：
$$\eta = \frac{1}{n}\sum_{i=1}^{n} f_{cor,i}/f_{cu,i}^{c} \qquad (4\text{-}49)$$

式中 η——修正系数，精确至小数点后两位；

$f_{cu,i}$——第 i 个混凝土立方体试块抗压强度实测值（以边长为150mm计）（MPa），精确至 0.1MPa；

$f_{cu,i}^{c}$——对应于第 i 个立方试块或芯样试件的混凝土强度换算值（MPa），精确至 0.1MPa；

$f_{cor,i}$——第 i 个混凝土芯样试件抗压强度实测值（以 $\phi100mm \times 100mm$ 计），MPa，精确至 0.1MPa；

n——试件数。

3）结构或构件的混凝土强度推定值 $f_{cu,e}$，可按下列条件确定：

① 当按单个构件检测时，单个构件的混凝土强度推定值 $f_{cu,e}$ 取该构件各测区中最小的混凝土强度换算值 $f_{cu,min}^{c}$。

② 当按批抽样检测时，该批构件的混凝土强度推定值应按下列公式计算：
$$f_{cu,e} = m_{f_{cui}} - 1.645 S_{f_{cu}^{c}} \qquad (4\text{-}50)$$

式中的各测区混凝土强度换算值的平均值 $m_{f_{cut}^{c}}$ 及标准差 $S_{f_{cu}^{c}}$，应按下列公式计算：

$$m_{f_{cut}^{c}} = \frac{1}{n}\sum_{i=1}^{n} f_{cu,i}^{c} \qquad (4\text{-}51)$$

$$S_{f_{cu}^{c}} = \sqrt{\frac{\sum(f_{cu,i}^{c})^{2} - n(m_{f_{cu}^{c}})}{n-1}} \qquad (4\text{-}52)$$

③ 当同批测区混凝土强度换算值标准差 $S_{f_{cu}^{c}}$ 过大时，批构件的混凝土强度推定值也可按下列公式计算：

$$f_{cu,e} = m_{f_{cu,min}^{c}} = \frac{1}{m}\sum_{j=1}^{m} f_{cu,min,j}^{c} \qquad (4\text{-}53)$$

式中 $m_{f_{cu,min}^{c}}$——该批每个构件中最小的测区混凝土强度换算值的平均值（MPa）；

$f_{cu,min,j}^{c}$——第 j 个构件中的最小测区混凝土强度换算值（MPa）；

m——批中抽取的构件数。

4）当属同批构件按批抽样检测时，若全部测区强度的标准差出现下列情况时，则该批构件应全部按单个构件检测：

① 当一批构件的混凝土抗压强度平均值 $m_{f_{cut}^{c}} < 25.0MPa$，$S_{f_{cu}^{c}} > 4.50MPa$。

② 当一批构件的混凝土抗压强度平均值 $m_{f_{cut}^{c}} = 25.0 \sim 50.0MPa$，$S_{f_{cu}^{c}} > 5.50MPa$。

③ 当一批构件的混凝土抗压强度平均值 $m_{f_{cut}^{c}} > 50.0MPa$，$S_{f_{cu}^{c}} > 6.50MPa$。

3. 超声-回弹综合法测定水泥混凝土抗弯拉强度

(1) 资料准备

(2) 测区测点的布置

1）按规定随机选择的水泥混凝土板，将每一块水泥混凝土路面板作为一个试样，均匀布置10个测区,每个测区不宜小于150mm×550mm,测试面应清洁、干净、平整,不得有蜂窝、麻面,对浮浆和油垢以及粗糙处应清洗或用砂轮片磨平,并擦净残留粉尘。

2)每个测区的测点宜在测区范围内均匀分布,但不得布置在气孔或外露石子上,相邻两测点的距离不宜小于30mm。

(3)测试技术。回弹值及碳化深度值的测量与计算在回弹法测定混凝土抗压强度中已介绍。声学参数测量按下述步骤测试:

1)声时值的测量。测量前应视测距大小将仪器的发射电压器调在某一挡,将仪器"增益"调至较大位置保持不动。仪器接通电源前应检查电压,接上电源后,仪器宜预热10min;对仪器进行标定,换能器与标定棒应耦合良好,对于有示波器的应将首波波幅调节至30~40mm,并将游标调至首波起始位置后测读声时值。对于有调零装置的仪器,应调节零电位器以扣除初读数。声时测量时,测点布置在回弹测试的同一测区内。先在测点上涂少许耦合剂(如黄油、凡士林等),再将发射与接收换能器分别耦合在测区同一测点对应位置上,且发射与接收换能器应在同一轴线上(即对测),如图4-36a所示,或发射与接收换能器轴线应互相平行,且两换能器间隔为定值(即平测)如图4-36b所示。每个测区内的相对测试面上,应各布置3个测点。每测点测试时均应将接收信号的首波波幅调整好,并将游标调至首波前沿基线弯曲的起始位置,可读取声时值(精确到0.1μs),并记录该测点的声时值。对特殊构件应准确量取两换能器间的距离以确定测距。具体步骤如下:

① 在进行回弹测试的同一测区内布置三条轴线如图4-37所示,作为换能器布置区。

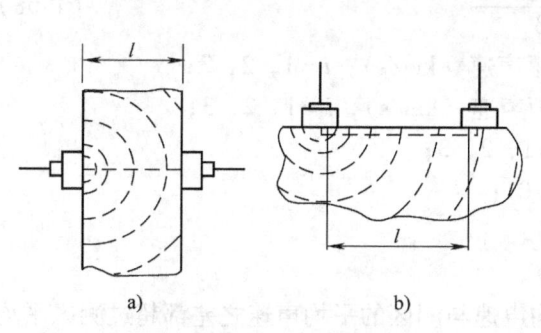

图4-36 声时值测量
a)对测示意图 b)平测示意图

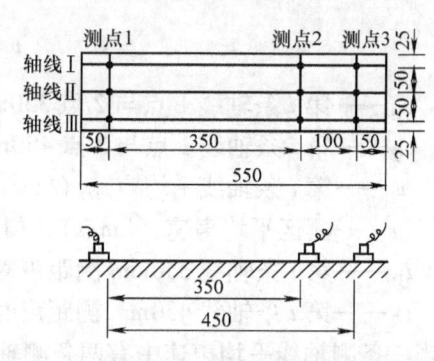

图4-37 换能器布置图(尺寸单位:cm)

② 在换能器放置处抹上耦合剂。

③ 将换能器分别放置轴线Ⅰ的1点及2点处,换能器与路面混凝土应充分接触,耦合良好,发射和接受两换能器直径与测轴线重合,边缘与测距相切。超声波振幅应调到规定振幅。测读声时t_{11}准确至0.1μs。

④ 1点处的换能器不动,将放置在2点处的换能器移至3点处,再测读声时为t_{12},准确至0.1μs。

⑤ 按上述方法测量轴线Ⅱ、Ⅲ,分别得声时为t_{21}、t_{22}、t_{31}、t_{32}。

2)波幅测量。波幅测量时,应在保持换能器良好耦合状态下采用下列两种方法之一进行读取。

① 刻度法：将衰减固定在某一衰减位置，从仪器示波屏上读取首波幅度（格数）。

② 衰减值法：采用衰减器将波幅调至一定高度（如5mm或刻度一格），读取衰减器上的dB值。

3）频率测量。频率测量时，应先将游标脉冲调至首波前半个周期的波谷（或波峰），读取声时值t_1（μs），再将游标脉冲调至相邻的波谷（或波峰），读取声时值t_2（μs），由此即可按下式计算出第i点第一周期波的频率：

$$f_i = \frac{1000}{t_1 - t_2} \tag{4-54}$$

4）波形观察。波形观察主要观察接收信号的波形是否畸变或包络线的形状，必要时可描绘或拍照。仪器使用完毕，应及时做好清理工作，换能器应擦拭干净单独存放。换能器的耦合面应避免磨损。

(4) 计算

1）声速值按下式计算

$$v_{i1} = \frac{350}{t_{i1}} \tag{4-55}$$

$$v_{i2} = \frac{450}{t_{i2}} \tag{4-56}$$

$$v_i = \frac{v_{i1} + v_{i2}}{2} \tag{4-57}$$

$$v = \frac{v_1 + v_2 + v_3}{3} \tag{4-58}$$

式中 v_{i1}——第i条轴线1点与2点350mm测距声速（km/s），$i=1$，2，3；

v_{i2}——第i条轴线1点与3点450mm测距声速（km/s），$i=1$，2，3；

v_i——第i条轴线平均声速（km/s），$i=1$，2，3；

v——测区平均声速（km/s），精确至0.01；

t_{i1}——第i条轴线350mm测距声时（μs）；

t_{i2}——第i条轴线450mm测距声时（μs）。

当三条测轴线平均声速中有两条测轴线平均声速与测区的平均声速之差都超过测区平均声速的15%时，该测区检测结果无效。

2）测区回弹值按前面所述方法计算，并按式（4-59）对实测回弹值进行碳化深度修正计算：

$$N' = 0.8795\overline{N} - 1.4443L + 4.48 \tag{4-59}$$

式中 N'——修正后的测区回弹值，当$L=0$时，$N'=\overline{N}$；

$\overline{N}$——实测的测区平均回弹值；

L——碳化深度（mm）。

(5) 混凝土抗折强度推算

1）测强曲线方程的确定。建立专用测强曲线方程。取用与路面混凝土相同的原材料，设计几种不同水灰比的混凝土配合比（一般设计4种配合比，其中包括路面施工时的配合比），对每种配合比制成150mm×150mm×550mm的梁式试件（不少于6个），在标准条件下养护28d后，按上述方法进行超声及回弹检测，并按水泥混凝土试验规程进行抗折强度试验，再用二元非线性方程按下式回归，确定回归系数，得出测强曲线方程，相对标准误差 e 应不大于12%。

$$R_f = av^b e^c N \tag{4-60}$$

式中　R_f——混凝土抗弯（折）强度（MPa）；
　　　v——超声声速（km/s）；
　　　N——修正后的回弹值；
a、b、c——回归系数；
　　　e——相对标准误差，%，按式（4-61）计算：

$$e = \sqrt{\frac{\sum (R'_{fi}/R_{fi} - 1)^2}{n-1}} \times 100 \tag{4-61}$$

式中　R'_{fi}——第 i 块试件实测抗弯（折）强度（MPa）；
　　　R_{fi}——第 i 块试件由超声、回弹推算的抗弯（折）强度（MPa）；
　　　n——试件数（按块计）。

2）混凝土路面抗弯（折）强度推定。每一段中每一幅为一个单位作为抗弯（折）强度评定对象。评定抗弯（折）强度第一条件和第二条件值按下式计算：

$$R_{n1} = 1.18 \, (\overline{R}_n - K \cdot S_n) \tag{4-62}$$

$$R_{n2} = 1.18 \, (R_{fi})_{min} \tag{4-63}$$

以第一条件值和第二条件值中的小者作为混凝土抗弯（折）强度评定值 R_n。

$$R_n = \min \{R_{n1}, R_{n2}\} \tag{4-64}$$

式中　R_{n1}——抗弯（折）强度第一条件值（MPa），准确至0.1MPa；
　　　R_{n2}——抗弯（折）强度第二条件值（MPa），准确至0.1MPa；
　　　S_n——抗弯（折）强度标准差（MPa），准确至0.1MPa，按下式计算：

$$S_n = \sqrt{\frac{\sum (R_{fi})^2 - n(\overline{R}_{fi})^2}{n-1}} \tag{4-65}$$

　　　K——合格率判定系数，当 $n = 10 \sim 14$ 时，$K = 1.7$；当 $n = 15 \sim 24$ 时，$K = 1.65$；当 $n \geq 25$ 时，$K = 1.60$；
　　　$\overline{R}_n$——抗弯（折）强度平均值（MPa），准确至0.1MPa，按下式计算：

$$\overline{R}_n = \frac{\sum R_{fi}}{n} \tag{4-66}$$

　　　R_{fi}——推算的抗弯（折）强度值；
　　　n——测区数。

(6) 检测结果记录。

4.3.2.3　钻孔取芯法测定混凝土强度

钻孔取芯法是利用钻机从结构混凝土中钻取芯样，以检测混凝土强度或观察混凝土内部质量的方法。由于它对结构混凝土造成局部损伤，因此是一个半破损的现场检测手段。

利用钻芯法检测混凝土抗压强度，无需进行某种物理量与强度之间的换算，普遍认为它是一种直观、可靠和准确的方法，但由于在检测时总是对结构混凝土造成局部损伤，而且成本较高，因此大量取芯往往受到一定限制。近年来，国内外都主张把钻芯法与其他非破损检测方法综合使用，一方面利用非破损法可以大量测试而不损伤结构，另一方面又可利用钻芯法提高非破损测强的精度，使二者相辅相成。

用钻芯法检测混凝土的强度、裂缝、接缝、分层、孔洞或离析等缺陷，具有直观、精度高等特点，但也有一定的局限性：

（1）钻芯时结构造成局部损伤，因而对钻芯位置的选择及钻芯数量等均受到一定限制，而且它所代表的区域也是有限的。

（2）钻芯机及芯样加工配套机具与非破损测试仪器相比，比较笨重，移动不方便，测试成本较高。

（3）钻芯后的孔洞要修补，尤其当钻断钢筋时，更增加了修补工作的困难。

在正常生产情况下，混凝土结构应按《水泥混凝土路面施工技术规范》（JTGF30—2003）的要求，制作立方体标准养护试块进行混凝土强度评定和验收。只有在下列情况下才可以进行钻取芯样检测其强度，并作为处理混凝土质量事故的主要技术依据：

（1）对立方体试块的抗压强度产生怀疑。试块强度很高，而结构混凝土的外观质量很差；试块强度较低，而结构混凝土外观质量较好；或者因为试块形状、尺寸、养护等不符合要求，而影响试验结果的准确性。

（2）混凝土结构因水泥、砂石质量较差或因施工、养护不良发生质量事故。

（3）检测部位的表层与内部的质量有明显差异，或者在使用期限间遭受冻害的混凝土均可采用钻芯法测其强度。

（4）使用多年的老混凝土结构，如需加固或因工艺流程的改变荷载发生了变化，需要了解某些部位的混凝土强度。

（5）对施工有特殊要求的结构和构件，如路面测厚等。

1. 检测器具

（1）钻芯机。常见的钻芯机有：轻便型取芯机（钻芯直径 $\phi 12 \sim 75$ mm）、轻型钻机（钻芯直径 $\phi 12 \sim 200$ mm）、重型钻机（钻芯直径 $\phi 200 \sim 450$ mm）和超重型钻机（钻芯直径 $\phi 330 \sim 700$ mm）。为了满足钻孔和取芯工作的需要，不论哪种钻芯机都应具备以下 5 个基本功能：

1）向钻芯头传递压力，推动钻头前进或后退。

2）驱动钻头旋转，并应具有一定范围的转速，以便保证所需要的线速度。

3）为了冷却钻头及冲洗钻孔过程中产生的磨削碎屑，应不断供给冷却水。

4）钻机应具有足够的刚性和稳定性。

5）钻机移动、安装和拆卸方便。为了满足上述5个条件，钻芯机一般应包括以下几个部分（钻芯机结构见图4-38）：

① 机架部分主要由底座、立柱所组成，底座上一般均安装四个调整水平用的螺钉和两个行走轮。

② 进给部分由滑块导轨、升降座、齿条、

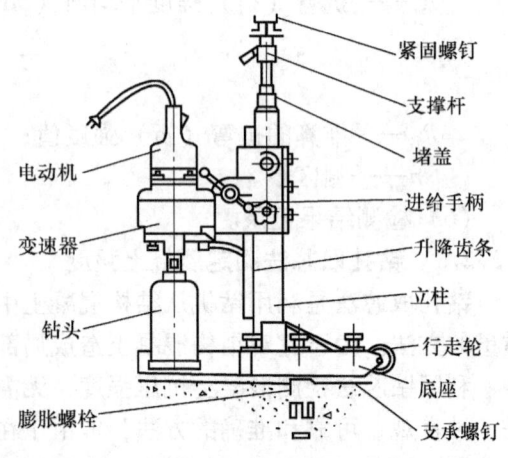

图 4-38 钻芯机构造示意图

齿轮、进给柄等组成。当把升降座上的锁紧螺钉松开后，利用进给手柄可使升降座安全匀速的上下移动，以保证钻头在允许行程内的前进后退。

③ 变速器由壳体、变速齿轮、变速手柄和旋转水封等组成。

④ 给水部分在钻芯过程中，必须供应一定流量的冷却水，水经过水嘴后流入水套内，在经过水套进入主轴中心孔，然后经过连接头最后由钻头端部排出。

⑤ 动力部分主要由电动机、起动机和开关等组成。

（2）芯样切割机。当检测混凝土强度时，应将芯样用切割机加工成具有一定尺寸的抗压试件。切割方式可分为两种类型一种是圆锯片不移动，但工作台可以移动；另一种是锯片平行移动，工作台不动。

（3）人造金刚石空心薄壁钻头。空心薄壁钻头主要由钢体和胎环部分组成。钢体一般由无缝钢管车制而成。钻头的胎环是由钢系、青铜系、钨系等冶金粉末和适量的人造金刚石浇铸成型，在胎环上加工若干排水槽（一般称水口），钻头的构造见图4-39。

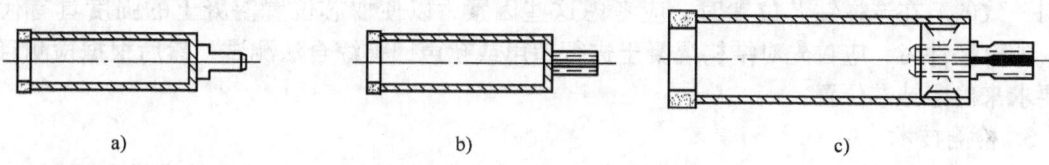

图 4-39 空心薄壁钻构造示意图
a）直柄式 b）螺纹式 c）胀卡式

钻头与钻孔机的连接方式，主要由钻头的直径和钻机的构造决定。一般可分为柄式、螺纹连接式和卡连接式三种。

（4）压力试验机。压力试验机能够满足试件破坏吨位要求。

2. 钻芯前的准备

（1）调查了解工程质量情况

1）工程名称或代号，以及设计、施工、建设单位名称。

2）结构或构件种类、外形尺寸及数量。

3）混凝土强度等级、混凝土的成型日期、所用的水泥品种、粗集料粒径、砂石产地及配合比等。

4）混凝土试块的抗压强度。

5）结构或构件的现场质量状况以及施工或使用中存在的质量问题。

6）有关的结构设计图和施工图。

（2）钻芯机具准备及钻头直径的选择。一般根据被测构件的体积及钻取部位确定钻芯的深度，据此选择合适的钻机及钻头。

应根据检测的目的选择适宜尺寸的钻头。当钻取的芯样是为了进行抗压强度试验时，则芯样的直径与混凝土粗集料最大粒径之间应保持一定的比例关系。在一般情况下，芯样直径为粗集料最大粒径的3倍。在钢筋过密或因取芯位置不允许钻取较大芯样的特殊情况下，钻芯直径可为粗集料最大粒径的2倍。在工程中的梁、柱、板、基础等现浇混凝土结构中，一般使用粗集料的最大粒径为32mm或40mm，这样采用内径为100mm或150mm的钻头已可满足要求。

(3) 芯样数量的确定。取芯的数量,应视检测的要求而定。进行强度检测时,一般可分为以下两种情况:

1) 单个构件进行强度检测时,在构件上的取芯个数一般不少于3个;当构件的体积或截面积较小时,取芯过多会影响结构承载能力,这时可取2个。

2) 对构件某一指定局部区域的质量进行检测时,取芯数量应视这一区域的大小而定,如某一区域遭受冻害、火灾、化学腐蚀或质量可疑等情况,这时检测结果仅代表取芯位置的质量,而不能据此对整个构件或结构物强度作出整体评价。至于检查内部缺陷的取芯试验更应视具体情况而定。

(4) 取芯位置的选择。取芯时会对结构混凝土造成局部损伤,因此在选择芯样位置时要特别慎重。其原则是:应尽量选择在结构受力较小的部位。对于一些重要构件或者一些构件的重要区域,尽量不在这些部位取芯,以免对结构安全造成不利影响。

在一个混凝土构件中由于施工条件、养护情况及不同位置的影响,各部分的强度并不是均匀一致的。在选择钻芯位置时,应考虑这些因素,以使取芯位置混凝土的强度具有代表性。如有条件时,应首先对结构混凝土进行超声或超声回弹综合法测试,然后根据检测目的与要求来确定钻芯位置。

3. 检测技术

(1) 芯样钻取。混凝土芯样的钻取是钻芯测强过程的首要环节,是技术性很强的工作。芯样质量的好坏,钻头和钻机的使用寿命以及工作效率,都与操作者的熟练程度和经验有关。因此,熟练的操作技术,合理调节各部位装置,将会获得较好的钻取效果。

先将钻机安放稳固(钻机的固定方法有:配重法、真空吸附法、顶杆支撑法和膨胀螺栓法等)并调至水平后,安装好钻头,接通水源,启动电动机,然后操作加压手柄,使钻头慢慢接触混凝土表面。当混凝土表面不平时,下钻更应特别小心,待钻头入槽稳定后,方可适当加压进钻。

在进钻过程中应保持冷却水的畅通,水流量宜为3~5L/min,出口水温不宜过高。冷却水的作用:一是防止金刚石温度升高烧毁钻头,二是及时排除钻孔中产生的大量混凝土碎屑,以利钻头不断切削新的工作面和减少钻头的磨损。水流量的大小与进钻速度和直径成正比,以达到料屑能快速排出,又不致四处飞溅为宜。当钻头钻至芯样要求长度后,退钻至离混凝土表面20~30mm时停电停水,然后将钻头全部退出混凝土表面。如停电停水过早,则容易发生卡钻现象,尤其在深孔作业时更应特别注意。

移开钻机后,用带弧度的钢钎插入圆形槽并用锤敲击,此时由于弯矩的作用,使芯样在底部与结构断离,然后将芯样提出。取出的芯样应及时编号,并检查外观质量情况,做好记录后妥善保管,以备割成标准尺寸的芯样试件。

为了保证安全操作,取芯机操作人员必须穿戴绝缘鞋及其他防护用品。

(2) 芯样加工

1) 芯样尺寸要求及测量方法

① 平均直径。在钻芯过程中,由于受到钻机振动钻头偏摆等因素的影响,沿芯样高度的任一直径各个方向芯样直径并不是均匀一致的,也就是说同一芯样其直径有的部位大有的部位小。为了方便地计算芯样的截面积,故以平均直径为代表。如图4-40a所示,测量平均直径用游标卡尺测量芯样中部,在互相垂直的两个位置上取其两次测量的算术平均值作为平

均直径,测量精度为 0.5mm。对于直径为 φ100mm 的芯样,当直径测量误差为 0.5mm 时,芯样的截面积误差只有 0.89%,对抗压强度的计算影响不大。当沿芯样高度任一直径与平均直径相差达 2mm 以上时,由于对抗压强度的影响难以估计,故这样的芯样不能作为抗压试件使用。

② 芯样高度。如图 4-40b 所示,抗压芯样试件高度用钢卷尺或钢板尺进行测量,精确至 1mm;芯样高径比宜为 1.00~2.00,当芯样试件的实际高径比(h/d)小于要求高径比的 0.95 或大于 1.05 时,相应的测试数据无效(表 4-28)。

表 4-28　抗压强度尺寸修正系数表

高径比(h/d)	修正系数	说　明
2.00	1.00	
1.75	0.98	当 h/d 为表列中间值时,修正系数可用内插循序渐进以求得
1.50	0.96	
1.25	0.93	
1.00	0.89	

③ 端面平整度。芯样端面与立方体试块的侧面一样,是进行抗压强度试验时的承压面,其平整度对抗压强度影响很大。端面不平时,向上比向下引起的应力集中更为剧烈,如同劈裂抗拉强度破坏一样,强度下降更大。当中间凸出 1mm 时,其抗压强度只有平整试件的 1/2 左右,因此国内外标准对芯样端面平整度有严格要求。如图 4-40c 所示,测量端面平整度是用钢板尺紧靠在芯样端面上,一面转动钢板尺一面用塞尺测量与芯样之间的缝隙,在 100mm 长度范围内不超过 0.05mm 为合格。

④ 垂直度。芯样两个端面应互相平行且应垂直于轴线。芯样端面与轴线间垂直度偏差过大,抗压时会降低强度,其影响程度还与试验机的球座及试件的尺寸大有关。大部分规定垂直度偏差不得超过 ±1°。如图 4-40c 所示,垂直度测量方法是,用游标量角器分别测量两个端面与轴线间的夹角,在 90°±2° 时为合格,测量精度为 0.1°。承压线凹凸不应大于 0.25mm。

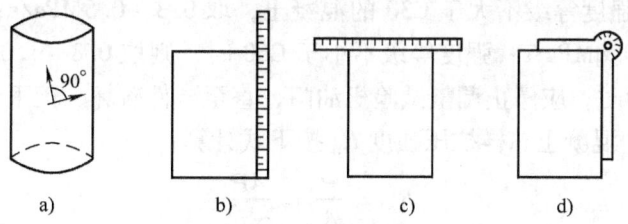

图 4-40　芯样尺寸测量示意图
a) 测平均直径　b) 测芯样高度　c) 测端面平整度　d) 测垂直度

2) 芯样切割加工与端面的修整

① 芯样切割。采用切割机和人造金刚石圆锯片进行切割加工。芯样切割部位的选择和切割机操作正确与否,是保证芯样切割质量的重要环节。芯样加工时切除部分和保留部分应

根据检测的目的确定。在一般情况下，应将影响强度试验的缺边、掉角、孔洞、疏松层、钢筋等部分切除。但是，在一些特殊情况下，如为了检测混凝土受冻或疏松层的强度时，在切割加工中要注意保留这一部分混凝土。为了抗压强度试验的方便，在满足试件尺寸要求的前提下，同一批试件应尽可能切割成同样的高度。

② 芯样端面的修整。芯样在锯切过程中，由于受到振动，夹持不紧或圆锯片偏斜等因素的影响，芯样端面的平整度及垂直度很难完全满足试件尺寸的要求。此时，需采用专用机具进行磨平或补平处理。芯样端面修整基本可分为两种方法：磨平法和补平法。磨平法是在磨平机的磨盘上撒上金刚石砂粒（或直接用金刚石磨轮）对芯样两端进行磨平处理，或采用金刚石车刀在车床上对芯样端面进行车光处理，直到平整度及垂直度达到要求时为止。补平法是用补平材料对芯样端面进行修整，根据所用材料可分为硫磺补平、硫磺胶泥、硫磺砂浆、水泥净浆、水泥砂浆补平等。芯样直径两端侧面测定钻取后芯样的高度及端面加工或端面加工后的高度，其尺寸差应在 0.25mm 之内。

4. 抗压强度试验

芯样在进行抗压强度试验时，可分潮湿状态和干燥状态两种试验方法。在干燥状态下试验的试件，通常比经过浸湿的芯样强度高。为了使芯样试件与被测结构混凝土的湿度在基本一致的条件下进行试验，在钻芯法规程中，规定了芯样试件可在两种湿度状态下进行试验，如结构工作条件比较干燥，芯样试件应以自然干燥状态进行试验；结构工作条件比较潮湿，芯样试件应以潮湿状态进行试验。此外，统一了试验标准并规定了试验状态条件：对于干燥状态，即芯样试件在受压前，应在室内自然干燥 3d；在潮湿状态进行试验时，芯样试件应在 (20±2)℃ 的清水中浸泡 40~48h；抗压试验用的试件长度（端面加工后）不应少于直径的 0.95 倍，也不应大于直径 2.1 倍。芯样端面必须平整，必要时，应磨平或用抹顶补平等方法处理。

（1）抗压强度试验步骤

1）取出试件，清除表面污垢，擦去表面水分，仔细检查后，在其中部量出高度和宽度，精确至 1mm。在准备过程中，要求保持试件温度无变化。

2）在压力机下压板上放好试件，几何对中，球座最好放在试件顶面并凸面朝上。

3）加荷速度，强度等级不大于 C30 的混凝土，取 0.3~0.5MPa/s；强度等级为 C30~C60 时，则取 0.5~0.8MPa/s；强度等级不小于 C60 时，则取 0.8~1.0MPa/s。当试件接近破坏而开始迅速变形时，应停止调整试验机油门，直至试件破坏，记下最大荷载。

（2）记录计算。混凝土芯样抗压强度 R_c 按下式计算：

$$R_c = \frac{P}{A} = \frac{4P}{\pi d_m^2} \tag{4-67}$$

式中　R_c——混凝土芯样抗压强度（MPa），精确至 0.1MPa；

　　　P——极限荷载（N）；

　　　A——受压面积（mm^2）；

　　　d_m——芯样截面的平均直径（mm）。

圆柱体试件与方块试件抗压强度关系如表 4-29 所示。

表4-29 圆柱体试件与方块试件抗压强度关系表

混凝土强度等级	28d 抗压强度/MPa	
	圆柱体 $\phi 150mm \times 300mm$	方块 $150mm \times 150mm \times 150mm$
C2.0/2.5	2.0	2.5
C4.0/5.0	4.0	5.0
C6.0/7.5	6.0	7.5
C8.0/10.0	8.0	10.0
C10.0/12.5	10.0	12.5
C16/20	16.0	20.0
C20/25	20.0	25.0
C25/30	25.0	30.0
C30/35	30.0	35.0
C35/40	35.0	40.0
C40/45	40.0	45.0
C45/50	45.0	50.0
C50/55	50.0	55.0

注：上表遇中间值换算时，可直线插入。

5. 钻孔取芯法测定水泥混凝土路面劈裂抗拉强度

用钻孔取芯法测定混凝土路面劈裂抗拉强度的仪器设备有：压力机、钻孔取芯机、切割机、磨平机、劈裂夹具、木质三合板垫层，如图4-41所示。

（1）芯样钻取及试件加工。要求及方法同前所述，但芯样长度应与路面厚度相等。

（2）检查

1）外观检查。每个芯样应详细描述有关裂缝、接缝、分层、麻面或离析等不均匀性，必要时应记录以下事项。

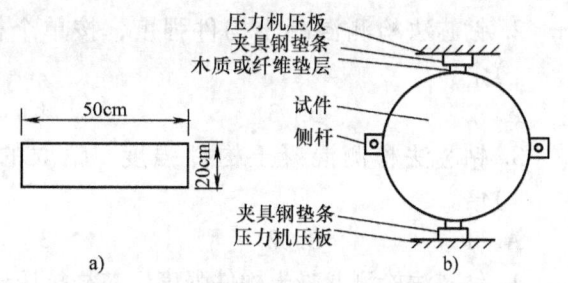

图4-41 芯样劈裂抗拉试装置示意图
a) 夹具钢垫条　b) 劈裂夹具

① 集料情况。估计集料的最大粒径、形状及种类，粗细集料的比例和级配。

② 密实性。检查并记录存在的气孔，气孔的位置、尺寸与分布情况，必要时应拍下照片。

2）测量。同前所述。

（3）劈裂抗拉强度检测步骤

1）试件制作、试件湿度控制均同前所述。

2）检测步骤：

① 试件从养护地点取出后，擦拭干净，测量尺寸，检查外观，在试件中部划出劈裂面位置线。劈裂面与试件成型时的顶面垂直，尺寸测量精度至1mm。

② 将试件、劈裂夹具、垫条和垫层（图 4-41）放在压力机上，借助夹具两侧杆，将试件对中。

③ 开动压力机，当压力机压板与夹具垫条接近时，调整球座，使压力均匀接触试件。当压力加到 5kN 时，将夹具的侧杆抽出，以（60±4）N/s 左右的速度连续、均匀加荷，直至试件劈裂为止，记下破坏荷载，精确至 0.01kN。

（4）检测结果计算。芯样劈裂抗拉强度 R_{ct} 按下式计算：

$$R_{ct} = \frac{2P}{A\pi} = \frac{2P}{\pi d_m \times L_m} \tag{4-68}$$

式中　R_{ct}——芯样劈裂抗拉强度（MPa），精确至 0.1MPa；
　　　P——极限荷载（N）；
　　　A——芯样劈裂面面积（mm²）；
　　　d_m——芯样截面的平均直径（mm）；
　　　L_m——芯样平均长度（mm）。

思考题与习题

一、单项选择题

1. 钢筋闪光对焊接头处的钢筋轴线偏移不得大于（　　）倍的钢筋直径，同时不得大于 2mm。
A. 1　　B. 0.1　　C. 0.3　　D. 2

2. 钻芯法检测混凝土构件强度，按单个构件检测时，每个构件的钻芯数量不少于（　　）个。
A. 2　　B. 3　　C. 4　　D. 6

3. 钻芯法检测混凝土构件强度，钻取的芯样直径一般不宜小于集料最大粒径的（　　）倍。
A. 1　　B. 2　　C. 3　　D. 4

4. 钻芯法检测混凝土构件强度，芯样抗压试件的高度和直径之比应在（　　）范围。
A. 0.5~1.0　　B. 1.0~1.5　　C. 1.0~2.0　　D. 1.5~2.0

5. 回弹仪法检测混凝土构件，每一结构或构件测区数一般不应少于（　　）。
A. 4　　B. 6　　C. 8　　D. 10

6. 回弹仪法检测混凝土构件，相邻两测区的间距应控制在（　　）m 以内。
A. 0.5　　B. 1.0　　C. 1.5　　D. 2.0

7. 回弹仪法检测混凝土构件，测区距构件端部不宜大于 0.5m，且不宜小于（　　）m。
A. 0.05　　B. 0.1　　C. 0.15　　D. 0.2

8. 回弹仪检测混凝土强度，每个测区应记录（　　）个回弹值。
A. 8　　B. 16　　C. 20　　D. 32

9. 回弹仪检测混凝土强度，按批量检测的构件，混凝土强度平均值小于 C25，标准偏差大于（　　）MPa 时应按单个构件评定。
A. 2.5　　B. 3.0　　C. 4.5　　D. 5.5

10. 回弹仪法检测混凝土强度，按批量进行检测的构件，抽检数量不得少于同批构件总数的（　　），且不得少于10件。
A. 10%　　　B. 20%　　　C. 30%　　　D. 40%

11. 用回弹法测强时，其碳化深度为0.3mm，其计算深度取值为（　　）mm。
A. 0　　　B. 0.3　　　C. 0.5　　　D. 1.0

12. 回弹值的计算中，当测试混凝土底面时，数据处理时首先要进行（　　）。
A. 角度的修正　B. 浇筑面的修正　C. 不需修正　　D. 同时修正

13. 回弹仪在每次使用前应该进行（　　）。
A. 可立即使用　B. 校验　　　C. 率定　　　D. 常规保养

14. 在工程混凝土强度检测中，回弹测点一般要求布置在构件混凝土浇筑方向的（　　）。
A. 侧面　　　B. 顶面　　　C. 底面　　　D. 内部

二、多项选择题

1. 目前混凝土无破损检测方法有（　　）。
A. 钻芯法　　　B. 回弹法　　　C. 超声法　　　D. 超声—回弹综合法
E. 拉拔法

2. 钻芯法检测混凝土强度，需对芯样测量（　　）。
A. 平均直径　　B. 芯样高度　　C. 垂直度　　　D. 平整度
E. 重量

3. （　　）情况下需对回弹仪进行标定。
A. 新仪器启用　　　　　　　　B. 累计弹击超过6000次
C. 使用1年以上　　　　　　　D. 保养后钢砧率定值为70±2
E. 受严重撞击

三、判断题

1. 钢筋接头复检时，仍有1个试件的抗拉强度小于规定值，或有3个试件断于焊缝区，则该批接头不合格。（　　）

2. 钢筋电弧焊接头3个拉伸试件，要求强度均不低于规定值，且至少有2个试件是塑性断裂，3个试件均断于焊缝之外。（　　）

3. 硫磺胶泥补平钻芯芯样一般适用于自然干燥状态下的试件，水泥砂浆补平法一般适用于潮湿状态下的试件。（　　）

4. 混凝土强度越低，则塑性变形越大，回弹值越大。（　　）

5. 回弹测区应尽可能使回弹仪处于水平方向检测混凝土浇筑侧面。（　　）

6. 测量混凝土碳化深度时，应采用适当的工具在测区表面形成直径约15mm的孔洞，用水将孔洞内粉末冲洗干净。（　　）

7. 测区回弹值取16个测点值的平均值。（　　）

四、问答题

1. 简述用水泥砂浆补平混凝土芯样的方法。
2. 简述回弹仪测定混凝土强度主要步骤。
3. 简述超声—回弹综合法测定混凝土强度主要步骤。
4. 如何测定结构混凝土的碳化深度？

任务4.4 桥涵预应力混凝土结构构件检测

4.4.1 预应力钢绞线锚具和连接器检测

1. 产品分类

锚具、连接器按其结构形式分为：

（1）张拉端锚具。又分为群锚和扁锚两种。

（2）固定端锚具。分为轧花（H型）和挤压（P型）锚具两种。

各类锚具、连接器按适用的钢绞线规格可分为YM12和YM15两个系列。YM12系列锚具、连接器适用于锚固、连接 $\phi12.0 \sim \phi12.9mm$ 钢绞线；YM15系列锚具、连接器适用于锚固、连接 $\phi15.0 \sim \phi15.7mm$ 钢绞线。

2. 检验项目与技术要求

锚具和连接器应具有可靠的锚固性能和足够的承载能力，以保证充分发挥预应力筋的强度。

检验分为出厂检验、形式检验和使用单位检验。出厂检验为生产厂家在每批产品交货前必须进行的检验，由生产厂家的质量检验部门进行，并做出检验记录。形式检验应由国家指定的检测机构进行。

出厂检验应包括下列项目：表面质量、粗糙度、几何尺寸、硬度与静载试验。

形式检验应包括下列项目：表面质量、粗糙度、几何尺寸、硬度；静载试验；疲劳试验；周期荷载试验；辅助性试验。

桥梁施工中检验包括：外观与尺寸检查；硬度检验；大桥有时需进行静载试验。

锚具静载锚固性能由预应力锚具组装件的静载试验测定的锚具效率系数 η_a 和达到实测极限拉力时的总应变 ε_{apu} 来确定。《公路桥梁预应力钢绞线用锚具、连接器试验方法及检验规则》（JT329.2—1997）规定钢绞线锚具组装件达到实测极限拉力时，全部零件均不应出现肉眼可见的裂缝或破坏。

锚具的静载锚固性能应满足：锚具效率系数 $\eta_a > 0.95$；达到实测极限拉力时的总应变 $\varepsilon_{apu} \geq 2\%$。

锚具宜满足分级张拉、补张拉以及放松钢绞线的要求。锚具及其附件上应设置灌浆孔，灌浆孔应具有保证浆液畅通的截面面积。

循环荷载作用下疲劳性能试验，试件经受200万次循环荷载后，钢绞线因锚具影响发生疲劳破坏的面积不应大于试件总截面面积的5%。

用于抗震结构中的锚具还应进行周期荷载试验，试件经50次周期荷载作用后，钢绞线不应发生破断、滑移和夹片松脱现象。

锚具内缩量应不大于6mm。

锚口摩阻损失不大于2.5%。

连接器应具有与锚具相同的性能要求。

3. 试验方法

（1）一般规定。试验用的钢绞线锚具组装件应由全部零件和钢绞线组装而成，组装时不得在锚固零件上添加影响锚固性能的物质，如金刚砂、石墨等（设计规定的除外）。束中各根钢绞线应等长平行，生产厂的形式检验和新产品试验所用的试件，应选用同一品种、同一规格中最高强度级别的钢绞线。不同系列的锚具应各选取两种代表性尺寸的样品形式试验。试验用的测力系统，其不确定度不得大于2%；测量总应变用的量具，其标距的不确定度不得大于标距的0.2%；指示应变的仪器的不确定度不得大于标距的0.1%。试验台座承载力应大于组装件中各预应力筋计算极限拉力之和的1.5倍，千斤顶额定张拉力和测力传感器额定压力应大于组装件中各预应力筋极限拉力之和。试验设备及仪器每年至少标定一次。锚具组装件试验之前，必须对单根钢绞线进行力学性能试验，其试件应同组装件试验从同一盘钢丝或钢绞线中抽取。每次随机抽取6个试件。

（2）静载试验。将锚具、钢绞线、传感器、千斤顶安装于试验机或试验台座上，使各钢绞线均匀受力，紧固锚具螺钉或敲紧夹片。图4-42给出了钢绞线锚具组装件静载试验组装图。用张拉设备拉至钢绞线抗拉强度标准值的10%时，测量图4-42所示L_0及千斤顶的活塞初始行程L_1尺寸并做记录；测量图4-43中a、b尺寸并记录。

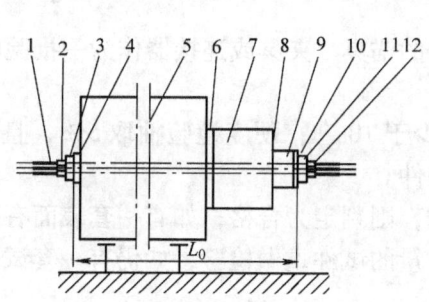

图4-42 钢绞线锚具静载试验组装图

1—钢绞线 2、12—夹片 3、11—锚圈 4、6、8、10—垫板
5—试验台座 7—千斤顶 9—传感器

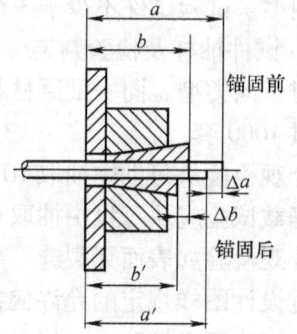

图4-43 内缩量计算图

用试验设备按钢绞线抗拉强度标准值的20%、40%、60%、80%分4级等速加载，加载速度每分钟宜为100MPa，达到80%后，持荷1h随后逐步加载至破坏。

试验过程中观察和测量项目应包括：

1）钢绞线锚具或连接器组装件的内缩量。
2）锚具或连接器各零件之间的相对位移。
3）在达到钢绞线抗拉强度标准值的80%后，在持荷1h时间内的锚具或连接器的变形。
4）试件的实测极限应力F_{apu}。
5）达到实测极限应力时的总应变ε_{apu}。

根据试验结果记录计算锚具和连接器的锚固效率系数η_a，编写试验报告。
总应变按下式计算：

$$\eta_a = F_{apu}/F_{apu}^c \tag{4-69}$$

$$F_{apu}^c = nf_{ptm}A_p \tag{4-70}$$

$$\varepsilon_{apu} = \frac{L_2 - L_1 - \Delta a}{L_0} \times 100 \tag{4-71}$$

式中　F_{apu}——钢绞线锚具组装件的实测极限拉力；

　　　F_{apu}^c——钢绞线锚具组装件中各根钢绞线计算极限拉力之和，$F_{apu}^c = f_{ptm} A_p$；

　　　f_{ptm}——钢绞线中抽取的试件极限抗拉强度的平均值；

　　　A_p——钢绞线锚具组装件中钢绞线截面积之和；

　　　L_1——千斤顶活塞初始行程读数；

　　　L_2——试件破坏时活塞终了行程读数；

　　　Δa——内缩量，见图4-43；

　　　n——钢绞线锚具组装件中钢绞线根数。

根据静载试验记录可以计算锚具效率系数和总应变。

内缩量试验使用的设备、仪器及试件安装与静载试验相同，内缩量可用测量锚固处钢绞线相对位移计算出。试件组装后测量图4-43中每根钢绞线的 a_i 值，用试验设备张拉试件至钢绞线抗拉强度标准值的80%后锚固，测量每根钢绞线的 a_i 值，计算出每根钢绞线的内缩量 Δa_i 和锚具组装件的内缩量 Δa。

内缩量试验试件不少于3个，试验结果取其平均值，并用表记录。

4. 试件抽样及检验判定

对于同类型、同一批原材料和同一工艺生产的锚具、夹具或连接器作为一批验收，每批不超过1000套。

外观检验从每批中抽取10%的锚具，且不少于10套；硬度检验抽取5%，且不少于5套；静载试验应从每批中抽取6套组成3个组装件。

外观检验如表面无裂缝、尺寸符合设计要求，则判定为合格；如有一套表面有裂缝或尺寸超过设计图样规定的允许偏差，应另取双倍数量的试件重做检验，如仍有一套试件不符合要求，则应逐个检验，合格者方可使用。

硬度检验每个零件测试3点，当硬度值符合设计要求的范围应判为合格。如有1个零件不合格，则应另取双倍数量的零件重做试验；如仍有1个试件不合格，则应逐个检验，合格者方可使用。

静载锚固能力检验、疲劳荷载试验及周期荷载检验符合技术要求的规定，判为合格。如有1个试件不合格，则应另取双倍数量的锚具或连接器重做试验；如仍有一个试件不符合要求，则该批为不合格品。

4.4.2　张拉设备校验

桥梁工程中常采用液压拉伸机，由油压千斤顶和配套的高压油泵、压力表及外接油管等组成。液压拉伸机的千斤顶按其构造可分为台座式（普通油压千斤顶）、空心式、锥锚式和拉杆式。预应力张拉机具应与锚具配套使用，并在进场前进行检查和校验。

油压千斤顶的作用力一般用油压表测定和控制。油压表上的指示读数为油缸内的单位油压，在理论上将其乘以活塞面积即应为千斤顶的作用力。但由于油缸与活塞之间有一定的摩阻力，此项摩阻力抵消一部分作用力，因此实际作用力要比理论值小。为正确控制张拉力，一般均用校验标定的方法测定油压千斤顶的实际作用力与油压读数的关系。校验仪器可采用压力试验机、标准测力计或传感器等，一般采用长柱压力试验机。

1. 长柱压力试验机校验

压力试验机的精度不得低于±2%。校验时,应采取被动校验法,即在校验时用千斤顶顶试验机,这样活塞运行方向、摩阻力的方向与实际工作时相同,校验比较准确。

在进行被动校验时,压力试验机本身也有摩阻力,且与正常使用时相反,故试验机表盘读数反映的也不是千斤顶的实际作用力。因此,用被动法校验千斤顶时,必须事先用具有足够吨位的标准测力计对试验机进行被动标定,以确定试验机的度盘读数值。标定后再校验千斤顶时就可以从试验机度盘上直接读出千斤顶的实际作用力以及相应的油压表的准确读数。

用压力试验机校验的步骤如下:

(1) 千斤顶就位。当校验穿心式千斤顶时,如图4-44a所示,将千斤顶放在试验机台面上,千斤顶活塞面或撑套与试验机压板紧密接触,并使千斤顶与试验机的受力中心线重合。

当校验拉杆式千斤顶时,如图4-44b所示,先把千斤顶的活塞杆推出,取下封尾板,在缸体内放入一根厚壁无缝钢管,然后将千斤顶两脚向下立于试验机的中心线部位。放好后,调整试验机,使钢管的上端与试验机上压板接紧,下端与缸体内活塞面接紧,并对准缸体中心线。

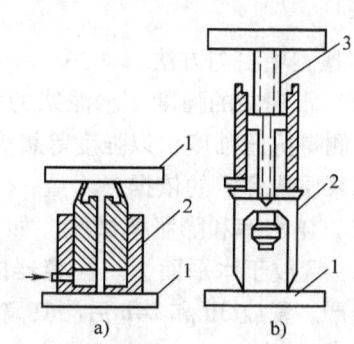

图4-44 用压力试验机校验千斤顶
a) 校验穿心式千斤顶 b) 校验拉杆式千斤顶
1—试验机上下压板 2—拉伸机 3—无缝钢管

(2) 校验千斤顶。开动油泵,千斤顶进油,使活塞杆上升,顶试验机上压板。在千斤顶试验机的平缓增加荷载的过程中(此时不得用试验机压千斤顶),自零位到最大吨位,将试验机被动标定的结果逐点标定到千斤顶的油压表上。标定点应均匀地分布在整个测量范围内,且不少于5点。当采用最小二乘法回归分析千斤顶的标定经验公式时需10~20点。各标定点应重复标定3次,取平均值,并且只测读进程,不得读回程。

(3) 绘制千斤顶校验曲线。根据千斤顶校验结果绘千斤顶校验曲线,供预应力钢材张拉时使用,亦可采用最小二乘法求出千斤顶校验的经验公式,供预应力筋张拉时使用。

2. 用标准测力计校验

用水银压力计、测力环、弹簧拉力计标准测力计校验千斤顶,是一种简单可靠的方法,校验穿心式千斤顶的装置如图4-45(校验拉杆式千斤顶的附加装置与压力试验机校验相同)所示。校验时,开动油泵,千斤顶进油,活塞杆推出,顶测力计。当测力计达到一定吨位 T_1 时,立即读出千斤顶油压表相应读数 P_1,同样方法可得 T_2、P_2;T_3、P_3;此时 T_1、T_2、T_3……即为相应于油压表读数 P_1、P_2、P_3……的实际作用力。将测得的各值绘成曲线,实际使用时,即可由此曲线找出要求的 T 值和相应的 P 值。也可以用电测传感器校验,传感器是在金属弹性元件表面贴上电阻应变片所组成的一个测力装置。当金属元件受外力作用变形后,电阻片也相应变形而改变其电阻值。改变的电阻值通过电阻应变仪测定出来,即可从预先标定的数据中查出外力的大小。

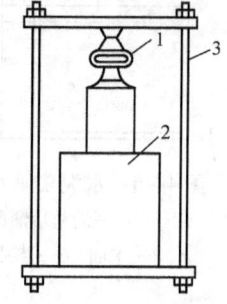

图4-45 标准测力计校验千斤顶装置
1—标准测力计 2—千斤顶
3—框架

将此数据再标定到千斤顶油压表上，即可用以进行作用力的控制。

4.4.3 水泥浆的检测

有粘结预应力筋的后张法预应力混凝土构件，在预应力筋张拉完毕后，均须向孔道内压满水泥浆，以保证预应力筋不锈蚀并与构件混凝土联成整体。压浆工作宜在张拉完毕后尽早进行，一般预应力混凝土构件，在张拉完毕10h左右，观察预应力筋和锚具稳定后，即可进行孔道压浆工作。孔道压浆的水灰比一般宜采用0.4~0.45；如掺入减水剂，水灰比可减少到0.35。

1. 检测项目与方法

（1）水泥浆的强度。水泥浆的强度应制成7.07cm×7.07cm×7.07cm的试件，标准养护28d测得抗压强度，以强度等级表示。压浆时每一工作班应制取不少于3组抗压试件，作为水泥浆质量评定的依据。

（2）泌水率和膨胀率试验。如图4-46所示，容器用有机玻璃制成，带有密封盖，高120mm，置放于水平面上。往容器内填灌水泥浆约100mm深，测填灌面高度并记录下来，然后盖严。置放3h和24h后测其离析水水面和水泥浆膨胀面，然后按下列公式计算泌水率和膨胀率：

$$泌水率 = 100 \times (a_2 - a_3)/a_1 \quad (\%) \tag{4-72}$$

$$膨胀率 = 100 \times (a_3 - a_1)/a_1 \quad (\%) \tag{4-73}$$

（3）稠度试验。水泥浆稠度测定容器如图4-47所示。测定时，先将漏斗调整放平，关上底口活门，将搅拌均匀的水泥浆倾入漏斗内，直至表面触及点测规下端。打开活门，让水泥浆自由流出，水泥浆全部流完时间（s），称为水泥浆稠度。

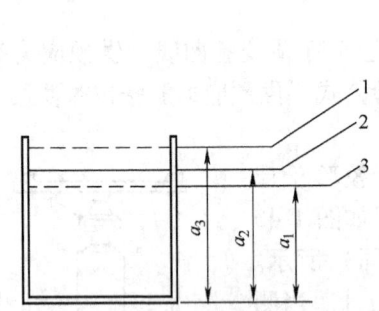

图4-46 水泥浆泌水率和膨胀率试验
1—最初填灌的水泥浆面
2—水面 3—膨胀后的水泥浆面

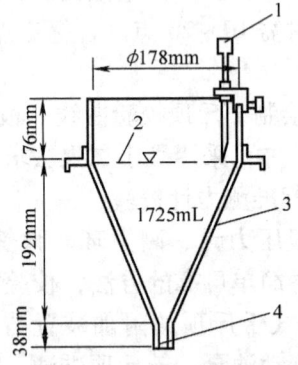

图4-47 水泥浆稠度试验漏斗
1—点测规 2—水泥浆表面 3—不锈钢制3mm厚
4—流出口（内径13mm）

2. 水泥浆技术指标

水泥浆强度必须符合设计要求，设计无规定时，一般应不低于30MPa。泌水率最大不超过3%，拌和后3h泌水率宜控制在2%，24h后泌水应全部被水泥浆吸收。水泥浆稠度宜控制在14~18s之间。

水泥浆中可通过试验掺入适当的膨胀剂（如铝粉等），铝粉的掺入量约为水泥用量的0.01%，掺入膨胀剂后的自由膨胀应小于10%，收缩率不大于2%。

任务4.5　桥梁支座和伸缩装置检测

4.5.1　桥梁支座检测

桥梁工程常用的支座有以下几种：

（1）油毛毡或平板支座（石棉板或铅板支座）。一般用于低等级公路中标准跨径10m以内的简支梁（板）桥。

（2）板式橡胶支座。一般用于中、小跨径（$L_0<40m$）梁（板）桥。

（3）盆式橡胶支座。常用于大跨径、大吨位的箱梁桥、斜拉桥和悬索桥。

（4）球形支座。常用于大跨径、大吨位的箱梁桥，特别适用于曲线桥、宽桥和坡道上斜桥。

（5）钢支座。适用于标准跨径等于或大于25m的梁桥。现已基本被板式橡胶支座取代，目前多用于钢结构桥梁上。

此外，还有钢筋混凝土摆式支座等。

橡胶支座构造简单、成本低，目前已实现了产品的标准化、系列化。本节主要介绍板式橡胶支座的检验方法。

桥梁支座设置在梁板式体系中主梁与墩台之间，其主要功能是将上部结构的各种荷载传递给墩台，并能适应上部结构的荷载、温度变化、混凝土收缩等各种因素所产生的变形（水平位移及转角），使上部结构的实际受力情况符合设计计算图式。桥梁支座按其材料可划分为小桥涵上使用的简易垫层支座、大中桥上使用的钢板支座、钢筋混凝土支座以及目前使用极为广泛的橡胶支座等。

1. 板式橡胶支座构造特性

板式橡胶支座（图4-48）通常由若干层橡胶片与以薄钢板为刚性的加劲物组合而成，各层橡胶与上下钢板经加压硫化牢固的黏结成为一体。支座在竖向荷载作用下具有足够的刚度，主要是由于嵌入橡胶片之间的钢板限制橡胶的侧向膨胀。在水平力作用下，支座的水平位移量取决于橡胶片的净厚度。在运营期间为防止嵌入钢板的锈蚀，支座的上下面及四边都有橡胶保护层。

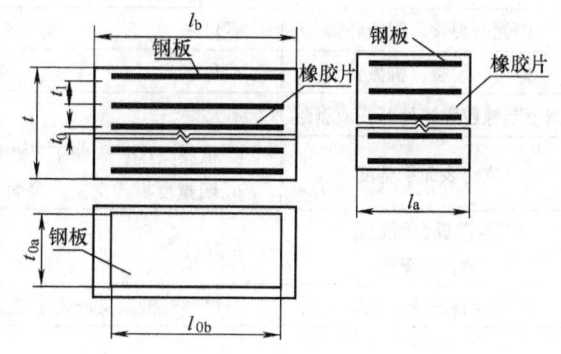

图4-48　矩形普通板式橡胶支座

2. 板式橡胶支座的技术要求

《公路桥梁板式橡胶支座》（JT/T4—2004）规定了桥梁板式橡胶支座标准系列规格。支座力学性能指标见表4-30。其他质量要求应符合表4-31～表4-34规定。

表 4-30 支座的力学性能指标

项目		指标
极限抗压强度 R_u/MPa		≥70
实测抗压弹性模量 E_1/MPa		$E \pm E \times 20\%$
实测抗剪弹性模量 G_1/MPa		$G \pm G \times 15\%$
实测老化后抗剪弹性模量 G_2/MPa		$G + G \times 15\%$
实测转角剪切值 $\tan\theta$	混凝土桥	≥1/300
	钢桥	≥1/500
实测四氟板与不锈钢板表面摩擦系数 μ_f（加硅脂时）		≤0.03

表 4-31 支座解剖检验

项目	质量要求
锯开后胶层厚度	胶层厚度应均匀，t_1 为 5mm 或 8mm 时，其偏差为 ±0.4mm；t_1 为 11mm 时，其偏差小于或等于 ±0.7mm；t_1 为 15mm 时，其偏差小于或等于 ±1.0mm
钢板与橡胶粘结	钢板与橡胶粘结应牢固，且无离层现象，其平面尺寸偏差为 ±1mm，下上保护层偏差（0，+0.5）mm
剥离胶层（HG/T2198 规定制成试样）	剥离胶层后，测定橡胶性能与规定的标准值相比，拉伸强度下降小于或等于 15%，扯断伸长率下降小于或等于 20%

注：支座解剖检验，应抽取一块橡胶层数大于三层的支座，将其沿垂直方向锯开，进行规定项目检验。

表 4-32 每块支座成品外观检验

项目	成品质量标准（不允许有以下两项以上缺陷同时存在）
气泡、杂质	气泡、杂质总面积不得超过支座平面面积 0.1%，且每一处气泡、杂质面积不能大于 20mm²，最大深度不超过 2mm
凹凸不平	当支座平面面积小于 0.15m² 时，不多于 2 处；大于 0.15m² 时，不得多于 4 处，且每处凹凸高度不超过 0.5mm，面积不超过 6mm²
四侧面裂纹、钢板外露	不允许
掉块、崩裂、机械损伤	不允许
钢板与橡胶黏结处开裂或剥落	不允许
支座表面平整度	1. 橡胶支座：表断不平整度不大于平面最大长度的 0.4%；2. 四氟滑板式支座：表面不平整度不大于四氟滑板平面最大长度的 0.2%
四氟滑板表面划痕、碰伤、敲击	不允许
四氟板与橡胶支座粘贴错位	不得超过橡胶支座短边或直径尺寸的 0.5%

表 4-33 支座成品平面尺寸偏差范围

矩形支座		圆形支座	
长边范围 l_b/mm	偏差/mm	直径范围 d/mm	偏差/mm
$l_b \leqslant 300$	+2, 0	$d \leqslant 300$	+2, 0
$300 < l_b \leqslant 500$	+4, 0	$300 < d \leqslant 500$	+4, 0
$l_b > 500$	+5, 0	$d > 500$	+5, 0

表 4-34 支座成品厚度偏差范围

矩形支座		圆形支座	
厚度范围 t/mm	偏差/mm	厚度范围 t/mm	偏差/mm
$t \leqslant 49$	+1, 0	$t \leqslant 49$	+1, 0
$49 < t \leqslant 100$	+2, 0	$49 < t \leqslant 100$	+2, 0
$100 < t \leqslant 150$	+3, 0	$100 < t \leqslant 150$	+3, 0
$t > 150$	+4, 0	$t > 150$	+4, 0

支座抗压弹性模量 E 和支座形状系数 S 应按下列公式计算：

$$E = 5.4GS^2 \tag{4-74}$$

形状系数是支座受压面积与其自由膨胀侧面积之比值。橡胶支座在一定的压力作用下，形状系数影响其竖向变形。同批支座中，个别支座受压后变形量与同类支座相比差异较大，说明在支座加工时，胶片与钢板的黏结处存在缺陷。

对于矩形支座

$$S = \frac{l_{0a} \times l_{0b}}{2(l_{0a} + l_{0b})t_1} \tag{4-75}$$

对于圆形支座

$$S = \frac{d_0}{4t_1} \tag{4-76}$$

式中 E——支座抗压弹性模量（MPa）；

G——支座抗剪弹性模量（MPa），标准容许值为 1.0MPa；

S——支座形状系数；

l_{0a}——矩形支座加劲钢板短边尺寸（mm）；

l_{0b}——矩形支座加劲钢板长边尺寸（mm）；

t_1——支座中间单层橡胶片厚度（mm）；

d_0——圆形支座加劲钢板直径（mm）。

3. 板式橡胶支座检验方法

板式橡胶支座检验分为进厂原材料检验、出厂检验和形式检验。

进厂原材料检验是指板式橡胶支座加工用原材料及外加工件进厂时，应进行的验收检验。

支座出厂检验为每批产品交货前应进行的检验。出厂检验应由工厂质检部门进行，确认合格后方可出厂，出厂时应附有产品质量合格证明文件，并附有支座的规格、胶种、单层橡胶和钢板厚度、钢板的平面尺寸、钢板层数、橡胶总厚度，以便使用单位验收和抽检。

有下列情况之一时，应进行形式检验：

（1）新产品或老产品转厂生产的试制定型鉴定。

（2）正常生产后，胶料配方、工艺、材料有较大改变，可能影响产品性能时。

（3）产品停产一年以上，恢复生产时。

（4）重要桥梁工程或用量较大的桥梁工程用户提出要求时。

（5）国家质量监督机构要求或颁发产品生产许可证时。

进厂原材料检验项目为：橡胶、钢板、聚四氟乙烯板、不锈钢板、硅脂油、黏结剂。对应的检验内容为：物理机械性能；机械性能与外观；物理机械性能、储油槽尺寸和厚度；机械性能、厚度、光洁度；物理性能；与钢板、橡胶、四氟板黏结剥离强度。

支座出厂检验项目为外形尺寸、外观质量、内在质量与力学性能；对应的检验内容为：平面尺寸、厚度；外观缺陷；内部缺陷、偏差；抗压、抗剪弹性模量，极限抗压强度，抗剪黏结性与抗剪老化交叉检验。每项检验都应符合规定的要求。

支座形式检验应符合表 4-35 要求。

表 4-35 支座形式检验项目与要求

序号	形式检验分类	力学性能检验项目								原材料检验项目	出厂检验项目
		抗压弹性模量	抗剪弹性模量	抗剪粘结性	抗剪老化	四氟板与不锈钢板摩擦系数	容许转角	极限抗压强度	检验支座规格		
1	新产品试制定型鉴定	△	△	△	△	△	△	△	五种、三种规定规格	全检	全检
2	胶料配方、工艺改变	△	△	△	△	—	—	—	三种	全检	全检
3	停产一年恢复生产	△	△	△	△	—	—	—	三种规定规格	全检	全检
4	重量和用量较大工程及用户提出要求	△	△	板式橡胶支座做此项试验	—	—	—	四氟滑板支座做此项试验	三种，用量100块以下时抽一种	用户要求时	用户要求时
5	国家质检部门要求或颁发产品许可证	△	△	△	△	△	△	对规定规格型号 I	三种规定规格	全检	全检
	每种规格支座抽检数量（各项检验通用）	三块	三对	三对	三对	三对	三对	三块		—	—
	要求				表 4-30					见标准	见标准

注：表中 △ 表示应做项目；空白表示可不做项目；规定规格支座及试验方法见标准。

每次检验抽取试样的规格和数量应符合表 4-35 的规定，各种试验试样通用。

（1）抗压弹性模量检验。此试验方法为通过中心受压试验，得出橡胶支座的应力-应变曲线，并据此求出支座的抗压弹性模量，实测出使用应力下支座的最大压缩量，并观察支座在受压情况下的工作状态。

1）将试样置于试验机的承载板上，上下承载板与支座接触面不得有油渍；对准中心，精度应小于1%的试件短边尺寸或直径。缓缓加载至压应力为1.0MPa且稳压后，核对承载板四角对

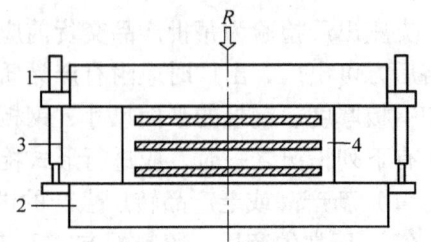

图 4-49 压缩试验设备图
1—上承载板 2—下承载板
3—位移传感器 4—支座试样

称安置的四只位移传感器,确认无误后,开始预压,如图4-49所示。

2）预压。将压应力以0.03~0.04MPa/s速率连续地增至平均压应力 σ = 10MPa,持荷2min,然后以连续均匀的速度将压应力卸至1.0MPa,持荷5min,记录初始值,绘制应力—应变图,预压三次。

3）正式加载。每一加载循环自1.0MPa开始,将压应力以0.03~0.04MPa/s速率均匀加载至4MPa,持荷2min后,采集支座变形值,然后以同样速率每2MPa为一级逐级加载,每级持荷2min后,采集支座变形数据直至平均压应力为止,绘制的应力—应变图应成线性关系。然后以连续均匀的速度卸载至压应力为1.0MPa,10min后进行下一加载循环。加载过程应连续进行三次。

4）以承载板四角所测得的变化值的平均值,作为各级荷载下试样的累计竖向压缩变形 Δe,按试样橡胶层的总厚度 t_e 求出在各级试验荷载作用下,试样的累计压缩应变 $\varepsilon_i = \Delta e_i/t_e$。

试样实测抗压弹性模量应按下列公式计算：

$$E_1 = \frac{\sigma_{10} - \sigma_4}{\varepsilon_{10} - \varepsilon_4} \tag{4-77}$$

式中 E_1——试样实测的抗压弹性模量计算值(MPa),精确至1MPa；

σ_4、ε_4——第4MPa级试验荷载下的压应力(MPa)和累积压缩应变值；

σ_{10}、ε_{10}——第10MPa级试验荷载下的压应力(MPa)和累计压缩应变值。

每一块试样的抗压弹性模量 E_1,为三次加载过程所得的三个实测结果的算术平均值。但单项结果和算术平均值之间的偏差不应大于算术平均值的3%,否则应对该试样重新复核试验一次；如果仍超过3%,应由试验机生产厂专业人员对试验机进行检修和检定,合格后再重新进行试验。

（2）抗剪弹性模量检验。由于梁体受温度、收缩徐变以及车辆制动力等环境条件的影响产生的水平位移将使支座产生剪切变形,而橡胶支座水平位移量的大小主要取决于橡胶片的净厚度,也就是说支座的剪切位移,是靠胶层的变形产生的。我国原交通部行业标准规定了橡胶支座的剪切模量检验方法,如图4-50所示。

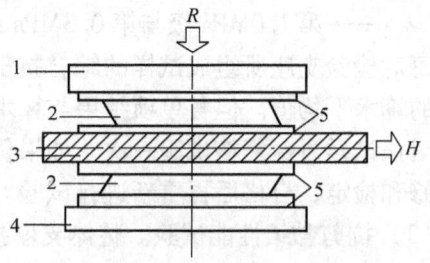

图4-50 橡胶支座剪切试验示意图
1—上承力板 2—支座
3—上、下两块支座中间钢拉板
4—下承力板 5—防滑摩擦板

橡胶支座抗剪弹性模量试验是以正压力为容许。压应力,并在抗剪过程中保持不变的情况下,采用2块支座用中间钢拉板推或拉组成双剪装置,橡胶支座的顶面或底面必须与实桥设计（钢筋混凝土梁、钢梁）图样一致,而且中间钢拉板的对称轴应和加压设备中轴处在同一垂直面上。剪切变形量一般采用2个大标距的位移传感器或百分表量测,正压力和剪切力一般采用力传感器进行量测控制。正式试验前应进行预载,以控制偏差和消除初应力。正式加载时,施加水平力至剪应力 τ = 1.0MPa 后持荷5min,然后卸载至剪应力 τ = 0.1MPa 后记录位移计初始值。

试验程序如下：

1) 在试验机的承载板上，应使支座顺其短边方向受剪，将试样及中间钢拉板按双剪组合配置好，使试样和中间钢拉板的对称轴和试验机承载板中心轴处在同一垂直面上。精度应小于1%的试件短边尺寸，为防止出现打滑现象，应在上下承载板和中间钢拉板上粘贴高摩擦板，以确保试验的准确性。

2) 将压应力以0.03~0.04MPa/s的速率连续地增至平均压应力σ，绘制应力—时间图，并在整个抗剪试验过程中保持不变。

3) 调整试验机的剪切试验机构，使水平油缸、负荷传感器的轴线和中间钢拉板的对称轴重合。

4) 预加水平力。以0.002~0.003MPa/s的速率连续施加水平剪应力至剪应力$\tau = 1.0$MPa，持荷5min，然后以连续均匀的速度卸载至剪应力为0.1MPa，持荷5min。记录初始值，绘制应力—应变图。预载三次。

5) 正式加载。每一加载循环自$\tau = 0.1$MPa开始，每级剪应力增加0.1MPa，持荷1min，采集支座变形数据，至$\tau = 1.0$MPa为止，绘制的应力—应变图应成线性关系。然后以连续均匀的速度卸载至剪应力为0.1MPa。10min后进行下一循环试验。加载过程应连续进行三次。

6) 将各级水平荷载下位移传感器所测得的试样累计水平剪切变形Δ_s，按试样橡胶层的总厚度t_e求出在各级试验荷载作用下，试样的累积剪切应变$\gamma = \Delta_s / t_e$。

试样的实测抗剪弹性模量应按下列公式计算：

$$G_1 = \frac{\tau_{1.0} - \tau_{0.3}}{\gamma_{1.0} - \gamma_{0.3}} \tag{4-78}$$

式中 G_1——试样的实测抗剪弹性模量计算值（MPa），精确至0.01MPa；

$\tau_{1.0}$、$\tau_{0.3}$——第1.0MPa级与第0.3MPa级试验荷载下的剪应力（MPa）；

$\gamma_{1.0}$、$\gamma_{0.3}$——第1.0MPa级与第0.3MPa级试验荷载下的累计剪切应变值。

每对检验支座所组成试样的综合抗剪弹性模量G_1，为该对试件3次加载所得到的3个结果的算术平均值。但各单项结果与算术平均值之间的偏差应不大于算术平均值的3%，否则应对该试样重新复核试验一次。如果仍超过3%，应请试验机生产厂专业人员对试验机进行检修和检定，合格后再重新进行试验。

(3) 抗剪黏结性能试验。整体支座抗剪黏结性能试验方法与抗剪弹性模量试验方法相同。将压应力以0.03~0.04MPa/s速率连续地增至平均压应力σ，绘制应力—时间图，并在整个试验过程中保持不变。然后以0.002~0.003MPa/s的速率连续施加水平力，当剪应力达到2MPa，持荷5min后，水平力以连续均匀的速度连续卸载，在加、卸载过程中绘制应力—应变图。试验中随时观察试件受力状态及变化情况，水平力卸载后试样是否完好无损。

(4) 抗剪老化试验。将试样置于老化箱内，在(70±2)℃温度下经72h后取出，将试样在标准温度(23±5)℃下，停放48h，再在标准试验室温度下进行剪切试验，试验与标准抗剪弹性模量试验方法步骤相同。老化后抗剪弹性模量G_2的计算方法与标准抗剪弹性模量计算方法相同。

(5) 摩擦系数试验。摩擦系数应按下列步骤进行试验：

1) 将四氟滑板支座与不锈钢板试样按规定摆放，对准试验机承载板中心位置，精度应小于1%的试件短边尺寸。试验时应将四氟滑板试样的储油槽内注满5201-2硅脂油，如图

4-51 所示。

2) 以 0.003~0.004MPa/s 的速率连续地增至平均压应力 σ，绘制应力—时间图，并在整个试验过程中保持不变。其预压时间为 1h。

3) 以 0.002~0.003MPa/s 的速率连续地施加水平力，直至不锈钢板与四氟滑板试样接触面间发生滑动为止，记录此时的水平剪应力作为初始值。试验过程应连续进行三次。

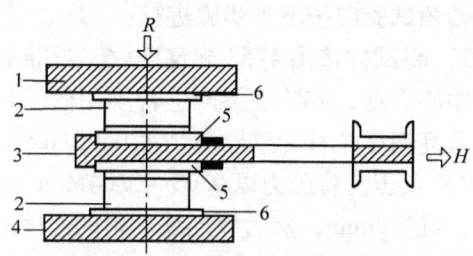

图 4-51 摩擦系数试验设备
1—试验机上承载板 2—四氟滑板支座试样
3—中间钢拉板 4—试验机下承载板
5—不锈钢板试样 6—防滑摩擦板

摩擦系数应按下列公式计算：

$$\mu_f = \frac{\tau}{\sigma} = \frac{H}{2R} \tag{4-79}$$

$$\tau = \frac{H}{2A_0} \tag{4-80}$$

$$\sigma = \frac{R}{A_0} \tag{4-81}$$

式中 μ_f——四氟滑板与不锈钢板表面的摩擦系数，精确至 0.01；
τ——接触面发生滑动时的平均剪应力（MPa）；
σ——支座的平均压应力（MPa）；
H——支座承受的最大水平力（kN）；
R——支座最大承压力（kN）；
A_0——支座有效承压面积（mm²）。

每对试样的摩擦系数为三次试验结果的算术平均值。

(6) 转角试验。当对试样施加应力至平均压力 σ，则试样产生垂直压缩变形；用千斤顶对中间工字梁施加一个向上的力 P，工字梁产生转动，下试样边缘产生压缩及回弹两个相反变形。由转动产生的支座边缘的变形必须小于由垂直荷载和强制转动共同影响下产生的压缩变形（图 4-52 和图 4-53）。

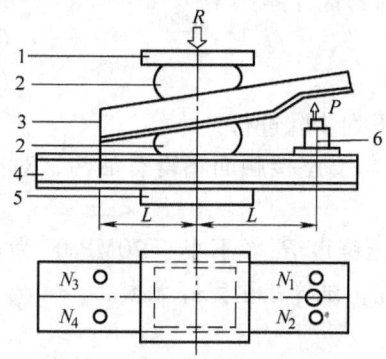

图 4-52 转角试验设备图
1—试验机上承载板 2—试样 3—中间工字梁
4—承载梁（板） 5—试验机下承载板 6—千斤顶

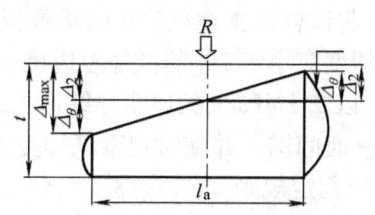

图 4-53 转角计算图

转角试验应按下列步骤进行：

1）将试样按图4-52规定摆放，对准中心位置，精度应小于1%的试件短边尺寸。在距试样中心L处，安装使梁产生转动用的千斤顶和测力计，并在承载梁（或板）四角对称安置四只高精度位移传感器（精度0.001mm）。

2）预压。将压力以0.03~0.04MPa/s的速率连续地增至平均压应力σ，绘制应力—时间图，维持5min，然后以连续均匀的速度卸载至压应力为1.0MPa，如此反复三遍。检查传感器是否灵敏准确。

3）加载。将压应力按照抗压弹性模量试验要求增至平均压力σ，采集支座变形数据，绘制应力—时间图，并在整个过程中维持σ不变。用千斤顶对中间工字梁施加一个向上的力P，使其达到预期转角的正切值（偏差不大于5%），停5min后，记录千斤顶力P及传感器的数值。

实测转角的正切值应按下列公式计算：

$$\tan\theta = \frac{\Delta_1^2 + \Delta_3^4}{2L} \tag{4-82}$$

式中 Δ_1^2——传感器N_1、N_2处的变形平均值（mm）；

Δ_3^4——传感器N_3、N_4处的变形平均值（mm）；

L——转动力臂。

各种转角下，由于垂直承压力和转动共同影响产生的压缩变形值应按下式计算：

$$\Delta_2 = \Delta_c - \Delta_1 \tag{4-83}$$

$$\Delta_1 = (\Delta_1^2 - \Delta_3^4)/2 \tag{4-84}$$

式中 Δ_c——支座最大承压力尺时试样累积压缩变形值（mm）；

Δ_1——转动试验时，试样中心平均回弹变形值（mm）；

Δ_2——垂直承压力和转动共同影响下试样中心处产生的压缩变形值（mm）。

各种转角下，试样边缘换算变形值应按下式计算：

$$\Delta_\theta = \tan\theta \cdot l_a/2 \tag{4-85}$$

式中 Δ_θ——实测转角产生的变形值（mm）；

l_a——矩形支座试样的短边尺寸（mm）；圆形支座采用直径d（mm）。

各种转角下，支座边缘最大、最小变形值应按下列公式计算：

$$\Delta_{max} = \Delta_2 + \Delta_\theta \tag{4-86}$$

$$\Delta_{min} = \Delta_2 - \Delta_\theta \tag{4-87}$$

(7) 极限抗压强度试验。极限抗压强度试验应按下列步骤进行：

1）将试样放置在试验机的承载板上，上下承载板与支座接触面不得有油污，对准中心位置，精度应小于1%的试件短边尺寸。

2）以0.1MPa/s的速率连续地加载至试样极限抗压强度R_u（不小于70MPa）为止，绘制应力—时间图，并随时观察试样受力状态及变化情况，试样是否完好无损。

(8) 判定规则

1）进厂原材料检验应全部项目合格后方可使用，不合格材料不允许用于支座生产。

2）支座出厂检验时，若有一项不合格，则应从该批产品中随机再取双倍支座，对不合格项目进行复检；若仍有一项不合格，则判定该批产品不合格。

3）支座力学性能试验时，随机抽取三块（或三对）支座，若有两块（或两对）不能满足要求，则认为该批产品不合格。若有一块（或一对）支座不能满足要求时，则应从该批产品中随机再抽取双倍支座对不合格项目进行复检；若复检仍有一项不合格，则判定该批产品不合格。

4）形式检验时，应全部项目满足要求为合格。若使用单位抽检支座成品力学性能有两项各有一块（一对）支座不合格；颁发产品许可证时，抽检支座有三项各有一块（一对）支座不合格，则可按照上条的规定进行复检；若复检仍有一项不合格，则判定该批产品为不合格。

4.5.2 桥梁橡胶伸缩装置检测

1. 桥梁橡胶伸缩装置的作用及分类

桥梁橡胶伸缩装置的主要作用是满足桥梁上部结构变形的需要，并保证车辆通过桥面时平稳。桥梁橡胶伸缩装置按照伸缩体结构不同可划分为四类。

（1）纯橡胶式伸缩装置。伸缩体完全由橡胶组成的（包括异形钢梁高度不大于50mm与密封橡胶带组成单缝）称为纯橡胶式伸缩装置。它适用于伸缩量不大于60mm的公路的桥梁工程。

（2）板式伸缩装置。伸缩体由橡胶与钢板或角钢硫化为一体的称为板式伸缩装置。它适用于伸缩量小于60mm的公路桥梁工程，不适用于高速公路桥梁工程。

（3）组合式伸缩装置。伸缩体由橡胶板和钢托板组合而成的称组合式伸缩装置。它适用于伸缩量不大于120mm的公路桥梁工程，不适用于高速公路桥梁工程。

（4）模数式伸缩装置。伸缩体由异型钢梁与单元橡胶密封带组合而成的称为模数式伸缩装置。它适用于伸缩量为80~1200mm的公路桥梁工程。

2. 桥梁橡胶伸缩装置技术要求

桥梁橡胶伸缩装置的检测项目有：橡胶与钢材的质量；成品尺寸偏差；外观质量；成品力学性能试验；解剖检验等。各项指标见表4-36~表4-40。

（1）成品力学性能试验。成品力学性能试验应符合表4-36的要求。

表4-36 橡胶伸缩装置成品力学性能试验表

序号	项目			纯橡胶式	板式	组合式	模数式
1	拉伸、压缩时最大水平摩阻力/kN/m			<4	<18	<5	<4
2	拉伸、压缩时变位均匀性/mm	每单元最大偏差值				-2~2	
		总变位最大偏差值	伸缩量≤600				-10~10
			伸缩量>600				-15~15
3	拉伸、压缩时最大垂直变形/mm				-3~3	-2~2	满足设计要求
4	相对错位后拉伸、压缩试验（满足1、2项要求）	横向错位扇面（mm）					两端4m范围相差≥80
		竖向错位/mm					两边相当于顺桥向产生5%坡度高差
		纵向错位/mm					横梁倾斜角度≥25°

(续)

序号	项目	纯橡胶式	板式	组合式	模数式
5	中梁、横梁应力、应变测定、水平力（模拟制动力）试验				满足设计要求
6	密封橡胶带防水性能试验	注满水24h无渗漏			注满水24h无渗漏

（2）成品尺寸偏差及外观质量检验。橡胶伸缩体的尺寸偏差应满足下列要求：

1）不论伸缩量大小，每延米长度偏差为 −1.0~2.0mm。

2）宽度、厚度偏差应满足表4-37要求。

3）在自然状态下，伸缩装置中使用的单元密封橡胶带尺寸（不包括锚固部分）的公差应满足表4-38要求。

表4-37 橡胶伸缩体宽度、厚度偏差 （单位：mm）

宽度范围	偏差	厚度范围	偏差
≤80	+2.0, −1.0	≤80	+1.8, −1.0
>80~240	+2.0, −1.5	>50	+2.3, −1.5
>240	+2.0, −2.0		

表4-38 单元密封橡胶带尺寸偏差范围 （单位：mm）

宽度范围	偏差	厚度范围	偏差
a = 80	+3, 0	b	+1.5, 0
		b_1	+1.0, 0
a < 80	+2, 0	b	+1.0, 0
		b_1	+1.0, 0

注：宽度范围正偏差用于伸缩体顶面，负偏差用于伸缩体底面。

4）橡胶伸缩体外观质量应满足表4-39的要求。

表4-39 橡胶伸缩体外观质量标准

缺陷名称	质量标准	缺陷名称	质量标准
骨架钢板外露	不允许	泡、杂质	不超过成品表面面积的0.5%，且每处不大于25mm^2，深度不超过2mm
钢板与黏结处开裂或剥离	不允许		
喷霜、发脆、裂纹	不允许		
螺栓定位孔歪斜及开裂	不允许	明疤缺胶	面积不超过30mm×5mm，深度不超过2mm缺陷，每米不超过4处
连接榫槽开裂、闭合不准	不允许		

（3）成品解剖检验。板式伸缩装置成品解剖检验，每200块或每批任取一块，将其垂直方向锯开，进行规定项目检验，检验结果应符合表4-40的要求。

3. 桥梁橡胶伸缩装置检验原则

（1）桥梁橡胶伸缩装置的检验，除投产鉴定、质量监督机构定期检测和出厂检验外，高等级公路桥梁大修或大中桥往往在施工阶级仍需进行逐个检查外观及几何尺寸，必要时还应进行成品力学性能检验。

表 4-40 板式伸缩装置解剖检验表

名称	解剖检验项目
锯开后钢板、角钢位置	钢板、角钢位置要求准确无误，其平面位置偏差为 ±3mm，高度位置偏差应在 -1~2mm 之间
钢板与橡胶黏结	钢板与橡胶黏牢固且无离层现象

（2）成品力学性能试验，原则上要求试验设备能对整体组装后的伸缩装置成品进行力学性能试验，如试验设备所限，可对纯橡胶式、板式和组合式伸缩装置截取 1m 试样进行力学性能试验。

（3）成品力学性能试验应在专用的试验平台上完成，两边用定位螺栓或其他的有效方法将伸缩装置试样与锚固板联结，然后使试验装置模拟拉伸、压缩与纵向、竖向、横向错位，实测拉、压过程中水平摩阻力、变位均匀性。

（4）对模数式伸缩装置试样按实际荷载测定中梁、横梁及其他重要构件应力、应变值。有条件时，应对试样进行震动冲击试验。

（5）对单组、多组模数式伸缩装置橡胶密封带，应进行防水试验。

（6）所有形式伸缩装置应做零部件安装、更换方便性试验。

（7）伸缩装置的平面、厚度等外形尺寸，应用标定的钢尺、游标卡尺、平整度仪、水准仪测量。每延米纯橡胶式、板式、组合式伸缩装置试样平面尺寸除测量四边长度外，还应测量对角线尺寸。测量厚度时应在四边测量 8 点，取其平均值，其偏差应满足相应的标准规定。模数式伸缩装置偏差除应满足相应的标准规定外，还应每 2m 长度内取一点，并取其各点的平均值。

4. 判定规则

（1）成品力学性能试验应满足表 4-36 的规定。

（2）几何尺寸及外观应满足表 4-37~表 4-39 的规定。

（3）解剖检验应满足表 4-40 规定。

（4）黏结剂、聚四氟乙烯材、硅脂应满足《公路桥梁板式橡胶支座》（JT/T 4—2004）的有关规定。

（5）使用钢板、型钢、异形钢材、螺栓等钢件和不锈钢板应满足有关材料的技术要求。

（6）检验不合格时，应再取双倍试样对不合格项目进行复检；复检后仍有项目不合格，则该批产品为不合格，不合格产品不得使用。

思考题与习题

一、单项选择题

1. 橡胶支座极限抗压强度应满足（　　）MPa。
A. ≥50　　　　B. ≥60　　　　C. ≥70　　　　D. ≥90

2. 橡胶支座表面气泡、杂质总面积不得超过支座平面面积的（　　）。
A. 0.1%　　　B. 0.5%　　　C. 1%　　　　D. 2%

3. 橡胶支座试样应随机抽取，每种规格试件数量为（　　）对。
A. 1　　　　　B. 2　　　　　C. 3　　　　　D. 4

4. 橡胶支座抗压弹性模量试验，3个试件的单项结果和算术平均值之间的偏差不应大于算术平均值的（　　）。
　　A. 1%　　　　　　B. 2%　　　　　　C. 3%　　　　　　D. 5%
5. 适用于伸缩量为80~1200mm的伸缩缝为（　　）。
　　A. 模数式　　　　B. 梳齿板式　　　C. 橡胶式　　　　D. 异型钢单缝式
6. 模数式伸缩缝进行力学性能试验，长度不小于（　　）m。
　　A. 4　　　　　　　B. 3　　　　　　　C. 2　　　　　　　D. 1
7. 锚具静载锚固性能试验，锚具效率系数应满足（　　）。
　　A. 0.9　　　　　　B. 0.92　　　　　　C. 0.95　　　　　　D. 0.99
8. 锚具静载锚固性能试验，锚具总应变应满足（　　）。
　　A. ≥1.5%　　　　B. ≥2.0%　　　　C. ≥3.0%　　　　D. ≥5.0%
9. 锚具应能满足循环次数为（　　）次的周期性荷载试验。
　　A. 50　　　　　　B. 100　　　　　　C. 100　　　　　　D. 200

二、多项选择题

1. 橡胶支座成品力学性能指标包括（　　）。
　　A. 极限抗压强度　　　　B. 实测抗压弹性模量　　　　C. 实测抗剪模量
　　D. 实测转角正切值　　　E. 实测老化后抗剪弹性模量
2. 橡胶支座成品解剖检验包括（　　）。
　　A. 强度　　　　　　　　B. 弹性模量　　　　　　　　C. 胶层厚度
　　D. 钢板与橡胶黏结　　　E. 剥离胶层
3. 桥梁伸缩装置包括（　　）。
　　A. 模数式　　　　　　　B. 梳齿板式　　　　　　　　C. 橡胶式
　　D. 异型钢单缝式　　　　E. 组合式
4. 锚夹具静载锚固性能试验项目包括（　　）。
　　A. 静载锚固效率系数　　B. 极限总应变　　　　　　　C. 锚具内缩量
　　D. 锚具摩阻损失　　　　E. 锚具锚固工艺

三、判断题

1. 橡胶支座外观质量用目测方法或量具逐块检查，不允许有两项以上的缺陷存在。（　　）
2. 橡胶抗压弹性模量试验，当单个测试结果与3个试件算术平均值偏差超过3%时，则该批产品不合格。（　　）
3. 橡胶支座在不小于70MPa压应力作用下，橡胶层未被挤坏，中间钢板未断裂，四氟板与橡胶未剥离，说明抗压强度满足要求。（　　）
4. 橡胶支座3块试样中，有2块不能满足要求时，则认为该批产品不合格；若有1块不合格，则取双倍试样复检，若复检仍有1块不合格，则该批产品不合格。（　　）
5. 锚固过程中预应力筋的内缩量不大于6mm。（　　）
6. 锚口摩阻损失不大于2.5%。（　　）
7. 夹具应具有良好的自锚性能、松锚性能和重复使用性能。（　　）
8. 锚夹具辅助性试验为观测项目，不作为合格与否的判定。（　　）

9. 预应力张拉设备标定时，千斤顶、油泵及油压表应分别校验。（　　）

四、问答题

1. 简述板式橡胶支座抗压弹性试验步骤。
2. 简述板式橡胶支座极限抗压强度试验步骤并说明评定标准。
3. 绘制板式橡胶支座抗剪试验加载模型，并说明主要步骤。
4. 如何判定闪光对焊焊件的力学性能是否符合要求？
5. 钢筋焊件的检验如何取样？
6. 叙述水泥浆的检测项目与检测方法。
7. 叙述梁橡胶伸缩装置的检验原则及判定规则。

任务4.6　桥梁荷载试验

桥梁荷载试验分静载试验和动载试验，进行桥梁荷载试验的目的是检验桥梁整体受力性能和承载力是否符合设计要求；对于新桥型及桥梁中运用新材料、新工艺的应验证计算图式，为完善结构分析理论积累资料；对于旧桥通过荷载试验可以评定其运营荷载等级。

桥梁结构在荷载作用下所产生的变形可以分为两大类：一类变形能反映结构的整体工作状态，如梁的挠度、转角、支座位移等，称为整体变形；另一类变形能反映结构的局部工作状态，如纤维变形、裂缝、钢筋的滑动等，称为局部变形。

测定挠度，可以了解结构的刚度并分析结构的弹性和非弹性性质。挠度的不正常发展还能说明结构中的局部现象；测定转角可以用来分析超静定结构；控制断面的最大应变和应变沿断面的分布规律是推断结构极限强度的重要指标。

桥梁结构动载试验的基本任务是：测定动荷载的动力特性，即引起结构产生振动的作用力的数值、方向、频率和作用规律；测定结构的动力特性，即结构或构件的自振频率、阻尼特性及固有振型；测定结构在动荷载作用下的强迫振动响应，如振幅、动应力、冲击系数及疲劳性能等。

桥梁荷载试验可大致分为三个阶段：桥梁结构的考察、试验方案设计及试验准备阶段；加载试验与观测阶段；试验结果的分析与总结阶段。

4.6.1　桥梁静载试验

1. 静载试验的准备工作

荷载试验正式进行之前应做好以下准备工作：

（1）试验孔（或墩）的选择。对多孔桥梁中跨径相同的桥孔（或墩）可选1~3孔具有代表性的桥孔（或墩）进行加载试验。选择时应综合考虑以下因素：

1) 该孔（或墩）计算受力最不利。
2) 该孔（或墩）施工质量较差，缺陷较多或病害较严重。
3) 该孔（或墩）便于搭设脚手架，便于实测。

（2）搭设脚手架和测试支架。脚手架和测试支架应分开搭设互不影响，并应具有足够的强度、刚度和稳定性。

（3）静载试验加载位置的放样和卸载位置的安排。静载试验前应在桥面上对加载位置进行放样,并预先安排卸载的安放位置,以便于加载试验的顺利进行。

(4) 试验人员组织及分工。桥梁的荷载试验是一项技术性较强的工作,最好组织专门的桥梁试验队伍来承担。试验人员应能熟练掌握所分管的仪器设备,读数快速而精确。试验队伍应设总指挥1人,其他人员的配备视具体情况而定。

(5) 其他准备工作。加载试验的安全设施、供电照明设施、通信联络设施、桥面交通管制等工作应根据荷载试验的需要进行准备。

2. 试验对象的考察

在确定试验方案之前,必须对试验结构进行实地考察和了解,做到情况清楚、心中有数。

(1) 技术文件和资料的收集。收集桥梁结构的设计资料,如设计标准、设计主要荷载类型、结构特点、计算书及设计原始资料;收集施工资料,如材料性能试验报告、隐蔽工程验收资料、施工观测记录、阶段施工质量检查验收记录、事故记录及竣工图样等;收集桥梁结构的使用资料,如养护情况、运营情况及结构损伤与破损阶段报告。

(2) 桥梁结构现状调查。用直观或量测的方法确定结构各部分的几何形状及相互位置偏差,确定墩台的空间位置和距离,记录有无沉降、隆起、倾斜和转动等;观察圬工体的外表质量;考察现有的损伤、裂缝、蜂窝、麻面、钢筋外露、混凝土保护层厚度不够的地方,漏水的地方等;用非破损检验的方法确定结构或构件混凝土实际强度是否与设计文件相符。

以上工作中,重点应考察混凝土的强度、墩台和上部结构的裂缝;混凝土保护层厚度不够的地方;钢筋外露和锈蚀的区段;易发生应力集中的部位;圬工桥梁注意测量拱圈尺寸,拱轴线位置以及拱圈上有无横向裂缝。

考察支座的位置、尺寸、有无损伤、活动支座是否灵活、排水是否符合要求、伸缩缝工作情况是否良好。

实测结构材料的实际强度及弹性模量等重要的物理力学性能指标。可以通过原配合比制试件实测,或从结构非重要部位挖取试件实测,也可以用非破损法实测。

3. 加载方案设计

(1) 确定试验荷载。为保证荷载试验的效果,必须首先确定试验荷载。试验荷载可以取控制荷载。依据汽车和人群(标准设计荷载)、挂车或履带车(标准设计荷载)及需通行的特殊重型车辆分别对结构截面产生的内力(或变形)的最不利值对应的荷载作为控制荷载。而动载试验以汽车荷载作为控制荷载。当客观条件所限,采用的试验荷载与控制荷载有差别时,为保证试验效果,在选择试验荷载的大小和加载的位置时,采用静载试验效率 η_q 和动载试验荷载效率 η_d 进行控制。静载试验效率为:

$$\eta_q = \frac{S_s}{S(1+\mu)} \tag{4-88}$$

式中 S_s——静载试验荷载作用下控制截面内力计算值;

S——控制荷载作用下控制截面最不利内力计算值;

μ——按规范采用的冲击系数,平板挂车、履带车、重型车辆 $\mu=0$。

η_q 值可采用 0.80~1.05。当桥梁的调查、检算工作比较完善而又受加载设备能力所限时,η_q 可采用低限,反之取高限;一般情况下 η_q 值不宜小于 0.95。

荷载试验宜选择温度稳定的季节和天气进行。当温度变化对桥梁结构内力影响较大时,应选择温度内力较不利的季节进行荷载试验，否则适当增大 η_q 值来弥补温度影响对结构控制截面产生的不利内力。

当控制荷载为挂车或履带车而采用汽车荷载加荷时，考虑到汽车荷载的横向应力增大系数较小，为了使截面的最大应力与控制荷载作用下截面最大应力相等，可适当增大静载试验效率 η_q。

动载试验效率 η_d 为：

$$\eta_d = S_d / S \tag{4-89}$$

式中　S_d——动载试验荷载作用下控制截面最大计算内力值；

　　　S——标准汽车荷载作用下控制截面最大计算内力值（不计入汽车荷载冲击系数）。

η_d 一般采用 1。动载试验的效率不仅取决于试验车型及车重，而且取决于实际跑车时的车间距。因此，应采用实际测定跑车时的车间距作为修正动荷载试验效率 η_d 的计算依据。

（2）加载形式与控制试验。荷载载位有两种形式：一种是沿桥轴方向加载，一种是垂直于桥轴方向加载。设计加载时除注意试验荷载纵向加载位置外，同时还要注意荷载横向加载图式。横向加载图式有对称和偏心加载两种方式。

为了加载安全和了解结构应变和变位随荷载增加的变化关系，桥梁静荷载试验的各荷载工况的加载应分级进行，分级控制的原则如下：

1）当加载分级较为方便时，可按最大控制截面内力荷载工况均分为 4~5 级。

2）使用载重车加载，车辆称重有困难时也可分成 3 级加载。

3）如果桥梁的调查和验算工作不充分，或桥况较差，应尽量增多加载分级，使车辆荷载逐辆缓缓驶入预定加载位置，以确保试验安全。

4）在安排加载分级时，应注意加载过程中其他截面内力亦应逐渐增加，且最大内力不应超过控制荷载作用下的最不利内力。

最好每级加载后卸载，也可逐级加载，达到最大荷载后逐级卸载。车辆荷载加载分级的方法有：先上轻车后上重车，逐渐增加加载车数量；加载车分次装载重物；加载车位于内力影响线的不同部位。

加载试验时间以 22:00 至次日 6:00 为宜，如采用车辆等加卸载迅速的试验方法，也可安排在白天试验，但进行加载试验时每一加卸载周期所花费的时间不宜超过 20min。

加载设备可选用可行式车辆及重物直接加载。

动载试验一般安排标准汽车车列（对小跨径桥也可用单车）在不同车速时的跑车试验，跑车时速一般定为 5km、10km、20km、30km、40km、50km。此外，如需测定桥梁承受活载水平力性能时要做车辆制动试验；为测定桥梁自振频率要做跳车后的余振观测，并在无荷载时进行脉动观测。

4. 测点设置

主要测点的布设应能控制结构的最大应力（应变）和最大挠度（或位移），测点的布设不宜过多，但要保证观测质量。几种常用桥梁体系的主要测点布设如下：

简支梁桥——跨中挠度、支点沉降、跨中截面应变；

连续梁桥——跨中挠度、支点沉降、跨中和支点截面应变；

悬臂梁桥——悬臂端部挠度、锚固跨跨中与悬臂支点截面应变及挠度、支点截面应变；

拱桥——跨中与 $L/4$ 处挠度、拱顶 $L/4$ 和拱脚截面应变。

挠度观测测点一般布置在桥中轴线位置。截面抗弯应变测点应设置在截面横桥向应力可能分布较大的部位，沿截面上下缘布设，横桥向测点设置一般不少于3处，以控制最大应力的分布。

根据桥梁调查和检查工作的深度，综合考虑结构特点和桥梁状况等可按需要加设测点。

在与大多数测点较接近的部位设置1~2处气温观测点，此外可根据需要在桥梁主要测点部位设置一些构件表面温度观测点。

5. 静载试验仪器设备

桥梁静载试验需测结构的反力、应变、位移、倾角、裂缝等物理量。常用的仪器有百分表、千分表、位移计、应变仪、应变计（应变片）、精密水准仪、倾角仪、刻度放大镜等。

这些测试仪器按其工作原理可分为机械测试仪器、电测仪器与光测仪器等。机械测试仪器具有安装与使用方便、迅速、读数可靠的优点，但需要搭设观测脚手架，而且所需试验人员多，观测读数费时，不便于自动记录；电测仪表安装测试比较麻烦，影响测试精度的因素也较多，但测试较方便，便于数据自动采集记录，操作安全。

荷载试验应根据测试内容和量测值的大小选择仪器。试验前应对测试值进行理论分析估计，选择仪器的精度和量测范围，同时满足有关规程对仪器精度和量测范围的要求。本节介绍几种常用的仪器设备。

（1）机械式位移计。机械式位移计包括百分表、千分表及张线式位移和挠度计等，其构造和工作原理基本相同，主要区别在于精度和量程不同。

百分表和千分表是一种多功能仪表，与其他附属装置配套后可用于量测位移、应变、力、倾角等。百分表的工作原理，就是利用齿轮转动机构所检测位置的位移值放大，并将检测的直线往复运动转换成指针的回旋转动，以指示其位移数值。百分表的分辨率为0.01mm，通常量程为5mm或10mm。百分表构造见图4-54。千分表是一种测微位移计，其结构和百分表基本相同，只是多了一对齿轮使灵敏度提高了10倍，其分辨率为0.001mm，量程为1mm或3mm。

1）张线式位移量测系统。张线式位移量测系统是由百分表、挠度计与张线钢丝等组成量测系统（图4-55）。张线钢丝直径为0.3~0.5mm，一端接在桥梁结构的测点上，另一端

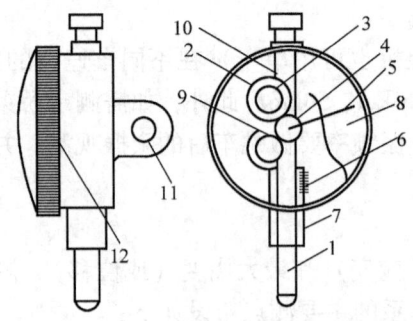

图4-54 百分表构造图

1—测杆 2—小齿轮 3、9—扇形齿轮 4—中央齿轮 5—长针
6—弹簧 7—轴颈 8—躯体 10—平齿 11—孔环 12—表盘

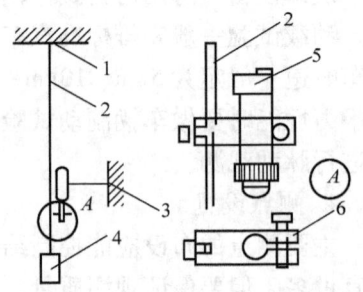

图4-55 张线式位移量测系统

1—结构上测点 2—细钢丝 3—不动点
4—重物 5—位移计测杆 6—夹具

悬吊重物，位移计（百分表）通过夹具和钢丝相连。结构受载产生位移引起钢丝移动，钢丝可带动位移计移动，随指针转动位移计可测出位移变化量。

2）用位移计测应变。应变就是结构上某区段纤维长度相对变化（$\varepsilon = \Delta L/L$）。应变仪就是用来测定这个长度变化的仪器。

采用特制的夹具将位移计安装在结构表面测定应变，具有精度高、量程大的特点。当应变值变化范围很大或需用大标距测定应变时，采用这种装置是非常合适的。

图4-56所示为位移计应变量测装置。固定位移计和顶杆的夹具，可用钢、铜或铝合金等制成，按照选定的标距以粘贴或预埋的方式固定在结构需量测应变的部位上。

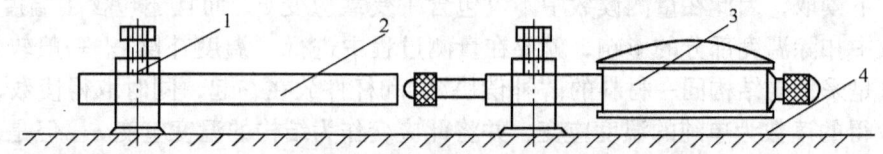

图4-56 位移计应变量测装置
1—金属夹头 2—顶杆 3—位移计 4—试件

粘贴是最常用的固定方式。在混凝土结构上粘贴夹具时，应先将混凝土表面用砂轮打磨，除去泥灰再用细砂布磨光，用丙酮等擦净，随后用胶黏剂将夹具按选定的标距粘贴上，待胶黏剂固化后，即可安装位移计量测。

位移计应变量测装置主要用于量测结构构件的轴向应变。常用的量测标距对混凝土为10～20cm，对砖石砌体则更大。

对受荷载后会发生曲率变化的构件，不宜用位移计应变量测装置来测定其表面的应变。因为位移计测杆与构件表面之间有一段距离，当构件发生曲率变化时，所测得的应变有时是虚应变（又称视应变），同时顶杆与位移计测杆接触点发生移动影响量测。因此，仅当构件截面变形满足平截面假定，且曲率变化很小时，才能从所测得的虚应变值推算出实际应变。

（2）手持式应变仪。当需要在现场较长期连续地观测结构的应变时，一般的应变仪不适用，此时手持应变仪则比较适用。手持式应变仪的外形见图4-57，构造原理见图4-58。

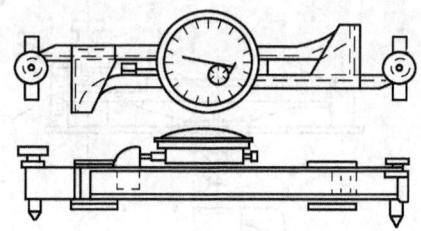
图4-57 手持式应变仪外形图

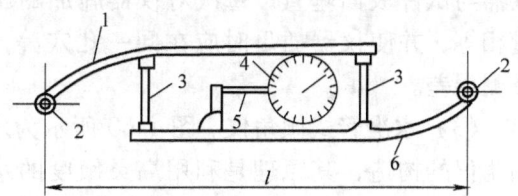
图4-58 手持式应变仪构造原理
1—刚性的金属杆 2—插轴（尖形） 3—薄钢片
4—千分表 5—千分表的测杆 6—刚性的金属杆

此仪器的主要部分是千分表，它固定在一根金属杆上，其测杆则自由地顶在另一金属杆的突出部分上，两金属杆之间用两片富有弹性的薄钢片相连，因而能平行地相对移动，每根金属杆的一端带有一个尖形插轴，两插轴间的距离L即仪器的标距。两次读数差即为结构在

区段 L 内的变形 ΔL，ΔL 除以标距 L 即得杆件的应变值。

仪器的各部分合理地选用不同膨胀系数的金属制造，因而使仪器读数受仪器本身的温度影响得到最大限度的消除。

仪器不是固定在测点上，而是读数时才安上去。因此，为了保证仪器工作稳定可靠，标距两端的小孔必须钻得和仪器的插轴钢尖相吻合。因测量时仪器钢尖和测孔间的接触稳定与否，会直接影响到量测的准确性；如果测孔打得不标准，将使钢尖和测孔的接触不稳定，增大读数误差，甚至无法读取稳定的读数。

使用此种仪器，尚有温度影响问题，即在长期量测过程中，初读数和加载量不可能在同一温度条件下读取，因此在量测读数中不仅包含了受载应变 ε，而且还包含了温度应变 ε_1。为了从读数中扣除温度部分的影响，就要在量测过程中进行"温度补偿"。一般较常用的温度补偿办法是采用与结构同一材料的"补偿块"，和杆件放在一起，同时取得读数，从"补偿块"上取得的读数为单纯的温度应变，并将此应变作为结构的温度应变 ε_1。但是，补偿块与结构两者体积差别极为悬殊，两者对气温变化的敏感程度差别很大，由于补偿块体积小，能在短时间内跟上气温的变化，而结构表现为极大的"滞后"。因此在气温变化较大时（例如白天日照情况下）实际上无法起到补偿作用。

为了达到补偿目的，根据量测的实践，建议采取"横向温度补偿法"。在布置测应变的测点的同时，在垂直方向布置测点，如图 4-59 所示。

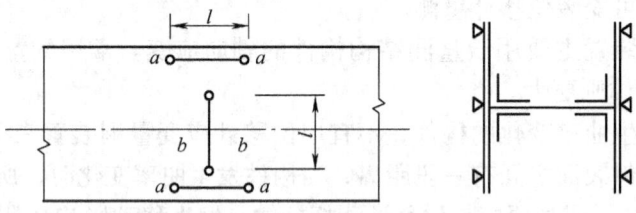

图 4-59 测点布置

量测时应注意：手持式应变仪操作简单，但量测的精度会随操作人员和每次操作方式的改变而改变。所以，量测时不宜更换使用者；要使仪器与试件表面垂直；每次对仪器施加的压力要尽量相等，并使仪器插足时应在同一孔穴等，以减小量测误差。

(3) 水准管式倾角仪。图 4-60 所示为水准管式倾角仪的构造，其原理是利用高灵敏度的水准管来测定结构节点、截面或支座处转角。水准管安置在弹簧片上，一端铰接于基座，弹簧片使另一端上升，但被测微计的微调螺钉顶住，将仪器用夹具装在测点后，用微调螺钉使水准管的气泡调平居中，结构变形后气泡漂移，再转动微调螺钉使气泡重新居中，度盘上前后两次读数差即代表该测点的转角。这种仪器最小读数有的可达 1～2″，量程为 3″。

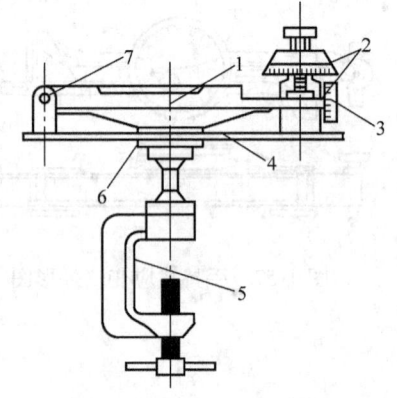

图 4-60 水准管式倾角仪
1—水准管 2—刻度盘 3—微调螺丝 4—弹簧片
5—夹具 6—基座 7—活动铰

这种仪器的优点为尺寸小，精度高，使用简便。缺点是受外界温度影响很大，且不宜受阳光暴晒，以免水准管爆裂。

(4) 电阻应变仪。用电阻式应变仪测试桥梁结构应变时需用应变仪和电阻应变片（应变计）配合使用。

1) 电阻应变片。电阻应变片又称电阻应变计，简称应变片或电阻片。它是非电量电测中最重要的变换器。大量的试验表明：电阻丝电阻值的增量与其长度的增量之间存在正比例的关系，即：

$$\Delta R/R = K\Delta L/L = K\varepsilon \tag{4-90}$$

式中　R——电阻丝的初始电阻值（Ω）；

ΔR——电阻丝的电阻增量（Ω）；

L——电阻丝的初始长度（mm）；

ΔL——电阻丝长度的增量（mm）；

K——比例系数，称为电阻丝的灵敏系数；

ε——应变值。

电阻丝的灵敏系数 K 对大多数电阻丝而言是个常数，也就是说上式所表达的电阻丝电阻变化率与应变变化率呈线性关系，这便是通过电阻应变片将非电量转换成电量的理论基础。当电阻应变片用胶黏剂粘贴在构件上，应变片与构件的变形完全同步，这时电阻丝的应变值就代表了构件的应变值，于是实现了构件的应变量测转换成电量的量测。

应变片电测法与其他测试方法比较，有如下的一些优点：

① 灵敏度高。由于利用电阻片将非电量转换为电量，再经电子仪器进行放大、显示和记录，所以能获得很高的放大倍数，从而达到很高的灵敏度。电阻应变仪可以精确地分辨出 1×10^{-6} 应变，这个应变的量级对于钢材而言相当于 0.2MPa 的应力。

② 电阻片尺寸小且粘贴牢固。对一些工程结构（如船体、桥梁、飞机、桁架等）进行全面的应力分析时，往往要测量数十点甚至数百点的应力，电阻片很容易大量粘贴使用。在结构十分紧凑以至其他测量仪表（如杠杆引伸仪）根本无法安装的情况下，电测法就能发挥很大的作用。尺寸大小另一个重要意义在于可以用来测量局部应力。目前电阻片的标距甚至可以小于1mm，这对于应力集中区的测量比较合适。

③ 电阻片质量小。它使得电测不仅可以作静态应力的测量，而且可以在动态应力分析方面发挥独特作用。对一系列重要的动力学参数（如加速度、振幅、频率、冲击力及爆炸压力等）能够比较精确地进行试验研究。同时应变片的基长可以制作得很短，并且有很高的频率响应能力。因此在应变梯度较大的构件上测量时仍能获得一定的准确度，在高频动应变测量中具有很好的动态响应。

④ 可以在高温（800～100℃）、低温（-100～-70℃）、高压（上万个大气压）、高速旋转（几千转/min～几万转/min）、核辐射等特殊条件下成功地使用。

此外，由于应变片输出是电信号，易于实现测量数字化和自动化。

应变片电测法在用于对结构物表面应变测量时的主要缺点是：粘贴工作量大，重复使用困难等。

① 电阻应变片的构造。绕线式应变片主要由敏感元件、基底、覆盖层和引出线等几部分组成，见图 4-61。

敏感丝栅是应变片的主要元件，一般由康酮、镍铬合金制成。

基底和覆盖层起定位和保护应变片几何形状的作用，也起到与被测试试件之间电绝缘作用。纸基常用厚度 0.015~0.02mm 的机械强度高、绝缘性能好的纸张制作。胶基则使用性能稳定、绝缘度高、耐腐蚀的聚合胶制成。其他有特殊要求的应变片，可采用不同的材料做成基底。

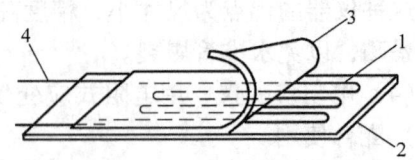

图 4-61 电阻应变片的构造
1—敏感丝栅 2—基底 3—覆盖层 4—引出线

引出线是用以连接导线的过渡部分，一般用直径约为 0.15~0.30mm 的金属丝。

黏结剂把丝栅基底和覆盖层牢固地结成一个整体。

② 电阻应变片的分类。应变片的种类很多，至今各种规格的应变片已有两万多种。根据不同的方法，有如下分类：

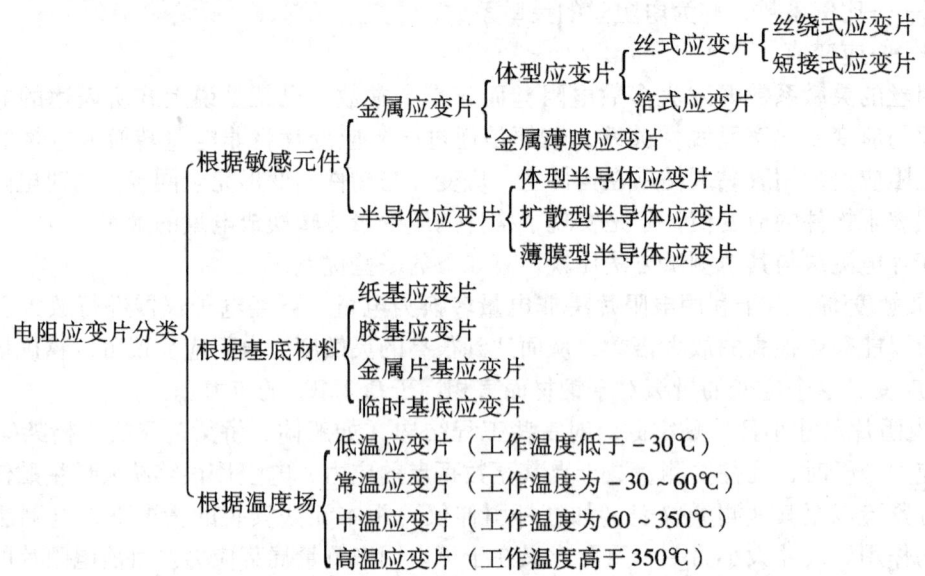

a) 绕丝式应变片。用电阻丝盘绕起来的电阻片称为金属绕丝式电阻应变片，又称为圆角线栅式（图4-62）。它的制造设备和技术都较简便，但横向灵敏度较箔式应变片为大（横向灵敏度会给测量带来一定的误差）。绕丝式应变片常用的金属材料是康酮、镍铬合金和铂铱金等。

b) 箔式应变片。箔式应变片是由照相、光刻技术腐蚀成丝。它在性能上的优点是粘贴牢固，散热条件好，逸散功率大，可以允许较大电流、耐蠕变和漂移的能力强，易做成任意形状，但它工艺较复杂。箔片的材料主要为康酮、镍铬合金等，其形式见图4-63。

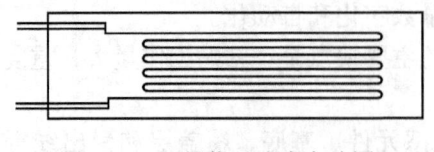

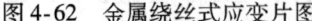

图 4-62 金属绕丝式应变片图

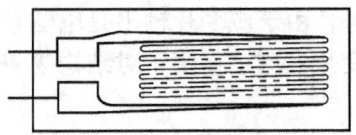

图 4-63 金属箔式应变片

在两向应力状态时，需要测出一点的两个或三个方向的应变，才可求出此测点的主应力的大小和方向。这就要使用粘贴在一个公共基底上，按一定方向布置的 2~4 个敏感栅组成的电阻应变片，这种应变片叫做电阻应变花，如图 4-64 所示。

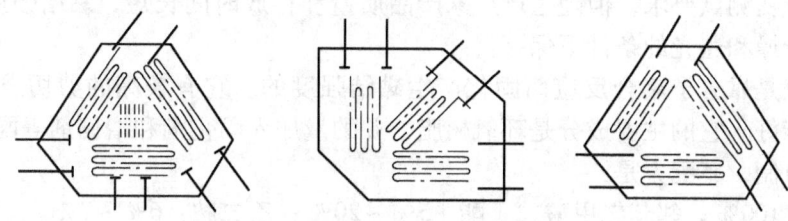

图 4-64 电阻应变花

对于箔式应变片组成的应变花，因其横向效应系数极小，故不考虑修正问题。对于由半圆头丝绕式应变片组成的应变花，如果对测试结构要求不很严格的话，也不必考虑修正。

c）半导体应变片。半导体应变片的外形如图 4-65 所示。它的优点是灵敏度高、频率响应好、可以做成小型和超小型应变片。半导体应变片的出现为应变电测技术的发展开创了新的途径。它的缺点是温度系数大，稳定性不及金属应变片等。

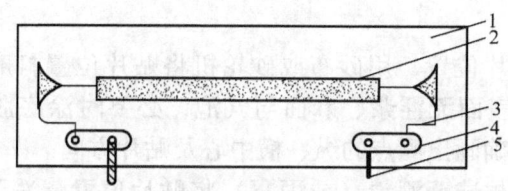

图 4-65 半导体应变片
1—胶膜衬底　2—P—SI 片　3—内引线　4—接板　5—外引线

此外，按敏感栅的长度分，有大标距应变片和小标应变片；按敏感栅形状分，有单轴应变片和应变花。还有各种特殊用途的应变片如防磁应变片、防水应变片、埋入式应变片、层式应变片、可拆式应变片、疲劳寿命片、测压片、无基底式应变片、大应变片、裂缝探测片、温度自补偿应变片等。

③ 电阻应变片的选用。选用应变片时，应根据应变片的初始参数及试件的受力状态、应变梯度、应变性质、工作条件、测试精度要求等综合考虑。

对于一般的结构试验，采用 120Ω 纸基金属丝应变片就可满足试验要求。其标距可结合试件的材料来选定，如钢材常用 5~20mm，混凝土则用 40~120mm，石材用 20~40mm。

对于有特殊要求的，可选择特种应变片，如低温应变片、高温应变片、疲劳寿命片、裂纹探测片、应力片以及高压、核辐射、强磁场等条件下使用的应变片。

④ 电阻应变片的粘贴技术

a）黏结剂。粘贴应变片用的黏结剂称为应变胶。应变胶应能可靠地将试件应变传递到应变片的敏感栅上。

对应变胶的性能要求是：黏结强度高（剪切强度一般不低于 3~4MPa）、电绝缘性能好、蠕变小、化学稳定性好等。在特殊条件下，还要考虑一些其他要求，例如耐高温、耐老化、耐介质（油、水、酸和碱等）、耐疲劳等。目前常用的应变胶分为有机胶和无机胶两类。常温下用有机胶，无机胶则用于高温应变片的粘贴。

常规桥梁试验粘贴应变片的应变胶一般为快干胶和热固性树脂胶等。501 快干胶和 502 快干胶是借助于空气中微量水分的催化作用而迅速聚合固化产生黏结强度的。该类胶黏结强度能满足桥梁应变测试要求，但随生产厂家产品质量和存放时间长短，黏结强度差别很大，只能在低温、干燥和避光的条件下保存。

环氧树脂胶是靠分子聚合反应而固化产生黏结强度的。它有较高的剪切强度和防水性能，电绝缘性能好。它的主要成分是环氧树脂，并酌量加入固化剂和增韧剂等配制而成。环氧树脂胶可以自制，其配方是：

环氧树脂：100%；邻苯二甲酸二丁酯：5%～20%；乙二胺：6%～7%。

注意：乙二胺有毒，须通风操作。

b）应变片的粘贴技术。

应变片的粘贴是应变电测技术中一个很关键的环节，粘贴质量的好坏直接影响测量的结果。有时可能因某些主要测点的应变片失效，导致测量工作失败。因此，必须掌握粘贴技术，保证测量结果的准确性和可靠性。粘贴时应掌握下列技术环节：

选片。用放大镜对应变片进行检查，保证选用的应变片无缺陷和破损。同批试验选用灵敏系数和阻值相同的应变片，采用兆欧表或万用表对其阻值进行测量，保证误差不大于 0.5Ω。

定位。先初步画出贴片位置，用砂布或砂轮机将贴片位置打磨平整，钢材表面粗糙度 R_a 为 12.5～3.2；混凝土表面无浮浆、麻面与气泡，必要时涂底胶处理，待固化后再次打磨。在打磨平整的部位准确画出测点的纵、横中心及贴片方向。

贴片。用镊子夹脱脂棉球蘸酒精（或丙酮）将贴片位置清洗干净。用手握住应变片引出线，在其背面均匀涂抹一层胶水，然后放在测点上，调整应变片的位置，使其准确定位。在应变片上覆盖小片玻璃纸，用手指轻轻滚压，挤出多余胶水和气泡。注意不要使应变片位置移动。用手指轻按 1～2min，待胶水初步固化后，即可松手。粘贴质量较好的应变片，应是胶层均匀，位置准确。

干燥固化。干燥才能固化，对于气温较高，相对湿度较低的短期试验，可用自然干燥，时间一般为 1～2d。人工干燥：待自然干燥 12h 后，用红外线灯烘烤，温度不要高于 50℃，还要避免骤热，烘干到绝缘电阻符合要求时为止。

根据环境要求，应变片有时要进行防潮和防机械损伤处理。

2）电阻应变仪。专门对电阻应变片阻值相对变化 $\Delta R/R$ 的信号进行鉴别和量测的仪器，称为电阻应变仪。电阻应变仪按使用内容的不同分为静态应变仪、动态应变仪和静动态应变仪，用于静态应变量测的称为静态电阻应变仪。

① 国产 YJS—14 型静态数字应变仪。常用的国产 YJS—14 型静态数字应变仪是一种静态应变自动测量装置，主要由五个部分组成。

转换器：它在控制器控制下将各测点依次接入桥路，以便进行测量。

电阻应变仪：由桥压线性放大器和数字电压表组成。测点经自动切换装置接入，信号经过载保护单元鉴别后进入放大器，经线性放大，解调和滤波成为直流信号送入积分型 A/D 转换器转换成 8—4—2—1 码数字量。

运算器：由储存和运算单元组成。

控制器：包括采样控制和数字钟两部分。它以不同的速率发出测量指令，通过应变仪和运算器，对各类测点进行定时、定点、定区间的测量和修正。

输出装置：分为打印输出和信息输出两种。

该应变测量装置的工作过程就是把应变测量组成惠斯登桥路。电桥的初始不平衡采用初始值存储的办法，即把每一个测点的初始不平衡值通过放大和 A/D 转换器转换成数字信号，记入对应序号内存中。在测量时，测量信号也转换成数字信息送入运算器，运算器从内存中取出对应测点的转换或测量区段的选择，均由控制器控制。YJS—14 型数字应变测量装置最多可联四台转换器，每台 100 点共 400 点，其原理框图见图 4-66。

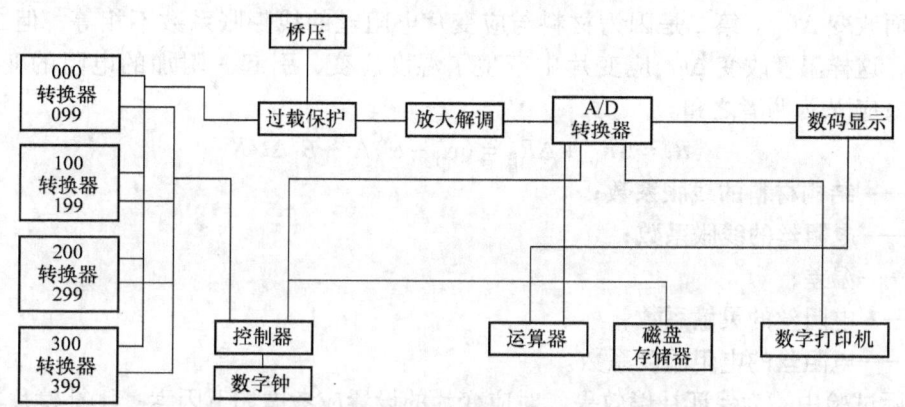

图 4-66　YJS—14 型静态数字应变仪原理框图

② 静态电阻应变仪的工作原理。电阻应变仪中主要是通过惠斯登电桥原理来量测应变所引起的电阻变化的微小信号。该电桥以电阻 R_1、R_2、R_3、R_4 作为四个桥臂，如图 4-67 所示。桥路中 R_1 与 R_2、R_3 与 R_4 分别串联，两组并联于 A、C 两端，在 AC 一端接有电源，另一对 BD 角上接有测量仪表。

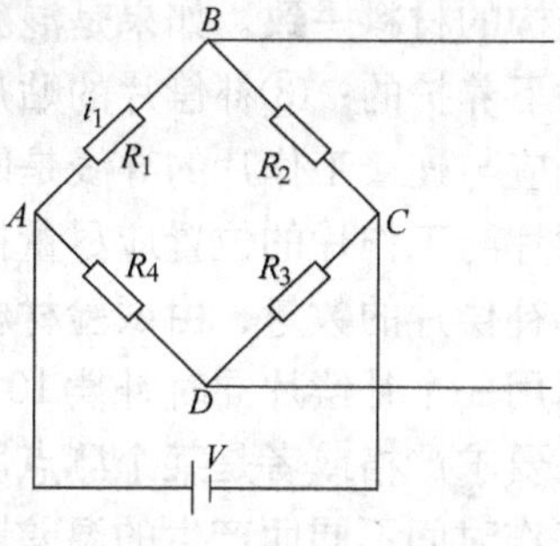

由惠斯登电桥原理可知，当电桥平衡时，满足条件：$R_1 R_3 = R_2 R_4$

当电桥工作时，若 R_1 有一增量 ΔR，则破坏了电桥平衡，此时：$V_{AB} = \dfrac{R_1 + \Delta R_1}{R_1 + \Delta R_1 + R_2} \times V$

图 4-67　惠斯登电桥

为简化分析，设 $R_1 = R_3 = R_2 = R_4$，则：$V_{AB} = \dfrac{R_1 + \Delta R_1}{2R_1 + \Delta R_1} \times V$

于是　　$V_0 = V_{AB} - V_{AD} = V\left(\dfrac{R_1 + \Delta R_1}{2R_1 + \Delta R_1} - \dfrac{1}{2}\right) = \dfrac{\Delta R_1}{4R + 2\Delta R_1} \times V$

如果 $\Delta R \ll R$，则有：$V_0 = \dfrac{V}{4} \cdot \dfrac{\Delta R_1}{R} = \dfrac{V}{4} K \varepsilon_1$

用同样的分析方法也可说明两个桥臂电阻 R_1、R_2 变化（半桥）的情况，此时输出电压表达式为：

$$V_0 = \dfrac{V}{4}\left(\dfrac{\Delta R_1}{R} - \dfrac{\Delta R_2}{R}\right) = \dfrac{V}{4}(\varepsilon_1 - \varepsilon_2) \tag{4-91}$$

如果四个桥臂电阻都有变化（全桥式桥路），则输出电压可用下式表示：

$$V_0 = \frac{V}{4}\left(\frac{\Delta R_1}{R} - \frac{\Delta R_2}{R} + \frac{\Delta R_3}{R} - \frac{\Delta R_4}{R}\right) = \frac{V}{4}(\varepsilon_1 - \varepsilon_2 + \varepsilon_3 - \varepsilon_4) \quad (4\text{-}92)$$

根据以上基本关系式，可看出电桥的输出与桥臂电阻的相对增量 $\Delta R/R$ 或应变 ε 成正比的关系。

③ 电阻应变测量的温度补偿。用应变片测量应变时，应变片除了能感受结构受力后的变形外，同样也能感受环境温度变化，并引起电阻应变仪指示部分的示值变动，这称为温度效应。温度变化从两方面使应变片的电阻值发生变化。第一是电阻丝温度改变 Δt，其电阻将会随之而改变 ΔR_β。第二是因为材料与应变片电阻丝的线膨胀系数不相等，但二者又黏合在一起，这样温度改变 Δt，应变片中产生了温度应变，引起一附加的电阻的变化 ΔR_α。总的温度效应 R_t 为两者之和。

$$R_t = \Delta R_\alpha + \Delta R_\beta = (\alpha_j - \alpha)\Delta t + \beta_1 \Delta t / K \quad (4\text{-}93)$$

式中　α_j——结构材料的线胀系数；
　　　α——电阻丝的线胀系数；
　　　Δt——温差；
　　　K——电阻丝的灵敏系数；
　　　β_1——电阻丝的电阻温度系数。

在实际试验中，为保证补偿效果，对应变片的设置应考虑如下因素：①补偿片与工作片应该是同批产品，具有相同电阻值、灵敏系数和几何尺寸；②贴补偿片的试块材料应与试验结构的材料一致。如果是混凝土材料，应该是同样的配合比，按相同的制作方法并在相同条件下养护的；③补偿片的贴片干燥、防潮处理等工艺必须与工作片相同；④连接补偿片的导线应与连接工作片的导线是同一规格同一长度，并且相互平列靠近布置图或捆扎成束；⑤补偿片与工作片的位置应尽量接近，使二者处于同样温度场条件下，以防不均匀热源的影响；⑥补偿片的数量，由试验材料特性、测点位置、试验条件等因素决定。一般情况下，钢结构可用一个补偿片同时补偿10个工作片，对混凝土可用一个补偿片补偿5～10个工作片。如果要求严格或者是某个测点所处条件特殊时，应单独补偿，以尽量减少由于工作片与补偿片工作时间不同而产生的温差影响。

除桥路补偿外，还有应变片温度自补偿的办法，即使用一种特殊的应变片，当温度变化时，其电阻增量等于零或者相互抵消而不产生应变。目前主要用于机械类试验中。

3）电阻应变测量的桥路连接。在桥路中，连接在同一桥臂上的应变片的电阻的变化是电阻应变片阻值之和，而连接在相邻桥臂上的应变片的电阻变化则是应变片阻值之差。利用这一特点，结合温度补偿片设置办法，电阻应变片在测量电桥中可以有不同的接法，以便达到实现温度补偿、测量出所需的应变成分、扩大读数以减少读数误差这三个目的。

在试验中，应变片与电桥的连接有半桥与全桥两种接线法。

6. 静载试验方法及评价试验

（1）准备工作。准备工作包括：设备及仪表夹具的加工；试验现场的清理；设置仪器、仪表的支护装置以及其他必要的支架和安全设备；准备加载物质或设备；仪表校正、安装和调试；对试验人员进行技术培训；印发各种记录表格。在试验准备阶段，必须将试验所用的仪器设备及时配齐，试验前必须按规定进行校正或标定，并且应该有一定数量的备用仪器，以确保试验工作的顺利进行。

测试技术的准备也十分重要。正式加载试验前，试验人员必须明确分工和职责，能熟练地进行仪器、仪表的测读，掌握仪器、仪表的工作原理、基本性能以及排除一般性故障的能力。对于规模较大、测试时间较长、使用仪器较多、测点布置难度较大的试验，可以考虑拟定专门的测试技术操作规程。

在施工现场，根据试验方案的要求，应及时调集必需的物质和器材，解决用电、水源、燃料等问题。

使用电测仪器，调试工作量大。电阻片粘贴后，要做好防潮、防水处理，其绝缘阻值要满足试验规定的要求。试验用导线要经过测试，导线与试验结构或构件上电阻应变片的联结，要锡焊并做好绝缘处理。

当所有准备工作就绪后，在正式试验之前，要对所有仪器、仪表进行一次观测演习，以便熟悉试验程序、仪器和仪表的测读、记录方法等。在试验前及测试过程观测并记录气温情况。

（2）加载实施与控制

1）加载程序。加载应严格按计划程序进行。采用重物加载时按荷载分级逐级施加，每级荷载堆放位置准确、整齐稳定。荷载施加完毕后，逐级卸载。采用车辆加载时，先由零载加至第一级荷载，卸载至零载；再由零载加至第二级荷载，卸至零载……，直至所有荷载施加完毕（有时为了确保试验结果准确无误，每一级荷载重复施加1~2次）。每一级荷载施加次序为纵向先施加重车，后施加两侧标准车，横向先施加桥中心的车辆，后施加外侧的车辆。

2）加载稳定时间控制。为控制加卸载稳定时间，应选择一个控制观测点（如简支梁为跨中挠度或应变测点），在每级加载（或卸载）后立即测读一次，计算其与加载前（或卸载前）测读值之差值 S_g，然后每隔2min测读一次，计算2min前后读数的差值 ΔS，并计算相对读数差值 m：

$$m = \Delta S / S_g \tag{4-94}$$

当 m 值小于1%或小于量测仪的最小分辨值时即认为结构基本稳定，可进行各观测点读数。主要控制截面最大内力荷载工况对应的荷载在桥上稳定时间不少于5min；对尚未投入营运的新桥应适当延长加载稳定时间。有些桥测点观测值稳定时间较长，如结构的实测变位（或应变）值远小于计算值，可将加载稳定时间定为20~30min。

3）测试方法与加载过程的观察

① 位移的测量。一般的梁、板、拱、桁架结构的位移测定，主要是指挠度及其变形曲线的测定。

挠度的测试断面，一般在1/2跨、1/4跨、1/8跨、3/4跨、7/8跨等位置布设测点，以便能测出挠度变形的特征曲线。对梁或板宽大于或等于100cm的构件，应考虑在横截面两侧都布设测点，测值取两侧仪表读数的平均值。为了求得最大挠度值以及其变形特征曲线，测试中要设法消除支座沉降的影响。

常用的位移测量的仪器、仪表有各种类型的挠度计、百分表、位移传感器等。

在桥梁结构设计中的荷载横向分布系数，往往是以测定桥梁横断面各梁（或梁肋）挠度的方法推算出来的。具体做法是在特征断面（跨中或1/4跨断面），所有各梁或梁肋布点测挠度，然后经过简单的数据处理，即可得到该断面的荷载横向分布特征值。

② 应变的测量。试验结构的断面内力（弯矩、轴向力、剪力、扭矩）和断面应力分布，一般都是通过应变测定来反映的，所以，应变值的正确测定是非常重要的。应变的测量分以下两种情况：

a）桥梁结构主应力方向已知：

对承受轴向力的结构，如桁架中的杆件，测点应在平行于结构轴线的两个侧面，每处不少于 2 点。

对承受弯矩和轴向力共同作用的结构，如拱式结构的拱圈等，应在弯矩最大的位置处，平行轴线的两侧布点，每处不少于 4 点。

对承受弯矩作用的结构，如梁式结构，应在弯矩最大的位置处，沿截面上、下边缘布点或沿侧面梁高方向布点，每处不少于 2 点。

b）桥梁结构主应力方向未知：

如在受弯构件中正应力和剪应力共同作用的区域、截面形状不规则或者有突变的位置，这些部位的主应力、剪应力的大小和方向都是未知的，当测定这些部位的平面应力状态时，一般按一定的 x—y 坐标系均匀布点，每点按 3 个方向布设成一个应变花形式，再按此测出的应变确定主应力的大小和方向。

应变测试常用的仪器、仪表有千分表、杠杆引伸仪、手持应变仪、电阻应变仪等。

③ 裂缝的观测。对于钢筋混凝土梁，加载后受拉区及时发现第一条裂缝是十分重要的。测定裂缝的仪器、仪表有刻度放大镜、塞尺、应变计、电阻应变仪等。

刻度放大镜可用来测定混凝土裂缝的宽度。最小刻度值为 0.01~0.1mm，量程为 3~8mm。使用时将放大镜的物镜对准需测定的裂缝，经过目测即可读出裂缝的宽度。

塞尺的用途是测定混凝土裂缝的深度，它是由一些不同厚度的薄钢片组成。按裂缝宽度选择合适的塞尺厚度并插入裂缝中。根据塞尺插入的深度即可得到裂缝的深度。

用应变测量仪测量裂缝的出现或开裂荷载时，应在结构内力最大的受拉区，沿受力主筋方向连续布置电阻应变片或应变计，连续布置的长度不小于 2~3 个计算的裂缝间距或不小于 30 倍的主筋直径。在裂缝没有出现时，仪表的读数是有规律的，若在某级荷载作用下开裂，则跨越裂缝的仪表读数骤增，而相邻的其他仪表读数很小或出现负值。

在每级荷载下出现的裂缝或原有裂缝的开展，都要在结构上标明，用软铅笔在离裂缝 1~3mm 处平行地描出裂缝的走向、长度和宽度，并注明荷载吨位。试验结束时，根据结构上的裂缝，绘出裂缝开展图。

加载过程应对结构控制点位移（或应变）、结构整体行为或薄弱部位破损实行监控，并随时向指挥人员汇报。要随时将控制点实测数值与计算结果比较，如实测值超过计算值较多，应暂停加载，查明原因后再决定是否继续加载。加载过程中应指定人员随时观察结构各部位（尤其是薄弱部位）可能产生的新裂缝，结构是否产生不正常的响声，加载时墩台是否发生摇晃现象等。如有这些情况及时报告试验指挥人员，以便采取相应的措施。

加载过程要注意观测原有裂缝较长、较宽的部位。测量裂缝的长度、宽度，并在混凝土表面沿裂缝走向进行描绘。观测加载过程裂缝长度及宽度的变化情况，在混凝土表面进行描绘，并采用专门表格记录。将最后的检查情况填入裂缝观测记录表。

4）终止加载控制条件。发生下列情况应终止加载：

① 控制测点应力值已达到或超过用弹性理论按规范安全条件反算的控制应力值时。

② 控制测点变位（或挠度）超过规范允许值时。

③ 由于加载，使结构裂缝的长度、缝宽急剧增加，新裂缝大量出现，缝宽超过允许值的裂缝大量增多，对结构使用寿命造成较大的影响时。

④ 拱桥加载时沿跨长方向的实测挠度曲线分布规律与计算值相差过大或实测挠度超过计算值过多时。

⑤ 发生其他损坏，影响桥梁承载能力或正常使用时。

（3）试验数据分析

1）试验资料的修正

① 测值修正。根据各类仪表的标定结果进行测试数据的修正，如考虑机械式仪表校正系数、电测仪表率定系数、灵敏系数、电阻应变观测的导线电阻影响等。当这类因素对测值的影响小于1%时可不予修正。

② 温度影响修正。温度对测试的影响比较复杂，结构构件的各部位不同的温度变化，结构的受力特性，测试仪表或元件的温度变化，电测元件的温度敏感性、自补性等均对测试精度都会造成一定的影响。逐项分析这些影响很困难，一般可采用综合分析的方法来进行温度影响修正，即利用加载试验前进行的温度稳定观测数据，建立温度变化（测点处构件表面温度或空气温度）和测点测值（应变和挠度）变化的线性关系，然后按下式进行温度修正计算：

$$S' = S - \Delta t K_t \tag{4-95}$$

式中 S——温度修正后的测点加载测值变化；

S'——温度修正前测点加载测值变化；

Δt——相应于 S 观测时间段内的温度变化（℃）；

K_t——空载时温度上升1℃时测点测值变化量：

$$K_t = \Delta S / \Delta t_1 \tag{4-96}$$

式中 ΔS——空载时某一时间区段内测点测值变化量；

Δt_1——相应于 ΔS 同一时间区段内温度变化量。

温度变化量的观测对应变宜采用构件表面温度，对挠度宜采用气温。温度修正系数 K_t 应采用多次观测的平均值，如测值变化与温度变化关系不明显时则不能采用。由于温度影响修正比较困难，一般不进行这项工作，而采取缩短加载时间、选择温度变化较小的时间进行试验等办法尽量减小温度对测试精度的影响。

③ 支点沉降影响的修正。如图4-68所示，当支点沉降量较大时，应修正其对挠度值的影响，修正量 c 可按下式计算：

$$c = \frac{l-x}{l}a - \frac{x}{l}b \tag{4-97}$$

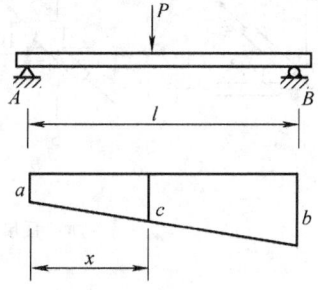

图 4-68 实测挠度的修正图

式中 c——测点的支点沉降影响修正量；

l——A 支点到 B 支点的距离；

x——挠度测点到 A 支点的距离；

a——A 支点沉降量；

b——B 支点沉降量。

2）各测点变位（挠度、位移、沉降）与应变的计算。根据量测数据作下列计算：

总变位（或总应变）	$S_t = S_l - S_i$	(4-98)
弹性变位（或弹性应变）	$S_e = S_l - S_u$	(4-99)
残余变位（或残余应变）	$S_p = S_t - S_e = S_u - S_i$	(4-100)

式中 S_i——加载前测值；

S_t——加载达到稳定时测值；

S_u——卸载后达到稳定时测值。

下面引入相对残余变位（或应变）的概念描述结构整体或局部进入塑性工作状态的程度。相对残余变位（或应变）按下式计算：

$$S'_p = S_p / S_t \times 100 \quad (4\text{-}101)$$

式中 S'_p——相对残余变位（或应变）；

S_p、S_t意义同前。

3）应力计算。根据测量到的测点应变，当结构处于线弹性工作状态时，可以利用应力应变关系计算测点的应力。

① 单向应力状态

$$\sigma = E\varepsilon \quad (4\text{-}102)$$

② 平面应力状态

当主应力方向已知时：

$$\sigma_1 = \frac{E}{1-\mu^2}(\varepsilon_1 + \mu\varepsilon_2) \quad (4\text{-}103)$$

$$\sigma_2 = \frac{E}{1-\mu^2}(\varepsilon_2 + \mu\varepsilon_1) \quad (4\text{-}104)$$

式中 E——构件材料弹性模量；

μ——构件材料泊松比；

ε_1、ε_2——方向相互垂直的主应变；

σ_1、σ_2——方向相互垂直的主应力。

主应力方向未知时，需用应变花测量其应变计算主应力。应变花的常见形式为直角形或等边形由三个应变片组成，如图4-69a、b、c所示；也可以增加校核片布置为扇形和伞形，如图4-69d，e所示。主应力计算此处略。

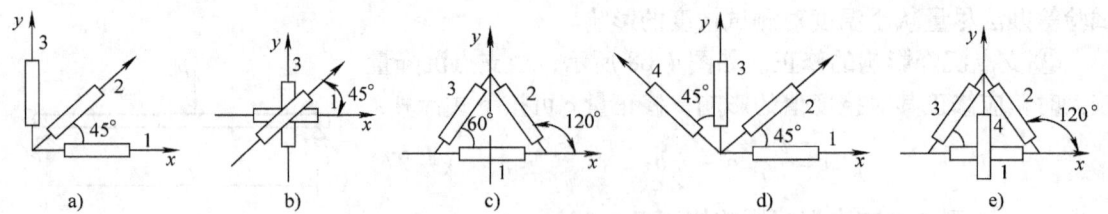

图4-69 常用应变花的形式

a) 直角形 b) 直角交叉形 c) 等边形 d) 扇形 e) 伞形

4）试验结果与理论分析的比较。为了评定结构整体受力性能，需对桥梁荷载试验结果与理论分析值比较，以检验新建桥是否达到设计要求的荷载标准，或者判断旧桥的承载能力。比较时可以将结构位移、应变等试验值与理论计算值列表进行比较，对结构在最不利荷载工况作用下主要控制测点的位移、应力的实测值与理论分析值，要分别绘出荷载—位移（P—Δ）曲线，荷载—应力（P—σ）曲线，并绘出最不利荷载工况作用下位移沿结构（纵、横向）分布曲线和控制截面应变（沿高度）分布图，绘制结构裂缝分布图（对裂缝编号注明长度、宽度、初裂荷载以及裂缝发展情况）。

为了量化，以及描述试验值与理论分析值比较的结果，此处引入结构校验系数：

$$\eta = S_e/S_s \tag{4-105}$$

式中　S_e——试验荷载作用下量测的弹性变位（或应变）值；

S_s——试验荷载作用下的理论计算变位（或应变）值。

S_e 与 S_s 的比较可用实测的横截面平均值与计算值比较，也可考虑荷载横向不均匀分布而选用实测最大值与考虑横向增大系数的计算值进行比较。横向增大系数最好采用实测值，如无实测值也可采用理论计算值。

(4) 荷载试验成果分析与承载能力评定。经过荷载试验的桥梁，应根据整理的试验资料分析结构的工作状况，进一步评定桥梁承载能力，为新建桥验收作出鉴定结论，或作为旧桥承载力鉴定检算的依据，并纳入桥梁承载能力鉴定报告和桥梁承载能力鉴定表。一般进行下列分析评定工作。

1) 结构强度分析。结构控制断面实测最大应力（应变）可以成为评价结构强度的主要内容，常用校验系数 η 来说明。不同结构形式的桥梁，其 η 值常不相同。

挠度校验系数 = 实测跨中挠度/理论跨中挠度

应力校验系数 = 杆件实测弯曲应力/杆件理论弯曲应力

或　应力校验系数 = 杆件实测轴向力/杆件理论轴向力

$\eta = 1$ 时，说明理论与实际相符。一般要求 η 值不大于 1。η 值越小结构的安全储备越大。η 值过大或过小都应该从多方面分析原因。如 η 值过大可能说明组成结构的材料强度较低，结构各部分联结性较差，刚度较低等。η 值过小可能说明材料的实际强度及弹性模量较高，梁桥的混凝土桥面铺装及人行道等与主梁共同受力，拱桥拱上建筑与拱圈共同作用，支座摩阻力对结构受力的有利影响，计算理论或简化的计算式偏于安全等。试验加载物的称量误差、仪表的观测误差等也对 η 值有一定影响。表 4-41 所列为常见 η 值参考表。

由于理论的变位（或应变）一般按线性关系计算，所以如测点实测弹性变位（或应变）与理论计算值成正比，其关系曲线接近于直线，说明结构处于良好的弹性工作状况。

表 4-41　桥梁校验系数常值表

桥梁类型	应变（或应力）校验系数	挠度校验系数	桥梁类型	应变（或应力）校验系数	挠度校验系数
钢筋混凝土板桥	0.20~0.40	0.20~0.50	预应力混凝土桥	0.60~0.90	0.70~1.00
钢筋混凝土梁桥	0.40~0.80	0.50~0.90	圬工拱桥	0.70~1.00	0.80~1.00

测点在控制荷载工况作用下的相对残余变位（或应变）S_p/S_t 越小，说明结构越接近弹性工作状况。一般要求 S_p/S_t 值不大于 20%；当 S_p/S_t 大于 20% 时，应查明原因。如确系桥梁强度不足，应在评定时，酌情降低桥梁承载能力。

η 值应取控制截面内力最不利荷载工况时最大挠度测点进行计算。对梁桥可采用跨中最大正弯矩荷载工况的跨中挠度;对拱桥检算拱顶截面时可采用拱顶最大正弯矩荷载工况时跨中挠度;检算拱脚截面时可采用拱脚最大负弯矩荷载工况时 $L/4$ 截面处挠度;检算 $L/4$ 截面时用上者平均值。如已安排 $L/4$ 截面最大正、负弯矩荷载工况,则可采用该程序 $L/4$ 截面挠度。

2)地基与基础当试验荷载作用下墩台沉降、水平位移及倾角较小、符合上部结构检算要求、卸载后变位基本恢复时,认为地基与基础在检算荷载作用下能正常工作。当试验荷载作用下墩台沉降、水平位移及倾角较大或不稳定、卸载后变位不能恢复时,应进一步对地基、基础进行探查、检算,必要时应对地基基础进行加固处理。

3)结构的刚度要求。试验荷载作用下,主要测点挠度校验系数 η 应不大于1。各点的挠度不超过规范规定的允许值。即:

圬土拱桥:一个桥范围内正负挠度的最大绝对值之和不小于 $L/1000$,履带车和挂车要验算时提高 20%。

钢筋混凝土桥:梁桥主梁跨中 $L/600$

梁桥主梁悬臂端 $L/300$

桁架、拱桥 $L/300$

4)裂缝。对于新建桥试验荷载作用下预应力结构不应出现裂缝,钢筋混凝土结构裂缝不超规范容许值:$\delta_{max} \leq [\delta]$。

对于旧桥试验荷载作用下绝大部分裂缝宽度应不大于表 4-42 规定的允许值;荷载试验后所有裂缝应不大于表 4-42 规定的允许值。

表 4-42 裂缝限值表

结构类别	裂缝部位		允许最大缝宽/mm	其他要求
钢筋混凝土梁	主筋附近竖向裂缝		0.25	
	腹板斜向裂缝		0.30	
	组合梁结合面		0.50	不允许贯通结合面
	横隔板与梁体端部		0.30	
	支座垫石		0.50	
预应力混凝土梁	梁体竖向裂缝		不允许	
	梁体纵向裂缝		0.20	
砖、石、混凝土拱	拱圈横向		0.30	裂缝高小于截面高一半
	拱圈纵向		0.50	裂缝长小于跨长的 1/8
	拱波与拱肋结合处		0.20	
墩台	墩台帽		0.30	不允许贯通墩台身截面一半
	墩台身	经常受侵蚀性环境水影响 有筋	0.20	
		经常受侵蚀性环境水影响 无筋	0.30	
		常年有水,但无侵蚀性影响 有筋	0.25	
		常年有水,但无侵蚀性影响 无筋	0.35	
		干沟或季节性有水河流	0.40	
		有冻结作用部分	0.20	

注:表中所列除特指外适用于一般条件,对于潮湿和空气中含有较多腐蚀性气体等条件下的缝宽限制应要求严格一些。

通过对桥梁结构工作状况、强度稳定性、刚度和抗裂性各项指标进行综合评定，并结合结构下部评定和动力性能评定，给出桥梁承载能力评定结论，并将评定结论写入桥梁承载能力鉴定报告。

(5) 桥梁静载试验实例。某预应力混凝土变截面连续箱梁，下部构造为空心双室等截面钢筋混凝土薄壁桥墩、钢筋混凝土轻型桥台，基础为高桩承台和钻孔灌注桩全桥，由主孔和边孔共 14 跨桥组成。主孔桥为 9 跨一联，边孔桥为 5 跨一联。大桥设计荷载标准为公路—I 级。对该桥进行结构检验。

该桥的检验目的为：通过对全桥各部位的全面检查，得出桥梁结构在运营状态下的实际状况；检验桥梁结构的承载能力及工作状态；检验竣工初验验收书中提出的各重点部位在荷载作用下的工作性能。

1) 检验试验方案的设计。检验试验项目为：全面考察、检查桥梁结构的现有状况；根据大桥结构形式、特点和现状，检测桥梁 3、4、5、6、7、10 等桥梁中具有代表性的控制断面在荷载作用下的内力情况、应力分布及变形曲线；检验桥梁在不同试验荷载作用下是否有新裂缝出现及已有裂缝的变化情况。

2) 测试方法及仪器。考察、检查桥梁结构现状，用肉眼观察结构外观，对于太高、太远的部位辅以高倍望远镜；用刻度放大镜和塞尺检测裂缝；用回弹仪检测全桥混凝土强度。在静载作用下，采用百分表、精密水准仪、光电挠度仪、倾角仪、水准仪等仪器联合测定梁体的下挠、挠曲、扭转及墩顶位移等变形情况。在静载作用下，采用应变仪和千分表应变计测定梁体的应变（应力）变化情况。

3) 测点布置。应变布置：边孔桥和主孔桥各 10 个有代表性的断面进行应变测试，应变测试断面布置见图 4-70。根据各断面的受力特点和为确保测试数据准确、可靠，在应变测点布置时采用了电阻应变片测点和千分表测点两种形式，测点布置见图 4-71（此处仅列出 1 个图）。

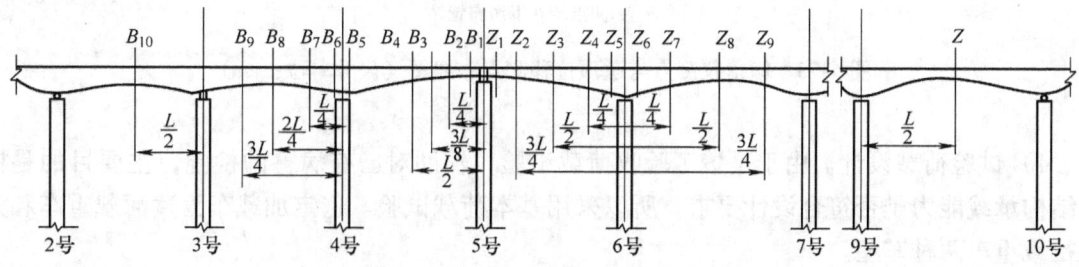

图 4-70 应变测试断面位置图（尺寸单位：cm）

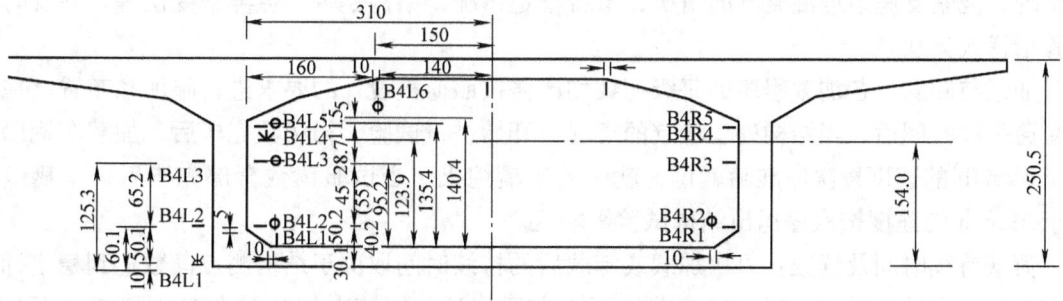

图 4-71 应变测点位置图（尺寸单位：cm）

变形测点：挠度测点分别采用了光电挠度仪测点、精密水准仪测点和百分表测点三种形式，测试断面为 26 个，见图 4-72。箱梁挠曲测点采用水平式倾角仪测点和电子数显式倾角仪测点两种，测点布置见图 4-73。

裂缝变化观测点：根据箱梁已有裂缝的实际情况布置（此处略）。

墩顶位移观察点：分别在墩顶布置横向位移和竖向位移观察点（选 4 号和 6 号墩）。

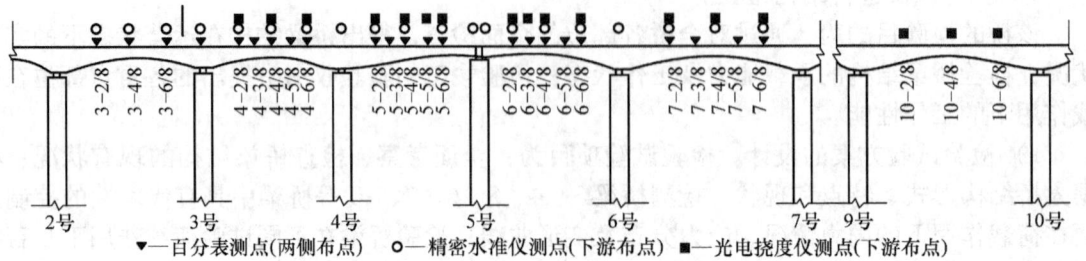

图 4-72 百分表、水准仪、挠度仪测定变形的测点布置图（尺寸单位：cm）

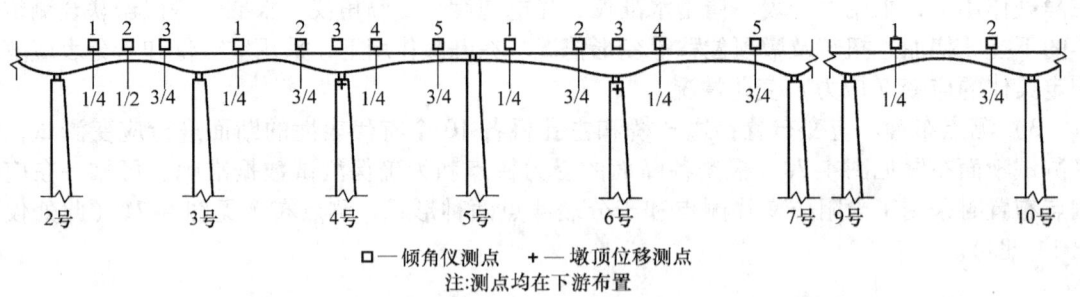

图 4-73 倾角仪测点与墩顶位移测点布置图（尺寸单位：cm）

4）试验荷载设计。由于是竣工验收荷载试验，辅助对已有病害的检验，主要目的是检验结构承载能力是否符合设计要求，所以采用基本荷载试验。选定加载车为黄河载重车和太脱拉载重车两种车型。

5）检测试验阶段。加载过程的观察：由专人随时观察结构各部位可能产生的新裂缝是否出现，观察支座附近混凝土的情况，墩台稳定情况，结构是否产生异常变位等，并及时与试验指挥人员联系。

加载与卸载：各加载程序的每级荷载均严格按照荷载设计的要求进行施加和布置，在中断交通一段时间后，当结构处于稳定的情况下开始进行试验，初读数完毕后，加载车辆以不大于 5km/h 的速度按次序准确就位，就位后车辆熄火。当试验读数全部完毕后，车辆以不大于 5km/h 的速度按次序退出结构试验影响区。

荷载持续时间及读数：每次加载或卸载后的持续时间取决于结构测点读数达到稳定标准所需时间。在试验过程，每一级荷载按要求布置好后，用该次加载最大变位测点（百分表测定，精度 0.01mm）的每 5min 变位增量来监控结构稳定状况。一般结构在最后 5min 内变位增量小于前一个 5min 内变位增量的 15% 或小于所用量测仪器的最小分辨值，则认为结构变位达到相对稳定。每一加载程序均读取初读数（零级荷载读数）、加载读数（或第一级、第二级加载读数）、第一次卸载读数（全部卸载后立即读数）及结构相对稳定后的最终卸载读数。

静载试验的终止条件：如果荷载未加至预定的荷载，结构控制截面的变位、应力（或应变）和裂缝的扩展及增多提前达到或超过设计标准的允许值，或者在加载过程中，结构发生其他损坏，有可能影响桥梁承载能力或正常使用时，立即停止加载。

6）测试程序。对于分两级施加试验荷载的加载程序，测试程序见图 4-74。对于一次将荷载加至试验荷载的加载程序，其测试程序见图 4-75。

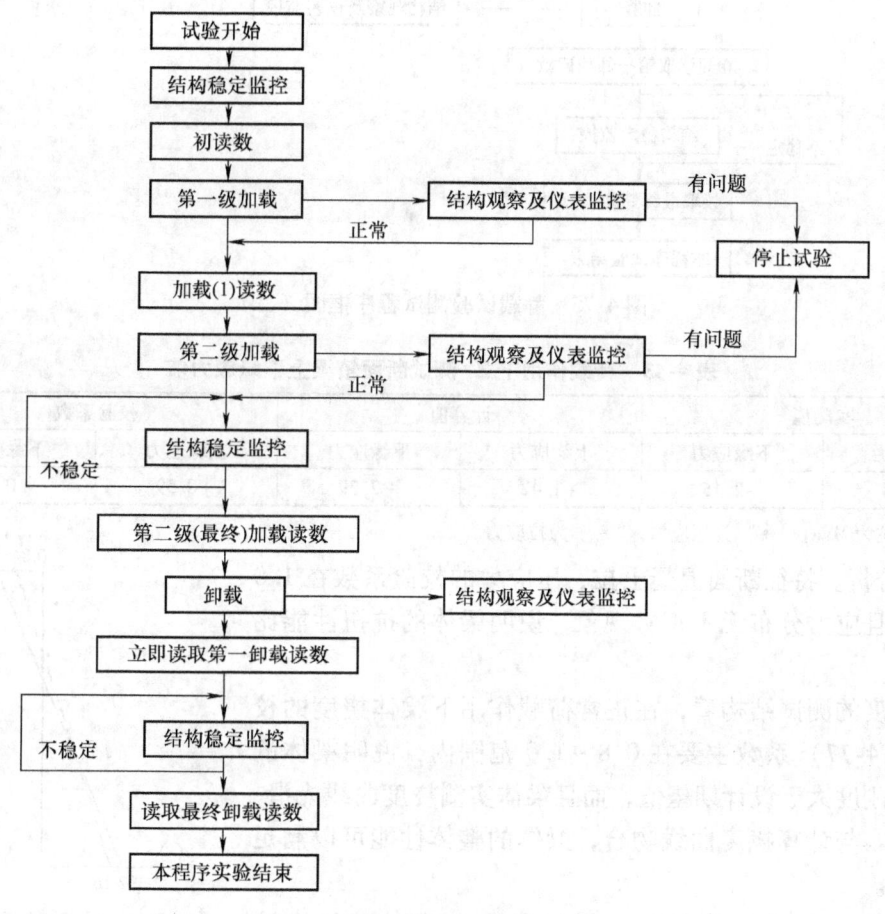

图 4-74 静载试验测试程序框图（一）

7）检测结果。Z_3 测试断面在一种加载程序荷载作用下的应力值及应力分析结果见表 4-43。

Z_3 测试断面在一种加载程序荷载作用下的应力图（设计值与实测值比较）见图 4-76。

主孔桥在一种加载程序荷载作用下的挠度值（挠度分析）见表 4-44。

桥跨在一种加载程序荷载作用下的下挠曲线见图 4-77。桥跨挠曲角测点在一种加载程序荷载作用下的挠曲角值见表 4-45。（裂缝的检测结果此处未列）

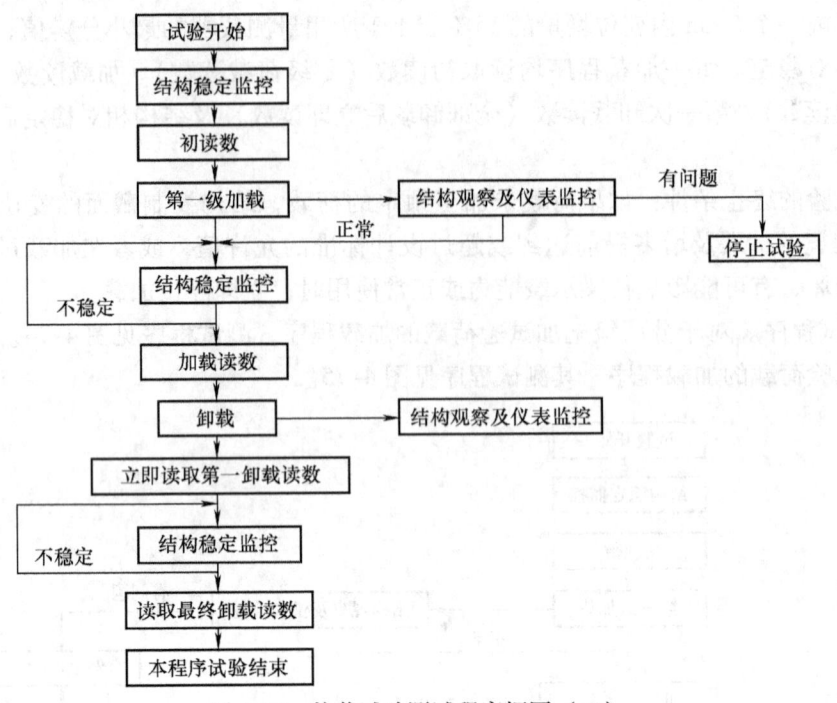

图 4-75 静载试验测试程序框图（二）

表 4-43 荷载作用下 Z_3 测试断面箱梁上下缘应力值

实测值		计算值		校验系数	
上缘应力	下缘应力	上缘应力	下缘应力	上缘应力	下缘应力
+0.84	-2.16	+1.42	-2.39	+0.59	+0.90

注：单位为 MPa，"+"为压应力，"-"为拉应力。

8) 分析。特征断面混凝土拉、压应力的校验系数在 1.0 左右，而且应力分布无不正常现象，说明梁体的抗扭性能比较好。

从挠度的测试结构看，在正常荷载作用下梁体挠度的校验图（图 4-77）系数主要在 0.8 ~ 1.0 范围内，说明梁体的实际抗弯刚度大于设计期望值，而且梁体实测挠度曲线光滑、顺畅，基本与计算挠度曲线吻合，梁体的整体性能可以满足使用要求。

实测挠曲角的挠曲趋势与设计基本一致，满足设计要求。

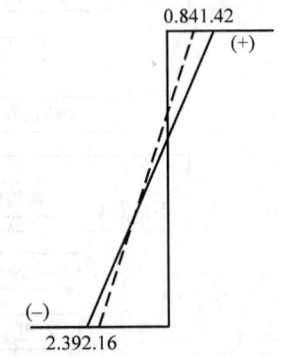

图 4-76 主孔桥第三程序加载 Z_3 断面应力图（单位：MPa）

表 4-44 主孔桥部分测试断面在荷载作用下的挠度分析表

位置	挠度	计算值/mm
4—2/8	计算值/mm	13.0
	实测值/mm	12.7
	相对残余值	0.08
	校验系数	0.98

（续）

位置	挠度	计算值/mm
4—3/8	计算值/mm	20.0
	实测值/mm	16.5
	相对残余值	—
	校验系数	0.83
4—4/8	计算值/mm	20.0
	实测值/mm	20.0
	相对残余值	0.05
	校验系数	0.08
4—5/8	计算值/mm	26.0
	实测值/mm	21.0
	相对残余值	0.0
	校验系数	0.81
4—6/8	计算值/mm	21.0
	实测值/mm	19.3
	相对残余值	0.05
	校验系数	0.92

注："+"为上挠，"-"为下挠；相对残余值=残余挠度/实测挠度；校验系数=实测值/计算值。

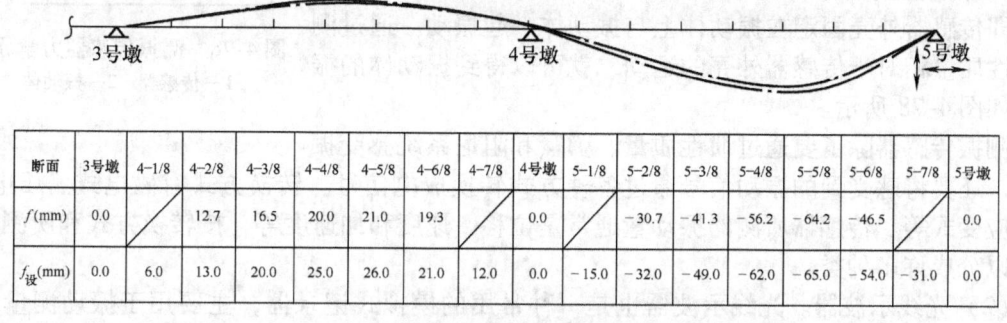

断面	3号墩	4-1/8	4-2/8	4-3/8	4-4/8	4-5/8	4-6/8	4-7/8	4号墩	5-1/8	5-2/8	5-3/8	5-4/8	5-5/8	5-6/8	5-7/8	5号墩
f(mm)	0.0	/	12.7	16.5	20.0	21.0	19.3	/	0.0	/	-30.7	-41.3	-56.2	-64.2	-46.5	/	0.0
$f_{设}$(mm)	0.0	6.0	13.0	20.0	25.0	26.0	21.0	12.0	0.0	-15.0	-32.0	-49.0	-62.0	-65.0	-54.0	-31.0	0.0

图 4-77 边孔桥第三程序（对称）挠曲线

表 4-45 荷载作用下主孔桥混凝土箱梁各测试断面挠曲角值

位置	程序	对称加载	
		计算值	实测值
第十跨	1（$L/4$）	5.19	2.50
	2（$3L/4$）	-5.40	-5.50

注：单位为"，"；正值表示顺时针挠曲；负值表示逆时针挠曲。

9）结论及建议。从控制截面实测应力值可知，大桥有较好的受力性能，承载能力能够满足规范要求；由挠度与挠曲角实测值与计算值均接近的结果可知，梁体具有一定的抗弯刚度，结构处于正常弹性工作状态。

4.6.2 桥梁结构动载试验

当车辆荷载以一定速度行驶于桥上,桥梁结构便产生振动,桥面凸凹不平或发动机颤抖等原因会使振动加剧。此外,人群荷载、强风或地震的作用也会引起桥梁产生振动。桥梁的动载试验就是研究桥梁振动的动力特性、整体刚度及行车性能等。

桥梁动载试验与静载试验相比,不同之处是引起结构产生振动的根源(如车辆、人群、风或地震)和结构的动效应是随时间而变化的,动荷载产生的动效应大于相应的静力效应,有时甚至不大的动力作用也可能使结构遭到严重损坏。桥梁的振动试验多是在原型结构上进行的非破坏性试验,也有模型地震试验、抗风试验、疲劳试验等。本节只介绍桥梁原型结构动力特性和动载响应的试验与分析。

1. 桥梁动载试验测试系统的选配

桥梁结构振动的测试仪器包括:测振传感器、信号放大器、光线示波器、磁带记录仪和数字信号处理机。近年来已开发出多种以 A/D 转换和微机结合的数据采集和分析一体化的智能仪器,可以进行实时数据采集分析,并能实现数据储存,有取代磁带记录仪和专用信号处理机的趋势。

(1) 测振传感器。振动参数有位移、速度和加速度。测量这些振动参数的传感器有许多种类。由于振动测量难以在振动体附近找到一个静止点作为测量的基准点,所以就需要使用惯性式测振传感器。通常所指的测振传感器即为惯性式测振传感器(以下简称测振传感器)。其基本原理为:由惯性质量、阻尼和弹簧组成一个动力系统,这个动力系统固定在振动体上,即传感器外壳固定在振动体上与振动体一起振动。通过测量惯性质量相对于传感器外壳的运动,就可以得到振动体的振动,如图 4-78 所示。

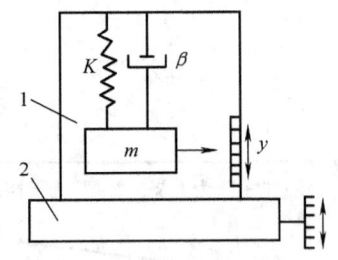

图 4-78 测振传感器力学原理
1—传感器 2—振动体

测振传感器除了要通过惯性质量、弹簧和阻尼系统感受振动外,还要将感受到的振动信号通过各种方式转换成电信号。转换方式有磁电式、压电式、电阻应变式等。传感器所测的振动量通常是位移、速度和加速度等,按转换方式和所测振动量可以分成许多种类。

(2) 光线示波器。光线示波器也是一种常用的模拟式记录器,主要用于振动测量的数据记录,它将电信号转换为光信号,并记录在感光纸和胶片上,得到的是试验变量与时间的关系曲线。

(3) 磁带记录仪。它可以用于振动测量和静力试验的数据记录,还可将电信号转换成磁信号并记录在磁带上,得到的是试验变量和时间的变化关系。

(4) 信号处理机。动态信号数据处理,一般在专用信号处理机或利用数据处理软件在通用计算机上进行。一般信号处理机的工作程序是:输入信号首先通过低通抗混淆滤波器和前置放大器,然后经过模数转换器,将模拟电量信号转换成数字信号输入给计算机,在数据处理硬件和软件支持下进行各种数据处理,最后将结果打印出来。

(5) 测试系统的选配。根据常用的一些测试仪器的性能,一般可构成电磁式测试系统、压电式测试系统和电阻应变式测试系统等。

电磁式测试系统在桥梁的动力测试中应用较为普遍,这类系统通过仪器的组合变换可测位移、速度和加速度。电磁式测试系统的特点是输出信号强,灵敏度高,稳定性好,传感器输出阻抗低，长导线的影响较小，因此抗干扰性能好，系统的组成为：

电磁式传感器→信号放大器→记录装置

压电式测试系统一般用于测量加速度。系统的组成如下：

压电式传感器→电压或电荷放大器→光线示波器或磁带机

由于压电式传感器具有高输出阻抗的特性，要求与输入阻抗很高的放大器相连。因此，放大器输入阻抗的大小将对测试系统的特性产生重大影响。压电式传感器的自振频率较高，因而可测频响较宽。但系统抗干扰性差。长导线阻抗影响较大，易受电磁场干扰。配套的前置放大器有两种基本形式，一种是电压放大器，它的输出电压正比于输入电压；另一种是电荷放大器，它的输出电压正比于压电传感器输出电荷。前者的输出电压受输出电缆长度的影响，低频特性也受其他输入电阻的影响，由这种放大器组配的系统适用于一般频率范围的动力测试。后者不受传输电缆分布电容的影响，低频特性也很少受输入电阻的影响，使用频率可达到零，适用于低频或超低频长距离的动力测试。

电阻应变式测试系统中传感器的种类较多，例如位移计、应变计、加速度计等，需配套使用的放大器是各类动态电阻应变仪，记录装置为常用的光线振子示波器或磁带记录仪等。系统组成为：

电阻式传感器→电阻应变仪→光线示波器或磁带记录仪

这类测试系统的低频响应好，可从 0Hz 开始。动态电阻应变仪可作为各类电阻应变式传感器的放大器，但这类测试系统易受温度的影响，抗干扰性能较差，长导线对灵敏度也有影响。电阻应变式测试系统中各部分仪器通用性强，应用方便，因而在桥梁动载试验中的应用很普遍。在选配上述测试系统时，要注意选择测振仪器的技术指标，使传感器、放大器和记录仪的灵敏度、动态范围、频率响应和幅值范围等技术指标合理配套，以保证测试结果的准确与可靠。

（6）测振仪器的主要技术指标

1）灵敏度。测振传感器或测试系统的灵敏度是指它们的输出信号（电压、电荷、或应变等）与输入信号（位移、速度或加速度等）的比值。

2）频率响应。当所测振动的频率变化时，测量系统灵敏度、输出的相位等也随之变化，这个变化规律称为频率响应。对于一个阻尼值，只有一条频率响应曲线。

3）阻尼比。阻尼比是系统存在阻尼的一种量度，它等于实际阻尼系数与临界阻尼系数之比值。

当阻尼比小于1时，系统呈欠阻尼状态；

当阻尼比等于1时，系统呈临界阻尼状态；

当阻尼比大于1时，系统呈过阻尼状态。

4）动态范围。测振仪器的动态范围（或线性度范围）是指输出信号与输入信号保持线性关系时，输入信号幅值的允许变化范围，即仪器的可测幅值范围。当二者偏离线性关系时称幅值失真。

5）频率特性范围。测振仪器的频率特性范围是指当仪器灵敏度不变或其变化不超过允许值时频率信号的允许变化范围，即仪器的可测频率范围。当被测信号频率超出使用频率范围时，测试结果会产生很大误差。

6）相位特性。测振仪器的相位特性反映了仪器输出信号的相位差随频率而变化的情况。当测量由各种频率的简谐波合成的复杂周期波时，输出信号对输入信号的相位差应始终为零或与频率呈线性关系，这样信号波形才不会失真，否则产生相位畸变。

进行测振仪器的选择时，一定要符合可测幅值范围、可测频率范围、相位差不畸变等要求，同时要注意仪器对环境条件的适应能力。

2. 桥梁动载试验的激振方法

在进行桥梁动载试验时，首先要设法使桥梁产生一定的振动，然后应用测振仪器加以测试和记录，通过对记录的振动信号分析得到桥梁的动力特性和响应。桥梁结构动载试验的激振方法有多种，应结合所测桥梁的结构形式和刚度大小选择激振效果好、易于实施的方法。激振方法可分为自振法、共振法和随机激振法。

（1）自振法。自振法的特点是使桥梁产生有阻尼的自由衰减振动，记录到的振动图形是桥梁的衰减自由振动曲线，为使桥梁产生自由振动，一般常用突加荷载和突卸荷载两种方法。

1）突加荷载法。在被测结构上急速地施加一个冲击作用力，由于施加冲击作用的时间短促，因此施加于结构上的作用实际是一个冲击脉冲作用。由振动理论可知，冲击脉冲的动能传递到结构振动系统的时间要小于振动系统的自振周期，并且冲击脉冲一般都包含了从零到无限大的所有频率的能量，只有被测结构的固有频率与之相同或很接近时，冲击脉冲的频率分量才对结构起作用，从而激起结构以其固有频率做自由振动。

对于中小型桥梁结构，可用落锤激振器（或枕木）垂直地冲击桥梁，激起桥梁竖直方向的自由振动。如果水平方向冲击桥面缘石，则可激起横向振动。

跳车法就是从三角垫木上利用车轮突然下落对桥梁产生冲击作用，激起桥梁的竖向振动。但此时所测得的结构固有频率包括了试验车辆这一附加质量的影响。图4-79为试验用解放载重汽车后轮在跨度为25m预应力混凝土简支梁桥的跨中位置越过15cm高三角垫木后，激起桥跨结构的振动波形记录。

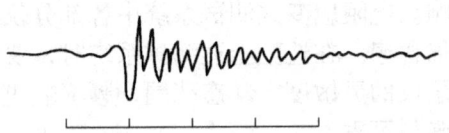

图4-79 跳车引起的结构振动图形

采用突加荷载法时，要注意冲击荷载的大小及其作用位置。如果要激起结构的整体振动，则必须在桥梁的主要受力构件上施加足够的冲击力，冲击荷载的位置可按所测结构的振型来确定；如为了获得简支梁桥的第一振型，则冲击荷载作用于跨中部位。

冲击法引起自由振动，一般可记录到第一固有频率的振动图形。如用磁带记录仪录取结构某处之响应，通过频谱分析，则可获得多阶固有频率的参数。

2）突然卸载法。突然卸载法（位移激振法）是在结构上预先施加一个荷载作用，使结构产生一个初位移，然后突然卸去荷载，利用结构的弹性性质使其产生自由振动。

为卸落荷载，可通过自动脱钩装置或剪绳索等方法，有时也专门设计一种断裂装置，当预施加力达到一定的数值时，在绳索中间的断裂装置便突然断离，从而激发结构的振动。突卸荷载的大小要根据所需最大振幅计算求出。

（2）共振法（强迫振动法）。共振法是利用激振器对结构施加激振力，使结构产生强迫振动，改变激振力的频率而使结构产生共振现象并借助共振现象来确定结构的动力特性。

激振设备有机械式激振器、电磁式激振器和电气液压式振动台。

激振器在结构上的安装位置和激振方向要根据试验的要求和目的而定，具体安装方法应依据有关说明。如果将两台激振器安放于结构的适当位置上，反向激振，则可进行扭转振动试验。

试验时连续改变激振器的频率,当激振力的频率与结构的固有频率相等时,结构出现共振现象,此时,所记录到的频率即为结构的固有频率。

对于较复杂的结构,有时需要知道基频以后的几个频率。此时可以连续改变激振力的频率,进行"频率扫描",使结构连续出现第一次共振,第二次共振……,同时记录结构的振动图形。由此可得到结构的第一频率(基频)、第二频率……,在此基础上,再在共振频率附近进行稳定的激振试验,则可准确地测定结构的固有频率与振型。图4-80为进行频率扫描时的记录曲线。

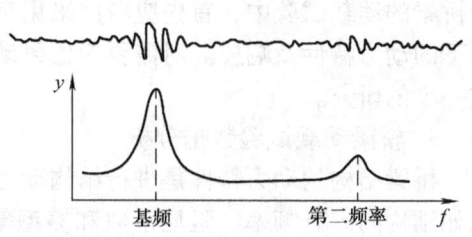

图4-80 频率扫描时结构的振动图

在上述频率扫描试验时,同时记录结构的振幅变化情况,则可作出共振曲线,即频率—振幅关系曲线,从而确定结构的阻尼特性。对于自振频率较低的大跨度柔性桥梁结构,也可利用人群在桥面上作有规律的运动,使结构发生共振现象。

(3)随机激振。随机激振是利用外界各种自然因素,如地脉动、风、水流等,形成的微小不规则的脉动引起桥梁结构产生振动现象的一种激振方法。

在桥梁的动载试验中,常用载重车队由低到高的不同速度驶过桥梁,使结构产生不同程度的强迫振动。在若干次运行车辆荷载试验中,当某一行驶速度产生的激振力的频率与结构的固有频率相接近时,结构便产生共振现象,此时结构各部位的振动响应达最大值。在车辆驶离桥跨以后,结构作自由衰减振动,这时可由记录到的波形曲线分析得出结构的动力特性。图4-81为车速21km/h,驶过25m预应力混凝土简支梁桥时,跨中挠度的时历曲线。振动波形曲线中A、B一段,是车辆离桥后,结构做自由衰减振动的波形记录,从中可分析计算出结构的固有频率和阻尼特征。

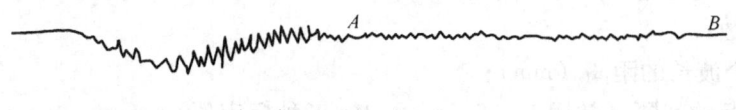

图4-81 车速为21km/h时跨中挠度时历曲线

对于大跨度悬吊结构,如悬索桥、斜拉索桥跨结构、塔墩以及具有分离式拱肋的大跨度下承式或中承式拱桥,可利用结构由于外界各种因素所引起的微小而不规则的振动来确定结构的动力特性。这种微振动通常称为"脉动",它是由附近的车辆、机器等振动或附近地壳的微小破裂和远处的地震传来的脉动所产生的。结构的脉动有一重要特性,就是它能明显地反映出结构的固有频率。因为结构的脉动是因外界不规则的干扰引起的,因此它具有各种频率成分,而结构的固有频率的谐量是脉动的主要成分,在脉动图上可直接量出。如图4-82

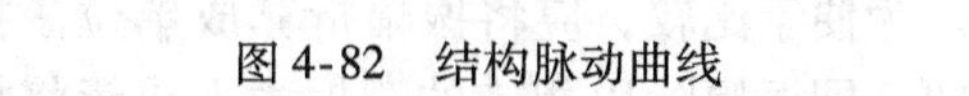

图4-82 结构脉动曲线

所示的结构脉动曲线,振幅呈现有规律的增减现象,凡振幅大波形光滑之处的频率都相同,而且多次重复出现,此频率即为结构的基频。如果在结构不同部位同时进行检测,记录在同一纸上，读出同一瞬时各测点的振幅值，并注意它们之间的相位关系，则可分析得到某一固有频率的振型。

在桥梁结构的正常使用条件下，经常地作用于结构上的动力荷载是各类车辆荷载，在进行桥梁的动载试验中，首先应考虑采用车辆荷载作为试验荷载，以便确定桥梁在使用荷载作用下的动力特性及响应。对需要考虑风动荷载或地震荷载的桥梁，应结合桥梁的结构形式作进一步的研究。

3. 桥梁动载试验数据分析

桥梁结构的动力特性是进行结构动力分析所必需的参数，是结构振动系统的基本特性。例如结构的固有频率、阻尼系数和振型等，它们只与结构本身的固有性质有关（如结构的组成形式、刚度、质量分布和材料的性质等），而与荷载等其他条件无关。

对于比较简单的结构，一般只需结构的一阶频率，对于较复杂的结构动力分析，还应考虑第二、第三甚至更高阶的固有频率及相应的振型。至于系统的阻尼特性只能通过试验的方法确定。

桥梁在实际的动荷载作用下，结构各控制部位的动力响应，如振幅、频率、速度和加速度以及反映结构整体动力作用的冲击系数等，除了可用来分析结构在动荷载作用下的受力状态外，还可验证或修改理论计算值，并作为结构设计的依据。

（1）结构固有频率的测定。按照前面叙述的激振方法，使桥梁产生自由振动，通过测试系统实测记录结构的衰减振动波形，如图 4-83 所示。在记录的振动曲线上，可根据时标符号直接计算出结构的固有频率。

$$f_0 = \frac{Ln}{t_1 S} \quad (4\text{-}106)$$

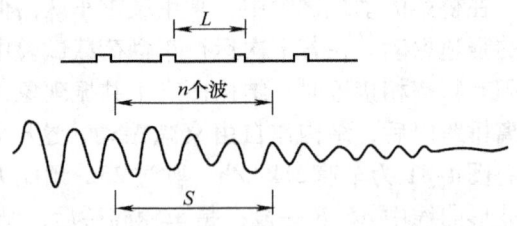

图 4-83 由衰减振动曲线求固有频率

式中 L——两个时标符号间的距离（mm）；

n——波数；

S——n 个波长的距离（mm）；

t_1——时标的间隔（常用 1s、0.1s、0.01s 三种标定值）。

在计算频率时，为消除冲击荷载的影响，开始的第一、二个波形应舍弃，从第三个波形开始计算分析。当使用激振器进行共振法试验时，结构产生连续周期性强迫振动，在激振器振动频率与结构的固有频率一致时，结构出现共振现象，振幅达到最大值，经准确测试后，共振波峰处的频率即为结构的固有频率，如图 4-84 所示。

采用偏心式激振器时，由于激振力的大小与激振器转速的平方成正比，激振器转数不同，激振力大小不一样。为便于比较，应将振幅折算成单位激振力作用下的振幅，即振幅除以相应的激振力，或者将振幅换算为在相同激振力作用下的振幅，即 A/ω^2，其中 A 为振幅，ω 为激振器的频率。以 A/ω^2 为纵坐标，ω 为横坐标标出共振曲线，如图 4-84 所示，曲线峰值所对应的频率即为结构的固有频率。

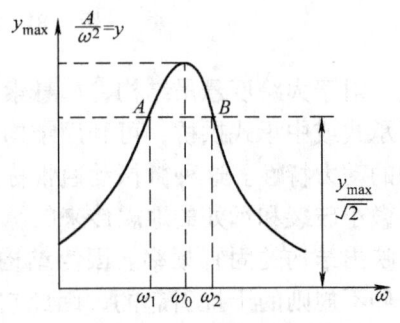

图 4-84 共振曲线

（2）结构阻尼的测定。桥梁在振动过程中，要受到介质阻尼、材料内部阻尼及支座摩擦阻尼等作用，阻尼特性是振动系统的重要的动态特性之一。桥梁结构的阻尼特性，一般用对数衰减率 δ 或阻尼比 D 来表示。实测的衰减自由振动曲线如图 4-85 所示，由振动理论知，对数衰减率为：

$$\delta = \ln(A_i/A_{i+1}) \tag{4-107}$$

式中　A_i、A_{i+1}——相邻的两个波的同号振幅峰值，可直接从衰减曲线上量取。

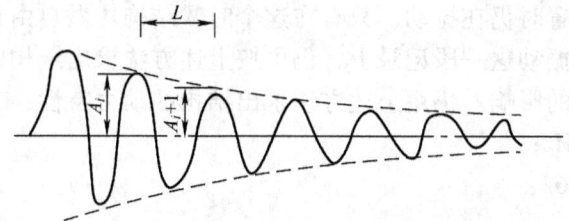

图 4-85　由衰减振动曲线求阻尼特性

实践中，常在衰减曲线上量取 m 个波形，求得平均的衰减率：

$$\delta_a = \frac{1}{m} \ln \frac{A_i}{A_{i+m}} \tag{4-108}$$

由振动理论知，对数衰减率 δ 与阻尼比 D 的关系为：

$$\delta = \frac{2\pi D}{\sqrt{1-D^2}} \tag{4-109}$$

对于一般材料的阻尼比都很小，因此

$$D \approx \frac{\delta}{2\pi} \tag{4-110}$$

图 4-86 为净跨 25m 预应力混凝土 T 形简支梁桥在动载试验时的自由振动和强迫振动波形曲线。

试验时，采用激振方法是用解放牌载重汽车驶越垫木后给桥梁一个冲击作用，使结构产生自由振动。图 4-86a、b 表示结构作自由衰减振动的波形记录。图 4-86a 的波形是跨中的主梁挠度时历曲线。图 4-86b 的波形是跨中断面预应力钢丝的应力时历曲线。由于挠度和钢丝应力的测点都位于同一控制断面，所以二者的波形相位是一致的。按照前述的方法，可求出结构的动力特性：

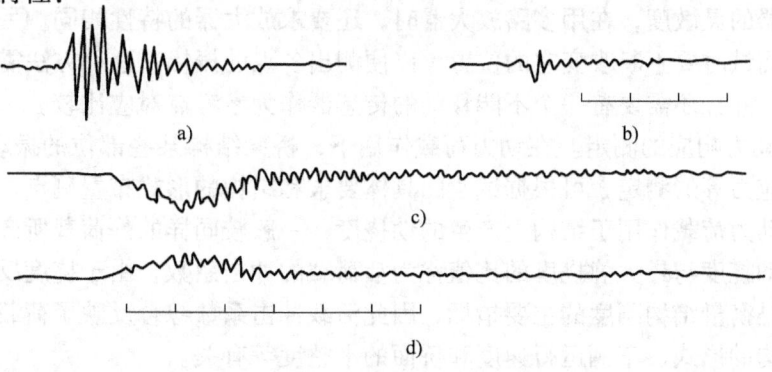

图 4-86　桥梁动载试验实测记录曲线

固有频率 $f_0 = 4.56\text{Hz}$；

对数衰减率 $\delta = 0.0876$；

阻尼比 $D = 0.0139$。

应当指出，上述分析中，包含有载重汽车这一附加质量的影响。

图4-86c、d 为载重汽车以 28km/h 的速度通过桥梁时引起结构产生强迫振动的记录曲线，图4-86c 为挠度曲线，图4-86d 为钢丝应力曲线。由图可见，当汽车驶离桥跨后，桥跨结构恢复到静力平衡位置时仍在振动，只有在这个时候结构才做自由衰减振动。

在结构做自由衰减振动这一段记录上，仍可按上述方法求出结构的动力特性，但此时没有载重汽车的附加质量的影响。仍用上述方法求出结构的动力特性：

固有频率 $f_0 = 4.63\text{Hz}$；

对数衰减率 $\delta = 0.062$；

阻尼比 $D = 0.096$。

在实测的共振曲线上也可推算阻尼比，如图4-84所示，具体做法是取 $y_m/\sqrt{2}$ 值作一水平线，同曲线相交于 A、B 两点，其对应的横坐标为 ω_1 和 ω_2，即：

阻尼系数 $$n = \frac{1}{2}(\omega_1 - \omega_2) \tag{4-111}$$

阻尼比 $$D = n/\omega_0 \tag{4-112}$$

式中　ω_0——结构的固有频率。

（3）振型的测定。结构的振型是结构振动时相应于各阶固有频率的振动形式，一个振动系统的数目与其自由度数目相等。桥梁结构是一个具有连续分布质量的体系。也就是说，桥梁是一个无限多自由度体系，因此，其固有频率及相应的振型也有无限多个。但是，如前所述，对于一般的桥梁结构，第一固有频率即基频，对结构的动力分析才是重要的。对于较复杂的动力分析问题，也仅需前面几个固有频率。也就是说在一般情况下，一些低阶振型才是重要的。

采用共振法测定振型时，将若干传感器安装在结构各有关部位，当激振装置激发结构共振时，同时记录结构各部位的振幅和相位，比较各测点的振幅及相位便可绘出振型曲线。

传感器的测点布置视结构形式而定，一般要根据理论分析，估计振型的大致形状，然后在变位较大的部位布点，以便能较好地连接出振型曲线。

振型的测定一般采用两种方法。一是在结构上同时安装许多传感器，这时必须保证预先标定所有传感器的灵敏度，在用多路放大器时，还要求放大器的特性相同。另一种方法只用一个传感器，测试时要不断改变它的位置，以便测出各点的振幅。这种方法需要对传感器多次拆卸和安装，并且还需要有一个不能移动的传感器作为参考点对应比较。

（4）结构动力响应的测定。在动力荷载作用下，桥梁结构某些部位的振动参数如振幅、频率、位移、应力等的测定，可根据试验的具体要求和结构的形式布置测点，采用适当的仪表进行测试。动力荷载作用于结构上产生的动挠度，一般较同样的静荷载所产生的相应静挠度要大。最大动挠度与最大静挠度的比值称为活荷载的冲击系数。由于挠度反映了桥跨结构的整体变形，是衡量结构刚度的主要指标，因此活载冲击系数综合反映了荷载对桥梁的动力作用。它与结构的形式、车辆运行速度和桥面的平整度等有关。

为了测定冲击系数，应使车辆荷载以不同的速度驶过桥梁，并逐次记录跨中挠度的时历曲线，如图4-87所示。

按冲击系数的定义有：
$$1 + \mu = y_{dmax}/y_{smax} \tag{4-113}$$

式中　y_{dmax}——最大动挠度值；
　　　y_{smax}——最大静挠度值。

图4-88所示为25m预应力混凝土梁桥的强迫振动记录。图4-88a为跨中挠度时间历程曲线，图4-88b为跨中断面预应力钢丝的应力时间历程曲线。

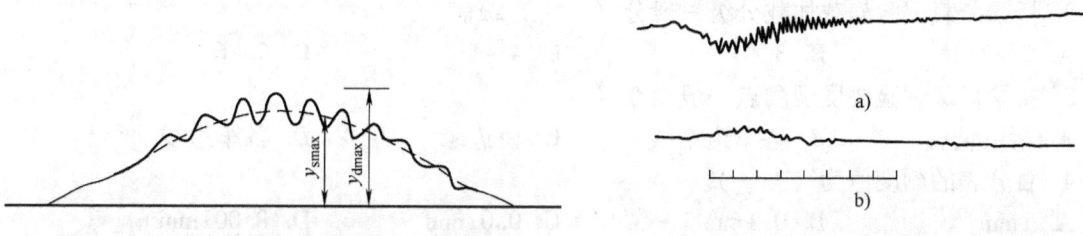

图4-87　移动荷载作用下结构变形曲线图　　图4-88　汽车驶过桥时结构振动图形

4. 荷载试验报告编写

在全部试验资料整理与分析的基础上，提出桥梁结构荷载试验报告。其内容应该包括下列各项：

（1）试验概况。主要内容是简要介绍被试验的桥梁结构的形式、构造特点、施工概况。对于鉴定性试验，要说明在施工与设计中存在的技术问题，以及其对使用的影响等。对于科研性试验，还要说明设计中需要解决的问题。文中要适当附上必要的简图。

（2）试验目的。根据试验对象的特点，要有针对性地说明结构荷载试验所要达到的目的和要求。

（3）试验方案设计。这一部分要说明根据试验目的确定的测试项目和测试方法、仪器配备及测点布置情况，并附以简图。同时要说明试验荷载的情况，如试验荷载的形成（是标准列车或汽车荷载，还是模拟等代荷载）以及加载的程序。

（4）试验日程及试验的过程说明。具体组织桥梁静载试验的起讫日期、试验准备的阶段情况、整个试验阶段特殊的问题及其解决办法。

（5）各项试验达到的精度。将本次试验中使用的各种仪器、仪表的类型、精度（最小读数）列表说明，同时还要说明试验中可能使用的夹具对试验精度的影响程度。

（6）试验成果与分析。依据桥梁结构荷载试验项目，将理论值、实测值以及有关的参考限值进行对比，说明理论与实践二者的符合程度，从中得出试验结构所具有的实际承载能力、抗裂性、使用的安全度，以及从试验中所发现的新问题。从现场检查的综合情况，说明试验结构的施工质量。对于一些科研性试验，还要从综合分析中说明设计计算理论的正确性和实用性，以及尚存在未解决的问题。

（7）结论与建设。通过对全桥的考察和检查结果及对动、静载试验结果分析得出最后的技术结论，并对试验结构作出科学的评价。根据存在的问题，提出改进设计或加强维修养护方面的建设。

（8）试验记录摘要及有关图表与照片。将试验中所得的实例的控制数据，以列表或以曲线的形式表达出来并附上有关图表、照片。

思考题与习题

一、单项选择题

1. 桥梁静载试验效率一般情况下不宜小于（　　）；桥梁动载试验效率一般采用（　　）。
   A. 0.5，0.85　　B. 0.85，0.95　　C. 0.95，1.0　　D. 1.05，1.05
2. 桥梁荷载试验静载加载分级一般分（　　）级。
   A. 2～3　　B. 3～4　　C. 4～5　　D. 5～6
3. 桥梁荷载试验挠度观测点一般设在（　　）。
   A. 桥中轴线　　B. 各车道中线　　C. 桥边缘　　D. 各车道线
4. 百分表的刻度值为（　　）。
   A. 1mm　　B. 0.1mm　　C. 0.01mm　　D. 0.001mm
5. 位移计应变量测装置测定混凝土构件轴向应变常用的测量标距为（　　）。
   A. 1～5　　B. 5～10　　C. 10～20　　D. 20～40
6. 梁桥最大剪应力截面为（　　）。
   A. 跨中　　B. $L/4$ 截面　　C. 支座附近　　D. 支座上
7. 桥梁荷载试验加载稳定时间要求相对读数差满足（　　）。
   A. 1%　　B. 2%　　C. 5%　　D. 10%
8. 检测简支梁的剪应力时，其应变片应贴在（　　）。
   A. 跨中下缘　　B. 跨中中性轴处　　C. 支点中性轴处　　D. 支点附近下缘
9. 桥梁荷载试验挠度观测点横桥向测点设置一般不少于（　　）处。
   A. 2　　B. 3　　C. 4　　D. 6
10. 桥梁荷载试验荷载在桥上的稳定时间不少于（　　）min。
    A. 2　　B. 5　　C. 10　　D. 15
11. 桥梁荷载试验在控制荷载工况下相对残余变位一般不大于（　　）。
    A. 5%　　B. 10%　　C. 15%　　D. 20%
12. 在试验荷载作用下，主要测点挠度效验系数应大于（　　）。
    A. 0.90　　B. 0.95　　C. 1.00　　D. 1.05
13. 当需要在现场长期连续观测结构的应变时，选用（　　）比较合适。
    A. 机械式应变仪　　B. 手持式应变仪　　C. 连同管　　D. 电阻应变仪

二、多项选择题

1. 简支梁主要测点应布设在（　　）处。
   A. 跨中挠度　　B. 支点沉降　　C. 支点水平位移
   D. 跨中应变　　E. 支点应变
2. 桥梁静载试验需测量（　　）。
   A. 应力　　B. 应变　　C. 位移
   D. 倾角　　E. 裂缝
3. 桥梁荷载试验，试验数据修正包括（　　）。

A. 测值修正　　　　B. 温度修正　　　　C. 支点沉降修正
D. 加载方式修正　　E. 时间修正

4. 桥梁荷载试验评定内容包括（　　　）。
A. 工作状况　　　C. 地基与基础　　　B. 结构强度和稳定性
D. 结构刚度　　　E. 裂缝

5. 桥梁动载试验测定结构的动力特性包括（　　　）。
A. 自振频率　　　B. 阻尼　　　　　　C. 振型
D. 动位移　　　　E. 动应力

6. 电阻应变片优点包括（　　　）。
A. 灵敏度高　　　B. 尺寸小　　　　　C. 黏结牢固
D. 质量小　　　　E. 适用条件好

三、判断题

1. 桥梁荷载试验孔应选在受力小、施工质量好的位置进行。（　　）
2. 桥梁荷载试验用脚手架和测试支架应分开搭设，互不影响。（　　）
3. 桥梁动载试验以汽车荷载作为控制荷载。（　　）
4. 当桥梁调查、检查工作不充分，尤其是缺乏桥梁计算资料时，静载试验效率应取高限，反之取低限。（　　）
5. 为减少温度变化时桥梁荷载试验造成影响，加载时间以 22：00～次日 6：00 为宜。（　　）
6. 桥梁荷载试验测点一般布置在结构的最大应力和挠度部位。（　　）
7. 桥梁荷载试验挠度观测点一般布置在桥轴线位置。（　　）
8. 选用应变片时应根据应变片的初始参数及试件的受力状态、应变梯度、应变性质、工作条件等综合考虑。（　　）
9. 静载试验时必须达到试验荷载时才可停止试验。（　　）
10. 对于跨径相同的多孔桥，宜选择施工质量较好的桥孔进行加载试验。（　　）

四、问答题

1. 桥梁结构现状调查的主要内容有哪些？
2. 主要测点的布设应考虑哪些因素？如何布设？
3. 说明用位移计测结构应变的原理及使用注意事项。
4. 简述手持应变仪工作原理及如何减小量测误差。
5. 简述电阻应变片选用的原则，并说明贴贴的主要技术指标。
6. 什么是电阻应变测量的温度效应？如何进行温度补偿？对误差补偿片有何要求？
7. 电阻应变片如何粘贴？粘贴时应注意些什么？
8. 简述桥梁荷载试验评定得出的主要内容。

项目 5　隧道工程检测

主要知识点	隧道开挖质量检测，隧道支护施工质量检测，隧道施工监控量测，隧道通风检测，隧道照明检测，超前地质预报
重点	隧道开挖质量检测，隧道支护施工质量检测，超前地质预报
难点	超前地质预报
学习指导	通过本项目的学习，初步掌握隧道施工过程常见的质量控制和质量检测项目，掌握常见检测方法

任务 5.1　超前支护与预加固围岩施工质量检测

隧道在浅埋地段、自稳性差的软弱破碎地层，严重偏压、岩溶流泥地段，砂土层、砂卵（砾）石层、断层破碎带以及大面积淋水或涌水地段施工时，由于开挖后围岩的自稳时间小于完成支护所需的时间，往往会发生开挖面围岩失稳，或由于初期支护的强度不能满足围岩稳定的要求以及大面积淋水、涌水而导致洞体围岩丧失稳定而产生坍塌、冒顶等。为了避免上述情况的发生，应在隧道开挖前或开挖中采用辅助施工方法以增强隧道围岩稳定。常用的辅助施工方法主要有：地表砂浆锚杆或地表注浆加固；超前锚杆或超前小导管支护；管棚钢架超前支护；超前小导管预注浆；超前围岩深孔预注浆。由于隧道施工水文地质情况复杂，隧道空间环境问题恶劣，对施工的要求更高更严，做好辅助施工的质量检测工作至关重要。

5.1.1　超前支护及预加固围岩方法

1. 地表砂浆锚杆或地表注浆加固

地表砂浆锚杆和地表注浆是对地层预加固的一种方法，它适用于浅埋、洞口地段和某些偏压地段。为使预加固有较好的效果，锚固砂浆在达到设计强度的 70% 以上时，才能进行下方隧道的开挖。

2. 超前锚杆或超前小导管支护

超前锚杆或超前小钢管支护是一种超前预支护方法，一般适用于浅埋松散破碎的地层内。首先用凿岩机或钻孔台车沿隧道外轮廓线向外钻孔，然后安设锚杆或用钻机将小钢管顶入。超前锚杆根据围岩情况，可采用双层或三层。一般超前锚杆或超前小钢管设置后，即可进行开挖，但应保证前后两组支护在纵向应有不小于 100cm 的水平投影搭接长度。超前锚杆支护若采用一般砂浆作胶结物时，爆破后很可能影响其强度。为此宜采用早强砂浆作为锚杆与孔壁间的胶结物，以尽早发挥超前支护作用。

当围岩自稳时间在 12~24h 之间，必须采用先支护后开挖的措施。通常采用超前锚杆支护，若洞室跨度较大，可采用超前小导管支护。

3. 管棚钢架超前预支护

管棚钢架超前预支护适用于极破碎的地层、塌方体、岩堆等地段。在这些地段内辅以灌浆效果更好。当遇有流塑状岩体或岩溶、严重流泥地段，采用与围岩预注浆相结合的方法，也是一种行之有效的方法。

管棚钢管沿隧道开挖轮廓线纵向设置，其长度为 10～45m，应视地质情况选用。为保证开挖后管棚钢管仍有足够的超前长度，纵向两组管棚搭接长度应大于 3.0m。管棚钻孔环向间距应视管棚用途而定，如果考虑防塌与防水，一般为 30～50m。

管棚钢架超前支护施工流程为：制作管棚钢架→测设中线及水平基点→检查已开挖断面尺寸及形状→钻管棚钢管孔眼→安设管棚钢架→安设管棚钢管→开挖断面→喷射混凝土→安设初期支护钢架→锚喷。

施工时可用钻孔钻机将管棚钢管顶入钻孔中；当地层松软时也可直接将钢管打入地层。

4. 超前小导管预注浆

超前小导管（周壁）预注浆是沿隧道开挖轮廓线向外将管壁带孔的小导管打入地层内（有时亦可在开挖面上将小导管打入地层），并以一定的压力向管内压注浆液。它既能将坑道周围岩体预先加固及堵住围岩裂隙水，又能起到超前预支护的作用。这种方法施工简单，且注浆时间短。但由于其注浆每段为 3～5m，注浆压力低（0.5MPa），浆液扩散范围小（0.4～0.5m），因而仅适用于较小断面隧道注浆加固。有时还需辅以钢架支撑，以稳定围岩。此种方法适用于自稳时间很短（12h）的砂层、砂卵（砾）石层、断层破碎带、软弱围岩浅埋地段或处理塌方等地段。

5. 超前围岩深孔预注浆

在处理极其松散、破碎、软弱地层，或在大量涌水的软弱地段以及断层破碎带的隧道，通常采用超前围岩深孔预注浆加固地层和封堵水源，使围岩强度和自稳能力得到提高。注浆孔可在地表面或开挖面正面分层布置，在纵向呈伞形辐射状。要求注浆孔孔底间距按各个注浆孔的扩散半径相互重叠的原则确定，可以采用周边注浆，也可采用全断面注浆。采用这种方法时注浆区段较长（15～30m），注浆压力较高（1.5～4MPa），浆液扩散范围大（1～2m），但需要大型注浆设备，注浆周期长，多用于断面较大和不允许有过大沉陷的各类地下工程中。

5.1.2 注浆材料性能检测

注浆是指将注浆材料按一定配合比制成的浆液压入围岩或衬砌与围岩之间的空隙中，经凝结、硬化后起到防水和加固作用的一种施工方法。注浆材料主要分为两类，即水泥浆液、化学浆液。按浆液的分散体系划分，以 0.1mm 为界，大者为悬浊液，如水泥浆液；小者为溶液，如化学浆液。

1. 对注浆材料的要求

（1）浆液粘度低，渗透力强，流动性好，能进入细小裂隙和粉、细砂层。这样浆液可达到预想范围，确保注浆效果。

（2）可调节并准确控制浆液的凝固时间，以避免浆液流失，达到定时注浆之目的。

（3）浆液凝固时体积不收缩，能牢固粘结砂石；浆液结合率高，强度大。

(4) 浆液稳定性好，长期存放不变质，便于保存运输，货源充足，价格低廉。

(5) 浆液无毒，无臭，不污染环境，对人体无害，非易燃、易爆之物。

2. 注浆材料的主要性质

注浆材料主要性质包括：黏度、渗透能力、凝胶时间、渗透系数、抗压强度等。这里仅介绍它们的概念，对于其检测方法，可以查阅相关材料检测书籍。

黏度是表示浆液流动时，因分子间互相作用，产生的阻碍运动的内摩擦力。现场常以简易黏度计测定，以"秒"作单位。通常，黏度系指浆液配成时的初始粘度。

渗透能力即渗透性，指浆液注入岩层的难易程度。对于悬浊液，渗透能力取决于颗粒大小；对于溶液，则取决于粘度。

凝胶时间是指参加反应的全部成分从混合时起，直到凝胶发生，浆液不再流动为止的一段时间。

渗透系数是指浆液固化后结石体透水性的高低，或表示结石体抗渗性的强弱。

注浆材料自身抗压强度的大小决定了材料的使用范围，大者可用以加固地层，小者则仅能堵水。

5.1.3 施工质量检查

1. 超前锚杆

（1）基本要求

1) 锚杆材质、规格等应符合设计和规范要求。

2) 超前锚杆与隧道轴线外插角宜为5°~10°，长度应大于循环进尺，宜为3~5m。

3) 超前锚杆与钢架支撑配合使用时，应从钢架腹部穿过，尾端与钢架焊接。

4) 锚杆插入孔内的长度不得短于设计长度的95%。

5) 锚杆搭接长度应不小于1m。

（2）实测项目。实测项目检查方法和频率见表5-1。

表 5-1 超前锚杆实测项目

项次	检查项目	规定值或允许偏差	检查方法和频率	权值
1	长度/m	不小于设计值	尺量：检查锚杆数的10%	2
2	孔位/mm	±50	尺量：检查锚杆数的10%	2
3	钻孔深度/mm	±50	尺量：检查锚杆数的10%	2
4	孔径/mm	大于杆体直径+15	尺量：检查锚杆数的10%	2

（3）外观鉴定。锚杆沿开挖轮廓线周边均匀布置，尾端与钢架焊接牢固，锚杆入孔长度符合要求。

2. 超前钢管

（1）基本要求

1) 钢管的型号、规格、质量等应符合设计和规范的要求。

2) 超前钢管与钢架支撑配合使用时，应从钢架腹部穿过，尾端与钢架焊接。

（2）实测项目。实测项目检查方法和频率见表5-2。

表5-2 超前钢管实测项目

项次	检查项目	规定值或允许偏差	检查方法和频率	权值
1	长度/m	不小于设计值	尺量：10%	2
2	孔位/mm	±50	尺量：10%	2
3	钻孔深度/mm	±50	尺量：10%	2
4	孔径/mm	大于杆体直径+20	尺量：10%	2

（3）外观鉴定。钢管沿开挖轮廓线周边均匀布置，尾端与钢架焊接牢固，入孔长度符合要求。

3. 注浆效果检查

注浆结束后应及时对注浆效果进行检查，检查方法通常有下列三种：

（1）分析法。分析注浆记录，查看每个孔的注浆压力、注浆量是否达到设计要求；注浆过程中漏浆、跑浆是否严重，从而以浆液注入量估算浆液扩散半径，分析是否与设计相符。

（2）检查孔法。用地质钻机按设计孔位和角度钻检查孔，提取岩芯进行鉴定。同时测定检查孔的吸水量（漏水量）单孔时应小于1L/min·m；全段应小于20L/min·m。

（3）声波监测法。用声波探测仪测量注浆前后岩体声速、振幅及衰减系数等来判断注浆效果。注浆效果如未达到设计要求时，应补充钻孔再注浆。

任务5.2 隧道开挖质量检测

开挖是控制隧道施工工期和造价的关键工序。超挖过多，不仅因出渣量和衬砌量增多而提高工程造价，而且由于局部超挖会产生应力集中问题，影响围岩稳定性；而欠挖则直接影响到衬砌厚度，对工程质量和安全产生隐患，处理起来费时、费力、费物。所以必须保证开挖质量，为围岩的稳定和安全支护创造良好条件。

隧道开挖质量的评定包含两项内容：一是检测开挖断面的规整度，二是超欠挖控制。对于规整度，一般采用目测的方法进行评定。对于超欠挖，则需通过对大量实测开挖断面数据的计算分析，才能做出正确的评价。其实质就是要准确地测出隧道开挖的实际轮廓线，并将它与设计轮廓线纳入同一坐标体系中比较，从而十分清楚地从数量上获悉超挖和欠挖的大小和部位，及时指导下一步的施工。

5.2.1 开挖质量标准

不良地质段开挖前应做好预加固、预支护。当前方地质出现变化迹象或接近围岩分界线时，必须用地质雷达、超前小导坑、超前探孔等方法先探明隧道的工程地质和水文地质情况，方可进行开挖。应严格控制欠挖。当石质坚硬完整且岩石抗压强度大于30MPa，并确认不影响衬砌结构稳定和强度时，允许岩石个别凸出部分（每1m²内部大于0.1m²）凸入衬砌断面，锚喷支护时凸入不大于30mm，衬砌时不大于50mm。拱角、墙角以上1m内严禁欠挖。开挖轮廓要预留支撑沉落量及变形量，并利用量测反馈信息及时调整。隧道爆破开挖时应严格控制爆破震动。洞身开挖在清除浮石后应及时进行初喷支护。

隧道开挖尽量减少超挖，隧道洞身开挖实测项目的要求见表5-3。

表 5-3 隧道洞身开挖实测项目

频次	检查项目		规定值或允许偏差	检查方法和频率	权值
1△	拱部超挖/mm	破碎岩、土（Ⅰ、Ⅱ类围岩）	平均100，最大150	水准仪或断面仪：每20m一个断面	3
		中硬岩、软岩（Ⅲ、Ⅳ、Ⅴ类围岩）	平均150，最大250		
		硬岩（Ⅵ类围岩）	平均100，最大200		
2	边墙超挖/mm	每侧	+100，0	尺量：每20m检查1处	2
		全宽	+200，0		
3	仰拱、隧底超挖		平均100，最大250	水准仪：每20m检查3处	1

5.2.2 爆破效果要求

隧道开挖方法包括钻爆法和机掘法等，但是目前工程上应用最广的仍是钻爆法。对于用钻爆法开挖隧道，其爆破效果应满足以下要求：

1) 开挖轮廓圆顺，开挖面平整。
2) 爆破进尺达到设计要求，爆出的石块块度满足装渣要求。
3) 周边炮眼痕迹保存率按下式计算，炮眼痕迹保存率要满足规范的规定。

$$周边眼炮眼痕迹保存率 = \frac{残留有痕迹的炮眼数}{周边眼总数} \times 100\%$$

5.2.3 超欠挖测定方法

施工中要根据现场条件采用切实可行的超、欠挖测定方法，也可以参照表5-4选取。

表 5-4 超、欠挖测定方法

测定方法及采用测定仪			测定法概要
测量断面的方法	直接测量开挖断面面积的方法	1. 以内模为参照物直接测量法	以内模为参照物，用直尺直接测量超欠挖量
		2. 使用激光束的方法	利用激光射线在开挖面上定出基点，并由该点实测开挖断面面积
		3. 使用投影机的方法	利用投影机将基点或隧道基本形状投影在开挖面上，然后据此实测开挖面面积
	非接触式观测法	4. 三维近景摄影法	在隧道内设置摄影站，采用三维近景摄影方法获取立体像对，在室内利用立体测图仪进行定向和测绘，得出实际开挖轮廓线
		5. 直角坐标法	利用激光打点仪照准开挖壁面各变化点，用经纬仪测出各点的水平角和竖直角，利用立体几何的原理，计算出各测点距坐标原点的纵横坐标，按比例画出断面图形
		6. 极坐标法（激光断面仪法）	以某物理方向（如水平方向）为起算方向，按一定间距（角度或距离）依次一一测定仪器旋转中心与实际开挖轮廓线的交点之间的矢径与水平方向的夹角，将这些矢径端点依次相连即可获得实际开挖轮廓线

1. 直接测量法

（1）测量方法。在二次衬砌立模后，以内模为参照物（图5-1），从内模量至围岩壁的数据 l 加上内净空 R_1 即为开挖断面数据。测量时，钢尺尽量与内模（梳形木、钢拱架）垂直。

量测段数的划分：自一侧盖板顶至拱顶均分为9段，两侧共18段，19个量测数据，编号分别为 $A_1 \sim A_{19}$，如图5-2所示。隧道内每隔5m（10m）测量一个开挖断面，且断面里程尾数最好为0或5，如K22+130、K22+135，这样既有一定的规律性，能全面反映情况，又便于资料的管理与查阅。

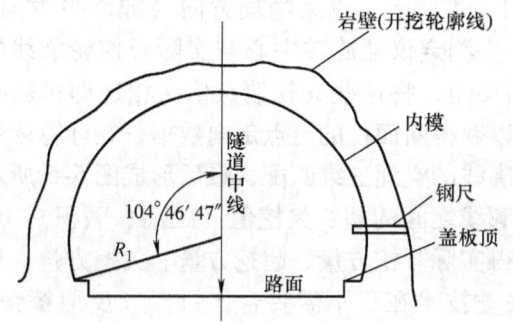 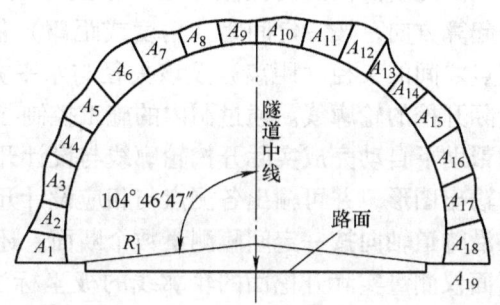

图5-1　以内模为参照物直接测量法　　　　图5-2　量测段数的划分

（2）开挖质量评价原理。隧道开挖质量不能以某一个开挖断面为标准进行评价，而应该以某一长度段内所有的实测数据的综合计算分析来评价本段开挖质量，并与设计要求进行比较分析。

2. 直角坐标法

（1）测量原理。用经纬仪测量被测开挖断面各变化点的水平角及竖直角，并已知置镜点与被测断面的距离、置镜点仪器标高、被测断面开挖底板高程，以开挖底板高程点位为坐标原点，垂直向上为 y 轴正方向，向右为 x 正方向，向左为 x 负向。利用立体几何原理，计算出各测点距坐标原点的纵横坐标，按一定比例画出断面图形，并同设计断面比较得到开挖断面的超欠挖情况，如图5-3所示。

（2）测量仪器。经纬仪一台，水平仪一台，激光打点仪一台及钢尺、塔尺等。

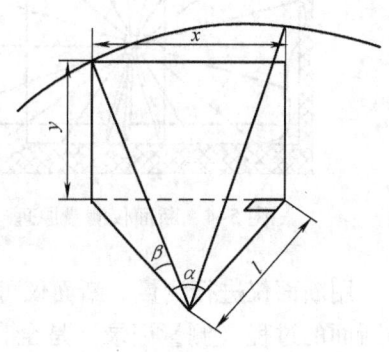

图5-3　直角坐标法测量原理

（3）测量方法。将激光打点仪置于被测断面、照准隧道或线路中线方向，拨90°角固定水平盘，使各测点处于同一断面上，利用其发出的激光束照准被测开挖断面各变化点；同时在距被测断面一定距离置另一经纬仪，用以测量激光打点仪照准各点的水平角及竖直角（在照准隧道或线路中线方向时，可将水平度盘置为0或记下水平读数）。用水平仪测量经纬仪的标高，用钢尺丈量两置镜的距离。

（4）数据计算

$$x = l\tan(\alpha - \alpha_0)$$

$$y = l\tan\beta/\cos(\alpha - \alpha_0) + 经纬仪的标高 - 开挖断面底板高$$

式中　　x——断面水平方向坐标；

　　　　y——断面竖直方向坐标；

　　　　l——两置镜的距离；

　　　　α——水平角读数；

　　　　α_0——水平角中线方向初始角读数；

　　　　β——竖直角读数。

3. 激光断面仪法检测开挖断面

激光断面仪法的测量原理为极坐标法。如图 5-4 所示，以某物理方向（如水平方向）为起算方向，按一定间距（角度或距离）依次——测定仪器旋转中心与实际开挖轮廓线的交点之间的矢径（距离）及该矢径与水平方向的夹角，将这些矢径端点依次相连即可获得实际开挖的轮廓线。通过洞内的施工控制导线可以获得断面仪的定点定向数据，在计算软件的帮助下自动完成实际开挖轮廓线与设计开挖轮廓线的空间三维匹配，最后形成图 5-5 所示的输出图形，并可输出各测点与相应设计开挖轮廓线之间的超、欠挖值（距离、面积）。如果沿隧道轴向按一定间隔测量数个断面，还可算得实际开挖方量、超挖方量、欠挖方量。用断面仪测量实际开挖面的轮廓线的极坐标法，关键技术在于不需要合作目标（反射棱镜）的激光测距仪，而且它的量测精度必须满足现代施工测量的要求，也就是断面仪上的激光测距仪指向何处，就可以获得指向靶点与断面仪旋转中心的准确距离。

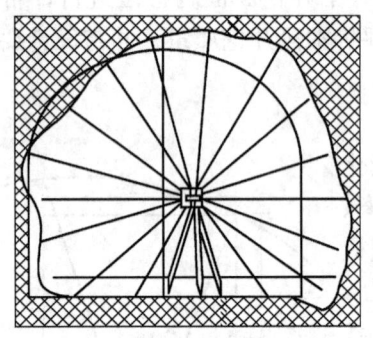
图 5-4　断面仪测量原理

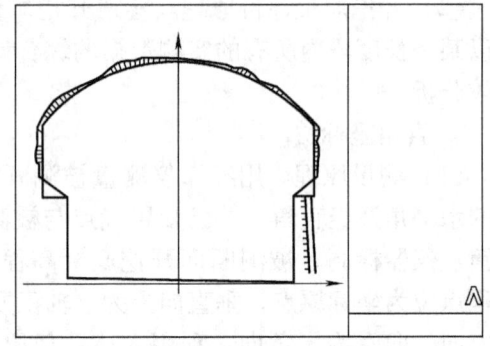
图 5-5　断面仪输出的图形成果

用断面仪进行测量，断面仪可以放置于隧道中任何适合于测量的位置（任意位置），扫描断面的过程（测量记录）是全自动的。所测得每点均由断面仪发出的一束十分醒目的单色可见红色激光指示，而且可以人工随时加以干预。如果测量一个直径 10m 的断面轮廓线，每隔 25cm 测一个点，则需测量 126 个点，需时约 5min。如果在断面仪自动扫描断面的测量过程中，发现轮廓线上的某特征点漏测，还可以随时终止并将断面仪测距头返回到预测的特征点，完成该点及后续点的测量。除此以外，在自动测量过程中，测点之间的间距还可以根据断面轮廓线的实际凸凹形状，随时动态地加以修正。如果事先在控制器中输入了设计断面形状，隧道轴线平面、纵面设计定线参数（可以在室内输入）以及断面仪实测时的定向参数（实测时输入），则完成某一开挖断面的实际测量后，可以立即在控制器的屏幕上显示如图 5-6 所示的图形。在控制器上操纵断面仪测距头旋转，指向激光所指示的断面轮廓线上的某点，就对应于控制器上图形显示的光标点，并可适时显示该点的超、欠挖数值。

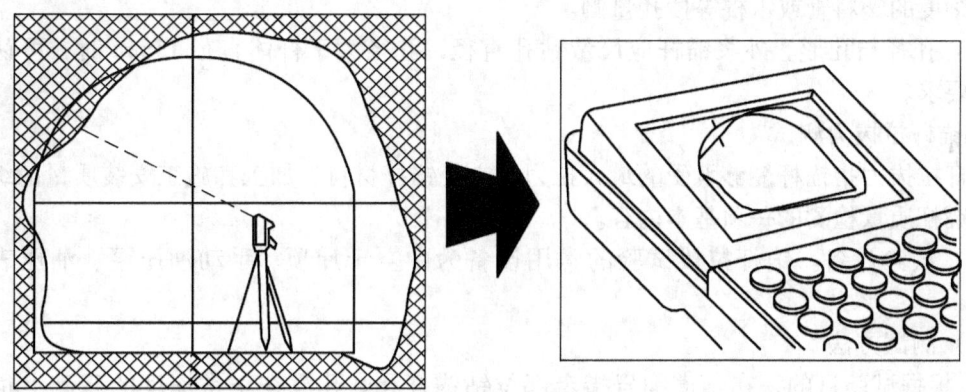

图 5-6 现场显示超、欠挖值

将断面仪的控制器中的数据传输到普通的 PC 机中，运行断面仪配套的后处理软件，则可以从打印机、绘图机上自动获得如图 5-5 所示的成果。

任务 5.3 初期支护施工质量检测

初期支护是指隧道开挖后，用于控制围岩变形及防止坍塌及时施作的支护。其类型有锚杆支护、喷射混凝土支护、喷射混凝土与钢筋网联合支护、喷射混凝土与锚杆及钢筋网联合支护、喷钢纤维混凝土支护、喷钢纤维混凝土锚杆联合支护，以及上述几种类型加设钢架而成的联合支护。本节介绍初期支护施工质量的检测方法。

5.3.1 锚杆施工质量检测

1. 锚杆加工质量检查

锚杆的种类很多，但每一种锚杆在使用安装前，都必须对其材质、规格和加工质量进行检查，以免不合格的锚杆用于隧道支护。

（1）锚杆材料

1）抗拉强度。从原材料中或成品锚杆上截取试样，在拉力试验机上拉伸，测试材料的力学特性，确定其是否满足工程要求。

2）延展性与弹性。检查时，可采用现场弯折或锤击，观察其塑性变形情况。

（2）杆体规格。锚杆杆体的直径必须与设计相符，可用卡尺或直尺测量。

（3）加工质量。检查时，首先应尺量各部分的尺寸，其次检查焊接件的焊接质量；对于车丝部分，应检查丝纹质量，观察是否有偏心现象。

2. 安装尺寸检查

（1）锚杆位置。钻孔前应根据设计要求定出孔位，作出标记。施工时可根据围岩壁面的具体情况，允许孔位偏差 ±15mm。检查时应对锚杆间距与排距进行尺量。

（2）锚杆方向。检查时应特别注意拱顶钻孔的垂直度，目测即可。

（3）钻孔深度。水泥砂浆锚杆，允许孔深偏差为 ±50mm；对于树脂锚杆和快硬水泥锚杆，钻孔深度应控制更严。深度不足会造成托板悬空，锚杆难以发挥作用。钻孔深度可用带有长度刻度的塑料管或木棍等插孔量测。

（4）孔径与孔形。砂浆锚杆应尺量钻孔直径，孔径大于杆体直径 15mm 时，可认为孔径符合要求。

3. 锚杆拉拔力测试

锚杆拉拔力指锚杆能够承受的最大拉力，它是锚杆材料、加工和施工安装质量的综合反映，是锚杆质量检测的一项基本内容。

（1）试验设备。锚杆拉拔试验的常用设备为中空千斤顶、手动油压泵、油压表、千分表。

（2）测试方法

1）根据试验目的，在隧道围岩指定部位钻锚杆孔。孔深在正常深度的基础上稍作调整，以便锚杆外露长度大些，保证千斤顶的安装；或采用正常孔深，将待测锚杆加长，从而为千斤顶安装提供空间。

2）按照正常的安装工艺安装待测锚杆。用砂浆将锚杆口部抹平，以便支放承压垫板。

3）根据锚杆的种类和试验目的确定拉拔时间。

4）在锚杆尾部加上垫板，套上中空千斤顶，将锚杆外端与千斤顶内缸固定在一起，并装设位移量测设备与仪器，如图 5-7 所示。

5）通过手动油压泵加压，从油压表读取油压，根据活塞面积换算锚杆承受的拉拔力。视需要从千分表读取锚杆尾部的位移，绘制锚杆拉力—位移曲线，供分析研究。

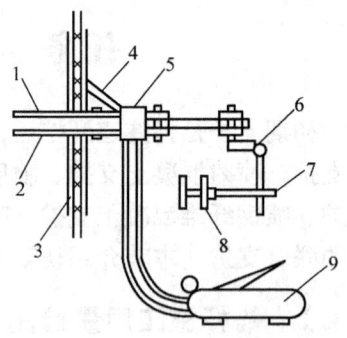

图 5-7 锚杆拉拔力测试
1—锚杆 2—充填砂浆 3—喷射混凝土
4—反力板 5—油压千斤顶 6—千分表
7—固定梁 8—支座 9—油压泵

（3）注意事项

1）安装拉拔设备时，应使千斤顶与锚杆同心，避免偏心受拉。

2）加载应匀速，一般以 10kN/min 的速率增加。

3）如无特殊需要，可不作破坏性试验，拉拔到设计拉力即停止加载。

4）千斤顶应固定牢靠，并有必要的安全保护措施。

（4）试验要求

1）每安装 300 根锚杆至少随机抽样一组（3 根），设计变更或材料变更时另作一组拉拔力测试。

2）同组锚杆锚固力或拉拔力的平均值，应大于或等于设计值。

3）同组单根锚杆的锚固力或拉拔力，不得低于设计值的 90%。

5.3.2 喷射混凝土施工质量检测

喷射混凝土是指将水泥、砂、石子、外加剂和水按一定的配合比和水灰比拌和而成的混合物，以风压为动力快速喷至岩体表面而形成的人造石材。喷射混凝土支护工程质量必须做到内坚外美。外观上，无漏喷、离鼓、裂缝、钢筋网（或金属网）外露现象，做到混凝土表面平整密实，断面轮廓符合要求；从内部看，喷射混凝土抗压强度和厚度必须达到设计要求。

喷射混凝土的质量检验指标主要有喷射混凝土的强度和喷射混凝土的厚度两项内容。此外，还应采取措施减少喷射混凝土粉尘、回弹率。

1. 喷射混凝土强度检测方法

喷射混凝土强度包括抗压强度、抗拉强度、抗剪强度、疲劳强度、粘结强度等。其中，喷射混凝土抗压强度是表示其物理力学性能及耐久性的一个综合指标，所以，工程实际往往把它作为检测喷射混凝土质量的重要指标。

（1）制作抗压试块检测法

1）喷大板切割法。在施工的同时，将混凝土喷射在450mm×350mm×120mm（可制成6块）或450mm×200mm×120mm（可制成3块）的模型内，在混凝土达到一定强度后，加工成100mm×100mm×100mm的立方体试块，在标准条件下养护至28d，用标准方法测其极限抗压强度。

2）凿方切割法。在具有一定强度的支护上，用凿岩机打密排钻孔，取出长约350mm、宽约150mm的混凝土块，加工成100mm×100mm×100mm的立方体试块，在标准条件下养护至28d，进行试验。

（2）气压式射钉法。气压式射钉法是一种快捷的方法，使用专用的射钉枪将检测用射钉压入混凝土中，用卡尺测量射钉射入混凝土的深度，混凝土强度不同，用同一压力、同一规格的射钉射入混凝土的深度也将不同，由此可现场测定混凝土的强度。

上述喷大板切割法在试块制作的时候，不能完全模拟现场施工条件，所得强度要比实际喷射混凝土的强度高，凿方切割法取样较困难。

2. 喷射混凝土厚度检测

喷射混凝土的厚度指混凝土喷层至隧道围岩接触界面间的距离。在施工中保证喷射混凝土的厚度是确保喷射混凝土质量的前提。所以，喷射混凝土的厚度也是喷射混凝土质量检验的一个重要指标。

喷层厚度可用凿孔或激光断面仪、光带摄影、雷达检测仪法等方法检查。凿空法宜在混凝土喷射后8h以内用短钎完成，若厚度不足，可及时补喷加厚。可用酚酞试液区分混凝土和颜色相近的岩石。

3. 喷射混凝土与围岩黏结强度试验

（1）试块的制作方法

1）成型试验法。在模型内放置面积为100mm×100mm×50mm且表面粗糙度近似于实际情况的岩块，用喷射混凝土掩埋。在混凝土达到一定强度后，加工成100mm×100mm×100mm的立方体试块，在标准条件下养护至28d，用劈裂法进行试验。

2）直接拉拔法。在围岩表面预先设置带有丝扣和加力板的拉杆，用喷射混凝土将加力板埋入，喷层厚度约10mm，试件面积约300mm×300mm（周围多余的部分应予清除）。经28d养护，进行拉拔试验。

（2）强度标准。喷射混凝土与岩石的粘结力，Ⅳ类及以上围岩不低于0.8MPa，Ⅲ类围岩不低于0.5MPa。

在喷射混凝土施工过程中，还要控制好回弹率。《公路隧道施工技术规范》（JTJ 042—94）规定：回弹率应予以控制，拱部不超过40%，边墙不超过30%，挂钢筋网后，回弹率限制可放宽5%。应尽量采用经过验证的新技术，减少回弹率，回弹物不得重新用作喷射混凝土材料。

5.3.3 地质雷达法探测初期支护背部空洞

支护（衬砌）背部与围岩之间存在空洞时，会导致围岩松弛，使支护结构产生弯曲应力，而损伤支护结构的功能，降低其承载能力，极大地影响了隧道的安全使用。因此，目前对隧道支护（衬砌）背部空洞的探测引起了人们更多的关注。支护（衬砌）的内部和背后状态是隐蔽的，从表面看不出来，为此，人们开发出许多具有实用价值的检测方法，其中最常用的方法是地质雷达法。该方法已广泛应用于检测支护（衬砌）厚度、背部的回填密实度、内部钢架、钢筋等分布情况。

1. 地质雷达法检测原理

地质雷达法是一种用于确定地下介质分布的光谱（1MHz～1GHz）电磁技术。地质雷达利用一个天线发射高频宽频带电磁波，另一个天线接收来自地下介质界面的反射波。电磁波在介质中传播时，其路径、电磁场强度与波形将随所通过介质的电性质及几何形态而变化。因此，可根据接收到波的旅行时间（亦称双程走时）、幅度与波形资料，推断介质的结构。地质雷达探测系统主要由地质雷达主机、天线、便携式计算机、数据采集软件、数据分析处理软件等组成。

2. 现场检测步骤

实际检测过程中，首先进行测线布置，然后对介质参数进行标定，通过确定测量时窗和扫描样点数，然后开始检测。

3. 数据处理与解释

数据处理方法详见设备使用说明。这里仅对测量结果做简单解释。

（1）衬砌背后回填密实度的主要判定特征

1）密实。信号幅度较弱，甚至没有界面反射信号。

2）不密实。衬砌界面的强反射信号同相轴呈绕射弧形，且不连续，较分散。

3）空洞。衬砌界面反射信号强，三振相明显，在其下部仍有强反射界面信号，两组信号时程差较大。

（2）衬砌内部钢架、钢筋位置分布的主要判定特征

1）钢架。分散的月牙形强反射信号。

2）钢筋。连续的小双曲线形强反射信号。

任务5.4 隧道施工监控量测

隧道开挖过程中使用各种类型的仪表和工具，对围岩和支护、衬砌的力学行为以及它们之间的力学关系进行量测和观察，并对其稳定性进行评价，统称为监控量测。它是保证工程质量的重要措施，也是判断围岩和衬砌是否稳定，保证施工安全，指导施工顺序，进行施工管理，提供设计信息的主要手段。本节只介绍隧道施工阶段和营运阶段的围岩与支护结构的监控与量测。

5.4.1 施工监控量测的主要任务

(1) 确保安全。为此需要掌握围岩和支护状态，进行动态管理，根据量测信息，预见事故和险情，以便及时采取措施，防患于未然。

(2) 指导施工。量测数据经过分析处理，预测和确认隧道围岩最终稳定时间，指导施工顺序和施作二次衬砌时间。

(3) 修正设计。根据隧道开挖后所获得的量测信息，进行综合分析，修正支护参数和检验施工与设计。

(4) 积累资料。已有工程的量测结果可以直接应用到后续同类围岩中或者间接地应用到其他类似工程中，作为设计和施工的参考资料。

5.4.2 量测要求

(1) 能快速埋设测点。隧道在开挖过程中，开挖工作面四周两倍洞径范围内受开挖影响最大。测点一般是开挖后埋设的，为尽早获得围岩开挖初始阶段的变形动态，测点应紧靠工作面快速埋设，尽早量测。一般设置在距开挖工作面2m范围内，开挖后24h内、下次爆破前测取初读数。

(2) 每一次量测数据所需时间应尽可能短。

(3) 测试元件应具有良好的防震、防冲击波能力。

(4) 测试数据应准确可靠。

(5) 测试数据直观，不必复杂计算即可直接应用。

(6) 测试元件在埋设后能长期有效工作。

(7) 测试元件应有足够的精度。

5.4.3 量测项目与方法

施工监控量测的项目包括必测项目和选测项目，应根据隧道工程地质条件、围岩类别、围岩应力分布情况、隧道跨度、埋深、工程性质、开挖方法、支护类型等因素确定。一般情况下表5-5中的1～4项为必测项目，5～11项为选测项目。

表5-5 量测项目

序号	项目名称	方法及工具	布置	量测间隔时间			
				1～15d	16d～1个月	1～3个月	大于3个月
1	地质和支护状况观察	岩性、结构面产状及支护裂缝观察或描述、地质罗盘等	开挖后及初期支护后进行	每次爆破后进行			
2	周边位移	各类收敛计	每10～50m一个断面，每断面2～3对测点	1～2次/d	1次/2d	1～2次/周	1～3次/月
3	拱顶下沉	水平仪、水准尺、钢尺或测杆	每10～50m一个断面	1～2次/d	1次/2d	1～2次/周	1～3次/月

(续)

序号	项目名称	方法及工具	布置	量测间隔时间			
				1~15d	16d~1个月	1~3个月	大于3个月
4	锚杆或锚索内力及抗拔力	各类电测锚杆、锚杆测力计及拉拔器	每10m一个断面,每个断面至少做3根锚杆	—	—	—	—
5	地表下沉	水平仪、水准尺	每5~50m一个断面,每个断面至少7个测点;每隧道至少两个断面;中线每5~20m一个测点	开挖面距量测断面前后<2B时,1~2次/d;开挖面距量测断面前后<5B时,1次/2d;开挖面距量测断面前后>5B时,1次/周			
6	围岩体内位移(洞内设点)	洞内钻孔中安设单点、多点杆式或钢丝式位移计	每5~100m一个断面,每断面2~11个测点	1~2次/d	1次/2d	1~2次/周	1~3次/月
7	围岩体内位移(地表设点)	地表钻孔中安设各类位移计	每代表性地段一个断面,每个断面3~5个钻孔	同地表下沉要求			
8	围岩压力及两层支护间压力	各种类型压力盒	每代表性地段一个断面,每个断面15~20个测点	1~2次/d	1次/2d	1~2次/周	1~3次/月
9	钢支撑内力及外力	支柱压力计或其他测力计	每10榀钢拱支撑一对测力计	1~2次/d	1次/2d	1~2次/周	1~3次/月
10	支护、衬砌内应力、表面应力及裂缝量测	各类混凝土内应力计、应力计、测缝计及表面应力解除法	每代表性地段一个断面,每断面宜为11个测点	1~2次/d	1次/2d	1~2次/周	1~3次/月
11	围岩弹性波测试	各种声波仪及配套探头	在有代表性地段设置	—	—	—	—

注:B为隧道开挖宽度。

5.4.4 施工监控量测计划的制订

施工监控量测计划应综合施工、地质、测试等方面的要求,由设计人员完成。量测计划应根据隧道地质地形条件、支护类型和参数、施工方法和其他有关条件制定。现场量测结果能否反馈于工程设计与施工,进而达到修改设计和指导施工的效果,在很大程度上取决于量测计划的制订是否合理。

施工监控量测计划包括下列内容:

(1)监控量测项目、方法及监控量测断面选定,包括断面内测点的数量、位置、量测频率、量测仪器和元件的选定及其精度和率定方法、测点埋设时间等。

(2)传感器埋设设计,包括埋设方法、步骤、各部分尺寸及回填浆液配比、工艺选定及与工程进度衔接等。

（3）固定测试元件的结构设计和测试元件的附件设计。一般应保证测点的空间或平面位置正确，使测到的力和变形方向明确，防震、安全可靠；包括钻孔内、钻孔口部和引出线的布线方法，测试仪器对环境的要求。

（4）量测数据记录表格式，表达量测结果的格式，量测数据精度确认的方法。

（5）量测断面布置图和文字说明及量测设计说明书。

（6）量测数据处理方法，以及利用量测反馈信息修正设计和施工的方法。

（7）量测数据大致范围，作为判断异常依据。

（8）用初期量测值预测最终位移值的方法，综合判断隧道最终稳定的标准。

（9）施工管理方法，出现异常情况的对策。

5.4.5 围岩周边位移量测

隧道开挖后，围岩向坑道方向的位移是围岩动态的显著表现，最能反映出围岩或围岩与支护的稳定性。围岩周边各点趋向隧道中心的变形称为"收敛"，所谓围岩周边收敛位移量测主要是指对隧道内壁面两点间连线方向的位移的量测，此项量测称为"收敛"量测。收敛值为两次量测的距离之差。一般用收敛计或净空变位仪量测其中两点之间的收敛值。

1. 量测断面间距

应保证沿隧道轴线每类围岩至少有一个量测断面。一般情况下，洞口段和埋深小于两倍隧道宽度地段，间隔 5～10m 设一个量测断面；其余地段可根据地质条件，每隔 5～100m 设一个断面。

地质条件好且收敛值稳定的隧道，可加大量测断面的间距；围岩较差，收敛值长期不稳定，开挖进度快或采用分部开挖法施工的隧道，可缩小量测断面的间距。

2. 量测频率

量测频率按照表 5-6 取值。从不同测线得到的位移速度不同，量测频率应按速度高的取值。若根据位移速度和与工作面距离两项指标分别选取的频率不同，则从中取高值。

表 5-6 周边位移和拱顶位移量测频率

位移速度/（mm/d）	距工作面距离	频率
>10	(0~1)D	1~2 次/d
5~10	(1~2)D	1 次/d
1~5	(2~5)D	1 次/2d
<1	>5D	1 次/周

注：D 为隧道宽。

3. 周边位移量测线布置

隧道开挖周边相对位移量测线的布设方法和要求，可参见表 5-7 和图 5-8。

表 5-7　周边位移测线数

开挖方式	一般地段	特殊地段			
		洞口附近	埋深小于 $2B$	有膨胀压力或偏压	实施选测项目代表性地段
全断面开挖	1 条水平测线		3 条或 5 条		3 条或 5 条、7 条
短台阶开挖	2 条水平测线	3 条或 6 条	3 条或 6 条	3 条或 6 条	3 条或 5 条、7 条
全台阶开挖	每台阶 1 条水平测线	每台阶 3 条	每台阶 3 条	每台阶 3 条	每台阶 3 条

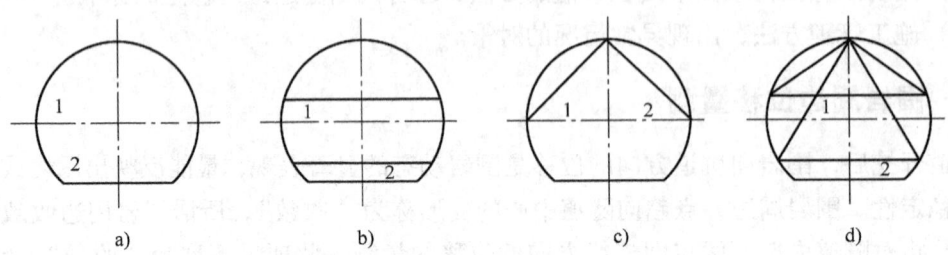

图 5-8　周边位移测线布置

4. 测试原理与方法

目前我国概念公路隧道施工中常用收敛计量测坑道净空相对位移。常用的收敛计为机械式收敛计，不同的收敛计有不同的使用方法，图 5-9 是 QJ-81 型球铰连接弹簧式收敛计。其测试原理与方法如下：

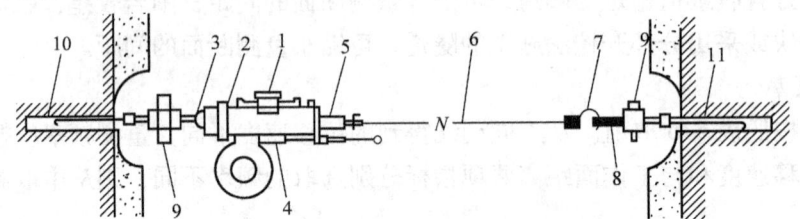

图 5-9　QJ-81 型球铰连接弹簧式收敛计
1—百分表　2—百分表支架　3—球铰　4—弹簧秤　5—滑管
6—钢尺　7—挂钩　8—连接环　9—连接销　10—砂浆　11—预埋件

仪器安装后，利用弹簧秤、钢丝绳、滑管给钢尺施加固定的水平张力（弹簧秤拉力 90N），同时，钢丝绳带动内滑管沿固定方向移动，内滑管上的触头压缩百分表读得初始读数 X_0；间隔时间 t 后，用同样的方法可读得 t 时刻的 X_t，则 t 时刻的周边收敛值 U_t 即为百分表的两次读数之差。即：

$$U_t = L_0 - L_t + X_{t1} - X_{t0}$$

式中　L_0——初读数时所用尺孔刻度值（mm）；
　　　L_t——t 时刻时所用尺孔刻度值（mm）；
　　　X_{t1}——t 时刻时经温度修正后的百分表读数值（mm）；

$$X_{t1} = X_t + \varepsilon_t$$

X_{t0}——初读数时经温度修正后的百分表读数值（mm）；

$$X_{t0} = X_0 + \varepsilon_{t0}$$

X_t——t 时刻量测时百分表读数值（mm）；
X_0——初始时刻百分表读数值（mm）；
ε_t——温度修正值；

$$\varepsilon_t = \alpha(T_0 - T)L$$

α——钢尺线膨胀系数；
T_0——鉴定钢尺的标准温度，为 20℃；
T——每次测量时的平均气温（℃）；
L——钢尺长度（mm）。

每次测量后，需要将原始记录及时整理成正式记录。对每一量测断面内的每一条测线，整理后的量测资料应包括：原始记录表及实际测点布置图；位移随时间及开挖面距离的变化图；位移速度、位移加速度随时间以及开挖面距离的变化图。同时应包括开挖、喷射混凝土、锚杆施工工序和时间，并将位移警戒线和极限值计算出来。整理的图表应及时进行数据处理并指导施工。

收敛量测结果的主要用途在于评定隧道的稳定性。

5.4.6 拱顶下沉量测

隧道拱顶内壁的绝对下沉量称为拱顶下沉值，单位时间内拱顶下沉值称为拱顶下沉速度。拱顶下沉量测也属位移量测，对于埋深较浅、固结程度低的地层，水平成层的场合，这项量测比收敛量测更为重要，其量测数据是确认围岩的稳定性、判断支护效果、指导施工工序、预防拱顶崩塌、保证施工质量和安全的最基本的资料。

1. 量测方法

对于浅埋隧道，可由地面钻孔，使用挠度计或其他仪表测定拱顶相对地面不动点的位移。对于深埋隧道，可在拱顶布设固定测点，将钢尺或收敛计挂在拱顶测点上，读钢尺读数，后视点可设在稳定衬砌上，读标尺读数，用精密水准仪进行观测。图 5-10 为拱顶下沉观测示意图，图中给出了 A、B、C 三者之间的几何关系。图中实线为前次观测的情形，虚线为后次观测的情形。

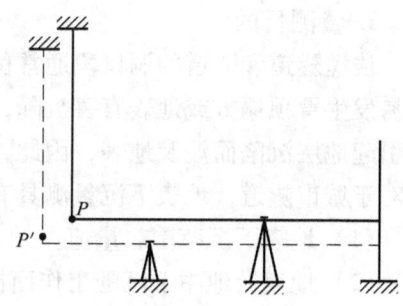

图 5-10 水平仪观测拱顶下沉

P 为前次观测时钢尺上的前视点，P' 为后次观测时，P 点在垂直方向上移到的位置。

第一次读数后视点读数为 A_1，前视读数为 B_1；第二次后视读数为 A_2，前视读数为 B_2。拱顶变位计算方法如下：

（1）差值计算法。钢尺和标尺均正立（即读数上小下大）。

后视读数差 $A = A_2 - A_1$

前视读数差 $B = B_2 - B_1$

拱顶变位值 $C = B - A$，若 $C > 0$，拱顶上移，否则拱顶下沉。

（2）水准计算法。通过计算前后两次拱顶测点的高程差来求拱顶的变位值。钢尺读数上小下大，标尺读数下小上大，标尺基准点标高假定为 K_0。

第一次拱顶高程 $Kd_1 = K_0 + A_1 + B_1$

第二次拱顶高程 $Kd_2 = K_0 + A_2 + B_2$

拱顶变位值 $C = Kd_2 - Kd_1 = A_2 - A_1 + B_2 - B_1$

若 $C > 0$，拱顶上移，否则拱顶下沉。

2. 量测要求

（1）观测基准点应设在距离观测点 3 倍洞径以外的稳定点处。

（2）拱顶下沉量测断面间距、量测频率、初读数的测取等同收敛量测。

（3）每个断面布置 1~3 个测点，测点设在拱顶中心或其附近。

（4）量测精度为 ±1mm。

（5）量测时间应延续到拱顶下沉稳定后。一般来说，拱顶下沉量的历时变化在开挖后大致呈直线增加，一直到距开挖面约 1~3 倍隧道直径处之后下沉发展变慢、坡率变缓、渐近稳定。如果有底鼓时，可按拱顶下沉法量测。

目前，隧道拱顶下沉多采用精密水准仪来量测，较先进的拱顶下沉量测仪器是激光隧道围岩位移实时监测仪。它克服了传统位移量测方法的弊端，较好地监测围岩位移的实时变化。

3. 原始记录和量测资料积累

量测的原始记录与收敛量测相同，用下沉量、下沉速度与时间关系图表示。

拱顶下沉值主要用于确认围岩的稳定性，尤其是事先预报拱顶崩塌；其方法与收敛量测相同，一般而言，两者随时间变化规律是一样的（崩塌或浅埋除外）。

5.4.7 地表下沉量测

1. 量测目的

浅埋隧道和隧道的洞口段通常位于软弱、破碎、自稳时间较短的围岩中，施工方法不妥极易发生冒顶塌方或地表有害沉降，当地表有建筑物时会危及其安全。浅埋隧道开挖时可能会引起地层沉陷而波及地表，因此，对浅埋隧道的施工进行地表下沉量测是十分重要的，特别对于城市隧道，地表下沉量测具有特殊的意义。量测目的在于了解以下内容：

（1）地表下沉范围、量值。

（2）地表及地中下沉随工作面推进的规律。

（3）地表及地中下沉稳定的时间。

2. 量测仪器及方法

一般用精密水准仪量测，量测精度为 ±1mm。

隧道浅埋段地表下沉量测宜与洞内净空变化和拱顶下沉量测在同一个横断面内。当地表有建筑物时，应在建筑物周围增设地表下沉观测点。横向布置间距范围为 2~5m，布置 7~11 个测点，隧道中线附近密些，远离隧道中线处疏些。其量测实例见图 5-11，测点构造见图 5-12。

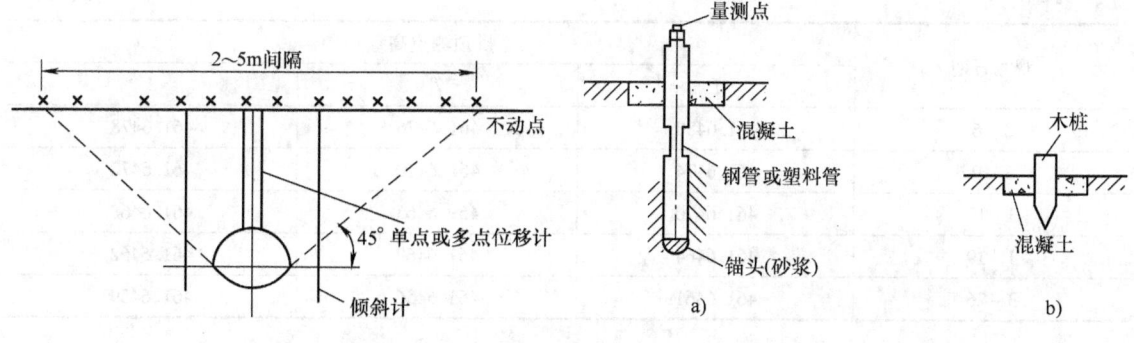

图 5-11 地表下沉点布置图

图 5-12 下沉测点构造
a) 地中下沉测定点 b) 地表下沉测定点

3. 量测频率

地表下沉量测应从开挖工作面前方，隧道埋深与开挖高度之和处开始，直到衬砌结构封闭，下沉基本停止时为止。量测频率与拱顶下沉和周边位移量测频率相同。

4. 原始记录和量测资料积累

原始记录表可参考收敛或拱顶下沉记录表，但注意在整理资料时，应将纵向下沉—时间曲线和横向下沉—时间曲线分别作出。

最大下沉量的控制标准根据地面结构的类型和质量要求而定，大约 1~2cm；在弯变点的地表倾斜应小于结构的要求，一般应小于 1/300。根据回归分析，如果地表下沉量超过上述标准，应采取措施。

【例 5-1】 某隧道采用新奥法施工，采用光面爆破及湿喷技术，要求对支护体系的稳定性进行检测、分析，掌握围岩和支护的动态信息并及时反馈，以指导施工作业。

（1）监控量测断面与频率。拱顶下沉、周边位移量测测点布置见图 5-13，监控量测频率见表 5-6。同时，监控量测频率将根据工程地质条件、施工情况、隧道变形速率等予以调整。

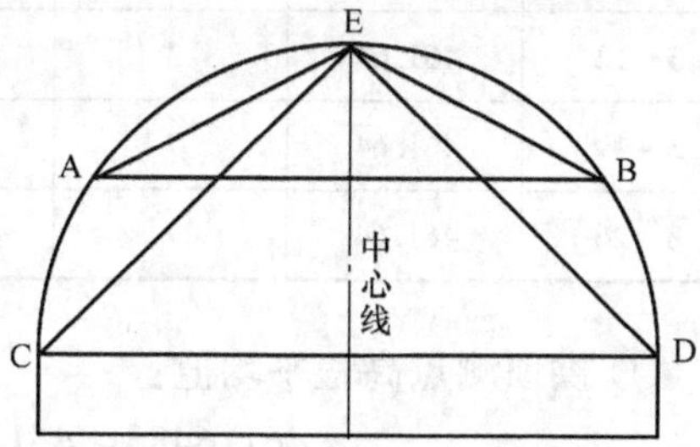

（2）拱顶下沉

1）数据采集。以某桩号断面为例，按照规定的测量频率采集拱顶 E 点下沉的监测数据。拱顶下沉监测数据见表 5-8。

图 5-13 拱顶下沉、周边位移量测测点布置图

表 5-8 拱顶下沉监测数据

观测日期	拱顶测点高程		
	1	2	3
2-28	461.6527	461.6524	461.6525
3-1	461.6510	461.6506	461.6508
3-2	461.6496	461.6492	461.6494
3-3	461.6488	461.6485	461.6486

(续)

观测日期	拱顶测点高程		
	1	2	3
3-6	461.6480	461.6476	461.6478
3-9	461.6474	461.6470	461.6472
3-12	461.6470	461.6465	461.6468
3-19	461.6464	461.6462	461.6462
3-26	461.6461	461.6456	461.6459

2）计算、整理数据。以 3 月 3 日观测数据为例，计算下列内容并填入表 5-9。

表 5-9 拱顶下沉监测数据计算表

观测日期	拱顶测点高程平均值/m	量测间隔时间/d	量测累计时间/d	差值/mm	当日平均下沉速率/(mm/d)	总下沉量/mm	平均下沉速率/(mm/d)
2-28	461.65	0	0	0	0.0	0.0	0.0
3-1	461.65	1	1	1.7	1.7	1.7	1.7
3-2	461.64	1	2	1.4	1.4	3.1	1.55
3-3	461.64	1	3	0.7	0.7	3.8	1.27
3-6	461.64	3	6	0.8	0.27	4.6	0.77
3-9	461.64	3	9	0.6	0.2	5.2	0.58
3-12	461.64	3	12	0.4	0.14	5.6	0.47
3-19	461.64	7	19	0.5	0.07	6.2	0.33
3-26	461.64	7	26	0.3	0.03	6.5	0.25

① 拱顶测点高程平均值：

$$\frac{461.6488 + 461.6485 + 461.6486}{3} = 461.6487 \text{（m）}$$

② 拱顶高程的差值：

$$461.6494 - 461.6487 = 0.7 \text{（mm）}$$

③ 当日平均下沉速率：

$$\frac{0.7}{1} = 0.7 \text{（mm/d）}$$

④ 总下沉量：

$$0 + 1.7 + 1.4 + 0.7 = 3.8 \text{（mm）}$$

⑤ 平均下沉速率：

$$\frac{3.8}{3} = 1.27 \text{（mm/d）}$$

3）绘制拱顶下沉量、下沉速率—时态曲线图，见图 5-14。分析曲线包含的意义，从中获取围岩稳定情况。

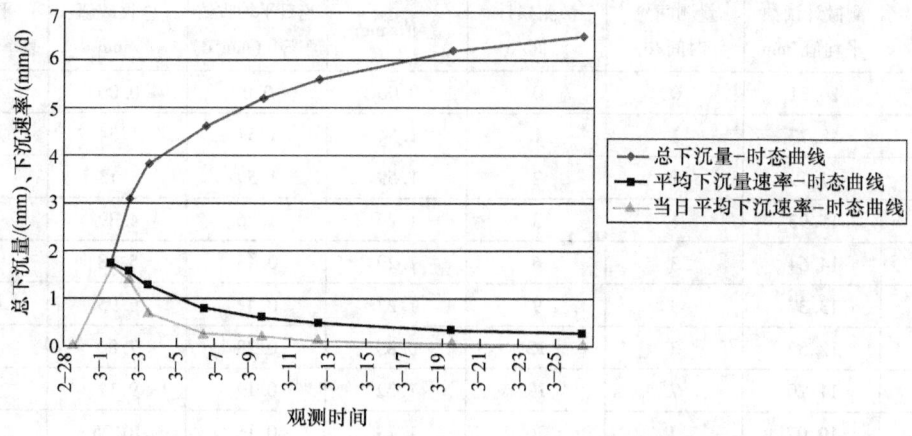

图 5-14 拱顶下沉量、下沉速率—时态图

由以上拱顶下沉量、下沉速率—时态图可知：量测初期拱顶下沉速率较大，随着时间的推移，下沉速率基本趋于稳定。截至3月12日拱顶下沉速率已经小于0.15mm/d，之后又持续2周，因此可以判断，该段支护能够满足洞室围岩稳定的要求，支护是有效的，并可以进行二次衬砌施工。

(3) 周边位移

1) 数据采集。以 CD 边为例，按照规定的测量频率采集水平收敛的监测数据。水平收敛的监测数据见表5-10。

表 5-10 水平收敛监测数据

观测日期	钢尺孔位读数/mm	测微计读数/mm		
		1	2	3
2-28	6050	19.72	20.75	20.91
3-1	6050	18.24	18.99	19.09
3-2	6050	16.68	17.26	17.62
3-3	6050	15.37	15.92	16.51
3-6	6050	14.35	14.59	14.98
3-9	6050	13.10	13.28	13.72
3-12	6050	12.12	12.59	12.85
3-19	6050	10.85	11.45	11.29
3-26	6050	9.63	10.79	9.80

2) 计算、整理数据。以3月3日观测数据为例，计算下列内容并填入表5-11。

表 5-11 水平收敛监测数据计算表

观测日期	测微计读数平均值/mm	量测间隔时间/d	量测累计时间/d	差值/mm	当日平均收敛速率/(mm/d)	总收敛值/mm	平均收敛速率/(mm/d)
2-28	20.31	0	0	0.00	0.0	0.00	0.00
3-1	18.77	1	1	1.54	1.54	1.54	1.54
3-2	17.19	1	2	1.59	1.59	3.13	1.57
3-3	15.93	1	3	1.26	1.26	4.39	1.46
3-6	14.64	3	6	1.29	0.43	5.68	0.95
3-9	13.37	3	9	1.27	0.42	6.95	0.77
3-12	12.52	3	12	0.85	0.28	7.80	0.65
3-19	11.20	7	19	1.32	0.19	9.12	0.48
3-26	10.07	7	26	1.13	0.16	10.25	0.39

① 测微计读数平均值：

$$\frac{15.37+15.92+16.51}{3}=15.93\ (\text{mm})$$

② 测微计读数的差值（即水平收敛值）：

$$17.19-15.95=1.26\ (\text{mm})$$

③ 当日平均收敛速率：

$$\frac{1.26}{1}=1.26\ (\text{mm/d})$$

④ 总收敛值：

$$0+1.54+1.59+1.26=4.39\ (\text{mm})$$

⑤ 平均收敛速率：

$$\frac{4.39}{3}=1.46\ (\text{mm/d})$$

3）绘制水平收敛值、收敛速率—时态曲线图，见图 5-15。分析曲线包含的意义，从中获取围岩稳定情况。

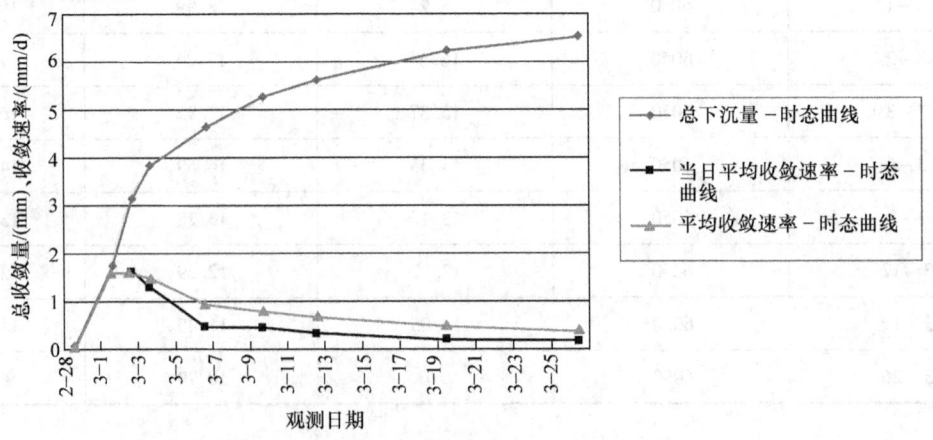

图 5-15 水平收敛值、收敛速率—时态图

由以上水平收敛变形量、变形速率—时态图可知：量测初期围岩收敛速率较大，随着时间的推移，收敛速率基本趋于稳定，说明初期支护已限制围岩继续变形并趋于稳定。截至3月19日，围岩收敛速率已小于0.2mm/d，之后稳定走向保持1周，因此可以判断，该围岩变形已进入动态平衡状态，可进行二次衬砌施工。

如果量测中出现收敛值较大并有不断扩大的趋势，要立即采取措施对围岩进行加固处理并调整支护参数，限制围岩继续变形，确保隧道施工安全。

注：二次衬砌的施工应在满足下列要求时进行：

(1) 各测试项目的位移速率明显收敛，围岩基本稳定。

(2) 已产生的各项位移已达到预计总位移量的80%~90%。

(3) 周边位移速率小于0.1~0.2mm/d，或拱顶下沉速率小于0.07~0.15mm/d。

位移速率和拱顶下沉速率，从安全考虑，是指7d的平均值，总位移值可由回归分析计算取得（本例题未计算总位移值）。

任务5.5 防排水材料及施工质量检测

渗漏水是隧道的常见病害之一。隧道渗漏水的长期作用，将极大地降低隧道内各种设施的使用寿命和功能，恶化隧道的运营条件。主要表现为：隧道渗漏水的长期作用，可能造成隧道侵蚀破坏。路面积水，行车环境恶化，降低轮胎与路面的附着力。寒冷地区，尤其是严寒地区，反复冻融循环，在衬砌内部造成衬砌混凝土冻胀开裂；在衬砌与围岩之间造成冻胀，引起拱墙变形、破坏；拱墙上悬挂冰柱、冰溜侵入净空；在路面形成冰坡、冰锥，使行车滑溜，甚至无法通过。因此，良好的隧道防水与排水，是保证隧道耐久性和行车安全的重要条件。另外，通过隧道防排水，保护地下水环境也是非常重要的。

20世纪60年代以前修建的隧道大都未作防水处理，渗漏水问题特别突出。近年来一些新建的公路隧道，也存在较严重的渗透漏水。当前，公路隧道渗漏水的问题已被列为公路工程十大通病之一。如何解决好隧道在运营期间的涌突水、淋水、滴渗水问题，已经成为隧道设计与施工中的一个关键技术环节。

5.5.1 隧道防排水结构主要类型

目前，隧道防排水技术根据以排为主，还是以堵为主的指导思想区分，主要有三种类型：

(1) 水密型防水。从围岩、结构和附加防水层入手，体现以防为主的排水，又称全包式防水。适用于对保护地下水环境和限制地层沉降要求高的工程。它可以为隧道结构的耐久性和安全运营提供极为重要的环境条件。但是造价较高，并且在很多条件下技术上是不可行的。

(2) 泄水型或引流自排型防水。从疏水、泄水着手，体现以排为主的防水，又称半包式防水。主要用于对保护地下水环境和限制地层沉降没有严格要求的工程，结合其他必要的辅助措施和设备，也可以为隧道结构的耐久性以及安全运营提供良好环境条件。这种方式直接造价相对不高,但运营维护成本相对较高。

(3) 防排结合的控制型防排水。是近年来为降低全包式防水的成本,又要满足地下水环境保护和限制地层沉降而出现的一种新型的隧道防水措施。

此外,隧道防排水也可针对不同的衬砌类型而采取相适应的技术措施:复合式衬砌防排水结构、单层式衬砌防排水结构、连拱隧道中隔墙排水结构、明洞防排水结构。其各自具体的防、排水方法参考隧道工程课程内容。

5.5.2 高分子防水卷材的性能检测

从20世纪60年代开始,弹性或弹塑性的合成高分子防水卷材在发达国家得到广泛开发与应用。高分子防水卷材与传统的石油沥青油毡相比具有使用寿命长、技术性能好、冷施工、质量轻和污染性低等优点,在隧道防水工程中得到广泛应用。我国20世纪80年代起相继研制出了三元乙丙橡胶防水卷材(EPDM)和氯丁橡胶薄膜、聚氯乙烯(PVC)和氯化聚乙烯(CPE)、聚乙烯(PE)、聚乙烯-醋酸乙烯(EVA)和聚乙烯-醋酸乙烯-沥青共聚物(ECB)防水卷材等材料。目前PVC应用较少。

隧道用高分子防水卷材的性能要求可参看相关规范。

高分子防水卷材的检测按相应规范执行。

5.5.3 土工布性能检测

土工织物也称土工布,是透水性的土工合成材料,按制造方法分为无纺或非织造土工织物和有纺或机织土工织物。在工程中主要起到过滤、排水、隔离、加筋、防渗和防护等作用。隧道工程中常作为防水卷材的垫层和排水通道,使用时必须熟悉产品的性能参数。有效特性参数是生产厂家提供的,但使用单位应通过抽样试验来核实和确定。

对隧道工程比较重要的工程特性有物理特性、力学特性和水力学特性。

1. 试样制备及数据处理

隧道用土工布检测的试样制备必须满足以下要求。

(1) 试样制备

1) 试样不应含有灰尘、折痕、损伤部分和可见疵点。

2) 每项试验的试样应从样品长度与宽度方向上随机取样,但距样品边缘至少10cm。

3) 同一试验剪取两个以上的试样时,不应在同一纵向或横向位置上剪取,如不可避免时应在试验报告中说明。

4) 取试样应满足精度要求。

5) 剪取试样时,应先制定剪裁计划,对每项试验所用的全部试样,应予编号。

(2) 试样的调湿与饱和。试样应在温度(20 ± 2)℃、相对湿度$65\%\pm5\%$的标准大气条件下调湿24h。如果确认试样不受环境影响,则可不调湿,但应在记录中注明试验时的温度和湿度。土工织物试样在需要饱和时,宜采用真空抽气法饱和。

(3) 试验数据处理。按照本教材前述方法计算算术平均值、标准差、变异系数。在资料分析中,可疑数据的取舍按照K倍标准差法。即舍弃在$\bar{x}\pm K\sigma$范围以外的数据,K值按照表 5-12 选用。

表 5-12 统计量的临界值

试件数量	3	4	5	6	7	8	9	10	11	12	13	14
K	1.15	1.46	1.67	1.82	1.94	2.03	2.11	2.18	2.23	2.28	2.33	2.37

2. 物理特性试验——单位面积质量试验

(1) 目的及适用范围。本试验方法适用于土工合成材料，测定其单位面积质量。

(2) 试验器具。剪刀、天平（感量为0.01g）、钢尺（最小分度1mm）。

(3) 试验步骤。按前述方法取样，试样数量不得少于 10 块，并对试样进行编号。按前述方法调湿。裁切成 10cm×10cm 的试样，裁切精度为1mm。将裁切好的试样放在天平上称量，并读记数据，精确到 0.01g。

(4) 数据计算。计算每块试样的单位面积质量 G，精确到 0.1g/cm^2。计算 10 块试样单位面积质量平均值 $\overline{G}$，精确到 g/cm^2。

(5) 试验报告。详见相关试验规程，这里不再赘述。

3. 物理特性试验二——厚度试验

厚度指土工织物在承受规定的压力下，正反两面之间的距离。常规厚度是在 2kPa 压力下测得的试样厚度。并测量在 20kPa 和 200kPa 压力下试样的厚度。具体的试验方法可以参考相关规范。土工布物理性能除了上述两个指标外，还有幅宽等，这里不再赘述。

4. 力学特性试验

土工布的机械性能包括抗拉强度及延伸率、握持强度及延伸率、抗撕裂强度、顶破强度、刺破强度、抗压缩性能等。

抗拉强度是土工布的一个基本性能，无论在铺设或在起增强作用时，土工布必须具有抗拉强度。其他各项强度也都是在现场实际受力时必须具有的性能，而抗压缩性能直接影响反滤和排水性能。

隧道用土工布的力学性能测试一般有：条带拉伸试验、撕裂试验、顶破强度试验、刺破试验等。

5. 土工织物水力学特性试验

土工布的渗透性表明其在反滤和排水方面的能力。根据工程需要，土工布必须确定垂直于织物平面的渗透特性（垂直渗透系数及透水率）及沿织物平面排水的特性（平面渗透系数及导水率），这些试验都已纳入国家标准。

隧道用土工布，必须具有以下特性：

(1) 保土性。防止被保护围岩、衬砌的颗粒随水流流失。

(2) 渗水性。保证渗流水通畅排走。

(3) 防堵性。防止材料被细土粒堵塞失效。

这被称为反滤三准则，都与土工布的水力学性能密切相关。主要包括两个方面：一是透水与导水能力；二是阻止颗粒流失的能力。这些特性主要取决于土工织物的孔隙特征和渗透特性等。

垂直渗透性能的测定包括两种方法：一种是恒水头法；另一种是降水头法。恒水头法是测土工织物在系列恒定水头下的垂直渗透特性;降水头法是测土工织物在连续下降水头下的垂直渗透特性。国内所有的标准均采用恒水头法。

5.5.4 防水混凝土抗渗性能检测

防水混凝土是以水泥、砂、石子为原料或掺入外加剂、高分子聚合物等,以调整配合比、减小孔隙率、增加各原材料界面间密实性或使混凝土产生补偿收缩作用,从而使水泥砂浆或混凝土具有一定抗裂、防渗能力,使其满足抗渗等级大于 0.6MPa 的不透水性混凝土,也就是自身抗渗性能高于 0.6MPa 的混凝土。

防水混凝土一般可分为:普通水泥与新品种水泥的防水混凝土、外加剂防水混凝土和塑料混凝土等。其中塑料混凝土由于施工不便、造价高,应用受到限制。

抗渗等级是以 28d 龄期的标准试件,按标准试验方法进行试验时所能承受的最大水压力来确定的。《混凝土质量控制标准》(GB 50164—2011)根据混凝土试件在抗渗试验时所能承受的最大水压力,将混凝土的抗渗等级划分为 S_2、S_4、S_6、S_8、S_{10}、S_{12}(新规范用 P 表示)六个等级,相应表示能抵抗 0.2、0.4、0.6、0.8、1.0 及 1.2MPa 的静水压力而不渗水,换而言之就是混凝土抗渗试验时一组 6 个试件中 4 个试件未出现渗水时不同的最大水压力。抗渗等级≥P6 的混凝土为抗渗混凝土。

隧道工程防水混凝土的抗渗等级不得小于 S_8,试配要求的抗渗水压值应比设计值提高 0.2MPa。

1. 防水混凝土抗渗试块制作

试块形状有两种:圆柱体(直径、高度均为 150mm)、圆台体(上底直径 175mm,下底直径 185mm,高 165mm)。

每组试块为 6 个,人工插捣成型时,分两层装入混凝土拌和物,每层插捣 25 次,在标准条件下养护。如结合工程需要,则在浇筑地自制作,每单位工程制件不少于两组,其中至少一组应在标准条件下养护,其余试件与构件在相同条件下养护,试块养护期不少于 28d,不超 90d。

2. 仪器设备

混凝土抗渗仪(图 5-16)根据液压源来进行设计,以电动机拖动水泵施压,通过管道与压力容器、控制阀、试模座等连接。压力由水泵输出进入压力容器,然后输送到各试件系统进行加载试验。管路中装有电接点压力表和电气控制系统,通过对电接点压力表内的电触点的调节可以使压力在 0.1~4MPa 的规定范围内进行恒压试验。

3. 试验步骤

(1) 试件到期后取出,擦干表面,用钢丝刷刷净两端面,待表面干燥后,在试件侧面滚涂一层熔化的密封材料(石蜡或沥青),然后立即在螺旋加压器上压入经过烘箱或电炉预热过的试模中,使试件底面和试模底平齐,待试模变冷后即可解除压力,装在渗透仪上进行试验。如在试验过程中,水从试件周边渗出说明密封不好,要重新密封。

(2) 增加水压。试验时,水压从 0.2MPa 开始,每隔 8h 增加水压 0.1MPa,并随时注意观察试件端面情况,一直加至 6 个试件中有 3 个试件表面发现渗水,记下此时的水压力,即可停止试验。

(3) 当加压至设计抗渗标号,经 8h 后第三个试件仍不渗水,表明混凝土已满足设计要

图 5-16 混凝土抗渗仪

求,也可停止试验。

4. 结果计算

混凝土的抗渗标号以每组 6 个试件中 4 个未发现有渗水现象时的最大水压力表示。抗渗标号按下式计算:

$$S = 10H - 1$$

式中　S——混凝土抗渗等级;

　　　H——第三个试块顶面开始有渗水时的水压力 (MPa)。

若加压至 1.2MPa,经 8h 后第三个试件仍不渗水,则停止试验,试件的抗渗等级以 S12 表示。

5.5.5 防排水施工质量检测

防排水施工质量检测项目较多,本节以复合式衬砌防水层施工检测为例,来说明防排水施工质量检测项目。

1. 基本要求

材料规格、品种、形状、尺寸、数量、间距、接头位置必须符合设计要求和有关标准。

2. 实测项目 (表 5-13)

表 5-13　复合式衬砌防水层实测项目

项次	检查项目		规定值或允许偏差	检查方法和频率
1	搭接宽度/mm		≥100	尺量:全部搭接均要检查,每个搭接检查 3 处
2	缝宽/mm	焊接	两侧焊缝宽≥25mm	尺量:每个搭接检查 5 处
		粘结	粘缝宽≥50mm	
3	固定点间距/m	拱部	0.5～0.7	尺量:检查总数的 10%
		墙部	1.0～1.2	

3. 外观鉴定

（1）防水层表面平顺，无折皱、气泡、破损等现象，与洞壁密贴，松弛适度，无紧绷现象。

（2）接缝、补眼粘贴密实饱满，不得有气泡、空隙。

任务5.6　混凝土衬砌质量检测

隧道混凝土衬砌是重要的支护措施，也是隧道防水工程的最后的一道防线。混凝土衬砌常见的质量问题有：混凝土开裂和内部缺陷、厚度不足、强度不够、钢筋锈蚀和背后空洞等。

衬砌质量检测的内容与衬砌结构的形式、施工方法直接相关。对于常用的检测方法，按照检测内容可以分为：衬砌混凝土强度、厚度，钢筋、混凝土缺陷和几何尺寸等检测；根据检测与施工工序的时间关系，可以分为施工检测和工后或运营检测。

衬砌混凝土强度和衬砌厚度是混凝土衬砌施工质量检测项目中的关键项目。衬砌混凝土强度检测除了常规的制作试块、测试试块的强度外，还包括桥梁检测中常用的一些方法，如回弹法、超声波法、超声—回弹综合法、钻孔取芯法等。混凝土厚度如果达不到设计要求，很可能会造成严重的质量事故和安全事故，重视厚度检测，是十分必要的。目前常用的厚度检测方法主要有：冲击—回波法、超声发射法、激光断面仪法、直接测量法和地质雷达法等。

部分检测方法在桥梁检测章节中已有涉及，其他方法这里不再一一列举，有待读者在工作实践中去学习。

思考题与习题

一、填空题

1. 直接反映土工织物反滤与排水性能的指标是_____。
2. 喷射混凝土抗压强度试验要求任意一组试块的抗压强度平均值，不低于设计值的_____。
3. 隧道防水混凝土抗渗等级不得小于_____。
4. 隧道开挖过程中，开挖工作面，四周_____倍洞径范围内受开挖影响最大。
5. 隧道围岩内部位移量测采用_____。

二、单项选择题

1. 隧道施工监控测量基本内容不包括（　　）
   A. 隧道围岩变形　　B. 衬砌受力　　C. 支护受力　　D. 钢筋分布
2. 下列不属于支护质量的是（　　）。
   A. 锚杆安装质量　　B. 砌块质量　　C. 喷射混凝土质量　　D. 钢构件质量
3. 隧道防水材料包括注浆材料、高分子合成卷材、排水管和（　　）。
   A. 防水混凝土　　B. 沥青混凝土　　C. 木材　　D. 石块
4. 对于浅埋洞口地段和某些偏压地段，隧道一般采用（　　）支护方式。
   A. 地表注浆加固　　　　　　　　　　B. 管棚钢架超前支护

C. 超前小导管预注浆 D. 超前围岩深孔预注浆

5. 超前锚杆支护一般宜采用（　　）作为锚杆与孔壁间的胶结物，以使尽早发挥超前自护作用。

　　A. 早强混凝土　　　　B. 普通砂浆　　　C. 早强砂浆　　　D. 普通混凝土

三、计算题及问答题

1. 有20组喷射混凝土试块，设计强度为25MPa，其在标准养护28d实测抗压强度见下表，试进行施工质量评判（单位：MPa）。

30.2	28.6	31.5	29.7	29.2	29.0	31.7	32.8	33.4	35.1
26.8	29.5	29.6	34.2	33.5	30.8	30.1	24.8	36.6	27.9

2. 简述地质雷达探测衬砌背部空洞的原理及方法。

附 录

附录一 正态分布概率系数表

附表1 正态分布概率系数表 $\left(\int_{K_q}^{\infty} \frac{1}{\sqrt{2\pi}} e^{-\frac{x^2}{2}} dx = \beta \right)$

K_q	0.00	0.01	0.02	0.03	0.04	0.05	0.06	0.07	0.08	0.09
0.0	0.5000	0.4960	0.4920	0.4880	0.4840	0.4801	0.4761	0.4721	0.4681	0.4641
0.1	0.4602	0.4562	0.4522	0.4483	0.4443	0.4404	0.4364	0.4325	0.4286	0.4247
0.2	0.4207	0.4168	0.4129	0.4090	0.4052	0.4013	0.3974	0.3936	0.3897	0.3859
0.3	0.3821	0.3783	0.3745	0.3707	0.3669	0.3632	0.3594	0.3557	0.3520	0.3483
0.4	0.3446	0.3409	0.3372	0.3336	0.3300	0.3264	0.3228	0.3192	0.3156	0.3121
0.5	0.3085	0.3050	0.3015	0.2981	0.2946	0.2912	0.2877	0.2843	0.2810	0.2776
0.6	0.2743	0.2709	0.2676	0.2643	0.2611	0.2578	0.2546	0.2514	0.2483	0.2451
0.7	0.2420	0.2389	0.2358	0.2327	0.2296	0.2266	0.2236	0.2206	0.2177	0.2148
0.8	0.2119	0.2090	0.2061	0.2033	0.2005	0.1977	0.1949	0.1922	0.1894	0.1867
0.9	0.1841	0.1814	0.1788	0.1762	0.1736	0.1711	0.1685	0.1660	0.1635	0.1611
1.0	0.1587	0.1562	0.1539	0.1515	0.1492	0.1469	0.1446	0.1423	0.1401	0.1379
1.1	0.1357	0.1335	0.1314	0.1292	0.1271	0.1251	0.1230	0.1210	0.1190	0.1170
1.2	0.1151	0.1131	0.1112	0.1093	0.1075	0.1056	0.1038	0.1020	0.1003	0.0985
1.3	0.0968	0.0951	0.0934	0.0918	0.0901	0.0885	0.0869	0.0853	0.0838	0.0823
1.4	0.0808	0.0793	0.0778	0.0764	0.0749	0.0735	0.0721	0.0708	0.0694	0.0681
1.5	0.0668	0.0655	0.0643	0.0630	0.0618	0.0606	0.0594	0.0582	0.0571	0.0559
1.6	0.0548	0.0537	0.0526	0.0516	0.0505	0.0495	0.0485	0.0475	0.0465	0.0455
1.7	0.0446	0.0436	0.0427	0.0418	0.0409	0.0401	0.0392	0.0384	0.0375	0.0367
1.8	0.0359	0.0351	0.0344	0.0336	0.0329	0.0322	0.0314	0.0307	0.0301	0.0294
1.9	0.0287	0.0281	0.0274	0.0268	0.0262	0.0256	0.0250	0.0244	0.0239	0.0233
2.0	0.0228	0.0222	0.0217	0.0212	0.0207	0.0202	0.0197	0.0192	0.0188	0.0183
2.1	0.0179	0.0174	0.0170	0.0166	0.0162	0.0158	0.0154	0.0150	0.0146	0.0143
2.2	0.0139	0.0136	0.0132	0.0129	0.0125	0.0122	0.0119	0.0116	0.0113	0.0110
2.3	0.0107	0.0104	0.0102	0.00990	0.00964	0.00939	0.00914	0.00889	0.00866	0.00842
2.4	0.00820	0.00798	0.00776	0.00755	0.00734	0.00714	0.00695	0.00676	0.00657	0.00639
2.5	0.00621	0.00604	0.00587	0.00570	0.00554	0.00539	0.00523	0.00508	0.00494	0.00480
2.6	0.00466	0.00453	0.00440	0.00427	0.00415	0.00402	0.00391	0.00379	0.00368	0.00357
2.7	0.00347	0.00336	0.00326	0.00317	0.00307	0.00298	0.00289	0.00280	0.00272	0.00264
2.8	0.00256	0.00248	0.00240	0.00233	0.00226	0.00219	0.00212	0.00205	0.00199	0.00193
2.9	0.00187	0.00181	0.00175	0.00169	0.00164	0.00159	0.00154	0.00149	0.00144	0.00139

（续）

K_q	0.0	0.1	0.2	0.3	0.4	0.5	0.6	0.7	0.8	0.9
3	0.00135	0.0^3968	0.0^3687	0.0^3483	0.0^3337	0.0^3233	0.0^3159	0.0^3108	0.0^3723	0.0^3481
4	0.0^4317	0.0^4207	0.0^4133	0.0^5854	0.0^5541	0.0^5340	0.0^5211	0.0^5130	0.0^6793	0.0^6479
5	0.0^6287	0.0^6170	0.0^7996	0.0^7579	0.0^7333	0.0^7190	0.0^7107	0.0^8599	0.0^8332	0.0^8182
6	0.0^9987	0.0^9530	0.0^9282	0.0^9149	$0.0^{10}777$	$0.0^{10}402$	$0.0^{10}206$	$0.0^{10}104$	$0.0^{11}523$	$0.0^{11}260$

注：1. 表中数据为 β。
    2. 0.0^3968 即为 0.000968。

附录二   t 分布概率系数表

附表 2   t 分布概率系数表

n	双边置信水平			单边置信水平		
	99%	95%	90%	99%	95%	90%
	$t_{0.995}/\sqrt{n}$	$t_{0.975}/\sqrt{n}$	$t_{0.95}/\sqrt{n}$	$t_{0.99}/\sqrt{n}$	$t_{0.95}/\sqrt{n}$	$t_{0.90}/\sqrt{n}$
2	45.012	8.985	4.465	22.501	4.465	2.176
3	5.730	2.484	1.686	4.201	1.686	1.089
4	2.921	1.591	1.177	2.270	1.177	0.819
5	2.059	1.242	0.953	1.676	0.953	0.686
6	1.646	1.049	0.823	1.374	0.823	0.603
7	1.401	0.925	0.734	1.188	0.734	0.544
8	1.237	0.836	0.670	1.060	0.670	0.500
9	1.118	0.769	0.620	0.966	0.620	0.466
10	1.028	0.715	0.580	0.892	0.580	0.437
11	0.955	0.672	0.546	0.833	0.546	0.414
12	0.897	0.635	0.518	0.785	0.518	0.393
13	0.847	0.604	0.494	0.744	0.494	0.376
14	0.805	0.577	0.473	0.708	0.473	0.361
15	0.769	0.554	0.455	0.678	0.455	0.347
16	0.737	0.533	0.438	0.651	0.438	0.335
17	0.708	0.514	0.423	0.626	0.423	0.324
18	0.683	0.497	0.410	0.605	0.410	0.314
19	0.660	0.482	0.398	0.586	0.398	0.305
20	0.640	0.468	0.387	0.568	0.387	0.297
21	0.621	0.455	0.376	0.552	0.376	0.289
22	0.604	0.443	0.367	0.537	0.367	0.282
23	0.588	0.432	0.358	0.523	0.358	0.275
24	0.573	0.422	0.350	0.510	0.350	0.269
25	0.559	0.413	0.342	0.498	0.342	0.264

n	双边置信水平			单边置信水平		
	99%	95%	90%	99%	95%	90%
	$t_{0.995}/\sqrt{n}$	$t_{0.975}/\sqrt{n}$	$t_{0.95}/\sqrt{n}$	$t_{0.99}/\sqrt{n}$	$t_{0.95}/\sqrt{n}$	$t_{0.90}/\sqrt{n}$
26	0.547	0.404	0.335	0.487	0.335	0.258
27	0.535	0.396	0.328	0.477	0.328	0.253
28	0.524	0.388	0.322	0.467	0.322	0.248
29	0.513	0.380	0.316	0.458	0.316	0.244
30	0.503	0.373	0.310	0.449	0.310	0.239
40	0.428	0.320	0.266	0.383	0.266	0.206
50	0.380	0.284	0.237	0.340	0.237	0.184
60	0.344	0.258	0.216	0.308	0.216	0.167
70	0.318	0.238	0.199	0.285	0.199	0.155
80	0.297	0.223	0.186	0.266	0.186	0.145
90	0.278	0.209	0.175	0.249	0.175	0.136
100	0.263	0.198	0.166	0.236	0.166	0.129

附录三 相关系数检验表

附表3 相关系数检验表（γ_β）

$n-2$	显著性水平 β		$n-2$	显著性水平 β		$n-2$	显著性水平 β	
	0.01	0.05		0.01	0.05		0.01	0.05
1	1.00	0.997	15	0.606	0.482	29	0.456	0.355
2	0.990	0.950	16	0.590	0.468	30	0.449	0.349
3	0.959	0.878	17	0.575	0.456	35	0.418	0.325
4	0.917	0.811	18	0.561	0.444	40	0.393	0.304
5	0.874	0.754	19	0.549	0.433	45	0.372	0.288
6	0.834	0.707	20	0.537	0.423	50	0.354	0.273
7	0.798	0.666	21	0.526	0.413	60	0.325	0.250
8	0.765	0.632	22	0.515	0.404	70	0.302	0.232
9	0.735	0.602	23	0.505	0.396	80	0.283	0.217
10	0.708	0.576	24	0.496	0.388	90	0.267	0.205
11	0.684	0.553	25	0.487	0.381	100	0.254	0.195
12	0.661	0.532	26	0.478	0.374	200	0.181	0.138
13	0.641	0.514	27	0.470	0.367	300	0.148	0.113
14	0.623	0.497	28	0.463	0.361	400	0.128	0.098

参考文献

[1] 金桃.张美珍.公路工程检测技术［M］.北京：人民交通出版社，2012.
[2] 徐满意，周福田.公路工程试验检测人员考试用书地基与基础分册［M］.北京：人民交通出版社，2013.
[3] 和松.公路工程试验检测人员考试用书公路分册［M］.北京：人民交通出版社，2013.
[4] 何玉珊.公路工程试验检测人员考试用书桥梁分册［M］.北京：人民交通出版社，2013.
[5] 陈建勋.公路工程试验检测人员考试用书隧道分册［M］.北京：人民交通出版社，2013.
[6] 凌天清.道路工程试验检测技术［M］.重庆：重庆大学出版社，2011.
[7] 孙忠文.公路工程试验工程师手册［M］.北京：人民交通出版社，2004.
[8] 邓学钧.路基路面工程［M］.北京：人民交通出版社，2009.
[9] 沙爱民.路基路面工程［M］.北京：人民交通出版社，2009.
[10] 刘自民，陈开利.桥梁工程检测手册［M］.北京：人民交通出版社，2010.
[11] 张宇峰，朱晓文.桥梁工程试验检测技术手册［M］.北京：人民交通出版社，2009.
[12] 罗骐先，王五平.桩基工程检测手册［M］.北京：人民交通出版社，2010.

教材使用调查问卷

尊敬的老师：

您好！欢迎您使用机械工业出版社出版的教材，为了进一步提高我社教材的出版质量，更好地为我国教育发展服务，欢迎您对我社的教材多提宝贵的意见和建议。敬请您留下您的联系方式，我们将向您提供周到的服务，向您赠阅我们最新出版的教学用书、电子教案及相关图书资料。

本调查问卷复印有效，请您通过以下方式返回：

邮寄：北京市西城区百万庄大街22号机械工业出版社建筑分社（100037）
　　　张荣荣（收）
传真：010-68994437（张荣荣收）　　　Email：21214777@qq.com

一、基本信息

姓名：_____　职称：_____　职务：_____
所在单位：_____
任教课程：_____
邮编：_____　地址：_____
电话：_____　电子邮件：_____

二、关于教材

1. 贵校开设土建类哪些专业？
   □ 建筑工程技术　　□ 建筑装饰工程技术　　□ 工程监理　　□ 工程造价
   □ 房地产经营与估价　□ 物业管理　　　　　□ 市政工程　　□ 园林景观
2. 您使用的教学手段：　□ 传统板书　　□ 多媒体教学　　□ 网络教学
3. 您认为还应开发哪些教材或教辅用书？_____
4. 您是否愿意参与教材编写？希望参与哪些教材的编写？
   课程名称：_____
   形式：□ 纸质教材　　□ 实训教材（习题集）　　□ 多媒体课件
5. 您选用教材比较看重以下哪些内容？
   □ 作者背景　　□ 教材内容及形式　　□ 有案例教学　　□ 配有多媒体课件
   □ 其他_____

三、您对本书的意见和建议（欢迎您指出本书的疏误之处）

_____
_____
_____

四、您对我们的其他意见和建议

_____
_____
_____

请与我们联系：

100037　北京百万庄大街22号
机械工业出版社·建筑分社　张荣荣　收
Tel：010-88379777（O），68994437（Fax）
E-mail：21214777@qq.com
http://www.cmpedu.com（机械工业出版社·教材服务网）
http://www.cmpbook.com（机械工业出版社·门户网）
http://www.golden-book.com（中国科技金书网·机械工业出版社旗下网站）